レム・コールハース｜OMA
驚異の構築

ロベルト・ガルジャーニ 著
難波和彦 監訳
岩元真明 訳

（上）**16.**《エクソダス、あるいは建築の自発的囚人》（レム・コールハースとエリア・ゼンゲリス、ロンドン、1971～72年）、「菜園」。マデロン・フリーゼンドープ画　▶p.19

（前ページ）**54.**『浮遊するスイミングプール』（レム・コールハース／OMA、1976年）。マデロン・フリーゼンドープ画　▶p.57

55.『無限のフロイト』（マデロン・フリーゼンドープ／OMA、1976年）　▶p.58

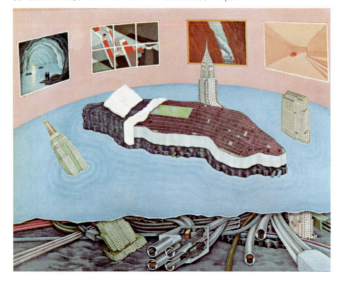

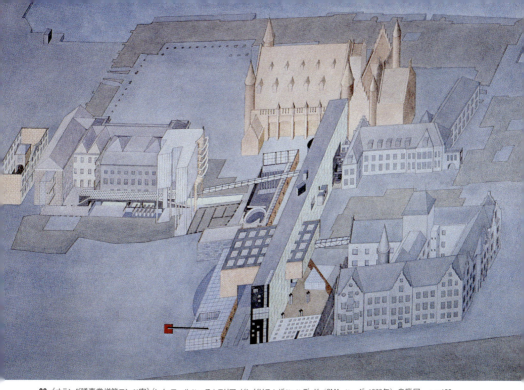

88.《オランダ議事堂増築コンペ案》(レム・コールハース+エリア・ゼンゲリス+ザハ・ハディド／OMA、ハーグ、1978年)、鳥瞰図　▶ p.109

103.《ボンピュの複合施設》(レム・コールハース／OMA、1980～82年)、鳥瞰図　▶ p.127

158.《ムラン・セナール新都市コンペ案》(レム・コールハース/OMA、1987年) ▶ p.162

(左) **193**.《ダラヴァ邸》(レム・コールハース/OMA、サン=クルー、1985〜91年) ▶ p.188
(右) **196**. 同上。OMAのスタッフがスイマーとして登場している ▶ p.189

235.《フランス国立図書館コンペ案》(レム・コールハース/OMA、パリ、1989年)、模型　▶p.215

296.《ジュシュー大学の二つの図書館コンペ案》(レム・コールハース/OMA、パリ、1992年)、模型　▶p.252

320.《フロアラックの住宅(ルモワンヌ邸)》(レム・コールハース／OMA、ボルドー郊外、1994〜98年)、初期案の透視図　▶ p.267

372.《ハイパービルディング》(レム・コールハース／OMA、バンコク、1996年)　▶ p.314

425.《Y2K住宅》(レム・コールハース／OMA、ロッテルダム、1999年)、壁を透明にした模型　▶ p.361

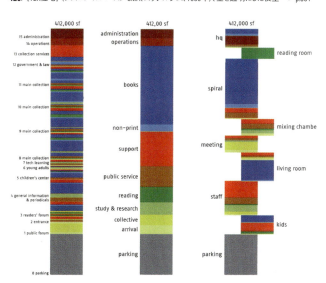

443.《シアトル公立図書館》(レム・コールハース／OMA、シアトル、1999〜2004年)。プログラムの分析ダイアグラム　▶ p.375

502.《新宿垂直キャンパス・コンペ案》(レム・コールハース／OMA、東京、2004年)、スタディ模型　▶p.426

515.《ラアス・アル=ハイマ山岳地の計画》、(レム・コールハース／OMA、2004年)、「ドミノ・ユニット」　▶p.435

レム・コールハース｜OMA
驚異の構築

ロベルト・ガルジャーニ 著
難波和彦 監訳
岩元真明 訳

Rem Koolhaas OMA
The Construction of Merveilles
Roberto Gargiani
Translated from the Italian by Stephen Piccolo

鹿島出版会

凡例
《　》：レム・コールハース／OMAの建築作品のタイトルを表す。
『　』：書名、雑誌名、絵画、彫刻作品名などを表す。原文の引用文内の強調' 'を表す。
「　」：論文、エッセイ名、建築作品名などを表す。原文の強調" "を表す。
（　）：原文の（　）を表す。
［　］：著者による引用内での補足を表す。
〔　〕：訳者による補足を表す。

Originally published in English under the title:
Rem Koolhaas | OMA　The Construction of Merveilles
by Roberto Gargiani
©2008 by Presses polytechniques et universitaires romandes / EPFL PRESS, Lausanne
All rights reserved
Japanese translation published by arrangement with
Presses Polytechniques et Universitaires Romandes
Through The English Agency (Japan) Ltd.

目次

第1章
偏執症的＝批判的方法による実践

- 7　AAスクール時代のコールハース ──「建築としてのベルリンの壁」と「エクソダス」
- 20　マンハッタンから学ぶ（1972〜74年）
- 31　矩形のプロジェクト（1974〜75年）
- 36　OMAの設立とウェルフェア島プロジェクト群（1975〜76年）
- 55　レオニドフ研究と「浮遊するスイミングプール」
- 60　ダクトパーク ── 大都市の無意識としてのインフラ
- 63　O.M.ウンガースの「都市群島」
- 64　AAスクールで教える（1975〜80年）
- 79　「過密の文化」とポシェの手法
- 86　『錯乱のニューヨーク』
　　 ── マンハッタン・グリッドと摩天楼の偏執症的＝批判的解釈（1978年）

第2章
コールハース的新即物主義
── ポストモダニズムとコンテクスチュアリズムへの挑戦

- 107　「優美な屍骸」と「テクトニック」（1978〜79年）
- 115　OMAの論争的著作（1979〜80年）
- 124　ロッテルダム、ベルリン、アムステルダム、スヘフェニンゲンのプロジェクト（1980年）
- 140　見えない過密 ── パリのプロジェクト（1982〜83年）
- 148　ハーグのダンスシアターと「衝突」（1984〜87年）
- 154　1980年代中期のヴァナキュラー・モダニティ
- 160　ヴォイドの戦略 ── ムラン・セナール新都市計画と「現代都市」
- 168　ミース的シュルレアリスム ── ミラノ・トリエンナーレのパヴィリオンとオランダの住宅作品
- 175　オランダ的マンハッタニズム
　　 ── チャーチル広場オフィス・コンプレックス、ハーグ市庁舎コンペ案
- 181　サン＝クルーの住宅
　　 ──「ベルリンの壁」と「浮遊するスイミングプール」の変容（1985〜91年）

第3章
驚異の時代

- 191 クンストハル I とオランダ建築家協会本部コンペ案(1987〜88年)
- 196 クンストハル II ── 近代のエッセンス(1989〜92年)
- 208 フィーレンディール梁の進化
  ── カールスルーエ・メディアテクノロジー・アート・センター、フランス国立図書館コンペ案
- 217 「驚異の意義」── ゼーブルグ海上ターミナル、リールのグラン・パレ
- 243 横滑面のメタファー ── ホルテンのゲーリングス邸
- 251 柔軟面のプロジェクト
  ── ジュシュー大学図書館、エデュカトリウム、カーディフ湾オペラハウス
- 265 フロアラックの住宅、あるいは「浮遊する箱」の住宅
- 280 マイアミ、ミュンヘン、アルメーレのプロジェクト

第4章
『S, M, L, XL』── 建築理論を導く原理

- 291 基準平面、あるいはニュートラルな矩形面
- 297 ビッグネスの理論
- 299 フィーレンディールのコンセプト
- 301 ジェネリック・シティ ── 連続平面のユートピア
- 308 「複合的安定性」と「キャラクテール」── タワーの計画理論

第5章
ジェネリックなヴォリュームと不定形な多面体

- 323　オースマン的なポシェと多孔体
  　　　── マコーミック記念キャンパス・センター、プラダ・エピセンター
- 338　OMAとラスベガスの対決 ── 二つのグッゲンハイム美術館
- 345　トラジェクトリーが貫くジェネリックなヴォリュームと傾斜面をもつ直方体
  　　　── アルメーレ・ブロック6、在ベルリン・オランダ大使館、援助の家
- 356　不定形な多面体
  　　　── Y2K住宅、カサ・ダ・ムジカ、シアトル公立図書館
- 388　マンハッタニズムの変異体
- 394　形態かプログラムか
  　　　── ニューホイットニー美術館とロサンゼルス・カウンティ美術館
- 403　驚異の到達点
  　　　── コーニンギン・ユリアナ広場、中国中央電視台、ハンブルク・ポートシティ
- 418　ジャンクスペース
- 421　普遍的近代化特許
- 424　アイコンの時代
- 431　自動生成するランドアートとしての建築
  　　　── ラアス・アル゠ハイマからサンクトペテルブルクまで

- 443　索引

- 449　その後のコールハース／OMA／AMO　　岩元真明
- 453　訳者解説　　難波和彦＋岩元真明

偏執症的＝批判的方法による実践

1. 映画製作グループ「1,2,3グループ」のマニフェスト（1966年）。写真右上がコールハース

AAスクール時代のコールハース ——「建築としてのベルリンの壁」と「エクソダス」

　レメント・コールハースは1944年にロッテルダムで生まれた。ベルリンと同じく第二次世界大戦の戦火で歴史的都市のイメージが消し去られた場所である。1952年、彼は家族とともにジャカルタに移住して1956年まで滞在し、その後ブラジルに渡りオスカー・ニーマイヤーの建築から感銘を受けた。オランダに戻ってからは、しばしば祖父ディルク・ローゼンブルフの設計事務所でドローイングを描いて時を過ごした。1963年にはオランダのリベラル右派週刊誌の『ハーグ・ポスト』で働き始め、レイアウト作成を担当し、映画・文学・音楽・政治・スポーツ・セクシャリティ・アート・建築について執筆した。建築家ヘンドリック・テオドルス・ヴァイドフェルトやル・コルビュジエについての記事を書き、コンスタント・ニューヴェンホイスやフェデリコ・フェリーニにインタビューしたこともある。『ハーグ・ポスト』誌の他の編集者と同じくコールハースは事実を描写することに徹し、あらゆるコメントを差し控えるよう心がけた。取材対象者は何も質問されず、ただマイクロフォンが差し向けられる。それはまるで自動筆記というシュルレアリスムの教義に従うかのようなインタビューだった。アーティストのアルマンドが詩人ハンス・スルーテラーと共同執筆した文章構成の手引書では、『ハーグ・ポスト』誌の記者のアプローチが以下のように定義されている ——「現実を教訓に変えたり歪めて解釈したりせずに昂進させること。出発点は現実の妥協なき受容である」[1]

---

[1] Cf. Bart Lootsma, *Le film à l'envers: les années 60 de Rem Koolhaas,* in "Le Visiteur", 2001, No.7, pp. 90-111.
コールハースは1966年にプロヴォというヒッピー・グループと彼らに影響を与えたカリスマに関する記事を書いている(トリノ・フロトホイス、ファン・ヴァンスビークと共同執筆)。またベティ・ファン・ガレルとともに、特に重要人物であるコンスタントのインタビューを行っている(Rem Koolhaas, Betty van Garrel, *De stad van toekomst. HP gesprekt met Constant over New Babylon,* in "De Haagse Post", 6 August 1966, pp. 14, 15). Cf. Rem Koolhaas, *Architectuur/Een woonmachine: Le Corbusier kreeg f 5000,* ibid., 3 October 1964; Rem Koolhaas, Lili Veenman, *Film-Een dag Fellini. Hij doet altijd dingen die men niet verwacht,* ibid., 31 December 1965, No.24, pp. 39-41. Cf. John Jansen Van Galen, Hendrik Spiering, *Rare Jaren: Nederland en de Haagse Post 1914-1990,* Amsterdam, 1993.

同時期にコールハースはレネ・ダルダー、ヤン・デ・ボン、キース・メイヤーリング、フラン・ブロメットらとともに映画製作グループ「1,2,3 グループ」を結成し、オランダ・フィルムアカデミーにも在籍している。この学校には1968年から78年まで執筆家・ジャーナリスト兼図案家であり、動物を擬人化した脚本と寓話でも知られる父アントン・コールハースが教員を務めていた。「1,2,3 グループ」でコールハースが製作に参加した映画は、1964年の『1,2,3 ラプソディー』、1967年の『ボディ・アンド・ソウル』、1969年の『白人奴隷――退廃的な奇人の陰謀』である。彼は脚本を執筆し、時には俳優として演じることもあった。

脚本を書く経験は、後に建物を擬人化し、都市という舞台に立つ俳優に仕立て上げるアイデアを展開する際に役立った。一連のエピソードは物語的シークエンスを形成する。コールハースはこう述べて

2.「コンティニュアス・モニュメント」(スーパースタジオ、1969年)

[2] Cit. in *Spiegel interview with Dutch architect Rem Koolhaas,* in www.spiegel.de/international/spiegel/0,1518,408748,00.html.

[3] コールハースの略歴には「レオニドフに関する本の執筆のため、1971年以来ソ連で調査を行っている(G.オールトイスとの共著)」と記されている(*Unit 9,* in "Prospectus. Architectural Association. School of Architecture", 1975-76, p. 55)

Cf. Otakar Mâcêl, *Delft, Melnikov e i parcheggi coperti,* in Mario Fosso, Maurizio Meriggi, ed., *Konstantin S. Melnikov e la costruzione di Mosca,* Milan, Skira, 1999, pp. 23-26.

[4] 1937年にアテネに生まれたゼンゲリスの教育活動については以下を参照。
Antony Wade, *The middle school experiment,* in "Arena. The Architectural Association Journal," June -July 1968, (pp.7-13), p. 7

ピーター・クックは以下のように述べている。「1970年代初頭にレム・コールハースというすばらしい学生がエリア・ゼンゲリスのクラスに参加した(彼はもともと映画製作をしていた)。数年来ゼンゲリスは初学年のユニット・マスターの中で最優秀だったが、コールハースと生み出した成果はさらにすばらしく、魔法のようだった」
Cf. Peter Cook, *Highlights of Recent History. Cook's Grand Tour,* in "The Architectural Review", vol. CLXXIV, 1983, No.1040, the issue on *The Architectural Association School of Architecture,* (pp. 32-43), p. 36

[5] 「偏執症的イメージ」の定義についてはサルバドール・ダリの以下の著作を参照。
Salvador Dalí, *Le Mythe Tragique de l'Angélus de Millet,* Paris, Société Nouvelle des Editions Pauvert, 1963.(邦訳:『ミレー

いる——「脚本では様々なエピソードを結びつけて一つにしなければならない。サスペンスを生み出し、たとえば編集を通して物事をつなぎ合わせなければならない。これは建築でもまったく同じだ。建築家は空間的エピソードを寄せ集めてシークエンスを生み出すのだ」[2]

　1966年にデルフト工科大学で開催された映画と建築に関するセミナーで、コールハースはロシア構築主義を研究する歴史学教授ヘリット・オールトイスと出会っている。オールトイスはヘリット・リートフェルトの協働者でもあった。コールハースとオールトイスはその後イワン・レオニドフについて共同研究を行うことになる[3]。

　1968年コールハースはロンドンの英国建築家協会付属建築学校（AAスクール）に入学する。当時のAAスクールはピーター・スミッソン、セドリック・プライス、チャールズ・ジェンクス、ダリボー・ヴェセリー、アルヴィン・ボヤスキー、ピーター・クックらアーキグラムのメンバーといった教授陣を誇っていた。

　AAスクールの主な指導方針は、空想的かつ進歩的な技術の可能性を引き出しフレキシブルな環境をデザインすることだった。AAスクールで学んだ数年間に、コールハースはエリア・ゼンゲリス教授と重要な知的協働関係を築いている[4]。さらにいくつかの国際コンペに参加し、ロシア構築主義の作品を見るために初めてモスクワを訪れ、脚本の執筆も続けている。コールハースはこの時期に独自の象徴的建築言語の原型を形成し始める。それは後に様々な驚異の建築へと変身していく「偏執症的イメージ」[5]である。

　学生時代のコールハースはロンドンのスイミングプールの課題に取り組んでいる。「プール」は以後の作品において無数のヴァリエーションを生み出したテーマである（「水泳中、自分の前に誰が泳いでいたか見当がつく」[6]と語るほど彼はプールで泳ぐのが好きである）。「水の流動性は」

3．「ベルリンの平行地区」（アーキズーム、1969年）

の《晩鐘》の悲劇的神話」鈴木雅雄訳、白水社、2003）。
コールハースは当時のAAスクールの雰囲気を次のように回想している。「ロンドンのAAスクールにおける1970〜72年の光景。学校中がセックス・ドラッグ・ロックンロールに溺れていた。バーではデヴィッド・ボウイがかかっていた。アーキグラムの空想的プロジェクトに後押しされて実験のヒステリーを示す学生が注目を集めていたが、これはビートルズに対する建築の回答である。1968年5月に端を発するヨーロッパの政治運動に浸されて、学校はメッキされたかのようだった。同じ頃にアメリカからやって来たウッドストックのラブ・アーバニズム——あるいはオルタモントのエロティックな暴力——にも皆が夢中だった。フランス哲学を聞きかじり啓発された学生も多かった。デザインやモッズやカーナビー・ストリートに関心がある学生もいれば、アンチ・デザインを吹聴しヨナ・フリードマンやイタリアのスーパースタジオやアーキズームの無限都市に傾倒する学生もいた。まさに何でもありだった。スタジオでは本を書いてもいいし、ダンスを踊っても、小便を漏らしても構わなかった。構造、法規、空調換気？ そんなものはスイスにでも行ってしまえ、といった具合である」（Rem Koolhaas, Elia Zenghelis, Madelon Vriesendorp, Zoe Zenghelis, *Exodus, or the voluntary prisoners of architecture. 1972*, in Jeffrey Kipnis, ed., *Perfect Acts of Architecture*, exhibition cat., The Museum of Modern Art, New York, Wexner Center for the Arts, Columbus, New York, H.N. Abrams, 2001, p. 14)。
[6] Cit. in Jennifer Sigler, *Interview*, now in Sanford Kwinter, Marco Rainò, ed., *Rem Koolhaas. Verso un'architettura estrema*, Milan, Postmedia, 2002, p. 69.

——とヴェセリーは述べている——「物質の固体性に逆らうという欲望の流動性でもあり、シュルレアリストを永遠に捉え続けた強迫観念である」[7]。

1970年の夏にコールハースはフィレンツェを訪れてスーパースタジオのメンバーに会い、彼らをAAスクールのレクチャーに招待する。レクチャーは1971年の2月から3月にかけて実現する（このレクチャーはその後数年間にわたって他の講師が引き継いでいる）。1970年の終わり頃、コールハースはスーパースタジオで働く友人に宛てた手紙の中で「[…]僕は『イージー』な建築に関する楽観的作品に深い感銘を受けた」と述べている[8]。さらに、スーパースタジオのつてでコールハースはアーキズームのメンバーにも知り合っている。

コールハースが行った最初の本格的な理論研究のテーマは「ベルリンの壁」である。それは分離することの意味を最大限に拡張して表現する今日的テーマである。1971年の夏期課題として提出された「建築としてのベルリンの壁」の背景には、スーパースタジオやアーキズームから受けた知的刺激が認められる。コールハースはベルリンの壁を平行に並ぶ帯と多様な構成要素からなるシステムとして捉え、そこに強固な象徴性を与えている[9]。

スーパースタジオは1969年のプロジェクト「コンティニュアス・モニュメント」に関して「万里の長城、ハドリアヌスの長城、高速道路は、緯線や経線のように地球に関するわれわれの理解を助ける実体的

[7] Dalibor Veseley, *Surrealism and architecture introduced by Dalibor Veseley: surrealism, myth & modernity,* from Surrealism, special issue, "Architectural Design", vol. XLVIII, 1978, No.2-3, (pp.87-95), p.88. プラハ生まれのヴェセリーは建築と芸術史の学位をもち、シュルレアリストと関係する「コンティニュアリスト・グループ」に属していた。AAスクールにおける彼の貢献は現実を再生産し「新しい神話」を生み出す方法としてシュルレアリスムを解釈したことである。それはアーキグラムの作品に見られる空想的な要素に対抗しうるものだった。1978年に彼は以下のように述べている。「シュルレアリスム詩学の任務は既存の現実を代替することではなく、言葉とイメージの錬金術によって変容させることである——錬金術が無機的な世界を変容させるように」。1970年からAAスクールで教鞭をとっていたベルナール・チュミもシュルレアリスムに関心を抱いていた(cf. Bernard Tschumi, *Architecture and its Double,* Ibid., pp.111-16)。1944年生まれのチュミはコールハースと同世代である(cf. Cook, *Highlights of Recent History cit.,* p.32)。

[8] Rem Koolhaas, letter to Adolfo Natalini and Cristiano Toraldo di Francia, 15 December 1970 (Archives Natalini).

[9] 以下の文献ではサマースタディの時期は1970年とされている。Rem Koolhaas, Gerrit Oorthuys, *Ivan Leonidov's Dom Narkomtjazprom, Moscow,* in "Oppositions", 1974, No.2, (pp.95-103), p.95. しかし、旅行は壁の建設(1961年8月)の10年後だったとコールハースは回想している。(cf. Rem Koolhaas, *Field Trip,* in OMA, Rem Koolhaas, Bruce Mau, *S,M,L,XL,* New York, Monacelli Press, 1995, (pp.214-33), p.236). 1969年にAAスクールで行った講義の中で、コールハースはベルリンを「強度の震源がここかしこにちりばめられた砂利敷きの平面」と定義している。

[10] Superstudio, *Discorsi per immagini,* in "Domus", December 1969, No.481, p.44.

[11] Cf. Archizoom, *Discorsi per immagini,* in "Domus", December 1969, No.481, pp.46-48, and Archizoom, *Archizoom, Congrès de Turin, 25, 26, 27 avril 1969,* in "L'architecture d'aujourd'hui", XL, September 1969, No.145, pp.LXIV-LXVIII. Cf. Roberto Gargiani, *Archizoom Associati 1966 - 1974. De la vague pop à la surface neutre,* Milan, Electa, 2007.

[12] 「基本的にあなたは拡張不可能な都市をつくりだしたのだ。この都市は壁で取り囲まれ、壁

な象徴である」と述べている¹⁰。彼らはウォルター・デ・マリアやランドアートの作品のように砂漠を横切って延びる分厚いガラスの壁を設計している。同じ年にアーキズームはベルリンを「平行なゾーン」に分割する分厚い透明の壁と、モスクワの「赤の広場」を切り裂く巨大なミース的カーテンウォールを提案している¹¹。なおフィリップ・ジョンソンも境界壁によって成長が規定される理念的都市を提案しており、これもコールハースの知るところだった¹²。また1971年にはAAスクールを卒業したばかりのロビン・エヴァンスが建築史における「壁」の意味について論じ、万里の長城のドローイングから始まるテクストを執筆している（「壁は人類特有の奇妙な方法に関わっている。すなわち自らにとって好ましくない部分を囲い込み忘却することによって世界を居住可能にする方法である」と彼は述べている¹³）。一方AAスクールでは5年次の課題でピーター・アリソンが「ロンドンのための壁」を提案している。それは「ウエハースのように薄く反射する壁、疎外された像を映し込むスクリーン」¹⁴である。アリソンはこう述べている――「1枚から複数枚の壁を用いて目的を達成するという方針は、ベルリンの壁を詳しく観察することから生まれた。この方法がきわめて寛大なやり方で効率性と美を両立させることは疑いない」¹⁵

　ベルリンの壁は《エクソダス、あるいは建築の自発的囚人》と名づけられたプロジェクトの本質的要素となっている。これはコールハースがエリア・ゼンゲリスと協働で制作した作品で、1971年秋にミラノ

の高さは永遠に不変で誰も越えることができない。しかしすべての壁は近代的なスラブ（板状建築）のような存在なので、この都市はきわめて倒錯的な調停者でもある。現実の近代は無限に拡張するにもかかわらず、あなたは同じ要素を用いて閉鎖的で有限な形態を作り出したのだ。［…］以上があなたのプロジェクトに私が見いだした第1の発見だ。当時、私はまだ学生で、以来すっかりのめりこんでしまった。このような意図で近代的形態を操る人間はいるのだろうか。これが私があなたの作品の倒錯性に初めて注目した顛末だ」（*Layout, Philip Johnson, in Conversation with Rem Koolhaas and Hans Ulrich Obrist*, Cologne, Thomas Bayrle, 2003, n.p.）。コールハースは幼少期にインドネシアで見た土地を仕切る壁も回想しており、注目に値する（cf. Rem Koolhaas, in "AMC. Architecture-Mouvement-Continuité", 1984, No.6, pp.16-31; contributions by Jacques Lucan, Patrice Noviant, Bruno Vayssière）。
13　Robin Evans, *The Rights of Retreat and the Rites of Exclusion. Notes towards the Definition of Wall*, in "Architectural Design", vol. XLI, 1971, No.6, (pp.335-339), p.335。エヴァンスはAAスクールで学んでいる。1969年の5年次の課題で制作した「圧電体」という作品はアーキグラムを手本とした都市設計である。

1971～72年に彼はAAスクールの講師として1年次を担当している。
14　Cf. Cook, op. cit., p.42.
15　Peter Allison, *A Wall for London, Peter Allison, 5th year, 1971*, in James Gowan, ed., *Projects Architectural Association 1946-1971,* ［AA Cahiers Series, No.1］, p.91. グレアム・シェインはアリソンのプロジェクトについて次のように述べている。「この計画はレム・コールハースのベルリンの壁に関する現代的プロジェクトに結びついているように思われる。それはスーパースタジオの作品にも接続している」(ibid.)。1971年にアリソンは5年次の課題で「ボーブールのプラトー」を制作してい

る。これは領域を「平行に並ぶ五つのヴォリュームに等分し、三つをソリッドに、二つをヴォイドにする」計画である (Peter Allison, *Plateau Beaubourg, Peter Allison, 5th year, 1971,* ibid., p.90)。シェインはこのプロジェクトを「プラトン的ソリッドの単純幾何学とポスト・ミース的美学」の統合と評している (ibid.)。アリソンが受けた建築教育はコールハースと似通っている。彼はコーネル大学に留学し、ウンガースと協働し、コールハースと同じ1975～76年にAAスクールで教職についている。彼はレオン・クリエ率いるディプロマ・ユニット2の指導に当たっている。

の工業デザイン協会と『カサベラ』誌が合同開催したコンペ「記号的環境としての都市」への提出案である[16]。パネルの一部はレムのガールフレンドのマデロン・フリーゼンドープとエリアの妻ゾーイ・ゼンゲリスという2人の画家によって制作されている。このコンペをきっかけに集まった彼らは、後にコールハースを中心として「大都市建築のためのカリガリ博士の箱」というグループを結成する——この名称はロベルト・ヴィーネ監督の『カリガリ博士の箱』(1920年) とフリッツ・ラング監督の『メトロポリス』(1926年) という二つの映画の題名と、ルートヴィヒ・ヒルベルザイマーの1927年のエッセイ『大都市建築』をつなぎ合わせたものである。

《エクソダス》はあらゆる構成理論や類型的計画を超越するコールハースの建築的空想小説の始まりであり、ボードレールが描いた大都市的生活の激烈なサイクルを促進すべくロンドン中心部に挿入された理念的都市の構築物である。そこでは神秘主義的に隔絶する瞬間と社会生活へ参画する瞬間が同時に訪れるが、その背景には当時の若者たちのカウンターカルチャーやロシア構築主義者の「労働者クラブ」やアーキグラムの空想的提案「インスタント・シティ」からの影響が認められる。また、すべては壁という根源的な建築要素によって囲い込まれ、「コンティニュアス・モニュメント」のような性質を帯びている[17]。《エクソダス》の壁は「傑作」と呼ばれており、その象徴性を高めるためにベルリンの壁と同じコンクリートブロックからつくられ

4. ベルリンの壁の写真 (レム・コールハース撮影、1971年)

5. 映画『アンダルシアの犬』の一場面 (ルイス・ブニュエルとサルバドール・ダリ、1929年)

[16] Rem Koolhaas, Elia Zenghelis, *Exodus o i prigionieri volontari dell'architettura, or the voluntary prisoners of architecture*, in "Casabella", XXXVII, 1973, No.378, pp.42-45.
コンペの開催は『カサベラ』誌357号で告知された (Alessandro Mendini, *Editrice Casabella*, in "Casabella", XXXV, 1971, No.357, p.1)。コールハースとゼンゲリスのプロジェクトは、審査員が選んだ29の提案の一つとして発表された (cf. *La città come ambiente significante. Relazione della giuria del concorso*, in "Casabella", XXXVI, 1972, No.372, pp.3,6)。《エクソダス》は1973年の『カサベラ』誌378号に掲載され、さらに1960〜70年代のアヴァンギャルドの最重要作品の一つとして1974年に再度『カサベラ』誌で取り上げられている (cf. Paola Navone, Bruno Orlandoni, *Architettura Radicale*, Milan, Casabella, 1974, pp.148, 166)。Cf. Fritz Neumeyer, *OMA's Berlin: The Polemic Island in the City*, in "Assemblage", 1990, No.11, pp.36-53; Lieven De Cauter, Hilde Heynen, *The Exodus Machine*, in Martin van Schaik, Otakar Mácêl, *Exit Utopia. Architectural Provocations 1956-76*, Munich-Berlin-London-New York, Prestel, 2005, pp.263-76. Cf. *Metropolis. Rem Koolhaas and Elia Zenghelis with Madelon Vriesendorp and Zoe Zenghelis, Exodus or The Voluntary Prisoners of Architecture*, ibid., pp.236-53.

[17] コールハースはこう述べている。「[…] 1960年代後半では、

ている。コールハースとゼンゲリスはこう述べている——「その心理的・象徴的な効果は物理的外観よりもずっと強烈である」。《エクソダス》の壁はコールハースが初めて構築した「驚異の建築」であり、1990年代に至るまで彼の関心であり続ける象徴的な形態である。

コールハースとゼンゲリスは平行に並んだ2本の中空壁によって「ストリップ(帯)」という場所を囲い込み、ベルリンの壁のような「決定的で、力強く、破壊的な力」を利用して《エクソダス》に「ポジティブな緊張感」を与えている。「ストリップ」内部に「強烈な大都市的魅力」を帯びた活気あるアクティビティが生じ、歴史的都市からの脱出(エクソダス)を促し、歴史的都市を漸進的に「廃墟の群れ」へと変えること——これが彼らの意図である。「ストリップ」は八つの広場に分けられ、それぞれが一つのアクティビティに対応しているが、この形態はレオニドフの理念的な直線状都市構造——「文化宮殿」——にやや類似している。レオニドフの計画も四つの正方形に分割され、それぞれに科学・体育・デモ行進・展示の機能を収めているからである。

コールハースとゼンゲリスによるプロジェクトの解説文自体も《エクソダス》の本質的要素であり、各機能を説明すると同時に「広場」のシークエンスが映画の脚本というアイデアに基づくことを明らかに示している。

ロンドンを去ることを決意した自発的囚人たちは、まず「レセプション・エリア」に集められる[18]。その屋上庭園からは「ストリップ」のアクティビティと「古いロンドンの陽気な退廃」が一望できる。次に彼らは「儀式の広場」と呼ばれるパレードの開催地のような広大な空地に導かれ、「ストリップ」における慣習と規則について説明を受ける。その次に彼らが向かうのはロンドンの住区内につくられた「ロンドン・エリア」と呼ばれる一時宿泊所である(1977年にこれは「仮設住宅地」と改名されている[19])。そこは新しいシステムへの段階的な受容を促

スーパースタジオは刺激的でインスピレーションを与える稀有な存在だった。彼らは新しい感性に従って近代の伝統を回復するモデルの存在だった(彼らが設計したコンティニュアス・モニュメントはベルリンの壁に次いで、明らかに《エクソダス》の着想源である)」(*The City of the Captive Globe/1972*, in "Architectural Design", vol. XLVII, 1977, No.5, p.333)。但し、1988年にコールハースは《エクソダス》がイギリスやイタリアのネオアヴァンギャルドから距離をとる方法だったと再解釈している。彼はこう述べている。「1972年にアーキグラムは絶頂に達していた。アーキズームやスーパースタジオなどのグループも建築的想像力を大きく拡張する建築の物語を構想していた。当時、建築は書物でもドローイングでも物語でもよかった。そして時には実際の建物になった。彼らの制作物は反歴史的で恐れを知らぬ楽観性を帯び、究極の無邪気さを伴っていた。《エクソダス》、あるいは建築の自発的な囚人》はこうした無邪気さに対する反発だった。つまり建築の力はより曖昧で、より危険であることを強調するプロジェクトだったのである」(Rem Koolhaas, *Sixteen Years of OMA*, in "A+U", 1988, No.217, p.16)

[18]「レセプション・エリア」に至る二つの入口には三角形のペディメントをのせた4本の柱が立っている。壁から少し離れた柱はブランデンブルク門のように象徴的である。ここでは既存建物のファサードを傾けて再利用したジェームズ・スターリングとレオン・クリエの1970年のプロジェクトが思い起こされる。

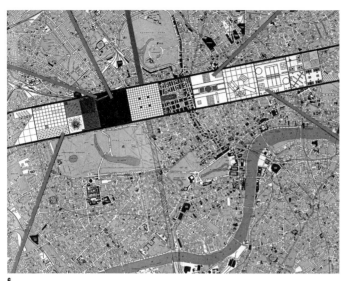

6.《エクソダス、あるいは建築の自発的囚人》(レム・コールハースとエリア・ゼンゲリス、ロンドン、1971〜72年)、配置図。コンペに提出された都市構造体はゾーイ・ゼンゲリスとマデロン・フリーゼンドープとの協働を通じて構想された

7. 同上、鳥瞰図

8.「文化宮殿コンペ案」(イワン・レオニドフ、モスクワ、1930年)

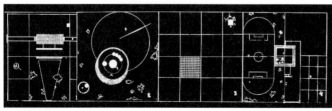

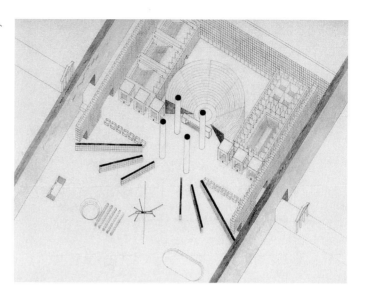

9.《エクソダス》(1971〜72年)、
「レセプション・エリア」

すため「ストリップ」内に取り置かれた古い街並みであり、囚人たちは「レセプション・エリア」の屋上から1対のエスカレーターに乗ってこの住区に到達する。なお彼らの宿泊地はジョン・ナッシュが設計した地区に位置しているが、コールハースとゼンゲリスはナッシュを「概念的な先駆者」と呼んでいる。その理由はナッシュの作品が「ストリップ」と同じくロンドンの街並みにくさびのように打ち込まれた象徴的形態だからだろう。

「ロンドン・エリア」で短い時を過ごした後に、自発的囚人は「小宮殿」のある「菜園」に移送される。あらゆるニュースから隔絶された「菜園」は、土地を耕し、浄め、美化する日々の仕事を通して意識を純化させる場所として設計されている(「家々は[…]、大理石やクロム鋼など、もっとも美しく高価な材料で仕上げられている[…]」)。「菜園」は「無意識」に働きかけて「『感謝』と『満足』の感情」をもたらす超現実的な場であり、メタボリストの夢想、たとえば黒川紀章の「カプセル」にも似た住居ユニットであり[20]、「回顧的なメカニズム」あるいは「望ましくない情報の遮断装置」として構想されている。

自発的囚人は「大学」「科学研究所」「四元素の公園」「浴場」「文化広

[19] Cf. *Exodus/1972*, in "Architectural Design", vol. XLVII, 1977, No.5, p.328. スーパースタジオもまた、「コンティニュアス・モニュメント」をニューヨークに適用する際に「統一的デザインが不在のまま都市が建設された時代の思い出」として「古い摩天楼群」を保存することを提案している(cit. in Peter Lang, William Menking, *Superstudio. Life Without Objects,* Milan, Skira, 2003, p.130)。

[20] K. Kurokawa, *Capsule Declaration*, in "Space Design", March 1969, n.p.

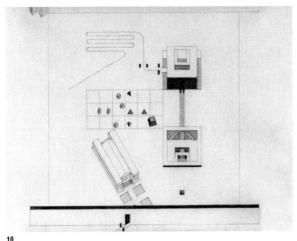
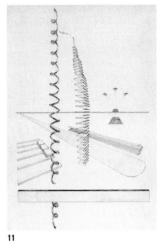

10.《エクソダス》(1971〜72年)、「文化広場」
11.《エクソダス》(1971〜72年)、「侵略の場所」

場(大英博物館)」といった様々な場所で文化・娯楽活動の日々を過ごす。

　空気・火・水・土の四つの広場に分けられた「四元素の公園」は囚人たちが四つの基本要素の特性を学ぶ場所である。たとえば「空気の広場」において囚人たちの感覚は幻覚性のガスによって刺激されるが、これはコールハースが1978年に『錯乱のニューヨーク』で描いたニューヨークのラジオ・シティ・ミュージック・ホールと同じような体験と言える[21]。三つのプールがある「浴場」と呼ばれる場所では、自発的囚人は相手を探しカップルやグループとなって中空壁に挿入された小部屋に入り込む。そこはルドゥーの空想的な「オイケマ」計画と同じく「自由奔放な欲望に身を委ねる」場所として設計されている[22]。一方「文化広場(大英博物館)」は自発的囚人の芸術教育の場であり、3つの建物から構成されている。新古典主義様式の神殿的な建物には有史以

[21] Cf. Rem Koolhaas, *Delirious New York. A Retroactive Manifesto for Manhattan*, New York, Oxford University Press, 1978, pp.177 et seq.
『カサベラ』誌に掲載されたテクストでは「四元素の公園」が以下のように描写されている。「第1の『大気』の広場は複数のパヴィリオンから構成され、交感ダクトがきわめて精巧なネットワークを形成している。ダクトは様々な混合ガスを放出し、様々な香りの体験を与える。プログラムされたシークエンスと即興的リズムによって、高揚感や憂鬱な気分、落ち着いた気分やくつろいだ気分が目に見えぬ形で生み出される。第2の『砂漠』の広場は、広さは第1の広場と同じだが、ストリップよりも低く沈んでいる。これはエジプトの風景を人工的に再構築し、幻惑的な環境を再現したものである。小さなオアシスがあり、太陽は炎のオルガンで置き換えられている。直線状の洞窟が四つあり、突き当たりには蜃気楼製造器が欲望を映し出している。が、手を触れることのできない理想にすぎない。ピラミッド内部に宝箱がないことは永遠の秘密である(建設者たちはおそらく処刑されたからである)。さらに地下深くに降りると『水』の広場に達する。ここでは広場を取り囲む壁の一部が周期的に動き、水面がつねにかき乱されて大波が生じることもある。ピット底部の第4の広場は『地』の広場である。岩肌の一部はマッターホルンのように残され、頂上はストリップの床の高さとぴったり一致している。綿密な調査を通じて『地』の広場の洞窟の壁には過去を示す考古学的痕跡が発見されている。ヴォリュームに割り込む打ち捨てられた地下鉄は『現在』を垣間見せる存在である」(Koolhaas, Zenghelis, *Exodus* cit., p.44)
[22] 『カサベラ』誌のテクストは以下のように続く。『浴場』の機能は個人と公共の幻想を創造しリサイクルすることである。二つの正方形浴槽(湯の温度と調合が異なる)と低く下がった円形の集水部を除き、地上階のすべての部分は公共的行為の場であり、それを表現するエリアである。建物の2枚の長い壁は大小様々の小部屋から構成され、個人かカップルかグループが閉じこもる。小部屋は欲望に溺

12.「インスタント・シティ」(アーキグラム、1968年)

来の工芸品が、もうひとつの温室のような建物には現代の作品が収蔵され、地下にある第3の建物は芸術制作の場として使用される[23]。

「大学」――1977年の再設計時には「侵略の場所」と改名されている[24]――にはレオニドフ風の2本の高層タワーが建っている。床スラブだけのタワーは積層された闘技場であり、自発的囚人たちが戦士となり「多数の人間が狭い領域に共存することから生じるあらゆるイデオロギー上の対立」[25]に格闘によって決着をつける場である。勝者は最上階に達しもうひとつの螺旋状タワーを通って地上に戻るが、それは「憤怒と敵意を取り除く解放のための降下である」[26]。一方「科学研究所」の自発的囚人は科学研究に明け暮れる[27]。「ストリップ」の両端部ではさらに新しい広場が建設中であり、カニバリズムさながら日々ロンドンを破壊し続けている[28]。

れ、欲望を具現化する場所である。小部屋を出ると、彼らはアリーナで他の住民――批評精神が旺盛で熱心な観衆――の前でパフォーマンスを行う。ここは精神に再び活力を補給する場所なのだ。パフォーマンスに鼓舞された観衆は地上階のコンコースに下り、それを分かち合う相手を探す…」(ibid.)

[23] 1977年に再発表された際には、後者二つの建物にマイケル・ハイザーやウンガースの作品のような同一の形態が与えられている。一方は地上から頭を出し、他方は地下に沈められている(*Exodus/1972*, in "Architectural Design", vol. XLVII, 1977, No.5, p.329)。コールハースは2001年に以下のように解説している。「地表より上に突き出た第1の部分は、広場から第2の部分を掘削する際に生じた物質を用いて建設されている。つまり第1の部分は第2の部分のインテリアなのである。一見しただけではこれら双子の建物が一体であることを理解するのは難しい。しかしそれは秘密というわけではない」(Rem Koolhaas, Elia Zenghelis, Madelon Vriesendorp, Zoe Zenghelis, *Exodus, or the voluntary prisoners of architecture. 1972*, in Jeffrey Kipnis, ed., *Perfect Acts of Architecture*, exhibition cat., The Museum of Modern Art, New York, Wexner Center for the Arts, Columbus, New York, H.N. Abrams, 2001, pp.14-33, p.25)

[24] Cf. *Exodus/1972*, in "Architectural Design", vol. XLVII, 1977, No.5, p.329.
[25] Ibid.
[26] Ibid.
[27] コールハースとゼンゲリスはこう述べている。「あらゆる研究・実験・考察はあらゆる人々に開かれ、理解可能である。この場所は四つの正方形に分割され、その三つには医学・科学・工学を絶え間なく発展させるための建物が一つずつ建てられる。第4の正方形は庭園である。十字形の建物は雇われの科学者と発明家たちを収容している。尽きることのない感謝を表すために、自発的囚人は彼らを永遠に囲い込む建築を歌によって讃える」(Koolhaas, Zenghelis, *Exodus* cit., p.45)

13.《エクソダス》(1971〜72年)、「レセプションに向かう疲弊した人々」

14.《エクソダス》(1971〜72年)、「浴場」

15.『晩鐘』(ジャン=フランソワ・ミレー、1858〜59年。パリ・ルーヴル美術館所蔵)

「ストリップ」から直線状の厚い壁のような「サブ・ストリップ」が枝分かれしし、アーキグラムの「インスタント・シティ」のようにロンドンの貧民街にまで広がっている。「サブ・ストリップは飛び地をつくり出し、入植者たちが夢に描くあらゆる私的居住設備を提供する。この壮大なシステムは既存のスラムを否応なくゴーストタウンとピクチャレスクな廃墟へと変えてゆく」[29]

《エクソダス》の「広場」の生活を描いたコラージュには、リチャード・ハミルトン、アーキグラム、スーパースタジオの作品の影響が認められる。憔悴した難民がロンドンを離れ「レセプション・エリア」に向かって壁の手前を歩くドローイングを見てみよう。壁は1971年にコールハースが撮影したベルリンの壁の写真であり、難民はフリッツ・ラングの映画『メトロポリス』の哀れな労働者たちである。彼らはモノクロームの都市を捨て、(1970年代初期のビデオアート風の)煌めく色彩に溢れたスクリーンへと吸い込まれていく。「浴場」の小部屋にはめ

[28] ストリップ先端が成長し続けるという《エクソダス》のアイデアは、ギー・ドゥボールが1959年に構想した「更新し続ける都市」("Internationale Situationniste", No.3, p.11)やスーパースタジオの「連続生産テープ都市」に似ている(cf. Superstudio, *Premonizioni della parusia urbanistica. Ecco le visioni di dodici Città Ideali [...]*, in "Casabella", XXXVI, 1972, No.361, p.52)。

[29] *Exodus*, manuscript version, cit. in De Cauter, Heynen, op. cit., p.265.

16.《エクソダス》(1971〜72年)、「菜園」

こまれたイメージはコールハースが制作に関わった映画『白人奴隷』からの引用である。新参者を迎えるエリアにはニューヨークの象徴であるエンパイア・ステート・ビルがウォーホル的にコピーされ、摩天楼の森としてコラージュされている。「浴場」や「菜園」のドローイングに登場する空飛ぶ球体はイヴ・クライン作品のように青く、ロシアとアメリカの宇宙飛行士が眺めた地球のようでもあり、その象徴的な強度はスーパースタジオのフォトモンタージュ作品に匹敵する。

《エクソダス》の理論的・芸術的スタンスの本質は「菜園」での生活を描いたドローイングに表れている。スーパースタジオのような抽象的平面の上で手押し車と鍬を傍らに祈る2人の自発的囚人は、ジャン=フランソワ・ミレーが1858〜59年に描いた『晩鐘』へのオマージュである。ミレーの『晩鐘』はサルバドール・ダリにとってアイコン的な絵画であり、彼の一連の作品の源泉だった。ダリは1963年に出版した『ミレーの『晩鐘』における神話的悲劇』という著書の中で「偏執症的＝批判的方法」を強弁する根拠としてこの絵画を利用しているが、コールハースが「偏執症的＝批判的解釈」を学んだのはまさにこの本からである。後にコールハースはこの方法をニューヨーク研究や様々な建築的驚異を発明するために応用することになる。

後にコールハースはこう述べている——「私は長い間シュルレ

アリスムに関心を抱き続けてきたが、それはシュルレアリスムの分析力に興味をもったからであり、無意識の解明や美学に惹かれたからではない。[…]。とりわけ感銘を受けたのはその『偏執症的』な方法である。私の考えではこれは今世紀の天才的な発明の一つであり、合理的でありながらも客観性を装うことがなく、分析がそのまま創造になる方法なのである」[30]

マンハッタンから学ぶ（1972〜74年）

AAスクールを卒業したコールハースはニューヨークへの移住を決意する。当時幾人かの先駆者がアメリカ大都市の性質を分析し始めており、コールハースの移住の背景には、彼らが築き上げた文化的土壌が認められる。1971年の『カサベラ』誌には「記号的環境としての都市」のコンペ報告記事に続いて、ピーター・アイゼンマンやケネス・フランプトンらが参加したニューヨークの建築都市研究所（IAUS）の研究が紹介されている。また、『カサベラ』誌の同号には当時IAUS所長だったエミリオ・アンバースも寄稿し、アメリカ大都市に関する重要な分析が展開されている。ヴァルター・ベンヤミンのエッセイを参照したアンバースは「これまでとはまったく異質な都市概念を構築する上でマンハッタンはかつてない可能性を示すだろう」[31]と宣言している。翌年5月にはアンバースの指揮の下にニューヨーク近代美術館（MoMA）で「イタリア：ニュー・ドメスティック・ランドスケープ　イタリアン・デザインの成果と課題」という展覧会が開かれ、スーパースタジオやアーキズームの作品が展示されている。一方ロンドンでは同年の7月から8月にかけてボヤスキー率いるインターナショナル・インスティチュート・オブ・デザインが夏期講座を開催し、数々の「マンハッタン・ワークショップ」とコールハース担当の「ベルリンの壁／カサベラ出品作」という会議が開かれている[32]。コールハースがハークネス奨学金を得てフリーゼンドープとアメリカへ渡ったのはこのような時代だったのである。1972年、彼らはイサカのコーネル大学に留学し、オ

[30] Cit. in Alejandro Zaera, *Finding freedoms: conversations with Rem Koolhaas*, in *1987-1998 Oma/Rem Koolhaas*, "El Croquis", No.53+79, p.33; and [Koolhaas], *Surrealism*, in OMA, Koolhaas, Mau, op. cit., p.1190.

[31] Emilio Ambasz, *Manhattan: capitale del XX secolo*, in "Casabella", XXXV, 1971, No.359-60, (pp.92, 93), p.93.

[32] Cf. *What to do with Manhattan?*, in "Architectural Design", vol. XLIII, 1973, No.5. ニューヨークの展覧会とロンドンのセミナーはイタリア発の「カウンターデザイン」の拡大と関連する出来事だった (cf. Alessandro Mendini, *Radical Design*, in "Casabella", 1972, No.367, p.5)。

[33] ゼンゲリスもウンガースのスタジオで働いていた。

[34] コールハースとダルダーは探偵物やポルノや商業映画を中心に活躍するアメリカの映画監督ラス・メイヤーを巻き込み、『ハリウッド・タワー』という映画を企画している。この映画は従来の製作手法に則りながらも、俳優がデジタル技術の画像によって置き換えられるというものである。コールハースは『ハリウッド・タワー』というテーマについて以下のように述べている。「1974年にルネ・ダルダーと協働して執

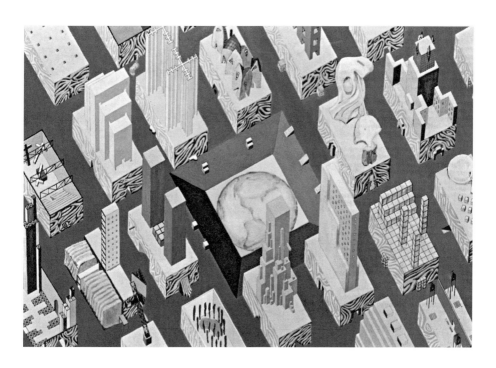

17.《囚われの地球の都市》(レム・コールハース、1972年)

ズワルト・マティアス・ウンガースのコースに参加する[33]。そこでコールハースはコーリン・ロウと出会い、それがきっかけでIAUSの客員研究員になったが、並行してダルダーと脚本の執筆も続けている[34]。

　　コールハースとフリーゼンドープはニューヨークの知られざる大衆的側面を浮かび上がらせる手がかりを探し出すことから研究に着手する。彼らは偏執症的＝批判的方法[35]やボヤスキーによるシカゴの歴史的研究[36]を参照しながら旅行者向けパンフレットや絵葉書を収集している。同じ1972年にはロバート・ヴェンチューリ、デニス・スコット・ブラウン、スティーヴン・アイズナーによる1968年のゼミをまとめた『ラスベガスに学ぶ』が出版されている[37]。この本からコールハースはアメリカの都市の観察方法と表現方法を学ぶ。つまり、現

筆した脚本は三つの側面を持っている。第1は裕福なアラブ人がハリウッドの映画アーカイブを買い占め、あらゆるスターをスクリーンに呼び出せる装置をつくるという台本である。第2の側面として、この映画はニクソン政権を扱っている。仕事にあぶれた俳優たちを大枚をはたいて助け、[…] 映画の仕事を再び与える

という内容がこれに当たる。最後の第3の側面はラス・メイヤーに関わる。なんと言っても彼はポルノ映画の名手であり、それはヒューマニズムの最終形態と呼べるものなのだ」(cit. in *Spiegel interview with Dutch architect Rem Koolhaas*, in www.spiegel.de/international/spiegel/0,1518,408748,00.html)

[35] ダリはポストカードが「大衆の無意識的な思考を研究する上でとても優れた資料である」と述べている(Dalí, op. cit., p.108)。コールハースとフリーゼンドープはニューヨークの「メトロポリタン・ポストカード・コレクターズ・クラブ」のメンバーだった。

[36] Cf. A. Boyarsky, *Chicago à la carte. The city as an energy system,* in "Architectural Design", vol. XL, 1970, No.12, pp.595-622.

代の大都市現象を理解し、「コンティニュアス・モニュメント」のような幻像を投射することなくありのままのニューヨークを観察する術を身につけたのである。さらにコールハースはレオニドフ研究のために訪れたモスクワへの旅の経験から、前衛的な構築主義的プログラムが断片的にではあるがマンハッタンにおいて実現している事実を発見する。この時からコールハースは覚え書きや資料をまとめはじめ、ニューヨークに関する本『錯乱のニューヨーク』の執筆を開始している。この本が出版されるのは1978年だが、その内容はコールハースと仲間たちのグループが制作した1972年以降のプロジェクトとドローイングの理論的な枠組となっている。マンハッタンはコールハースとゼンゲリスの建築プロジェクトの焦点となり、いくつかのプロジェクトはマデロンとゾーイのシュルレアルなドローイングを通じて理論的な問題を拡張する謎めいたイメージとして表現されたのである。

　コールハース・グループは以下のように述べている。「1972年から1976年にかけてIAUSではマンハッタン・プロジェクトの様々な作品がインターンと学生の手を借りて制作されている」[38]

　マンハッタンの都市性を探り出す作業は1972年にコールハースとゾーイ・ゼンゲリスが制作した《囚われの地球の都市》や、1973年にエリア＆ゾーイ・ゼンゲリスが制作した《コロンブス・センターの卵》のプロジェクトからスタートしている。この二つのプロジェクトと《エクソダス》は一つの脚本の中の異なる挿話のようであり、類似した理論的・隠喩的アプローチを採用している。

　コールハースはアドルフォ・ナタリーニに宛てた手紙で、以下のように述べている――「エリアは1週間ここにいた。僕たちはマンハッタンのプロジェクトに取り組んでいるところだ。僕は猛然とやる気になり、錯乱した公共的室内や異様に『感傷的』でリアルな彫刻、楽観主義の卵形モニュメントや象徴的街路など、考えうる限りの『ヒステリックな建築』の研究とデザインに熱中している。どれも凄く面白いけれど、頼りになる批評や注釈がないのでイライラしている。僕の関心を惹くアイデアが本当に面白いのか馬鹿げているのか、あるいは両方なのか判断できないからだ」[39]

[37] Cf. Robert Venturi, Denise Scott Brown, *A Significance for A&P Parking Lots or Learning from Las Vegas,* in "The Architectural Forum", vol. CXXVIII, 1968, No.2, pp.36-43, 89, 91; Robert Venturi, Denise Scott Brown, Steven Izenour, *Learning from Las Vegas,* Cambridge Mass., London, MIT Press, 1972.

[38] *The Discovery of Manhattanism,* in "Architectural Design", vol. XVII, 1977, No.5, p.330

[39] Rem Koolhaas, letter to Adolfo Natalini, 22 June 1973 (Archives Natalini).

[40] Koolhaas, *Delirious* cit.,

《囚われの地球の都市》ではマンハッタンの都市グリッドと1916年のゾーニング法に由来する「基壇＋セットバック＋タワー」という摩天楼の分割が注目され、そこから理念的な都市の実験場が生まれた状況が描かれている。都市グリッドは20世紀の建築の前衛の未知なる可能性が発見される場所、あるいは彼らの「敗北(ギブアップ)」が確認される場所なのである[40]。「磨き上げた重厚な石の基壇」はマンハッタンのブロック(街区)に対応し、その上にコールハースが学生時代に憧れたアイコン建築やマンハッタンに関連するアヴァンギャルド作品が載せられている[41]。ベルリンの壁、『カリガリ博士の箱』に登場する表現主義建築、ダリによる『ミレーの建築学的晩鐘』、カジミール・マレーヴィチの抽象的コンポジション、エル・リシツキーによるレーニン演説台、レオニドフによる重工業省本部、ル・コルビュジエによるヴォアザン計画のタワー群、「ミースへのオマージュ」[42]としての2本のタワー、スーパースタジオによる「建築的ヒストグラム」などである。大小様々の直方体が組み合わさった建物は「変形、再解釈、再生産の絶え間ない反復衝動から生まれるO.M.ウンガース建築の無意識の肖像」[43]である。ウォルドーフ・アストリア・ホテルやロックフェラーセンターの「RCAビル」などのマンハッタンを象徴する摩天楼、1939年ニューヨーク万博の目玉だったウォレス・ハリソンの「トライロン」や「ペリスフィア」の姿も見られる。「自発的囚人」と同じく、このプロジェクトにおいても「囚われの存在」は豊かさを備えており、「これらの建物群は総体として世界それ自体を育む巨大な保育器を形成し、地球上で繁殖し続ける」。都市の中央に穿たれた四角い穴からは「地球」が姿を覗かせているが、これは1968年にマイケル・ハイザーが砂漠に掘り込んだ穴や、スーパースタジオがデザインした床面に置かれた鏡(ミズーラ・シリーズの家具の一つ)から着想を得たものと言えるだろう。

　《囚われの地球の都市》は並置(ジャクスタポジション)によって異質な経験を共存させるというシュルレアリスム的な野心を引き継いだ文化的なプロジェクトであり、「解剖台の上でのミシンと傘の偶然の出会いのように美しい」[44]というロートレアモンの有名な言葉を思い起こさせる。コールハースがプロジェクトの機能を解説する際に繰り返し用いる「自慰」

p.243.
[41] 1968年に開催されたアムステルダム市役所のコンペに際して、コールハースはロシア構築主義的なイメージをもつ単純な幾何形態を基壇上に置く計画を提案している。この提案はゼンゲリス、ケネス・フランプトン、エイドリアン・ゲイル、ダグラス・スティーヴンの協働によるコンペ提出案の検討時に制作された。彼らの最終案にはコールハース案のような基壇があるが、その上に載せられた建物はミース・ファン・デル・ローエから着想を得たものである。
[42] *The City of the Captive Globe/1972* cit., p.332.
[43] Ibid.

「射精」「受胎」といった言葉は、《囚われの地球の都市》が知的でシュルレアリスム的な「オイケマ」であることを示している。コールハースの定義によれば《囚われの地球の都市》は「『エゴの首都』であり、理念的な条件のもとで科学、芸術、詩、そして様々な狂気の形態が仮象的な現実世界の創造と破壊と再生を競い合う場所」[45]なのである。このプロジェクトでコールハースは精神分析学の仮説、たとえば「対比的立場の並存」の能力に関するユングの研究などを参照しながら「アンチテーゼの未解決状態」をつくりだし、そこから「生き生きしたもの」と「存在の新しい尺度」を引き出したのだと言える[46]。コールハースによれば科学実験のように「望ましくない法則と否定しがたい真実の未解決状態」をつくりだすことは、20世紀のアヴァンギャルドの未知なる可能性を発見し、彼らの「敗北」を宣言するための前提となるのである[47]。

　コールハースは1977年に次のように述べている。「《囚われの地球の都市》を制作した当時、私はこのドローイングは無意識の大都市風景を誇張的に外挿し、大都市主義(メトロポリタニズム)に関するいくつかの潜在原理をマニフェスト化するプロジェクトだと考えていた。しかし詳細に調べてみると、ニューヨークの摩天楼の多くが、新しい生活様式の発明と実現に取り憑かれたヨーロッパの前衛運動、つまり未来派・構築主義・表現主義・シュルレアリスム・社会主義リアリズムの思想的野望をそれぞれ独特の形で体現していることがわかった。これらの前衛運動は生まれ故郷のヨーロッパでは共存不能で結論も相容れないと考えられていたので、他の運動を押し退け自らの教義のヘゲモニーをひたすら獲得しようとしていた。しかしマンハッタンでは、それぞれがいわば『匿名』的な存在となり、互いの凶暴性を調整する必要もなく、あたかも当初から相互に補完し合うような存在としてグリッドの中に共存している」[48]

　《囚われの地球の都市》は、マンハッタン・グリッドを建築と都市の新ヴィジョンを生み出す装置の基礎と捉えている点で、エミリオ・アンバースやスーパースタジオのプロジェクトと共通している。実際アンバースは『カサベラ』誌に寄稿したテクストにおいて、マンハッタ

---

[44] Cit. in André Breton, *Manifestes du Surréalisme*, Paris, J.-J. Pauvert, 1962.

[45] Koolhaas, *Delirious* cit., p.243.

[46] ユングは述べている。「立場の対立は力のみなぎった緊張感をもたらし、生き生きとした第3の要素をつくりだす。この第3の要素は[…]論理的な中絶行為ではなく、宙吊りのアンチテーゼから生まれる前進であり、存在の新しいあり方と新しい状況をもたらす生命の誕生である。対立物が離れて置かれる場合——衝突を避けるためにそうされるのだが——両者は機能することなく、結果は死せる沈滞となる」(Carl Gustav Jung, *The Transcendent Function* (1957-58, manuscript 1916), translated from the Italian, ed. by L. Aurigemma, *Opere de C.G. Jung*, vol.VIII, Turin, Bollati Boringheri, 1965, pp.104, 105.)。

[47] Koolhaas, *Delirious* cit., p.243.

[48] [R. Koolhaas], *The City of the Captive Globe/1972*, in "Architectural Design", vol.XVII, 1977, No.5, pp.331, 332.

[49] Ambasz, *II. Manhattan* cit., p.93.

アンバースは以下のように述べ

18.《コロンブス・センターの卵》（エリア・ゼンゲリス、ニューヨーク、1973年）、鳥瞰図。ゾーイ・ゼンゲリスとの協働作品

ンのインフラが1970年代のアヴァンギャルドの空想的プロジェクトに匹敵する技術的可能性を孕んでいると述べている。彼は「インフラ・グリッドを既存のコンテクストや場所から切り離し、たとえばサンフランシスコの中心、アフリカの平原、城が建ち並ぶロワール渓谷、万里の長城の脇などに再配置し」、その上に「過去の作品の断片」を並べている[49]。一方スーパースタジオは1972年にニューヨークで開催された展覧会に際して、長方形パネルを敷き詰めたニュートラルな連続平面のアイデア――「スーパーサーフェス」――を発表しているが、これもマンハッタン・グリッドの特質を引き出すアイデアであり、アンている。「第1の回顧的な段階では、数ある可能性の一部として存命しているインフラについてのあらゆる記憶の断片をかき集めている。ボローニャのアーケード、オシップ・マンデリシュタームのサンクト・ペテルブルク、ジョン・ナッシュのリージェント・パーク、ガブリエルの小トリアノン宮殿、桂離宮の夕日を眺める廊下、ミースのバルセロナ・パヴィリオン、ウォレス・スティーヴンスの麦畑に吹く風、ジョン・ソーンの住宅、フランク・ザッパのロサンゼルス、ボードレールのはかない瞬間、ドビュッシーの水の中の伽藍、マイケル・ハイザーのランドマーク、ジョアン・リトルウッドのファン・パレス、レイ・ブラッドブリーの茶色の雲、ル・ノートルのシャンティの庭園などである…。過去のコンテクストから抽出された涙のように流れる断片、文章の海から救い出されたそれ以上に約しえない言葉たちには、従来の峻別的な設計プロセスから逸脱したものが含まれており、固定的なヒエラルキーの構築に代わる事物の結合プロセスがほのめかされている。歴史から救い出された断片は同一位相に配置され、隣接関係は変化し続ける。そうすることによって断片は新しい意味を獲得し、深遠な特性へと至る代替的な経路が描き出されるのである」(ibid.)

バースが構想したインフラやアーキズームの空想的プロジェクト「ノン・ストップ・シティ」の連続平面と類似した性格を示している。この点についてスーパースタジオはこう述べている。「サービスとコミュニケーションのグリッドが土地の利用法を規定する。[…]。ニューヨークのような都市は、カルテジアン・グリッドによって領域ごとの機能が定められる教訓的な事例である」[50]

《エクソダス》や《囚われの地球の都市》とは異なり、ゼンゲリスが主導した他のマンハッタン・プロジェクトは空想的な衝撃力にそれほど固執してはいない。その一つ《コロンブス・センターの卵》計画は、もっとも有名な探検家による幸運な発見、すなわちコロンブスの「新大陸の発見」に捧げられた建築である(ブルトンは1924年の『シュルレアリスム宣言』において、「クリストファー・コロンブスはアメリカ大陸発見に向けて船一杯に狂人を載せて出航すべきであったし、狂気がどのように形成され持続したかを記録すべきだった」と述べている[51])。プロジェクトはこの想像上のプログラムにイーストリバー沿いの具体的な場所を与え、摩天楼が建ち並ぶマンハッタン島河岸のウェルフェア島(今日のルーズベルト島)正面付近に適用する試みである。ゼンゲリスは架空の複合居住施設を構想し、《エクソダス》の「ストリップ」を線状の公園に変形させ、既存の建物を解体して「仮設的かつ実験的な構造」[52]をつくりだしている。ブロック全体はマンハッタンのグリッドよりも低く沈められている。《囚われの地球の都市》もプロジェクトの一要素として取り込まれ、モデル化・ミニチュア化されて「建築学部」の建物になっている。《囚われの地球の都市》というコールハースのプロジェクトが建築的アイデアの実験場に他ならないことを暗にほのめかしているのである。

ゼンゲリスのプロジェクトの理念的な中心は「コロンブスの卵のモニュメント」と呼ばれる巨大な卵であり、《エクソダス》の「レセプション・エリア」に似た機能を備えている(卵はマンハッタン・グリッド上に描かれた半円の中心点に位置する)。これはコールハースとゼンゲリスの基本的な象徴形態の一つである「卵形」の初陣である。「卵形」は「ベルリンの壁」と同じく偏執症的=批判的方法の創作プロセスを通して生じる典型的な形態として、これ以降も頻繁に繰り返されることになる。イーストリバー沿いの一連のブロックは「コロンブスの卵のモニュメ

---

[50] [Superstudio], *Vita educazione cerimonia amore morte, cinque storie del Superstudio*, in "Casabella", 1972, No.367, (pp.15-26), p.16. これは展覧会のカタログ用に書き直されたテクストである。『スーパー・サーフェス』は1972年の展覧会に出品されたショートフィルムの題名である。

[51] Cit. in André Breton, *Manifesti del Surrealismo*, Turin, Einaudi, 2003, p.13.

[52] *The Egg of Columbus Center/1973*, in "Architectural Design", vol. XVII, 1977, No.5, (pp.334-37), p.336.

ント」を起点として生まれ、一つ一つは川からセットバックする建物で占められている。建物は基壇に載っているが、この基壇も《囚われの地球の都市》に由来している。建物のモデルには多様な居住と娯楽の機能を集積した先例として、ウォルドーフ・アストリアなどのニューヨークのホテルと、レオニドフの「ドム・コムニイ」が選ばれている[53]。コールハースとゼンゲリスによれば、アメリカのホテルとソヴィエトのドム・コムニイは、その集積性によってル・コルビュジエのユニテ・ダビタシオンのモデルに挿入するにふさわしい装置となり、ユニテ・ダビタシオンの未知なる可能性をえぐり出し、その反都市性を「大都市複合居住施設」[54]へと変換する存在なのである。ゼンゲリスが設計した建物の中には形式張った空間が挿入されているが、そのいくつかはパラディオのヴィラから着想を得たものである[55]。各個室は「大部屋、小部屋」といったようにサイズに従って命名される。一方「エピセンター」と呼ばれるアパートメントの中心には、シンボリックな2層分のヴォリュームに「浴場、劇場、厨房、ミニチュアの空港、洞窟、計画センター、展望台」が収められている。ゼンゲリスとコールハースはこのように多様な空間をつくりだした理由を、多様な「ライフスタイル」

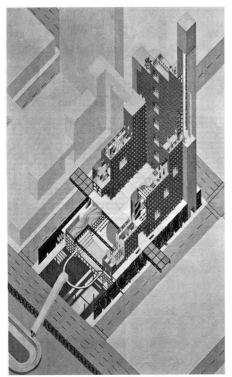

19.《コロンブス・センターの卵》(1973年)、鳥瞰図

を生み出すためだとアーキグラム風に説明している[56]。建物の外壁にはスーパースタジオ、ウンガース、ヒルベルザイマーの作品に似た正方形窓が穿たれている。二つのブロックの基壇にまたがる一団の摩天楼は、ウンガースやシュプレマティスムの作品のように抽象的ヴォリュームを組み合わせたロックフェラーセンターのヴァリエーションと言えるだろう。

　　イーストリバーには1本の桟橋が架かり、ウェルフェア島とアトラクションの水上パヴィリオン群を結びつけている。後者はコールハースが研究したニューヨークの遊園地コニーアイランドのドリームランドに似ている[57]。アトラクションの一つは実現しなかった国連ビルの第1案であり、実現した国連ビルと対峙している。他のいくつかのパヴィリオンは、たとえば「浴場」など《エクソダス》の「ストリップ」からの引用である。これらの水上に浮かぶ要素は、後にコールハースの《ニュー・ウェルフェ

20

21

20.《コロンブス・センターの卵》(1973年)、「浴室のあるアパートメント」

21.『メデューズ号の筏』(テオドール・ジェリコー、1818〜19年。パリ・ルーヴル美術館所蔵)

ア島》計画にも再登場する。

《コロンブス・センターの卵》の鳥瞰図にはテオドール・ジェリコーが1818〜19年に描いた『メデューズ号の筏』のイメージが浮遊している。この絵はフランス政府の命を受けてセネガルに向かう戦艦メデューズ号がブランシュ岬の沖で座礁した1816年の事件を題材としたものである。100人を超える男たちで一杯になった約10m×20mの小さな筏は、役人を乗せた救命ボートから切り離された後に何日間か漂流し、帆船アルギュス号に発見された時の生存者はわずか15人だった。大部分はパニックや狂気に陥り自殺し、激しい生存争いで海に突き落とされ、最後は食人さえ行われたという。1969年に『アーキテクチュラル・デザイン』誌で発表された記事では、この「メデューズ号の筏」が「海上パニック」の一例として取り上げられている[58]。

この事件についてコールハースはこう述べている——「海軍の大型船メデューズ号が地中海で難破した後、軍人たちは漂流者として筏に取り残された。筏には数バレルのワインと銃と弾薬があるだけだった。漂流2日目から彼らは酒に溺れ、パニック状態に陥って食人を始めた。7日目には救助されたのだから、何も食べなくても生き延びられたはずなのに。『心神喪失状態』を描いたこの記念碑的絵画は、20世紀の大都市における性急なパニック状態と心神喪失を表現している」[59]

コールハースとゼンゲリスは「メデューズ号の筏」を通じて、現代社会が20世紀の大都市に直面して陥ったパニック状態に注意を喚起している。ジェリコーの筏は矩形のプラットフォームに姿を変え、アヴァンギャルド文化の生存者を乗せてヨーロッパを飛び立ち、レトリスム的漂流を経た後に、パラシュートに揺られてニューヨークに降り立とうとしている。その様子はアーキグラムのインスタント・シティの飛行船にも似ている。なおブルトンも『シュルレアリスム第三宣言か否かのための序論』(1942)の「短い預言的間奏」において「メデューズ号の筏」について言及し、「曲芸師たち」の到来を預言している[60]。

《コロンブス・センターの卵》に添えられたテクストでは、こう述べられている——「ジェリコーの『メデューズ号の筏』はパラシュー

53 Ibid., p.337.
54 Ibid., p.334.
55 Ibid., p.337.
56 Cf. Peter Cook, *Experimental Architecture*, London, Studio Visa, 1970, pp.119,133.

57 Koolhaas, *Delirious* cit., pp.38 et seq.
58 Cf. Stanley Miles, Drowning, in "Architectural Design", vol.XXXIX, 1969, No.4,(pp.202, 203), p.202. 前掲テクストの図版のキャプションには「この出来事の全体は海上パニックの古典例に連なる」と書かれている。コールハースの作品の模型写真には時折「パニック」という単語が重ねられていることに留意したい。それは設計プロセスの重要な局

トでゆっくりと降下し、筏はそのまま都市ブロックへと姿を変える。この出来事は、建築がこれから直面するであろう難局を象徴している。筏の絵は漂流者が大都市を視界に捉えた瞬間、すなわち救済の瞬間を描き出している」[61]。コールハースとゼンゲリスはさらにこう続ける——「古文書によれば、メデューズ号の漂流者と筏はパラシュートで『都市』という救助船に降下する。筏はその内的生活がもたらした虚飾的な狂気にあふれながらも、静穏なモニュメントとして再び姿を現し、永遠の建築の内部には未知なる新しい生の形態を湛えている。船上での快楽の日々から生まれた数え切れないアクティビティの混交と、絶え間ない充足と剥き出しの人間感情に支配された自然発生的な計画センターである。この見事な無政府状態を煽動した首謀者の中では、とりわけイエス・キリストとマルキ・ド・サドの特異な振る舞いが際立ち、建築の輝かしい秩序にふさわしい状況をもたらしている。[…]。彼らは救出される。彼らは失われた楽園、すなわち愛する力を取り戻す。互いを愛するよりも、むしろ自らを愛する力を取り戻す。救済はコロンブスの卵のようである。古文書はこの海難事故が紀元19世紀のある時点で生じたことを伝えている。筏がいつ救助されたのかはいまだに明らかになっていない」[62]

　1973年2月8日にナタリーニに宛てた手紙の中で、コールハースはアメリカでの新生活の第一印象を以下のように語っている。

　「新年の手紙をありがとう。行き先の見えないこの自虐的な探索の目的は何だろうかという疑問に囚われ、ヨーロッパを無性に懐かしく思うことが2週間に一度くらいある。答えはまだわからない。僕らはキャンパスに近い丘の上の広くて美しいアパートメントに住んでいるので、(駐車場ばかりの)イサカの町を見渡せる。町には教会や城を真似た40ばかりの小綺麗な建物があり、1万6,000人の『いい子ちゃん』が住んでいるが、大体は異常に健康的なヒトラー・ユーゲントみたいで、厳しい冬の最中にはミシュランマンのように丸々と服を着込み男女の区別がつかないほどだ。僕らは生まれて初めて『郊外』の『退屈な』生活を送りながら、絵葉書やアメリカの風物誌、地方映画館、簡易食堂(ダイナー)、ハワード・ジョンソン・ホテルといった馬鹿げた物件を調査

面に対応している。
59　Caption in Koolhaas, *Delirious* cit., p.252.
60　Breton, op. cit., p.219. ブルトンは次のようにも述べている。「メデューズ号の筏の生存者を救出する時、帆船アルギュス号の船長は同情と嫌悪が入り交じったまなざしを向けた。このまなざしを通じて、われわれは今日における制御不能となった思考と陰惨な生存競争を見るのである」(Ibid.)
61　*The Egg* cit., p.334.
62　OMA, *The Raft of the Medusa,* in "Lotus international", 1976, No.11, p.36.

している。これらはアメリカという怪物のもっとも手つかずの部分と言えるからだ。去年の11月から何人かの友達が訪れて（チャールズ・ジェンクス、エリアとゾーイ、ヘリット・オールトイス）昔のプロジェクト（『カサベラ』とレオニドフの本）の仕上げ作業をしているが、おかげで僕らは疲労困憊の極致だ」

「そういうわけで、遅ればせながら僕はようやく『ヒステリックな都市』の研究にとりかかったところだ。そこでわかったのは、今日のアメリカは意図的かつ偏執症的な誤読を通じてコロンブス的な創造を行うには、あまりふさわしくない場所だということだ。アメリカン・ドリームは、そこから疎外されたあらゆる芸術家と知識人から死を宣告されている。彼らは自己嫌悪に苛まれながらも、自らが下した拙速な診断の正しさを強弁しているのだ」

「僕のアングロ・サクソン的な偏執症が肥大して君を苛立たせないか心配だ。僕は総じてイギリス人よりもアメリカ人の教養レベルに深く共感を抱いているが、それでも以前と同じように、ここでも（知的）欲求不満を感じている。僕らヨーロッパ人特有の真面目さと複雑さ、概念と理念志向は、奇妙な真空状態に吸い込まれてたちまち消耗してしまう。まるで不機嫌な赤ん坊がくわえる（偽物の）おしゃぶりになったような気分だ。この国全体が究極的な野獣性と従順性の筆舌に尽くしがたい混交だからだ」

「ドイツ（ベルリン）出身のきわめて優秀な建築家ウンガースはここでの良き存在で、友人として付き合っている。でも彼は4人の恐るべきゾンビ――ここでの大抵の人間と同様に、有名で『頭の切れる』コーリン・ロウに付き従う奴ら――と衝突している（ロウはコマーシャルでチャーチルを演じることができそうだ）。奴らはル・コルビュジエ的な想像妊娠の最終段階なので、彼（マティアス・ウンガース）は必死の反撃を喰って動転し、身も心も目に見えて困憊している。それを見てピーター・アリソンは以前にも増してオールドミス的な気性をさらけ出し、激しく焼き餅を焼いている」

「僕らは3週間に一度はニューヨークを訪れてケンと会っている。彼はとてもいい友人で心温かく僕たちを励ましてくれる。僕は『冷血漢』ドレクスラーとエミリオ・アンバースにも会った。アンバースの事務所では野球のグローブのような彼のソファに座るよう勧められた。天井には巨大な照明が吊るされていた。どちらもイタリアの優越を勝ち誇りつつ彼の事務所に鎮座している代物だ。アンバースは彼の強迫的な打算と野心の向かう先に偶然落ちてきたバナナの皮のような笑い話に興味を抱くか、少なくとも若干の関心と好奇心をそそられ

たようである」

「僕はレオニドフの展覧会の準備を進めている。ドレクスラーはレオニドフのことを知らないので、展覧会は彼らの歴史認識を修正することになるだろう。なのでこの件はとても『デリケート』な状態で、今後どうなるかはわからない（アンバースは——少なくとも僕に語った限りでは——スーパースタジオのことを『イタリアで生じた唯一の価値ある出来事』と捉えているようだ。彼は今、似たような展覧会を日本でも準備しているが、きっとつまらないものになるだろう）。彼らのような流行仕掛人——IAUSの仕掛人——と付き合うのは初めてなので、まったく気が滅入るよ […]」

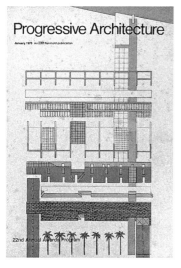

22.《マイアミのスピアー邸》（レム・コールハース、1974年）。ローリンダ・スピアーとの協働作品。図版は『プログレッシブ・アーキテクチャー』誌1975年第1号より抜粋

「『カサベラ』もついにロンドンの引力に屈したようだが、今のロンドンには（建築的）魅力は全然残っていない（もっともドラキュラ物語のようなありふれた英国式ゴシック・ホラーは別だけど）。ご存知のようにピーター・クックはAAスクールを離れてICAの学長になり、『元気を出せアーキグラムだ！』という展覧会を開いている。もちろん君は彼らの素敵なカタログを見ただろう。首を切られたのも知らないで元気に走り回るニワトリのような本だ。ローラは信心深くなって、インドから来た15歳のグルの信者になっている。アルヴィン・ボヤスキーは夏期講座とAAスクールの両方に幻滅してしまい（彼はAAを『自動操縦』化しようとしている）、ロンドンに生じつつあるとてつもない真空状態を埋めるにふさわしい場所を探す気配は一切ない。これから2年くらいかけてゆっくりと大陸発のクーデターを起こし、焼け野原となった権力の中心を埋めていかねばならない […]」[63]

矩形のプロジェクト（1974〜75年）

1974年から75年にかけて、コールハースは二つのプロジェクトにマンハッタンのブロック、つまり「メデューズ号の筏」のような矩形平面を応用している。一つはコロンビア大学の彼の学生ローリンダ・スピアーとともに1974年に設計した《マイアミのスピアー邸》である（ローリンダ・スピアーの両親の住宅である）。コールハースは類型的・平面計画的な方法に頼らず、平行に並んだ壁を用いて部屋を分割し規定して

[63] Rem Koolhaas, letter to Adolfo Natalini, 8 February 1973 (Archives Natalini).

いる。この方法に端を発する平行に並ぶ帯のシステムは、以後、様々なプロジェクトに繰り返し登場する。コールハースは1971年にベルリンの壁が異なる素材でつくられた一群の帯であることを発見している。そしてル・コルビュジエとテラーニの作品を、平行に重なった面のシークエンスとして捉えるロウとアイゼンマンの考察を踏まえて、このベルリンの壁や《エクソダス》の壁、アーキズームの壁、スーパースタジオの壁を再解釈している[64]。さらに、《スピアー邸》の一連の壁は不透明から透明へと連続的に変容する象徴的意味を帯びた材料のカタログとも言える。自然石を積み上げた第1の壁は《エクソダス》の断片であり、第2の壁は「磨かれた大理石で仕上げられ」上階では「ガラスで覆われた廊下となっている」。海に面した第3の壁は「アルミのルーバー・ドア」だけでつくられており、ドアがすべて開放されると「消滅」する。最後はガラスの列柱からなる壁、すなわち「ガラスブロックの柱廊」である[65]。このようなシークエンスは、アルベルティによって定式化されウィットカウアーやロウやカーンによって再解釈された壁と柱の関係についての旧来の考察の影響下にある。この意味でコールハースがこの住宅の柱廊を「残余の壁」と名づけている点は注目に値する[66]。

　《スピアー邸》では両親と子どもの二つのユニットがアトリウムによって分割されている。これは以後のコールハースの住宅作品で頻繁に繰り返される型である。二つのユニットに接する「中庭(パティオ)」はカーン的に「屋根のない部屋」と呼ばれている。約2mの間隔で平行に並ぶ壁の間には《エクソダス》の「ストリップ」と同じようにサービス空間が収められている。この1対の壁は「中空壁」と呼ばれている。ガラスブロックでつくられた細長いスイミングプールは、ブニュエルとダリの

23.「住宅二号」(ピーター・アイゼンマン、1969年)。『カサベラ』誌1973年第374号より抜粋

24.《マイアミのスピアー邸》(1974年)、アクソメ図

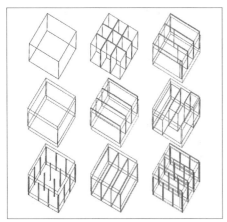

23

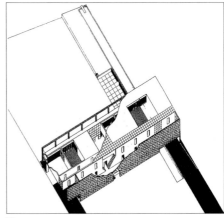

24

25.「ツェントロソユーズ・コンペ案」（イワン・レオニドフ、モスクワ、1928年）

26.《アムステルダム写真美術館コンペ案》（レム・コールハース、1975年）、平面図。マーサ・ポラックとの協働作品

27. 同上、アクソメ図

映画『アンダルシアの犬』の目を切り裂く剃刀のように鋭く、海からの漂着物のように横たわり、ビーチとの境界となっている。このプールはレオニドフの作品やレバー・ハウス[67]に見られるような建物の胴体（ボディ）を貫通する存在である。住宅のコンセプトはファン・ドゥースブルフの「反構築」やアイゼンマンのドローイングに似た「コンセプトのアクソノメトリック」と呼ばれるアクソノメトリック図によって表現されている。コールハースはプロジェクトのアイデアを示すために同種の表現を繰り返し使用しているが、これはその最初の例である。

《スピアー邸》の設計案はアイゼンマンに推されて1974年に『プログレッシブ・アーキテクチャー』誌の賞を獲得している。アイゼンマンはこれを「スタイルのない」「アイコニックな」表現と評しているが、おそらくテラーニのアイデアに共鳴する何かを感じたのだろう[68]。

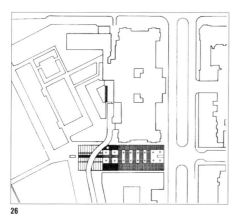

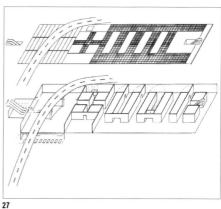

64 Cf. Colin Rowe, *The Mathematics of the Ideal Villa*, in "The Architectural Review", 1947, now in Colin Rowe, *The Mathematics of the Ideal Villa and other Essays*, Cambridge, Mass., The Massachusetts Institute of Technology, 1976; Colin Rowe, Robert Slutzky, *Transparency: Literal or Phenomenal ...* , in "Perspecta", 1963; Peter D. Eisenman, *Dall'oggetto alla relazionalità: la casa del Fascio di Terragni*, in "Casabella", 1970, No.344, pp.38-41.

このような解釈はカール・フリードリヒ・シンケル設計のハーフェル川に面した娯楽室にも当てはまる（そこでは平行に並ぶ帯に従って壁とパゴダが配置され、シークエンスが生まれている）。コールハースはベルリンのグリーニケ宮殿に建てられたこの娯楽室について言及している（OMA, Koolhaas, Mau, op. cit., p.227）。平行に並ぶ帯を用いた空間構成は、1966年にセドリック・プライスが計画した「ポタリーズ・シンクベルト」にも見いだされる。

65 Cf. *House in Miami /1974*, in "Architectural Design", vol.XVII, 1977, No.5, p.352.

1975年に書かれた作品解説によると、壁は「滑らかなセラミック・パネル」で覆われる予定だった（cf. Remment Koolhaas, Laurinda Spear, in "Progressive Architecture", vol.LVI, 1975, No.1, p.46）。

66 *House in Miami/1974* cit.

67 SOMのゴードン・バンシャフトが設計したニューヨークのレバー・ハウスでは、オープンな中庭に細長い長方形のプランターが置かれ、ガラスのホールに貫入している。《マイアミの住宅》のスイミングプールの対比的な素材とランドスケープの扱いは、エクソダスの「四元素の公園」の「火」と「水」の要素を思い起こさせる。二つの要素の対比は「暖炉」を「プールのガラスブロック壁の内側」につくるという介入的操作から生じている（*House in Miami/1974* cit.）。

68 Cit. in Remment Koolhaas, Laurinda Spear cit. この住宅は、結局、アーキテクニカの二人組（ベルナルド・フォルト=ブレシアとローリンダ・スピアー）の設計で実現したが、コールハースとスピアーが制作した提案の特徴もいくらか引き継がれている（cf. John Morris Dixon, *Spear house, Miami, Fl. Layers of meaning*, in "Progressive Architecture", 1979, No.12, pp.66-71）.

1985年にコールハースは「このプロジェクトは『錯乱のニューヨーク』のドローイングよりも僕の目標に近かった」と回想している[69]。

マーサ・ポラックと協働した1975年の《アムステルダム写真美術館》コンペ案は、ファン・ゴッホ美術館と市立美術館の間に矩形の帯を埋め込む計画であり、もうひとつの「ストリップ」とも言える。「ストリップ」の中には並木の根を張るための直方体のコンテナが設けられ、表面はレンガで仕上げられている。地面に掘り込まれた部分には、4本の柱で支えられた道路の一部が橋のように架かっている。「中庭(パティオ)」は地下2階まで光を導き、《エクソダス》の「ストリップ」と同じくエスカレーターが地下の美術館へのアクセスとなっている[70]。さらに巨大な可動床が搬入と車椅子の来館者のために設けられている。美術館の展示室は可動間仕切りによって変更可能であり、天井はガラスブロックで覆われている。床は街路の舗装と似たレンガで仕上げられ、掘り込まれた地面というアイデアが強調されている。目に見えるファサードは、コールハースが「屋根／ファサード」[71]と呼ぶ格子模様の屋根面だけである。これはスーパースタジオの「建築的ヒストグラム」と同様に「均質で方向性がなく」「あらゆる空間の問題とあらゆる感性の問題」が消し去られたプロジェクトである。スーパースタジオは彼らのプロジェクトについて次のように語っている——「このヒストグラムは『建築家の墓』と呼ばれることもあった」[72]

アメリカ滞在中コールハースはウンガースの研究グループにも加わっている。このグループには他にハンス・コルホフ、ピーター・アリソン、アーサー・オヴァスカが参加しており、コールハースは1973年から1978年にかけてベルリンに関するプロジェクトや研究やセミナーにたずさわっている[73]。

ウンガースのベルリン・リヒターフェルデ地区コンペ案は「ブロック建築や六角形システムなどの普遍的な建築システムを抽象的に適用するような昨今の流行を退けて、現実の状況に最接近するリン

[69] Patrice Goulet, *La deuxième chance de l'architecture moderne ... entretien avec Rem Koolhaas,* in "L'architecture d'aujourd'hui", 1985, No.238, p.4.

[70] Cf. *Museum in Amsterdam/1975. Museum of Photography by Rem Koolhaas,* in "Architectural Design", vol.XLVII, 1977, No.5, (pp.354, 355), p.354.

[71] Ibid.

[72] 「建築的ヒストグラム」の声明文は、「ニュートラルな平面の発明」展において、ヒストグラムがモチーフとなっていたことを想起させる。

[73] ウンガースのグループが取り組んだベルリンのプロジェクトを参照。1976年に『ロータス・インターナショナル』誌第11号に掲載されたこのプロジェクトにコールハースも参加している (*Reclamation at Düren, 1973,* pp.18-21; *Berlin-Lichterfelde, 4. Ring, 1975,* pp.28, 29)。コールハースは他にもウンガースのプロジェクトに関わっている。1973年の「ケルン地区再計画コンペ案」(cf. Carlo Aymonino, *Il contributo di Oswald Mathias Ungers all'architettura,* in "Controspazio", VII, 1975, No.3, (pp.4-43), pp.20-27)や同年の「ベルリン・ティアガルテン地区コンペ案」(ibid., pp.28-32)や1974年の「ベルリン第4リング復興コンペ案」(ibid., pp.34-38)などである。1977年に再発表された《エク

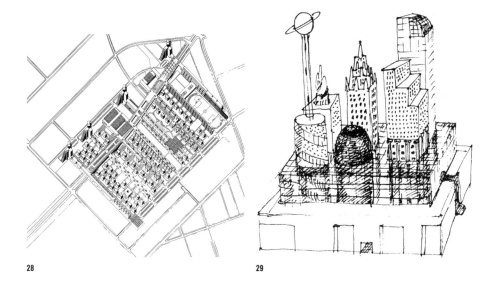

28. 「第4リング・リヒターフェルデ地区コンペ案」(O.M.ウンガース、ベルリン、1975年)。コールハース、ディーチュ、クラーク、オヴァスカとの協働作品

29. 「ベルリン・ティアガルテン地区コンペ案」のためにコールハースが制作したスケッチ。O.M.ウンガースが発表

クを確保し」、所与の「ランダム性」を受け入れ、そこから潜在的な可能性を引き出すことを狙っている[74]。これらのコンセプトは後にコールハースの知的戦略の不可欠な一部となるものである。またウンガースのグループが1973年に発表したベルリン・ティアガルテン地区の商業・居住複合施設のプロジェクトにおいて、コールハースはウンガースの「家の中の家」のコンセプトを都市的スケールで展開し、ブロックの上にタワーが建ち並ぶスケッチを描いている。これは《囚われの地球の都市》と同じシステムと言える[75]。1977年にコールハースは《囚われの地球の都市》を解説する図版とともに「自己複製中の建築」と名づけられたダイアグラムを匿名で発表しているが、これはウンガースがハンブルクのアレル・メーエ・ニュータウン計画に際して1975年に行った研究に由来している[76]。

　ウンガースとの協働を通じて、コールハースは「都市のヴォイド」

ソダス》の「文化の広場(大英博物館)」(Exodus/1972, in "Architectural Design", vol. XLVII, 1977, No.5, p.329)の構成には、ベルリン・ティアガルテン地区コンペ案などのウンガースのプロジェクトの影響が認められる(cf. "Lotus international", 1976, No.11, p.25)。
Cf. O.M. Ungers, W. Gohner, A. Ovaska, H. Kollhoff, *The Urban Block and Gotham City - Metaphors and Metamorphosis,* Ithaca, New York, 1976.

74 [Oswald Mathias Ungers], *Berlin-Lichterfelde, 4. Ring,* 1975, in "Lotus international", 1976, No.11, p.28.

75 コールハースのスケッチは1981年の『ロータス・インターナショナル』誌に掲載されている(Oswald Mathias Ungers, *La bambola nella bambola. L'incorporazione come tema di architettura,* in "Lotus international", 1981, No.32, (pp.15-21), p.20)。ウンガースは以下のように解説している。「おおまかに言って、周辺の田舎から市壁によって隔絶されるあらゆる都市構造体は、現象学的にはオブジェクトの中のオブジェクトである。市壁は卵の殻のようなもので、内部には建物や広場が配置される。建物や広場は、さらにその内部に中庭や空間を内包している。次々とより小さなユニットへと細分化されてゆくのである」(ibid., p.15)

の問題と折り合いをつける術を学び、様々な類型(タイポロジー)を変形しながら結合する可能性を模索している——《囚われの地球の都市》に登場する「ウンガース建築の理念的肖像」は、このようなウンガースとの協働体験に基づいてデザインされている。さらにコールハースは多様化と断片化の原理に取り組むことを通じて、「群島」「都市の中の都市(アーキペラゴ)」「家の中の家」などのイメージによって象徴的に表現される変形と統合を一体化する方法を体得している。なおウンガースの同時期の作品においても、シュルレアリスム的な造形とコンセプトは建築の創造プロセスの一部分だった。

コールハースはウンガースとの協働をこう回想している——「私たちは互いをよく理解していた。協働の終わりに近い1978年頃には、まるでテレパシーで仕事をしているようだった[…]」[77]

OMAの設立とウェルフェア島プロジェクト群（1975〜76年）

1975年1月1日、コールハースはエリア・ゼンゲリス、ゾーイ・ゼンゲリス、マデロン・フリーゼンドープとともに「オフィス・フォー・メトロポリタン・アーキテクチャー」(OMA)を設立し、ニューヨーク、ロンドン、ベルリンに事務所を置く。OMAは1970年初頭にロンドンで結成された「大都市建築のカリガリ博士の箱」を引き継ぐ組織である。同時にOMAはウンガースとの「協働」を宣言する[78]。

建築を定義する上で、大都市の事象に中心的な重要性を与えること。これがコールハースの仲間たちが「OMA」という名前に込めた意味である。それは、まさにコールハースがニューヨークの事例を通じて検証した「大都市建築(グロースシュタット・アルキテクトゥーア)」である。またこの名前には同時代の文化的傾向、すなわち建築は大都市という次元に融解するという認識に対する同意も含まれている。この風潮は主にイタリアのマルクス主義知識人と前衛建築グループ、たとえばマンフレッド・タフーリやアーキズームなどによって理論化されたものである。

大都市の問題に取り組む研究組織を立ち上げる構想は1973年初頭にまで遡る。当

30.「アレル・メーエ・ニュータウン計画」(O.M.ウンガース、ハンブルク、1975年)、検討案

[76] Cf. Carlo Aymonino, *Il contributo di Oswald Mathias Ungers all'architettura*, in "Controspazio", VII, 1975, No.3, (pp.4-43), pp.39-42, and *The City of the Captive Globe/1972*, in "Architectural Design", vol. XLVII, 1977, No.5, p.333.
[77] Cit. in Goulet, *La deuxième chance* cit., p.3.

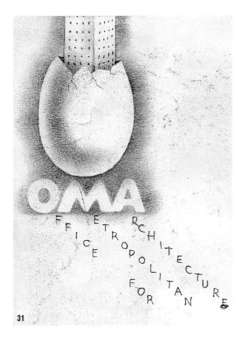

31. OMAのマニフェスト。1975年1月1日に発表された

32. 『ナルシスの変貌』の一部分（サルバドール・ダリ、1937年）

時コールハースはゼンゲリスとスーパースタジオに対し、多様な人材を集めて研究所を新設することを提案していた。モデルはおそらくニューヨークの建築都市研究所（IAUS）であり、「メトロポリタン・インスティチュート」「メトロポリタン・スタディーズ・インスティチュート」「インスティチュート・オブ・メトロポリタン・スタディーズ」といった組織名が提案されていた。

　コールハースはナタリーニにこう書き送っている。「アドルフォ、今君が何をしていようと結論は一つだと思う。現在生じているあらゆる現象に加え、来るべき現象から引き出される結論だ。それは見かけ倒しのようだが、確実に生じる建築再臨の予言だ。近い将来、僕らはより大きな国際的『グループ』としてゆるやかに結びつき、高度な大都市建築と『都市研究』という主題の全体像について多少なりとも主張すべきだし、アルヴィン・ボヤスキーが言うように『知的資源と物的資源を蓄積し』、実務・研究・教育機関として活発に行動する研究所を設立すべきだ。すべての仕事を網羅したカラー刷りの本を毎年出版すべきだろう（タイトルは『メトロポリス』はどうだろう）。あの『カサベラ』でさえ創刊当初の理想主義の時期を過ぎると、編集者全員が避けがたい恨みや妬みに囚われ始め、メッセージの正確な伝達を妨げる新しいフォーマットやテクニックを考案するようになり、雑誌は単なる濾過装置になってしまった」[79]

　OMAはグループのシンボルとして「卵」を選んでいる。それは《コロンブス・センターの卵》に登場したイメージである。ダリの『ナルシスの変貌』では卵から水仙の花が姿を現しているが、OMAのマニフェストのポスターでは卵から孵るタワーの姿が描かれている。

　OMAの誕生を告知する趣旨文は20世紀の同種の文化的実験に典型的に見られる象徴主義的・メシア的・ニーチェ的な要素の混成体である。イギリスやイタリアの空想主義者とは異なり、OMAは大都

[78] Cf. *O.M.A.*, in "Lotus international", 1976, No.11, p.34.

[79] Rem Koolhaas, letter to Adolfo Natalini, 8 February 1973 (Archives Natalini).

市の現実を受け入れることを高らかに宣言し、他の選択肢の想定すら拒んでいる。このような態度は『ハーグ・ポスト』誌の編集者、シュルレアリスム、『ラスベガスに学ぶ』などに通底し、コールハースが見いだした「メデューズ号の筏」の意味にも忠実である。

設立趣旨文には以下のように書かれている。「ジ・オフィス・フォー・メトロポリタン・アーキテクチャーの創立理念は[…]アーバニズムの突然変異体、すなわち大都市の生活様式を再建する新種の建築的シナリオを開発することである。メガロポリス的な状況を熱狂的に受け入れ、巨大な都心部の建築に神話的・象徴的・文学的・夢幻的・批評的・大衆的な機能を取り戻すことを目的とする」[80]

OMAは理論的な考察を通して「マンハッタン島の厳格なグリッドの中で」生まれた「自生的建築現象」を支持し、それを「マンハッタニズム」と名づける。『マンハッタニズム』は寛大なる『イズム』の坩堝であり、未来主義、表現主義、シュルレアリスム、ダダイズム、ファシズム、マルクス主義、モダニズム等々をすべて包摂している。換言すればマンハッタニズムはあらゆる点において、いわゆる近代運動(モダン・ムーブメント)とは正反対であり対立的な運動である。近代運動はピューリタン的ドグマの瀕死のアマルガムであり、人知れず消え去ることを拒み、苦悶し、もはや不愉快な姿を日々人前にさらし続けている。一方マンハッタニズムは大都市の不幸と不安の中心的・逆説的な原因に立ち向かう運動である。その原因とは、限られた領域内に人々が集中し、それに伴ってテクノロジーが進展することにより『可能性』が爆発的に増大し、『自然な』リアリティが消失するという事実にある。平たく言えば『大都市』とは『リアリティの欠乏』なのだ。マンハッタニズムは濃縮された偽の体験と、増幅された人工的感性を生成する能力を通じて、この問題に立ち向かう。これらは大都市の大衆を満足させるほどの強度、適応力、洗練を備えている。かくして都市は『集合的無意識の実験室』となるのである」[81]

OMAのシュルレアリスム的・フロイト的な性格は、『建築の秘められた生活』と題されたフリーゼンドープの連作絵画に表現されている。そこでは建物が擬人化され「彼らも不幸、コンプレックス、陰謀、エクスタシーを知っている」[82]。また1974年制作の『自由の夢』では、マン・レイの『サド侯爵の架空の肖像』[83]やダリの『ミレーの『晩鐘』の考古学的回想』のように石積みで表現された「自由の女神」が、マンハッタン島に建つクライスラー・ビルを貫通している。島の周囲には砂漠が広がり、砂に埋もれたスフィンクスは動物形象的な巨大構築物をほのめかす。島の滑らかな表面からはエンパイア・ステート・ビルなどの摩天楼が頭を出している[84]。1975年制作の『現行犯』では、クライス

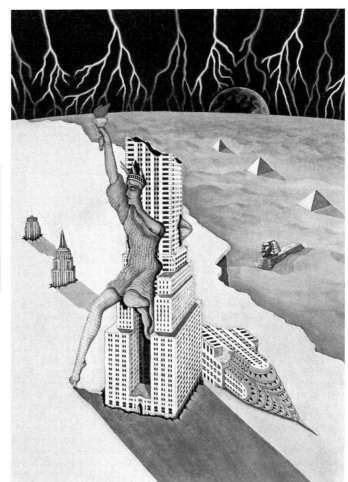

33. 『自由の夢』(マデロン・フリーゼンドープ／OMA、1974年)

34. 『ミレーの『晩鐘』の考古学的回想』(サルバドール・ダリ、1933～35年。フロリダ・ダリ美術館所蔵)

ラー・ビルとエンパイア・ステート・ビルがシュルレアリスム的な柔らかな物質となってベッドに横たわり、そこにRCAビルがドアから闖入している。RCAビルは大都市ニューヨークをヨーロッパの機能主義原理の光線によって照らし出すためにやって来たのだ。マグリット

[80] O.M.A., in "Lotus international", 1976, No.11, (pp.34-37), p.34. Cf. also *The Discovery of Manhattanism,* in "Architectural Design", vol. XVII, 1977, No.5, p.330.

[81] O.M.A., in "Lotus international", 1976, No.11, p.34.

[82] Ibid.

[83] OMAの*The Raft of the Medusa*には、サドに関する言及が見られる。

[84] 1971～72年に出版された『アーキテクチュラル・デザイン』誌の表紙には、生き物のように描かれた摩天楼がしばしば用いられている。エイドリアン・ジョージによるデザインである。以下はその一例。"Architectural Design", vol. XLI, 1971, No.6; vol.XLII, 1972, No.8).

35.『現行犯』(マデロン・フリーゼンドープ／OMA、1975年)

36.『葡萄の収穫月』の一部分(ルネ・マグリット、1959年。個人所蔵)

37. 1931年1月23日にウォルドーフ・アストリア・ホテルで開催された仮面舞踏会。建築家たちがニューヨークの摩天楼に扮している

38-39. ヒュー・フェリスのダイアグラム。1916年のゾーニング法に従いニューヨークの摩天楼が建ち上がる様が示されている。『明日のメトロポリス』(1929年、ニューヨーク)に掲載された

40.《ルーズベルト島集合住宅コンペ・ウンガース案》(O.M.ウンガース／OMA、ニューヨーク、1975年)

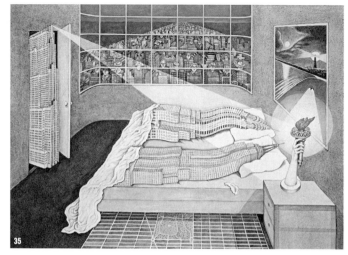

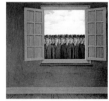

的な窓の彼方には摩天楼が建ち並ぶ(その設計者たちは胸像として描かれている)。彼らの目の前でRCAビルはまさに罪を犯そうとしているのである[85]。

　OMAはこう書いている――「このようなタブローが街中に無数にばらまかれることによって心的・概念的な反響が生じ、それぞれの構築物の物理的な存在感が増幅されるだろう。そこからギリシア悲劇から建築的ソープオペラ(メロドラマ)に至るまでの新しい大都市的な演劇が生まれるのである」[86]

　趣旨文はさらに続く――「明確な比喩的・象徴的な要素を『都市領域』に導入するため、OMAは擬似フロイト的な言語を開発中であり、建築に帰すべき精神分析的な性質と特性を突き止めて分析することをめざしている」[87]

　建物の擬人化表現は、ダリの絵画や、建築家が自ら設計した摩天楼に扮した仮面舞踏会から着想を得たものである。1931年1月23日にニューヨークで開かれたこの舞踏会は、1974年にコールハースが発表したエッセイ[88]の中でも言及されている。OMAはこのイベント

[85]「建築家たちの摩天楼」が窓外から部屋をのぞき見る構図は、ルネ・マグリットの『葡萄の収穫月』に基づいている。
[86] O.M.A. in "Lotus international", 1976, No.11, p.34.
[87] Ibid.
[88] Rem Koolhaas, *The Architect's Ball – A Vignette, 1931*, in "Oppositions", 1974, No.3, pp.92-96. Cf. also Diana Agrest, *Le ciel est la limite*, in "L'architecture d'aujourd'hui", 1975, No.178, pp.55-64; David Wild, *Magic Mountaineers*, in "Architectural Design", vol.XLV, 1975, No.7, pp.397, 398; and Dolores Hayden, *Skyscraper Seduction, Skyscraper Raper*, in "Heresies", 1977, No.2, pp.108-15.

マンフレッド・タフーリも以下のテクストでこの仮面舞踏会について言及している。
The New Babylon, in Id., *La sfera e il labirinto. Avanguardie e architettura da Piranesi agli anni '70*, Turin, Einaudi, 1980,

を「建築の変容」の究極的表現として捉え、以下のように述べている——「コスチュームのデザインは内部のアクティビティを包み隠し、『理念的』な夢の形象をつくりだす。それは集合的無意識の内部にするりと滑り込み、象徴的な役割を果たしている」[89]

OMAは『錯乱のニューヨーク』に登場するプロジェクトを以下の三つの「カテゴリー」に分類している。第1は個別の大都市的現象に備わる本質を捉えた「概念的・隠喩的プロジェクト」。第2は具体的な敷地をもち、隠喩と現実とを結びつける「理念的プロジェクト」。最後はこれら二つのカテゴリーで開発された原理を用いて直ちに実施可能な「現実的プロジェクト」である[90]。このカテゴリー分類はエル・リシツキーがマレーヴィチ研究で展開した芸術創作の3段階、すなわち「抽象絵画あるいはプラニッツ」「プロウン」「建築」を踏まえたもの

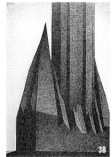

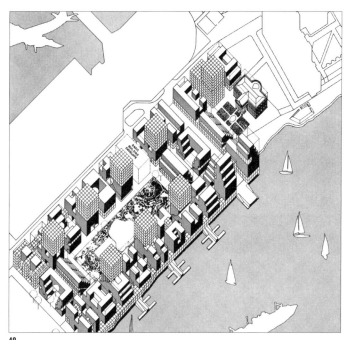

p.231.
[89] O.M.A., in "Lotus international", 1976, No.11, p.34.
[90] ゼンゲリスはこう述べている。「議論を深めるために、私たちは建築的プロジェクトのキャンペーンを始めた。それは部分的に叙述的で、部分的に教訓的なものだった。目的を達成するために、私たちはドローイングの技法を開発した。それは視覚情報の可能性を押し広げ、最大限の精密さをもって各プロジェクトの真意とイデオロギー的特徴を描き出すことを可能とするものだった。しかしそれぞれのプロジェクトの現実的な具体性が損なわれることはない」(Elia Zenghelis, Drawing as technique and architecture, in OMA Projects 1978-1981, exhibition cat., Architectural Association, London, 2 June-27 July 1981, London, The Architectural Association, 1981, (pp.11-14), pp.11, 12)

だと言ってよい[91]。あるいはヒュー・フェリスの『明日のメトロポリス』――この本は『錯乱のニューヨーク』で重要な位置を占めている――においても、プロジェクトの性質に対応する3段階の分類が用いられている[92]。

OMAの定義によれば「概念的・隠喩的プロジェクト」には《エクソダス》と《囚われの地球の都市》が、「理念的プロジェクト」には《コロンブス・センターの卵》が、「現実的プロジェクト」には《マイアミの家》と《写真美術館》が該当している。OMAは実務でも次々と成功を収めていったため、第1のカテゴリーはニューヨーク滞在が終わるとともに消え去る運命にあった。それでも「隠喩的」「理念的」「現実的」という3分類はその後のコールハース作品の基本的な道標となっている。

OMAの公式的なデビュー作品は1974～75年にニューヨーク州都市開発公社開催のコンペに提出された《ルーズベルト島集合住宅コンペ案》である。1960年代中頃から都市再開発の波に呑まれていたウェルフェア島の一角において、OMAはウンガース案とコールハース＋ゼンゲリス案の二つを提出している。それらはともにマンハッタン島を題材としたヴェンチューリ的な「習作」である[93]。

ウンガースはマンハッタン・グリッドとセントラルパークをルーズベルト島のサイズに合わせて縮小する提案を行っている。ここにはマグリットの『これはパイプではない』の論理に対する彼の偏愛が表れている。《囚われの地球の都市》と同じく、ウンガース案では長方形の敷地一杯に建つ「基壇的な被膜」の上に様々な形をした鏡面仕上げの低層タワーが載せられている。それらは基本的に3種類で、それぞれ固有の構造形式をもち、平面の性質も異なっている（「オープン・プラン」と「スケルトン構造」を用いた「ロフト・タイプ」、「スタンダード・プラン」と「耐力壁構造」を用いた「標準タイプ」、「スペシャル・プラン」と「在来の混構造」を用いた「パラッツォ・タイプ」）[94]。外装材には鏡がシュルレアリスム的に用いられ、タワーは摩天楼の隠喩となり、基壇とタワーの構築的・象徴的な対比が際立っている――「これらの建物は、より現実的な集合住宅の上を漂う雲に融け込む物体として解釈されている。空の映り込みはこの解釈をさらに強化する」[95]。

OMAはこう書いている――「オズワルト・マティアス・ウン

---

[91] El Lissitzky, *El Proun (1920-1921),* now in Vieri Quilici, *Il costruttivismo*, Rome-Bari, Laterza, 1978, pp.94-108.

[92] Cf. Koolhaas, *Delirious* cit., p.107.

[93] Cf. *O.M.A.,* in "Lotus international", 1976, No.11, p.37.

[94] Ibid., p.39.

[95] Cit. in Fritz Neumeyer,

41.《ルーズベルト島集合住宅コンペ・コールハース＋ゼンゲリス案》(レム・コールハース、エリア・ゼンゲリス／OMA、ニューヨーク、1975年)

　ガース案はマンハッタンのミニチュアである。28の多様なブロックが小型セントラルパークの周りにぴったり収まるようにグリッドの大きさは縮小されている。この方法はマンハッタン島との関係性と連結性の欠如を中和させる。人々はマンハッタン島に住むのではなく、『現実』のマンハッタン島からどぎつい悪夢を差し引いた『漂白版ブロック』、つまり『もうひとつのマンハッタン』に住むのである。28のブロックは類型(タイプ)のカタログであり、それぞれの居住施設は個別の建築家によって異なる素材を用いてデザインされるだろう。公共施設はミニ・グリッド全体に万遍なく配置され、水辺のブロックは1本のアーケードによって結びつけられている」[96]
　コールハース＋ゼンゲリス案も「もうひとつのマンハッタン」だが、彼らの目論見は「母なる『マンハッタン島』で進化した要素と戦略を圧縮し融合する」[97]ことである。これはすでに《コロンブス・センター

ed., *Oswald Mathias Ungers. Architetture 1951-1990*, Milan, Electa, 1991, p.72.
[96] *O.M.A.*, in "Lotus international", 1976, No.11, p.37.
[97] Ibid., p.41.

の卵》のプロジェクトで部分的に探求された状況と言える。計画はマンハッタン的な建築類型のウンガース的カタログであり、階段状の建物、タワー、ブラウンストーンなどが含まれている。都市組織はマンハッタンの長方形ブロックとイーストリバー沿いの平行帯システムを重層させることによって形成され、一連の中庭と街路は川に向かって開かれた遠近法的な水路として捉えられている。街路沿いの建物は巨大な広場を縁取っているが、これはおそらくジェームズ・スターリングがレオン・クリエと協働で完成させたランコーン・ニュータウン計画の引用だろう。スターリングの例に倣って垂直動線は中空の塔に収められ、住戸は塔の間に挿入されている。住戸のファサードには1970年代初期のフォルマリズムに典型的な表現の影響が認められる。タワーと階段状の建物の外壁には正方形の窓が穿たれているが、これは《コロンブス・センターの卵》と同じ表現である。一方、鏡面仕上げの外装は街路を「倍の長さ」に見せる視覚効果を生み出している。

OMAはこう述べている――「マンハッタン・グリッドはイーストリバーを越えて広がり、4本の新しい街路をつくりだしている。一連の『模造的』なブラウンストーンがこの街路に沿って並んでいる（ブラウンストーンとは、かつて地場産の石材を用いて建てられたニューヨークの伝統的な『タウンハウス』のことである）。ガラス、岩、大理石、プラスチックなどのきわめて異質な材料で覆われたブラウンストーンは、板状建築、タワー、リバーブロックなどの原型的建築が集合する大きな組織の一部分となっている」[98]

後にOMAがまとめたプロジェクト解説の一節では、創作プロセスにおける基本的操作が強調されている――「『スラブ』が『タワー』の間に挟まり、『タワー』が『リバーブロック』の間に挟まり、三者が圧縮されて1枚の壁を形成している」[99]

複合施設の桟橋では、端部がせり上がった長方形の「浮遊するスイミングプール」が停泊しようとしているところである。一方「72番街モール」の上にはもうひとつのプールがまたがっている――これらは「大衆の欲望とアマチュア的な想像力が将来もたらすであろう『イデオロギー的浮遊』の侵略の第一歩である」[100]

[98] Ibid., p.37.
[99] *Roosevelt Island/1975*, in "Architectural Design", vol. XVII, 1977, No.5, p.349.
[100] O.M.A., in "Lotus international", 1976, No.11, p.41.
[101] 1903〜05年に建設されたエイドリッツ&マッケンジー設計のタイムズ・ビルディングは1964年の時点ですでに改築されている。1975年にこの摩天楼のさらなる改築の検討が行われ、1978年にチャールズ・グワスミーとロバート・シーゲルの手によるワン・タイムズ・スクエアが完成した。
[102] *Hotel Sphinx/1975*, in "Architectural Design", vol. XVII, 1977, No.5, p.338.
[103] E.Z. [Zenghelis], *Hotel*

1975年から1976年にかけて、コールハースとゼンゲリスはマンハッタンに関するその他のプロジェクトに各自で取り組んでいる。それらはOMAのカテゴリーでは「理念的プロジェクト」に属するプロジェクトであり、その一つはエリア＆ゾーイ・ゼンゲリスが1975～76年に設計した《ホテル・スフィンクス》である。これはタイムズ・スクエアに面する二つの細長いブロックにまたがり、既存のタイムズ・ビル[101]を42番街の先まで拡張する計画である。ホテルは「都心部の居住ユニット」の新しい形態であり、ブロードウェイと7番街の歩道を行き交う人々を地上階と中二階（メザニン）に迎え入れ、さらにエレベーターで劇場・オーディトリアム・会議室・舞踏場・宴会場・レストランへと導く。上層階では様々なタイプの居住施設がウンガース的に組み合わせられている。たとえばスレンダーな「ツインタワー」にはメゾネットのスタジオタイプのアパート住戸が収められ[102]、セットバック部分の住戸は広大な屋上庭園をもち、鳥の翼のように広がって眺望と日照を確保している。建物のタイムズ・スクエア側は細長い首で支えられた頭部のように造形され、ニューヨークのホテルとモスクワの労働者クラブという二つのモデルを再び参照しながら、居住者たちの仕事や娯楽の場を収めている（ゲーム室、ジム、サウナ、美容室、「英国式庭園」付きレストラン、スイミングプール）。それぞれの場所は独自の特徴を備え、たとえば美容院の鏡張りの壁面では「座った時に顔が映る面の真下に小さな丸窓があり、眼下に広がる都市を眺めることができる」[103]。室内プールは窓を越えて外部まで広がり、《スフィンクス》の「ささやかなアクセント」となっている。このプールは《エクソダス》の「ストリップ」と同じように象徴的な役割を担う存在である。OMAはこう説明している──「遊泳者はスクリーンの下に潜り、内部から外部へと移動することができる。室内部分は4階建てのロッカー室とシャワーで囲まれている。これらの部屋とプールはガラスブロックの壁で分離されている。小さな屋外ビーチからは都市の壮大な景観を楽しむことができる」[104]。

　《スフィンクス》の擬人的なデザインは摩天楼のポップな変奏であり、RCAビル以来抽象志向となったニューヨークの摩天楼デザインに対する挑戦でもある[105]。建物各部はそれぞれ「脚」「尾」「首」「頭」

Sphinx (1975-76), in Koolhaas, *Delirious* cit., p.246.
[104] Ibid., p.246.
[105] OMAのプロジェクトの文化的背景には複数の日本の作品が認められる。たとえば、1970年竣工の竹山実の「二番館」や、1972～76年に建設された黒川紀章の「ソニータワー大阪」などである。ジェンクスはこれら二つの作品を「自律的なシンボリズム」と「ポップ・アーキテクチャー」の例として挙げている（Charles Jencks, *Mouvements modernes en architecture,* Brussels-Liège, n.d., pp. 416, 427）。

42.《ルーズベルト島集合住宅コンペ・コールハース＋ゼンゲリス案》(1975年)、街路の透視図

43. 同上、平面図

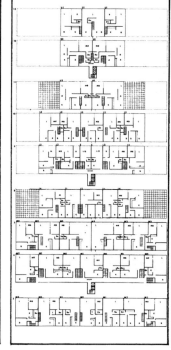

44. 同上、「浮遊するスイミングプール」

45. タイムズ・スクエアに建つ「タイムズ・ビルディング」(エイドリッツ＆マッケンジー、ニューヨーク、1903〜05年)

46.《スフィンクス・ホテル》(エリア・ゼンゲリス／OMA、ニューヨーク、1975〜76年)。ゾーイ・ゼンゲリスとの協働作品

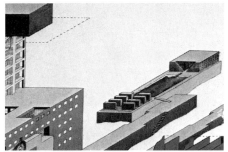

44

45

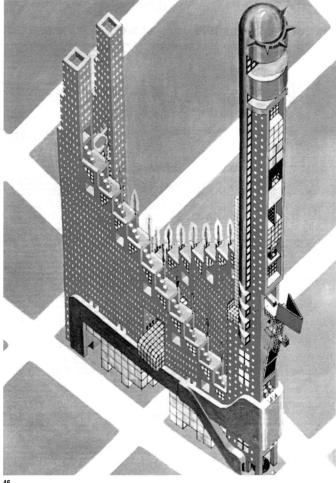

46

47 偏執症的＝批判的方法による実践

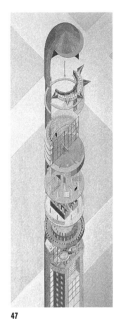

47

48

47.《スフィンクス・ホテル》(1975〜76年)、「首」と「頭」のアクソメ図

48. 同上、スイミングプール

「顔」[106] と名づけられている。頭部は機械仕掛で回転と上下動が可能であり、絶えず変化する大都市のシーンを追尾する。棘のある冠をかぶった《スフィンクス》は「自由の女神」と「クライスラー・ビル」の雑種、すなわち『自由の夢』における両者の交配から生まれた子どものようである。動物の形をもつ謎めいたこの建物には「スフィンクス」という名が実にふさわしい。さらに『自由の夢』で展開された創作手法を踏まえて、スフィンクスの身体にはロシア構築主義の断片が埋め込まれている。エル・リシツキーのレーニン演説台の傾斜トラスが「首」から突き出し、プールに覆い被さる「頭」にはミハイル・オシポヴィッチ・バルシュとミハイル・イサコヴィッチ・シニャフスキーのモスクワのプロジェクトから引用したプラネタリウムが収められている。赤い色はアメリカの大都市に対してダリが抱いた印象を思い起こさせる──

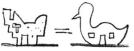

49-50.「装飾された小屋」と「ダック」。ロバート・ヴェンチューリ、デニス・スコット・ブラウン、スティーヴン・アイズナー『ラスベガスに学ぶ』(1972年)より抜粋

ダリは「ニューヨークは鮮やかな赤なのだ」と言ったが、コールハースはこの言葉を『錯乱のニューヨーク』において引用している[107]。

ところで、『ラスベガスに学ぶ』ではピーター・ブレイクの本に登場するロング・アイランドのあひる形ドライインの写真[108]が「空間・構造・プログラムからなる建築システムが全体的な象徴形態によって隠蔽されて歪められた」建築の典型として捉えられ、「ダック」と名づけられている。一方「空間と構造のシステムがプログラムの要求に直接従い、両者と独立して装飾が付加された建築」は「装飾された小屋(デコレイテッド・シェッド)」型と呼ばれている。ヴェンチューリ、スコット・ブラウン、アイズナーはいずれも「妥当」な手法であるとしながら、「近代建築に深く浸透しているが、ダックは今日ではほとんど見られない」[109]と主張している。《スフィンクス》の形を決める要因は機能的プログラムではなく象徴的・文化的プログラムなので、《スフィンクス》はダック型の建築である。その図像のモデルはコールハースが注目したコニーアイランドの「象のホテル」に酷似している。「象のホテル」についてコールハースは次のように述べている──「足の外周は60フィートである。前足の片方はタバコ屋で、もう片方はジオラマ館である。宿泊客は後ろ足の片方から螺旋階段を上り、もう片方へ下りるようになっている」[110]

都市開発公社が企画したウェルフェア島北部再開発計画と、1974〜75年のルーズベルト島のコンペに引き続いて、コールハースは1975〜76年に《ニュー・ウェルフェア島》という「理念的プロジェクト」を提案している。このプロジェクトは島の南部地区全体、すなわちクイーンズボロ橋から国連ビルの川向こうまでの一帯を都市実験場につくり変え、マンハッタン島に移植可能な方法論を模索する試みである。このようなアイデアは20世紀初頭から連綿と続くマンハッタン島とコニーアイランドの特殊な関係に関する独自の認識に基づいている。当時執筆中だった『錯乱のニューヨーク』の序論では、ニューヨークの居住者はコニーアイランドの空想的なアミューズメント・パークの構築物を通して、後の摩天楼の「実験」を行ったのだと述べられている。《ニュー・ウェルフェア島》のプロジェクトはこのような都市の起源への追憶であり、その都市戦略は緑あふれる島の中に設定された空想上の脚本と言える。つまりコールハースはこの島を

106 Koolhaas, *Delirious* cit., pp.244-47.
107 Ibid., p.219.
108 Cf. Peter Blake, *God's Own Junkyard: The Planned Deterioration of America's Landscape,* New York, Holt, Rinehart & Winston, 1964.
109 Venturi, Scott Brown, Izenour, op. cit., p.64.
110 Koolhaas, *Delirious* cit., p.28.

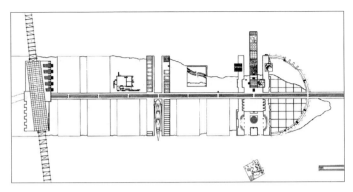

51.《ニュー・ウェルフェア島》(レム・コールハース／OMA、ニューヨーク、1975～76年)、配置図

「新しいコニーアイランド」に変え、建てられることのなかったプロジェクトを「遡及的に(レトロアクティブ)」完成させ、「マンハッタニズムの歴史を仕上げる」場所をつくりだしたのである[111]。

コールハースはこう述べている――「このプロジェクトはマンハッタンの建築を独特なものとしている特徴を『視覚的に』解釈し蘇らせる試みである。大衆性と形而上性を、商業性と崇高性を、洗練と野性を融合させる能力こそが、おびただしい観衆を惹き付けるマンハッタンの包容力を解き明かす鍵である。さらにこのプロジェクトでは(20世紀初頭のコニーアイランドのように)ある種のテーマと意図を小規模の試験的な『実験島』において前もって『テストする』というマンハッタンの伝統を復活させている」[112]

《ニュー・ウェルフェア島》のマンハッタン・グリッドはウンガース案のように縮小されることなく島の南部地区にそのままのスケールで当てはめられ、八つの長方形ブロックが生み出されている。それぞれのブロックはまったく異なる建築作品に捧げられており互いに「競合している」が、これは《囚われの地球の都市》のプログラムに通底している。すべてのブロックはクイーンズボロ橋と同じ高さの陸橋上を走る「動く歩道」で結ばれ、この遊戯的でル・コルビュジエ的な「加速された建築的プロムナード」は島の先端を越えて延び、川に達して「浮遊するアトラクション」へと至る桟橋となる(これはすでに《コロンブス・センターの卵》で用いられていた手法である)。一つのブロックにはシュプレマティスム的摩天楼が建てられ、マレーヴィチの「アーキテクトン」を

111 *New Welfare Island/1975-76,* in "Architectural Design", vol. XVII, 1977, No.5, p.341.
112 Ibid.
113 *New Welfare Island/the Ideological Landscape,* Ibid., p.344.
114 「第1の建物はソリッドである。この建物の前では、人々の行列が来る日も来る日も無限に続いている。第2の建物は第1の建物の室内であり、地面に掘り込められている。この建物は徐々に下降していく一連のギャラリー

マンハッタンの絵葉書に糊付けしたかのようである。その他のブロックは「次世代の建設者」のために取り置かれている。港には1932年にノーマン・ベル・ゲデスがデザインしたアンビルトの空気力学ヨットが停留している。国連ビルに正対する小島の上には、ウンガース的な幾何学を用いて「国連ビルのシルエットを反復する」《反・国連ビル》が建てられているが、これも《コロンブス・センターの卵》に登場していた要素である。コールハースはこの《反・国連ビル》に言及する際に、初めてル・コルビュジエ批判を展開している——「ル・コルビュジエの国連ビルは、かのフランス人建築家がニューヨークのグリッドにもたらした最大の損害である。板状(スラブ)の事務棟は街路を遮断し、会議棟も街路をふさいでいる」[113]。

コールハースは《ニュー・ウェルフェア島》に「エントランス・コンヴェンションセンター」「中国式スイミングプール」「ウェルフェア・パレス・ホテル」という三つの建物を計画している。クイーンズボロ橋の橋脚上に建設された巨大な「エントランス・コンヴェンションセンター」はオーディトリアム、オフィス、スポーツと娯楽施設を収容する建物であり、ヒュー・フェリスとレイモンド・フッドによる1920年代末の空想的プロジェクトを彷彿とさせる。フェリスとフッドはハドソン川とイーストリバーに架かる一連の橋を計画し、橋脚の代わりに摩天楼を建てて居住ユニットを吊り下げたが、これはニューヨークを郊外に分散させるという近来の計画とは対照的に、居住とオフィスのさらなる集中化をもたらす提案である。なおスーパースタジオもサンフランシスコの金門橋を覆い尽くす巨大建築を構想している。

島と川の双方にまたがる正方形の「中国式スイミングプール」は《スフィンクス・ホテル》のプールを思い起こさせる。島側の部分は川岸を掘削することによって、川側の部分は川底から壁を立ち上げることによってつくられている。この充溢と空虚の対比は1977年に発表した《エクソダス》の「女神の広場（第2案）」に似ている（「女神の広場」では、一方を地下に沈め、他方を地面から突き出した二つの建物を計画している）[114]。プールの正方形平面は本来の島の輪郭線を踏襲する男女更衣室（アルミニウムの橋）によって分割されているが、これは《写真美術館》で長方形平面が湾曲道路によって切り裂かれているのと同じである。曲線に

であり、来館者は早回しになった歴史をたたき込まれる。これは強烈な体験であり、来館者は歴史の延長線上に立ち、大英博物館の壁に掛けられた空のキャンバス上に新しい作品を描き続けることになる」（[R. Koolhaas, E. Zenghelis], Exodus/1972, in "Architectural Design", vol.XVII, 1977, No.5, pp.328, 329）

52.《ニュー・ウェルフェア島》
(1975〜76年)、「ウェルフェア・パレス・ホテル」と「中国式スイミングプール」

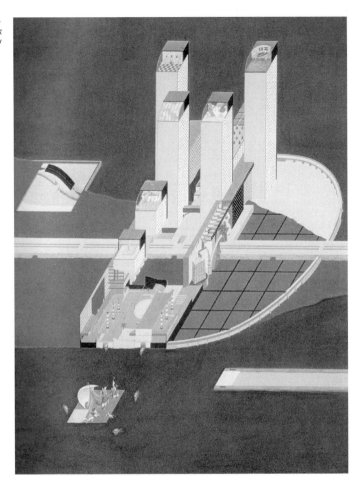

よる相補的部分への分割は、中国の陰陽図(男女の象徴)の引用であり、「中国式スイミングプール」という名前はおそらくそれに由来している。コールハースの以下の説明は、《エクソダス》の「浴場」における生活形式の再来である——「橋の中央から一対の裸の男女が現れ、窪んだ浜辺に向かって泳いでいく」[115]

半円状の地面上に建つ「ウェルフェア・パレス・ホテル」の六本のタワーは〔卵から生まれるタワーという〕OMAのシンボルの隠喩である。タワー群はV字形に並び——頂点はマンハッタン島を向いている——基壇部分で互いに平行な2本のスティックと結びついている。これはコールハースとゼンゲリスの過去作品に見られる類型の混合体である。タワーの表面は各面でデザインが異なり、島の先端側は正方形のポツ窓、マンハッタン島側はガラス・カーテンウォール等

様々である。これはレオニドフの作品に見いだされる素材の隠喩的使用法の解釈であり、コールハースは「個々の状況に付随する多様な形態的・象徴的要請」[116]に応えたデザインであると説明している。なお、以後のコールハース作品でもファサードは時に象徴的仮面として捉えられ、相異なるコンテクストと対話するようになる。

　モスクワの赤の広場に計画された1934年の重工業省コンペ(ナルコムチャップロム)のレオニドフ案について、コールハースは以下のように述べている――「レオニドフにとって曲線とガラスは未来を、矩形と石は過去を意味していた。彼は赤の広場を分割する3本のタワーを設計したが、1番目は円筒形、2番目は曲面（ガラス）と水平面（石張り）を組み合わせた三角形平面、3番目は半分がモダンなデザインで（室内にガラスを用いている）、もう半分が歴史的主義的なデザイン（外壁にクレムリンと同じ石を用いている）である」[117]

　カーテンウォールの象徴性に関するジェンクスの考察もコールハースの外被の捉え方に影響を与えている。たとえばハリソン＆アブラモヴィッツ設計のアルコア・ビルについて、ジェンクスはこう述べている――「技術的に洗練されたカーテンウォールは『企業の顔』となる普遍的なシンボルである。それは信頼、専門性、匿名性の象徴となるのである」[118]

　1940〜50年代のニューヨーク6番街ではインターナショナル・スタイルを身にまとったロックフェラーセンターの子どもたちが成長を遂げている。コールハースの台本の中では彼らに挑戦する存在として「ウェルフェア・パレス・ホテル」が登場するが、実は同じくロックフェラーセンターの落とし子である。「ウェルフェア・パレス・ホテル」の出発点はまたしてもコニーアイランド（特にドリームランド）だが、ここで舞台に上がるのは大衆的なアトラクションではなく、ヨーロッパ的なシュルレアリスムである。プロジェクトの各部分はシンボルに変換され、それらが組み合わされた総体は都市の起源と興隆と衰退をニューヨーカーに伝承する一編の喜劇となっている――コールハースはウンガースに倣ってそれを「都市の中の都市」と呼んでいる[119]。「ウェルフェア・パレス・ホテル」の第1のゾーンは処女地のマンハッ

115　*New Welfare Island/1975-76*, ibid., p.343.

116　Koolhaas, *Delirious* cit., p.250.

117　*La deuxième chance* cit., p.9.

118　Charles Jencks, *Modern Movements in Architecture*, Garden City (New York), Anchor Press, 1973, p.201.

119　これは *Welfare Palace Hotel/1976-77* ("Architectural Design", vol.XVII, 1977, No.5, p.345.)というテクストにおけるコールハースの定義である。

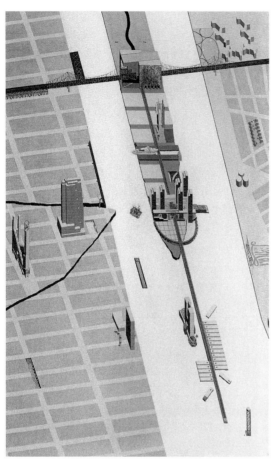

53.《ニュー・ウェルフェア島》(1975〜76年)、アクソメ図。《スフィンクス・ホテル》とRCAビルとロックフェラーセンターが図中に示されている

タン島であり、そこは筏がたどり着いた場所である。6本のタワーは処女地として残されたゾーンから離れるに従って次第に高くなり、空に向かう漸進的な成長を表現している。第7のタワーはこの神話の起源の土地からもっとも離れた反対側にあって、半ば川に沈むように横たわり、蔦に覆われたファサードがマンハッタンの破局を予言している。さらに各タワーの地上階と最上階の内装は異なる物語を表現している(すべてのタワー最上階は曲面ガラスの可動屋根で覆われているが、これは1970年代の建築に典型的な造形である[120])。

第6のタワーの最上階のインスタレーションは1976年にフリーゼンドープが描いた『無限のフロイト』の立体化であり、『現行犯』の主題の再来である。マンハッタン島は部屋中央に浮かんだベッドとして表現され、部屋にいるクライスラー・ビルとエンパイア・ステート・ビルの性行為はRCAビルの闖入によって中断される。窓の外にはプロウン的な風景が広がり、壁に掛けられた絵画はそこが解読不能なフロイト的な場所であることを暗示している。

OMAはこう述べている――「タブローは三次元に再構築され、『ウェルフェア・パレス・ホテル』の第6タワー最上階のクラブは弁証法的・寓意的雰囲気を醸しだしている。クラブのパトロンは無意識の光に照らされ、明確な理由もわからぬままに眼下に広がる都市の意味を突然に理解するのである」[121]

コールハースはこのインスタレーションについて「RCAビル、クライスラー・ビル、エンパイア・ステート・ビルに定められたリアルな

[120] スーパースタジオが1967〜68年に計画したフィレンツェのパッソ要塞コンペ案や山下和正による1973年の平塚歯科医院などを参照のこと。

[121] Cit. in "Architectural Design", vol.XVII, 1977, No.5, n.p.

[122] Koolhaas, Delirious cit.,

運命を予想——あるいは『予知』——するものであり、ホテルは三者の悩ましい関係から生まれた『遅れてきた』継子なのである」[122]と述べている。

《ニュー・ウェルフェア島》の鳥瞰図にはRCAビルにそっぽを向いた《スフィンクス・ホテル》が描かれている。《スフィンクス・ホテル》は自らがこの抽象的な直方体に一度は抹殺された象徴的次元の復活であることに気がついているのだ。一方RCAビルは《ウェルフェア・パレス・ホテル》が紡ぎ出す物語の挑発に抗いがたくさらされ、ロックフェラーセンター全体が《ニュー・ウェルフェア島》の方に引きずられてマンハッタン島の地表に裂け目が走っている。これはコールハースが「建築的メロドラマの不文律」と呼ぶフロイト的な斥力と引力の表れである（同様の力は後にヨーロッパにおけるOMAの建築作品にも登場する）——「ホテル・スフィンクス、RCAビルのスラブ、ウェルフェア・パレス・ホテルの『関係』は建築的メロドラマの不文律によって解釈される。それぞれ固有の私的願望を抱く『ウェルフェア・パレス・ホテル』のタワー群からの引力は、RCAビルにとって川を渡ることが不可能であるという事実を前にして、一層抗しがたいものとなるのだ。かくして彼らの相互関係に終止符が打たれることは決してない」[123]

レオニドフ研究と「浮遊するスイミングプール」

《ニュー・ウェルフェア島》の鳥瞰図には筏とスイミングプールが浮かんでいるが、前者はもちろん「メデューズ号の筏」である。《コロンブス・センターの卵》の時にニューヨークに到達した筏は、巨大なプラスチック製のモニュメントとなって「ウェルフェア・パレス・ホテル」の前を漂い、自由の女神のような記念碑性を帯びて「マンハッタンの大都市的な苦悩」[124]を象徴している。しかし訪れる人々にとって、それはコニーアイランドのアトラクションの一つに見える。

コールハースの脚本にはこう書かれている——「天気が良ければホテルの室内から救命ボートに乗って川に出ることができる。ボートで筏の周りを巡る人々は、船員たちの記念碑的な苦悩と自らの些細な悩み事を比べながら月明かりの空を眺めた後に、筏に乗り移ることもできる。筏の一部はダンスフロアになっており、ホテルで奏でられている音楽が隠しマイクを使って中継されている」[125]

筏の近くを航行するスイミングプールは、コールハースのもう

[123] *New Welfare Island/the Ideological Landscape* cit., p.252.

[124] Koolhaas, *Delirious* cit., p.344.

[125] Ibid.

一つの「概念的・隠喩的プロジェクト」であり、漂うスイミングプールに変身した平底貨物船(ダッチ・バージ)である。細長い矩形の形態は「メデューズ号の筏」以上にマンハッタン・グリッドのブロックに類似している。コールハース自身もそれが「マンハッタンのブロック」だと明言しており、「プールのためらいがちな初上陸」[126]を示すモンタージュ写真のキャプションで以下のように述べている――「移動する『ブロック』がマンハッタン・グリッドのブロックをつなぎ合わせる」。プール側面は2枚の分厚い中空壁で覆われ、両端部はガラス張りの正方形の部屋である。このような形のスイミングプールは《エクソダス》の「ストリップ」が漂っているようにも見える。このプールは1974年にはマイアミに、1975年にはイーストリバーの土手に接岸することを試みている。「巨大な卵」や「ベルリンの壁」と同じく、プールは偏執症的=批判的方法の強迫的な創作プロセスを通じてコールハース作品に繰り返し出現するモチーフなのである。

《ニュー・ウェルフェア島》に描かれたプールは、1976年にフリーゼンドープが制作した『浮遊するプールの到着』という絵に登場するプールと同じである。同じ年にコールハースは「プールの物語」という脚本風の短いテクストを執筆している。それは『オトラント城奇譚』――自ら建設したストロベリー・ヒル館を舞台にしたホレス・ウォルポールのゴシック小説――に似た一編の小説と言えるかもしれない。主題は絵画に描かれたプール、すなわち「浮遊するスイミングプール」である。

「プールの物語」から引用しよう。「プールは矩形で、鉄骨フレームに鉄板をボルト留めすることによってつくられている。両端部は透明ガラスの壁によって囲まれたロビーになっている。片側のロビーでは健康的で時に刺激的なプールの中での営みが眺められ、もう一方のロビーには泥水の中を陰気な魚が泳ぎ回っている。二つのロビーは真に弁証法的な部屋であり、ほとんど全裸のビジターが社交し、肉体を鍛錬し、人工日光浴するための空間なのである」[127]

プールはそれを建造した建築家たちが参加する逆進的(レトロアクティブ)なメカニズムによって移動する。プール内では建築家／救助員たちが目的地の逆方向に顔を向けて泳いでいる。目的地にたどり着くには、そこから逃げ出したい方向に向かって泳がねばならないからである。スイミン

[126] Ibid., p.253.
[127] *The Story of the Pool/1976*, in "Architectural Design", vol.XVII, 1977, No.5, p.356.
[128] Walter Benjamin, *Schriften*, Suhrkamp Verlag, 1955, Ital. transl., *Angelus Novus. Saggi e frammenti*, Turin, Einaudi, 1976, p.76.

グプールは逆推進力を受けて彼らが泳ぐ反対の方向へとゆっくりと進むのだ。この建築家／救助員たちの逆進運動はベンヤミンがクレーの『新しい天使』から得た着想——「見つめている先から押し戻されてゆく歴史の天使」——に基づいているように思われる[128]。

「プールの物語」で描かれた「浮遊するスイミングプール」の意味は、1970年代に展開されたロシア構築主義に関する議論を踏まえることによって明らかとなる。当時はイタリアが構築主義研究の中心地で、タフーリ率いるヴェネチア建築大学の建築史研究所が多方面からの検証を行っていた。1970年6月にはヴェネチア建築大学で国際セミナーが開催され、オールトイスがオランダとソヴィエトの建築家の関係についてレクチャーを行っている。このセミナーにおいてタフーリは次のように発言している——「人々がこれまで目を背けてきた

54.『浮遊するスイミングプール』（レム・コールハース／OMA、1976年）。マデロン・フリーゼンドープ画

55.『無限のフロイト』(マデロン・フリーゼンドープ／OMA、1976年)

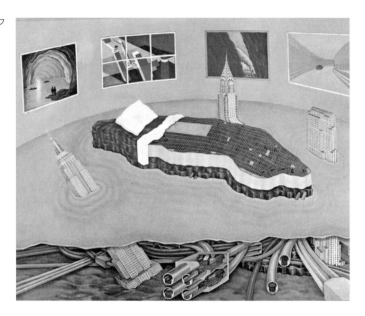

メーリニコフとレオニドフの歴史的真実とは何か。それはアヴァンギャルド消滅の最終段階において、彼らの両義性が頂点に達した瞬間に、彼らが提唱した仮説の客観的な機能が明らかになったという事実である」[129]。タフーリは1972年にMoMAで開催されたイタリア建築展のカタログにおいても、いまやあらゆるアヴァンギャルドは「消滅」したというヴィジョンを再提示し、20世紀初期の前衛芸術に似た思わせぶりな神秘化を喧伝する運動であるとしてアーキズームやスーパースタジオを告発している[130]。ロシア構築主義のカリスマ的造形に関するタフーリの批評は、フレデリック・スタールのメーリニコフ研究[131]やコールハースとオールトイスのレオニドフ研究[132]と精確に一致している。

コールハースはレオニドフのプロジェクトに素材の隠喩的な使用法、空想的な技術、建物内における床面の新しい接続法——エレベーターと電話の出現がもたらした方法——を発見している。さらに多様なプログラムを用いて機能を定義する非構成的なプロセスや、要素を並置(ジャクスタポジション)する手法を発見している。モスクワのレーニン研究所

[129] Manfredo Tafuri, Il socialismo realizzato e la crisi delle avanguardie, in Socialismo, città, architettura. URSS 1917-1937. Il contributo degli architetti europei, Rome, Officina, 1971, (pp.41-87), p.85, note 56.

[130] Cf. Manfredo Tafuri, Design and Technological Utopia, in Emilio Ambasz, ed., Italy: The New Domestic Landscape. Achievements and Problems of Italian Design, Florence, Centro Di, 1972, pp.388-404.

[131]「アムステルダムのレム・コールハースは、初期ソ連建築

計画に見られるように、レオニドフのプログラムでは各要素はしばしば切り離されたままで、時に図式的・象徴的な機能を示す繊細な構造線にまで還元されている。文書とともに保存されていたレオニドフの絵から、コールハースは絵画によるプレゼンテーションの効果も学んだ。さらにレオニドフ作品の中に新しいソヴィエト男性の生活を象徴するスイミングプールのイメージを発見し、レオニドフ自身が「可動プール（金属とゴム引き布からなる構築物）」と名づけたプールが「工業の家」の屋根に一時的に係留されていた事実も発見している[133]。

「プールの物語」によると、「浮遊するスイミングプール」は1923年にモスクワの1人の学生によって設計され、彼の仲間たちによって建造された。コールハースが召還したこの匿名の学生は、いうまでもなくレオニドフである。レオニドフは国立高等美術工芸工房（ヴフテマス）の3年次にスイミングプールを設計し、仲間の学生や彼の教師アレクサンドル・ヴェスニンに絶賛された[134]。しかし1930年代初頭にはスイミングプールを取り巻くモスクワの「政治状況」は「険悪なものへと変わる」。コールハースは1930年代以降の共産党体制への痛烈な批判をほのめかしながらレオニドフの作品と教育の物語を続けている。この政治状況が「浮遊するプール」のキューブリック的オデッセイの背景であり、プールはそれを建設した建築家たちの脱出手段となったのである。彼らはスターリンのモスクワを脱出して40年後にニューヨークにたどり着く――そこに林立する鋼鉄の摩天楼こそ、学生時代の彼らを刺激し空想的建築のヴィジョンをもたらした存在である。SF映画のような壮絶さを乗り越え、数十年間かけて大西洋を横断し逃亡してきた「浮遊するスイミングプール」は難破船のように朽ち果てている。1976年のある日にニューヨークに到着したプールは、「ロシア構築主義者の突然の到来に動揺した」アメリカの建築家たちの漠然とした敵意の目にさらされる。ニューヨークに到着した建築家／救助員たちはレオニドフとその仲間たちの子孫、すなわちコールハースとOMAの若い仲間たちだったと考えるべきだろう。

矩形という形態を選択することによって――《エクソダス》の「ストリップ」や《マイアミの住宅》、《写真美術館》と同じ形である――コールハースは当時蔓延していたフォルマリズムと懐古的な

のもう一本の柱であるイワン・レオニドフについての彼の洞察を惜しみなく披瀝してくれた」(S. Frederick Starr, *Melnikov. Solo Architect in a Mass Society,* Princeton, New Jersey, Princeton University, 1978, p.VII)

132　1977年にIAUSはオールイスの企画による展覧会「ロシアの空想建築家　イワン・レオニドフ　1902～1959」を開催している。

133　Cit. in P.A. Aleksandrov, S.O. Chan-Magomedov, *Ivan Leonidov,* Milan, Franco Angeli, 1975, p.88.

134　Ibid., p.49.

リバイバリズムに対抗し、特徴のない「退屈な」建築の有効性を主張しようと試みている。「あまりに淡泊で、あまりに直線的で、あまりに退屈なもの。歴史的な含意は一切なく、劇的な面も緊張感もなければウィットもない――ただくすんだ赤錆の色があるだけだ」[135]。ウォーホルは「僕は退屈なものが好きだ」と言ったが、これはヴェンチューリやコールハースの心にも響いた箴言だろう。「プールの物語」は剃刀で目を切り裂くような罪を再び犯すことによって締めくくられる――「ウェルフェア・パレス・ホテルの正面で構築主義の救助員たちを乗せた筏がメデューズ号の筏に衝突する。楽天主義と悲観主義の衝突である。重い鋼鉄のプールはバターにナイフの刃が突き刺さるようにプラスチックの彫刻を切り裂く」[136]

　コールハースにとって建築とは一編の物語であり、純粋に自伝的な調子を帯びた象徴体系によって満たされている。プールのプロジェクトとテクストは、その例証である。1970年代の文化的風潮の中で、コールハースはレオニドフの作品こそが当時支配的な建築研究のイデオロギーに抗う理念的な強度を備えていると考えた。OMAが制作した絵画についてコールハースはこう述べている――「大部分は単なる習作だが『浮遊するスイミングプール』だけは違っている。これはニューヨークとレオニドフに課せられたすべてのジレンマに対する答えであり、私が建築において何をやりたいかを示す純粋なデモンストレーションである。それは純粋なプログラムであり、ほとんど形のないプロジェクトであり、どんな種類の建築とも共存可能であり、レオニドフの知性にふさわしく、タフーリの威嚇に抗しうる存在なのである…」[137]

ダクトパーク――大都市の無意識としてのインフラ

　『無限のフロイト』にはマンハッタン島が浮かぶ水面下に、カラフルなケーブルや配管、地下鉄トンネルなどからなる複雑な不可視のテクノロジーが描かれている(1枚のシーツのように描かれた水面はダリやマグリット的である)。この絵画はアーキグラムが語った都市の「生ける地殻」の

[135] *The Story of the Pool/1976* cit., p.356.
[136] Ibid.
[137] Cit. in *La deuxième chance* cit., p.4
タフーリに関してコールハースが言及している以下の文献も参照のこと。
Hans van Dijk, *Rem Koolhaas: de reincarnatie van de modern architectuur*, in "Wonen Ta/bk", 1978, No.11, (pp.7-20), p.18.
さらに以下も参照のこと。
De Cauter, Heynen, op. cit., pp.271, 272.
タフーリに関するコールハースのコメントを解釈する際に、マルコ・ビラーギはタフーリとIUAVのイデオロギー的な「プロジェクト」によって生じたイタリアにおける「現代建築」の「危機」を見逃す傾向が見られる (cf. Marco Biraghi, *Progetto di crisi. Manfredo Tafuri e l'architettura contemporanea*, Milan, Marinotti Edizioni, 2005, pp.240 et seq.)。

[138] Editorial, in "Archigram 5", n.p.
[139] Cf. Ambasz, *Manhattan* cit., p.93.
[140] Koolhaas, *Delirious* cit., pp.234, 235.
[141] Ibid., p.234.

論理[138]や、アンバースがニューヨークの概念的・機能的基礎と呼んだインフラストラクチャーのネットワークを描いたものである。

アンバースはこう述べている——「マンハッタンは本質的に一つのネットワークである。物質、エネルギー、情報を処理し交換する媒体をインフラストラクチャーだと捉えれば、マンハッタンは[…]地下の物理的グリッドを覆い隠した『興奮状態の屋根』とみなすことができるかもしれない。それは地下鉄、駅、自動車道、郵便気送管、下水路、水道管、ガス管、送電線、電話線、電報、テレビケーブル、コンピューター配線によって織りなされている[…]」[139]

『無限のフロイト』は1939年ニューヨーク万博においてコンソリデーテッド・エジソン社パヴィリオンで展示された「光の都市」というマンハッタンのジオラマからインスピレーションを得たものと思われる。コールハースはこの作品の「建物と地下の断面がインフラストラクチャーの潜在意識を暴き出している」[140]点を高く評価している。このような精神分析的な解釈を通じて、『無限のフロイト』に描かれたインフラのネットワークは、無意識の見えないテクノロジーとして姿を現す。コールハースはジオラマの解説から以下の一節を引用している——「都市は生きて呼吸する存在であり、地面下では鉄や銅でつくられた動脈と静脈のネットワークが熱とエネルギーを供給している——それは運動をつかさどり思考を伝達する電気的神経をもつ都市である」[141]

アンバースのテクストが掲載された『カサベラ』誌の表紙には、直線的な構造材のように押し出されたマンハッタン島の平面図が描かれている。これはスーパースタジオの「反射建築」シリーズの一つ

56.《ニュー・ウェルフェア島》(1975〜76年)。「ダクトパーク」と建物と化したOMAの卵形シンボルが見られる

57. ベルリンの住居構造ダイアグラム「都市の中の都市」(O.M.ウンガース、1978年)。コールハース、ライマン、コルホフ、オヴァスカとの協働作品

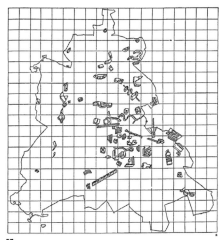

として描かれた浮遊する地面に似ている。島の先端は切断され、そこから地下のインフラ・ネットワークが垣間見える。AAスクール在籍時に、コールハースはボヤスキーのシカゴの地下インフラに関するレクチャーを聴講している。またダニエル・リベスキンドもAAスクールのインターメディエイト・ユニット9の1976～77年度の課題に際して、ニューヨークの街路インフラのドローイングを発表している[142]。

　《ニュー・ウェルフェア島》と《ニュー・ウェルフェア島／観念的ランドスケープ》の鳥瞰図に、コールハースは《ダクトパーク》を付け加えている。これは「マンハッタンの地面下に隠されたすべてのダクト、配管類、ケーブル、チューブを掘り起こし露出させて」[143]つくられた場所である。コールハースの目には、インフラが大都市の活動的で恒久的な地層的存在として映り始めていた。それは1960年代初期の空想的プロジェクトに登場するネットワーク・システムの一形態であり、1990年代半ばにコールハースが理論化する「ジェネリック・シティ」の本質的な前提条件でもある。インフラはマンハッタン・グリッドに匹敵する存在であり、グリッドをかき消せばアーキズームのノン・ストップ・シティやスーパースタジオのスーパーサーフェスのような「連続平面」に姿を変えるのだ。

　コールハースはこう述べている――「蒸気・電力・照明・上下水道・ガス・電話・電信・地下鉄は容易に見分けられるように異なる色に塗り分けられている。街路の舗装を透明な強化ガラスに置き換えると、大都市の遊歩者(フラヌール)たちは――亀を連れていようがいまいが――それを見て一種のボードレール的『インフラの目眩』を体験することになるだろう。彼らは――半ば陽気に半ば恐怖を抱きながら――自らの生活が不安定な人工性の上に立脚していることに突如として気づくのだ。生活を支えている様々なサービスから客観的な技術という仮面が剥ぎ取られる。それらは幻像(ファンタスマゴリア)となるのである」[144]。

　《ニュー・ウェルフェア島／観念的ランドスケープ》の《ダクトパーク》の隣にはマグリット的に巨大化したOMAのシンボルが再び姿を現している。

[142] Cf. *Inter Unit 9*, in "Prospectus. Architectural Association. School of Architecture", 1976-77, p.39.

[143] *New Welfare Island/the Ideological Landscape* cit., p.344.

[144] Ibid.

[145] Oswald Mathias Ungers, Rem Koolhaas, Peter Riemann, Hans Kollhoff, Arthur Ovaska, *La città nella città. Proposte della Sommer Akademie per*

O.M.ウンガースの「都市群島」

1977年にベルリンで開催されたコーネル大学サマーアカデミーにおいて、コールハースは再びウンガースと協働研究を行っている。彼らの目的は一定の「アイデンティティ」を備えた都市の中から「都市の島(アーバン・アイランド)」だけを抽出して開発を行い、「都市群島(シティ・アーキペラゴ)」のモデルを展開することである。研究成果をまとめた11本の論文は、都市プログラムの定義に主眼を置き、ベルリンにおける民主主義の衰退に抵抗し、「集団移住症候群(エクソダス)」——これはほとんどの都市で見られる現象である——に歯止めをかけることをめざしている。そこにはベルリンの「かつての歴史的な事物と造形」[145]を保存するという懐古主義的提案に対する拒絶も含まれている。研究は「不必要で機能不全となった地区の部分的解体」を推し進めると同時に「保存に値する地区」を特定し、改善するという提案に達している――「都市の無名性から解放されたこれらの飛び地はいわば島のような性質を帯び、自然の 潟(ラグーン) に散在する緑の都市群島を形成する」[146]

「都市の中の都市」というアイデアは「都市を単一の全体として定義する計画理論」に対抗する提案であり、プロジェクト内のあらゆるスケールの構築物を融解することによって「類型化」と「標準化」に対抗するという決定的な結論を導いている。都市の進化は「アイデア、コンセプト、決断、因果律の重合」によってもたらされ、「単一のイメージではなく」「生き生きとしたコラージュすなわち断片の連合」がそこから生まれると考えられたのである。「このプロジェクトは批評的アンチテーゼと分散的多元性をめざし、ベルリンという都市がもたらす深遠な感覚と特性を抽出している」という9番目の論文の結論は、《囚われの地球の都市》の理論的プログラムに通底している。

後にコールハースが展開する都市計画と都市論の原理は、ウンガースの論文のいくつかの論点に基づいている。一方でウンガースの論文の中には直接コールハースに由来する考察も含まれている。たとえば「類型的観点から見ればレオニドフによるマグニトゴルスクの直線的デザインと、ウンター・デル・アイヒェン沿いの建物の構造は類似している」という部分などである[147]。

1978年にコールハースは「都市群島(シティ・アーキペラゴ)」のアイデアに回帰し《囚

Berlino, in "Lotus international", 1978, No.19, pp.82-97.
さらに以下も参照のこと。
Oswald Mathias Ungers, Hans Kollhoff, Arthur Ovaska, The Urban Villa. A Multi Family Dwelling Type, Cologne, 1977.
[146] Ungers, Koolhaas, Riemann, Kollhoff, Ovaska, op. cit., p.85.
[147] Ibid., p.88.

われの地球の都市》の意味を再説している。「『グリッド』――あるいは大都市の領域を分割し、制御可能性を最大化する他のあらゆる手法――は『都市の中の都市』における群島として記述できる。個々の『島』が相異なる価値を祭り上げれば、それだけシステムとしての群島の統一性は強化される。『変化』は『島』という要素に内在しているがゆえに、システムそのものを修正する必要は一切ない」[148]

AAスクールで教える（1975～80年）

マンハッタンはコールハースの脚本のもっとも洗練された部分をも食い尽くし、彼の建築からはヨーロッパ的なシュルレアリスムのオーラが剝ぎ取られて、謎めいたキッチュだけが残された。そこで隠喩的な「浮遊するスイミングプール」はヨーロッパに向けて再出航する。建築家／救助員たちはニューヨーク滞在から得た戦果をヨーロッパにもたらしたが、それが「マンハッタニズム」である。彼らは「その妥当性は発明された島の中だけにとどまるものではない」[149]と考える。「もしニューヨークがニーチェ的な闘技場だとしたら」[150]と述べるコールハースは、ツァラトゥストラの化身であり、彼が「大都市」の眼前で叫んだ言葉に従っている――「もはや愛することができないのであれば、ただ通り過ぎねばならない！　ツァラトゥストラはこう語り、道化と大都市の傍を通り過ぎていった」[151]

　　　1975年にコールハースはロンドンに戻り、AAスクールでゼンゲリスとともに1974～75年度のディプロマ・ユニット9の指導に当たる。ロンドンに戻るというコールハースの決断の背景には、近代運動と歴史都市の批判的見直しに従事していたウンガース、アルド・ロッシ、クリエ兄弟などの建築家の影響が認められる――コールハースは彼らを「『合理主義』の権化」と呼んでいる[152]。ロンドンでは同年の1975年に「合理主義的建築」――1973年のミラノ・トリエンナーレでロッシが成功させた展覧会と同名である――と題された展覧会がレオン・クリエによって開かれ、1978年には『合理主義的建築』という本が出版されている。そこにはOMAとウンガースによるニューヨークのルーズベルト島とイーストリバーの計画も含まれている。さらに1977年にはジェンクスが「ポストモダニズムの建築言語」[153]という

---

[148] Koolhaas, *Delirious* cit., p.244.

[149] Ibid., p.243.

[150] *New Welfare Island/the Ideological Landscape* cit., p.344.

[151] Friedrich Nietzsche, *Also sprach Zarathustra. Ein Buch für Alle und Keinen*, Ital. trans., *Così parlò Zarathustra. Un libro per tutti e per nessuno*, Milan, Adelphi, 1979, vol.II, p.217.

[152] *La deuxième chance* cit., p.4.

エッセイを著してポストモダニズムを広く知らしめるが、これは後にOMAによる批判のメインターゲットとなる。

　1980年まで続いたコールハースとゼンゲリスのディプロマ・ユニット9での指導は、OMAの理論的・デザイン的関心を解明する上で決定的な示唆を与える。

　1973〜74年度のディプロマ・ユニット9では、ゼンゲリスはレオン・クリエと協力して指導に当たっている。課題は「思想的・社会的・文化的制度に対応した『類型（タイポロジー）』としての都市建築と都市空間」[154]の研究であり、「疎外されていない社会的人間の願望を最大限に充足させるために望ましい人工領域」[155]として都市を捉え、その「生活の型（タイプ・オブ・ライフ）」のあり方を検討するものである。課題文では都市拡張の形態が二つの異なる「『都市的な強度』の領域」にまとめられている――「都市的な放射力と都市的な吸引力を帯びた点(・)と線(―)。理論的かつ理念的に言えば、両者は電磁力のように作用する。つまり強度が高ければ高いほど磁力すなわち魅力が増加するのである」[156]。この課題文には当時のAAスクールの教育や《エクソダス》などのプロジェクトに典型的に見られる空想的な要素が満ちあふれている。履修者には「理念的あるいはユートピア的な基盤」を構想し、都市化の進むエリアに「都市的な強度を新しく注入」する提案が求められている。なお「理念都市」という課題名は『カサベラ』誌の同名のコンペから借用したものである[157]。プログラムには建築の創作プロセスにおけるフロイト的要素に関するスーパースタジオのセミナーも含まれている。

　1974〜75年度にはレオン・クリエの担当がインターメディエイト・ユニット10に移り、ディプロマ・ユニット9のプログラムは大都市の集中居住に関する研究に変わる。これはOMA設立時の宣言文の内容と共鳴する研究である。課題説明に登場する「大都市の理念とライフスタイル」「大都市建築」「大都市的内容」といった表現はディプロマ・ユニット9がクリエ的な都市文化の概念から完全に脱却したことを示している。

　1974〜75年度のプログラムは以下の通りである――「当ユニットは大都市の理念とライフスタイルを再建することに捧げられ、そこで建築がいかなる手段となりうるかを研究する。通常とは異なる

153　以下も参照のこと。Charles Jencks, *The Rise of Post-Modern Architecture*, in "Architectural Association Quarterly", vol.VII, 1975, No.4, pp.3-14.
154　*Unit 9*, in "Prospectus. Architectural Association. School of Architecture", 1973-74, (pp.18-20), p.18.
155　Ibid.
156　Ibid.
157　Ibid.

本課題の重点／偏向は、比較的限定された領域内に多数の人間を集中させることが依然として究極的に妥当であるという信念から生まれている。この信念は今日の歴史分析と批評の趨勢に対抗しようとする長期的な『世界観』に基づいている。調査と設計の組み合わせとして見るならば、本課題は歴史的な大都市建築（実現案や計画案）を対象として、形態よりもプログラムに注目して研究と分析を行い、都市化という状況に内在する人工性にふさわしい新たな大都市的構造／制度を提案することをめざす。このような偏向（バイアス）は様々なイデオロギーによって表現されるだろう。したがって当ユニットの第2の関心は建築とイデオロギーとの関係であり、一方によって他方を正当化することである。大都市的な内容を備える領域やプロジェクト、または象徴的な可能性を十分に秘めた実施コンペが設計主題として各自に割り当てられる。それらに取り組むことを通じて先述した主張が検証される。建築は履修者の思想的立場と都市に関するプログラム的思索を、もっとも効果的かつ具体的に表現する媒体として捉えられる」[158]

OMAの知的な実践と同じように指導方法も二つの段階に分けられる。すなわち「歴史的な大都市建築」——主にロンドン、ニューヨーク、パリを対象としている——の「プログラム」を調査する「理論的」な段階と「実践的」な段階である[159]。

「理論的」な作品のいくつかは『現行犯』から直接の発想を得て制作されている。たとえばナンシー・ルーベンによるニューヨークの提案には、クライスラー・ビルとエンパイア・ステート・ビルが登場している。学期末の作品講評においてゼンゲリスはOMAの宣言文の一部を引用しながら1年間の指導がもたらした知的衝撃を強調し、課題の意図について以下のように述べている——「ここでは『近代運動』の対極、あるいはその代替となりうる都市的な『運動』が促進されている。大都市的な状況を一つの『理念』として受容することは、昨今の理論的な教義の思想的な対抗勢力になることに等しい」[160]。この一節はOMAの宣言文のマンハッタニズムに関する部分に通底している。ゼンゲリスはこう続けている——「既知のあらゆる『主義』（イズム）を突然変異的な共生状態に置き、建築の神話的・象徴的・文学的・幻惑的・大衆的な機能を開拓することによって、プラグマティックな設計理論の限界を

[158] *Unit 9*, ibid., 1974-75, p.8.
[159] Ibid.
[160] Elia Zenghelis, *Diploma School Unit 9*, in "The Projects Review.
Architectural Association. School of Architecture", 1974-75.
[161] Ibid.
[162] ユニットには他にもオールイス、ディミトリ・ポルフィリオス、アンソニー・ヴィドラーが参加している。彼らはロシア構築主義や建築のシンボリズムに関わる理論の構築と補助に貢献した。
[163] *Unit 9*, in "Prospectus. Architectural Association. School of Architecture", 1975-76, p.55.

乗り越えることが期待されている」[161]

　1975〜76年度にはクリエの後任としてコールハースがディプロマ・ユニット9の担当教師となり、その後10年間のユニットの性格を決定づける画期的な教育方針の進化がもたらされる[162]。課題の狙いは、二つの世界大戦の狭間の時期に定義された近代建築の方法と目的を保存し伝達し昂進することであり、指導の主眼はヨーロッパ都市の歴史的な都市組織の中にあっても多様なライフスタイルを発展させ、共存しうるような建築を発明することである。成果物の多くはプロセスを共有しながら制作されている。様々なヴォリュームを寄せ集め、多少無理をしながらも、その中にプログラムが要請する多様な機能を挿入するプロセスである。

　1975〜76年度の課題では「1960年代にレム・コールハースとエリア・ゼンゲリスが経験した建築教育・理論・実践を取り巻く状況に対する批評」と「70年代初期に始まった二人の協働」[163]に基づいて指導が行われている。課題文に添えられたコールハースの略歴には、1975年秋にオールトイスとの共著によるレオニドフに関する著作が、1976年に『錯乱のニューヨーク』が出版されると予告されている。

　年度末に発表されたステートメントでは、過密の文化に関するコールハースの定式が以下のように説明されている。

58-60. レム・コールハースとエリア・ゼンゲリスの指導によるディプロマ・ユニット9の学生作品（1975〜78年）

58. 「テクトニック」（トム・ザカリアス、1975〜76年）

59. 「マグロウヒル・ビルの再構築」（アレックス・ウォール、ニューヨーク、1975〜76年）。このドローイングでは、複数の学生の提案が結合されている

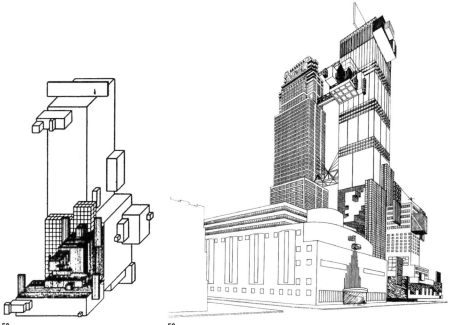

58　　59

「ディプロマ・ユニット9の目的は20世紀末にふさわしいアーバニズムの形態を再発見し展開することである。それは高密度特有の文化的な可能性を引き出す新しいタイプの建築的シナリオであり、大都市のライフスタイルを批評し、最終的にはそれを再建する。ユニット9は都市密度の可能性を最大限に発揮する社会の混交形態を受け入れ、喚起し、支える建築のために捧げられる。それは『過密の文化』を全面的に受容し、洗練された構造の中に取り込む建築である。ユニットは『理論的』なものから『現実的』なものまで幅広いプロジェクトに取り組む。一方の極には現実には建てられることのないプロジェクト、あるいは建設不能な『理念的』プロジェクトがあり、それは建築的『定理』すなわち既存建物や計画中の建物を『計測』するイデオロギー的な指標となる。他方の極は既存システムの範囲内で実現可能なプロジェクトであり、『理論的』な作品が生み出す批評原理を具体化する。いずれの場合もイデオロギーと建築との結びつき、つまり一方による他方の正当化が、ユニットの成果を評価する重要な基準となる」[164]

学生に課せられるテーマはコールハースが選択しており、「テクトニック」「都市類型としてのプール」「サウスバンク」「マイアミの住宅」「橋のプログラム」のように、彼の知的好奇心や彼のプロジェクトに直接関係したものが多い。最初のテーマである「テクトニック」[165]とはマレーヴィチの抽象的で反機能的な量塊モデルのことであり、コールハースはその現代化の可能性を熱狂的に宣言している。テクトニックを通じて彼は当時急速に広がりつつあったヴェネチアの芸術家肌の前衛たちによるイデオロギー批判に対抗し、ポストモダニズム的建築の流行の拡大を食い止めようとしたのである。コールハースはオールトイスの指導の下でロシア構築主義の歴史研究に取り組み、《囚われの地球の都市》でその理論的プログラムを推し進め、AAスクールで担当した最初の建築コースにおいてアヴァンギャルドの詩学を再生

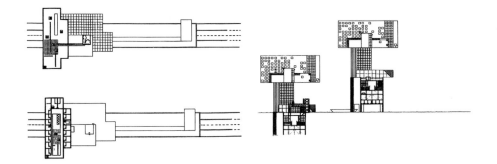

60.「水平的テクトニック:テムズ川ハンガーフォード橋上のホテル」（ザハ・ハディド、ロンドン、1975〜76年）

させる実験場をつくりだしたと言える。つまりアヴァンギャルド詩学の現代における妥当性を具体的に検証し始めたわけである。ユニットの指導方針はプログラム的な目標をもたないテクトニックという抽象的な形態を研究することによって、思考をあらゆる機能的な制約から解放することである。OMAの偏執症的＝批判的方法の論理に従えば、シュプレマティスムのテクトニックはシュルレアリスムの驚異的なオブジェクトやコンティニュアス・モニュメントの密実なソリッドに対応する。テクトニックには設計後半になって初めて機能が挿入されるが、ここでは「コロンブスの卵のモニュメント」などの驚異的プロジェクトと同じく「形態は機能に従う」という近代運動の基本公理が反転されている。ディプロマ・ユニット9の履修者はテクトニックを漸進的に進化させ、建築的プロジェクトに転換させるが、これはエル・リシツキーやフェリスが理論化した芸術プロセスの段階分類を踏襲している。1975～76年に制作された《ニュー・ウェルフェア島》に登場する「アーキテクトン」と、1976年に制作された『無限のフロイト』の窓外に広がる「プロウン」の風景は、このユニットでの指導経験から導かれたものだと言える。

　　ディプロマ・ユニット9の資料から引用しよう。「マレーヴィチのテクトニック（プログラムや物質性とは無関係な建築的彫刻）の一つを取り出し、一連の建築的な分析を施してその含意と暗示を精査する。この彫刻にはリアルなサイズと大都市における具体的な場所が与えられる。次に彫刻は分解されて各断片がユニットのメンバーに割り当てられる。各メンバーには外形とサービスコア、エレベーターなどの共有部分を尊重しながら、最大限の明快さをもって担当部分を展開することが求められる。形態が暗示する論理を外挿することによって、各メンバーは担当部分に適切なプログラムを挿入し、内部空間を設計して内外の素材を決定する。そして各断片が完成した後にテクトニックの全体が再構成される。それは回顧的に具現化したモダニズムの挿話となるのである」[166]

　　学生たちが展開したテクトニックの断片は、ニューヨークにあるレイモンド・フッド設計のマグロウヒル・ビルを再構築するというアレックス・ウォールの作品を通じて再統合されている。トム・ザカリア

[164] Diploma Unit 9, in "The Projects Review. Architectural Association. School of Architecture", 1975-76.

[165] 「テクトニカ」という用語については、ケネス・フランプトンの以下の記事を参照のこと。Kenneth Frampton, Constructivism: The Pursuit of an Elusive Sensibility, in "Oppositions", 1976, No.6, (pp.25-43), p.32. このテクストは、1972年にフランプトンがニューヨークのグッゲンハイム美術館で行ったレクチャーに基づいている。

スは「(オリジナルの全体を示す)テクトニックの断片」[167]というドローイングを描いている。ウォールの提案は「分割し再構成したマレーヴィチのテクトニックと交配させることによるニューヨークの空虚なマグロウヒル・ビルの再建」である。この「交配」にはレオニドフ設計の重工業省のタワー（ナルコムチャツプロム）の影響も認められるだろう。ザカリアスはYMCAのリノベーションを計画し「様々な種類の寄宿舎、社交場、スポーツ施設を付帯させている」[168]。ザハ・ハディドの提案はロンドンの鉄道橋の上にテクトニック——あるいは「プロウン」——を建設するもので、コールハースが《ニュー・ウェルフェア島》に設計した「エントランス・コンヴェンションセンター」に似ている。

　これらの成果についてコールハースとゼンゲリスはこう述べている——「ザハ・ハディドは水平的なテクトニックによって建築的・プログラム的な要請から生じる『突然変異』的な要素を自在に操ることに成功している。彼女は個別のルールを無視して全体のデザインを行い、マレーヴィチの一見ランダムな構成の中に要求を満たす『手法』を発見して『チックタック』と名づけている。ザハ・ハディドが設計したのはハンガーフォード橋にまたがるホテルである［…］。14階建ての建築はテクトニックの量塊的な外形をシステマティックに引き継ぎ展開させたものである。あらゆる制約はホテルのプログラムに豊かさを加える可能性へと転換されている」[169]

　プロジェクトを部分に分解し独立的に展開させた後に最終作品として統合させる方法は、OMAメンバーが1978〜79年に取り組んだコンペ案にも適用されている。コールハースとゼンゲリスは「テクトニック」の課題について以下のように述べている。「このプロジェク

61-63. レム・コールハースとエリア・ゼンゲリスの指導によるディプロマ・ユニット9の学生作品（1975〜78年）

61. 「チャリング・クロス駅の19世紀美術館」(B.チャン＋K.下村、ロンドン、1976〜77年)

62. 「チャリング・クロス駅の19世紀美術館」(H.ゴードン、ロンドン、1976〜77年)

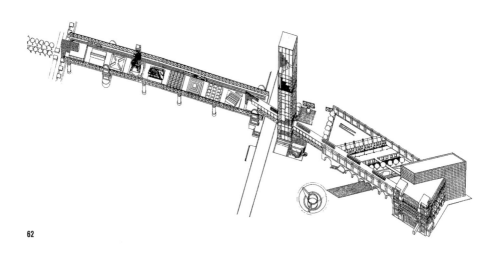

トでは現代建築史の未完の章を研究し完成させ、その妥当性を検証する。同時にプロジェクトは巨大都市の構造／制度という突然変異的な類型(タイポロジー)の性質をも明らかにする。ある臨界量(クリティカル・マッス)を超えると、この構造／制度は多様なイデオロギー・機能・利益・建築表現の総和になる——そこには互いに矛盾し表面的には両立しがたいものまで含まれている」[170]

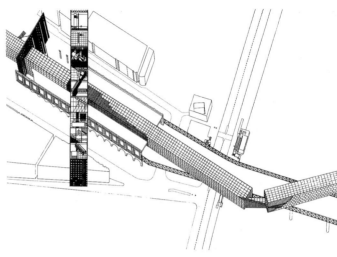

63.「チャリング・クロス駅の19世紀美術館」(ザハ・ハディド、ロンドン、1976〜77年)

[166] *Diploma Unit 9*, in "The Projects Review. Architectural Association. School of Architecture", 1975-76.

コールハース・ゼンゲリスは以下のように課題を説明している。「プロジェクトの手始めとして、マレーヴィチの『テクトニック』(機能と物質性が定められていない建築的彫刻)の一つが選び出される。学生たちに求められるのは、彫刻がほのめかす機能やアクティビティを考案し、そこに最大限の明快さを与え、詳細な平面図・断面図・立面図によって表現することである。『テクトニック』にはスケールと大都市における敷地が与えられる。これらの敷地は、再生するために一種の都市的『触媒』を必要としている場所である。次に『テクトニック』は部分へと分解される。但し、唯一の例外として、全ての部分にサービスを供給する垂直のインフラが残される。分解の結果である断片群は、外形と共有のサービス・コアを遵守するというルールの下で、ユニットのメンバーに分配される。形態がほのめかす論理を外挿するという方法を通じて、学生たちは各部に適切な機能を配置し、内部空間を展開させ、内外装を詳細に定める(なお、課題では垂直的なテクトニックと水平的なテクトニックの双方が検討される)。各断片が完全に検討された後に、アレックス・ウォールの図が示すようなテクトニックの全体が再構成される。ここにはウォール自身の成果のみならず、他の学生のプロジェクトもテクトニックの外形に内包されている。このプロジェクトでは現代建築史の未完の章を研究し完成させ、その妥当性を検証する。同時にプロジェクトは巨大都市の構造／制度という突然変異的な類型の性質をも明らかにする。ある臨界量を超えると、この構造／制度は多様なイデオロギー・機能・利益・建築表現の総和になる——そこには互いに矛盾し表面的には両立しがたいものまで含まれている。この課題によって、われわれのユニットはモダニズムを拒絶することなく、近年の他の潮流から理論的かつ実践的に離脱する」(Rem Koolhaas, Elia Zenghelis, *Architettura della metropoli planetaria. Architectural Association, Diploma School; Unit 9*, in "Lotus international", 1978, No.21, (pp.7-17), pp.8, 9)

[167] 1966〜67年のディプロマ・ユニット9の課題発表では、ウォールのプロジェクトが引用され、象徴的な意味が与えられている。課題発表では、以下のような説明がなされている。「本ユニットは西欧と北米のきわめて多様なコンテクストと状況に関わる。このプロジェクトとリサーチに、建築設計事務所のスタッフが行うように取り組むことが望まれる(*Diploma Unit 9*, in "Prospectus. Architectural Association. School of Architecture", 1976-77, p.49)。

[168] Cf. *Architectural Association. Diploma Unit 9*, in "Architectural Design", vol.XLVI, 1976, No.7, p.401; *Diploma Unit 9*, in "Prospectus. Architectural Association. School of Architecture", 1976-77, p.49.

[169] Koolhaas, Zenghelis, *Architettura della metropoli planetaria* cit., p.9.

コールハースのもうひとつの関心に接近する「都市類型としてのプール」という課題は、ちょうど「プールの物語」を書き上げた1976年に出題されている。テーマは「新しい都市構造のための『社会の圧縮器(ソーシャル・コンデンサー)』」というロシア構築主義の発明とも関係している——「マレーヴィチの課題と連携して出題されたプールの課題は、都市のプロトタイプ的な構築物のさらなる探求である。課題の狙いは個別にデザインされたプールをカタログ的に収集することである。場所とプログラムのアクティビティを切り口として、田園的で素朴なものから都市的で洗練されたものまで幅広いタイプと幅広い機能をもつプールが網羅されている」[171]

ロシア構築主義をもっとも重要視する姿勢は、次学年の第1課題「空間のグリッド」にも表れている。「本課題ではレオニドフが学生に課した共同体(コミューン)のプロジェクトに基づいて、人工的な秩序を風景に重ね合わせる演習を行っている。きわめて厳密に組織された建築群を1枚の床面(フロア)とみなし、異なる面の幾何学的なコラージュへと変換させ、多様なアクティビティを収めかつ表示し、最終的には三次元の建築にまとめ上げることが目的である」[172]

「橋のプログラム」と名づけられた課題では様々な公共機能の統

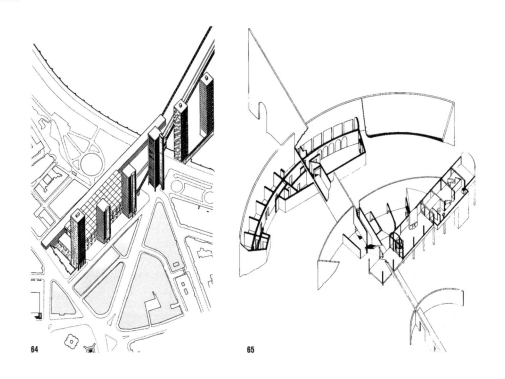

64-65. レム・コールハースとエリア・ゼンゲリスの指導によるディプロマ・ユニット9の学生作品(1975〜78年)

64.「チャリング・クロス駅の19世紀美術館」(D.ヘラルド、ロンドン、1976〜77年)

65.「ジリーの住宅」(マルティーノ、1977年)

合をめざしている。この課題は「エントランス・コンヴェンションセンター」とも関連している。テーマの設定時に言及された「間の空間（スペース・インビトゥイーン）」——「ニュートラルなもの、間の空間」[173]——は、かつてアルド・ファン・アイクとヴェンチューリが論じた概念である[174]。コールハースは後にこの概念を彼の理論的作品において詳細に展開することになる。

「マイアミの住宅」という課題では1974年にコールハースが設計した《マイアミの住宅》が学生たちによって再解釈されている。平行に並ぶストライプ状の構造として捉えたトニー・フェルドマンの作品から、彫刻的抑揚を帯びた二つの形態として解釈したハディドの作品まで、学生たちのアプローチは様々である[175]。

自由課題の中ではオーリー・シュレム、フェルドマン、ハディドが制作した「ニューヨークのウォーターフロント」が際立っている。プロジェクトはニューヨーク摩天楼のモデルをコールハース的・ゼンゲリス的・ウンガース的な作法によって再解釈したものであり、OMAのウェルフェア島のプロジェクトの対案となっている。

コールハースがディプロマ・ユニット9の指導を開始した1975～76年度には、ダニエル・リベスキンドがインターメディエイト・スクール（2～3年次）のユニット9に合流している。リベスキンドの就任はAAスクールにおけるOMAの文化的な立場を若干強めることになる（リベスキンドは1971～72年にIAUSの研究助手を務めている）。リベスキンドのユニットの課題は「現代都市」における「都市生活（アーバン・ライフ）」[176]に関するもので、彼のマニフェストはOMAが1977年に発表したテクストと同じく、マンハッタンの1枚の航空写真から始まっている[177]。

同じ1975～76年度にクリエは伝統的な都市形態学の再興に焦点を当てた「界隈、あるいはヨーロッパ都市の再建」という課題を彼が担当するディプロマ・ユニット2に課している。クリエはすでに

[170] Architectural Association. Diploma Unit 9, in "Architectural Design", vol.XLVI, 1976, No.7, p.401.

[171] Diploma Unit 9, in "The Projects Review. Architectural Association. School of Architecture", 1975-76.

[172] Unit 9, in "Prospectus. Architectural Association. School of Architecture", 1975-76, p.55.

[173] Ibid.

[174] Cf. Aldo van Eyck, Dutch Forum on Children's Home, in "Architectural Design", vol.XXXII, 1962, No.12, pp.600-02; Robert Venturi, Complexity and Contradiction in Architecture, New York, MoMA, 1966.

[175] 「住宅課題の狙いは、緻密さと優雅さを備えるまで一つの建築を発展させることである。形態的な洗練を強調し、あらゆるデザインの決定行為が当初のコンセプト、すなわち出発点を補強するような感受性を養う。換言すれば、課題は建築の形態的な問題を広くオープンに取り扱うのである」(Diploma Unit 9, in "The Projects Review. Architectural Association. School of Architecture", 1975-76)

[176] Daniel Libeskind, Intermediate Unit 9, in "The Projects Review. Architectural Association. School of Architecture", 1975-76.

[177] Cf. Rem Koolhaas, 'Life in the Metropolis' or 'The Culture of Congestion', in "Architectural Design", vol. XVII, 1977, No.5, p.319.

インターメディエイト・ユニット10の課題「プロジェクト・オン・ザ・シティ」で同じテーマを提示しているが、これは「都市 vs メガロポリス」[178]というコールハースとは正反対の原理に基礎を置いている。但しクリエも「居住地の高密度化（都市や村落など）」の必要性を認識しており、過密の文化に通底する考えをもっていた[179]。

このように1970年代半ばのAAスクールには「都市と大都市(メトロポリス)のデザイン」に関する二つの方向性が併存している。両者はCIAM（近代建築国際会議）が提唱した都市観を批判する点では共通しているが、提案する解決策はまったく異なっている。そのため双方の主導者たちは後に国際会議において衝突する運命にあった。

1975～76年度の時点ではコールハースがロンドンに戻る以前に培われたゼンゲリスとクリエの相互交流によって、ディプロマ・ユニット2とディプロマ・ユニット9の活動はうまく調整されていた。二つのユニットは「『ヨーロッパの都市』と『テリトリー』の歴史、建築類型(ビルディング・タイプ)と都市形態(アーバン・モルフォロジー)の弁証法、建築言語と類型の使用、近代のタウン・プランニングに対する根本的批判」[180]に関する会議やセミナーを共同で開催している。ディプロマ・ユニット9の課題文では「レオン・クリエのユニットと関心が接近しているため、両ユニットは理論と実践の両面において協働可能である」と述べられ、ユニットは「歴史的な大都市的建築が存在する地区の研究と解釈に貢献するだろう」と表明されている。さらに、同課題文には「著書『錯乱のニューヨーク』に基づくレム・コールハースの『マンハッタンの建築』に関する新コースが加わることによって、これらは今後一層強化されるだろう」と記されている[181]。

その後の数年間の課題と成果には、シュプレマティスムと構築主義の創作プロセス、ニューヨークの摩天楼モデル、スーパースタジオやアーキズームやウンガースらのニュートラルな格子模様平面が頻出している。これらはコールハースとゼンゲリスの講座において決定的な役割を担っていたのである[182]。多くの課題のテーマは2人の指導者の実務活動に基づいて決定され、1976年にはアムステルダム・ベルマミーア地区の再開発手法を展開するスタディも開始されている（OMAは1986年にこの仕事を正式に受託した）。これはディプロマ・ユニット9の文脈にふさわしいプロジェクトだった。1976～77年度コース

178 以下のテクストに掲載されたクリエの課題文を参照のこと。"The Projects Review. Architectural Association. School of Architecture", 1974-75 and 1975-76.

179 *Unit 2. Project on the City*, in "Prospectus. Architectural Association. School of Architecture", 1975-76, p.48.

180 Ibid.

181 Ibid., p.55.

182 ロシア構築主義とシュプレマティスムは、ザハ・ハディドが1977年に設計したアムステル

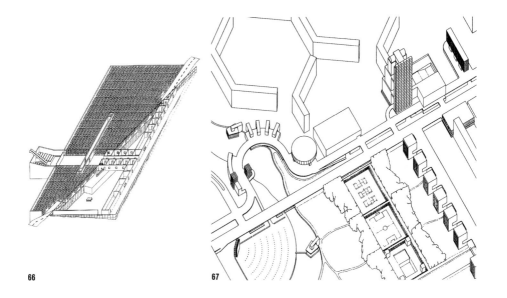

66

67

66-67. レム・コールハースとエリア・ゼンゲリスの指導によるディプロマ・ユニット9の学生作品 (1975〜78年)
66. 「アテネ国立アーカイブ計画」(リチャード・パールマッター、1978年)
67. 「ベルマミーアのアーバン・センター」(T.スミス)

のプログラムでは以下のように述べられている ──「ベルマミーア地区は1930年代のCIAMの原理がもっとも純粋かつ教条的な形で遡及的(レトロアクティブ)に実現した計画で、1970年代に完成している。[…]ここには皮肉な歴史的状況がある。初期社会主義の均質な風景 ── 同一の板状集合住宅の無限反復 ── が1970年代特有の福祉国家的な享楽主義によって占められているからである。本プロジェクトでは社会主義的ドライブイン文化の建築要素を開発することによって、この矛盾の調停を試みる。これらの建築要素は高架道路沿いに配置され、ヨーロッパにおけるアメリカの『ストリップ』に相当する存在となる」[183]

　この課題においても履修者はコールハースの方針に従って、構築主義者やウンガースのアイデアに基づく「ソーシャル・コンデンサー」を利用することが求められている。履修者の中でザハ・ハディドは再び際だっている。彼女はエル・リシツキーの「プロウン」、マレーヴィチの「テクトニック」、スーパースタジオの「コンティニュアス・モニュメント」のさらなる空間的な可能性を開拓する作品を制作している。

　さらに、ロンドンのチャリング・クロス駅とハンガーフォード橋にまたがって計画された彼女の作品「19世紀美術館」について、コールハースとゼンゲリスは以下のようにコメントしている。「ザハ・ハ

75　偏執症的=批判的方法による実践

ダム写真美術館コンペ案においても重要な発想源になっている。なお学生リチャード・パールマッターが1978年に設計した「アテネ国立アーカイブ計画」は、コールハースの写真美術館コンペ案を再解釈したものである。

183　*Diploma Unit 9*, in "The Projects Review. Architectural Association. School of Architecture", 1976-77.

ディドの美術館は、何よりもイデオロギー的かつ予言的であり、プログラムの決定と詳細な設計という枠を超えて、今日的な都市建築の役割とあり方を問う実証可能な原理を提示している。案は一定の妥当性を備え、原理との関係を明瞭に示し、歴史的・文化的なコンテクストにも対応している。これらは二つの方法を通じて達成されている。第1は大都市という立地にふさわしい緻密な社会的・プログラム的シナリオを練り上げることであり、第2は現代ヨーロッパのコンテクスチュアリズム派の建築家が与り知らない形態的・象徴的な感受性を提示することである」[184]

AAスクールでの最後の3年間に、コールハースとゼンゲリスは「『ユニットのスタイル』が未成熟な状態で硬直してしまう危険性」[185]を避けるように努め、1977〜1978年度の課題で初めて技術的なディテール研究を出題している。OMAのプロジェクトと同じく、課題の目的は素材と構法に潜む隠喩的な可能性を実験することであり、このような観点から履修者には「次世代の『能弁なディテール』」を発明することが求められている。それは「個々の設計コンセプトを具体的なレベルにまで高め、ユニット9で制作された提案に新たな物質性を与え、信頼性を増大させる」ようなディテールの発明である[186]。

1978〜1979年度のディプロマ・ユニット9では「都市の歴史的な中心部における近代化と保存」の問題を検証している。1年後のヴェネチア・ビエンナーレにおいてOMAは「『理想的』な状態を再構築することによってのみ都市が(『恐るべき20世紀』から)立ち直ることができるという昨今の通説」に反旗を翻したが、課題はこの問題意識を先取りするものである[187]。履修者には活気ある都市エリアを昂進し、機能不全のエリアを解体することが求められたが、この理論的背景にはウンガースのベルリンの群島(アーキペラゴ)案が認められる──「われわれは特定

[184] Koolhaas, Zenghelis, *Architettura della metropoli planetaria* cit., p.17。また、以下も参照のこと。*Häuser können fliegen. Zaha Hadid in Gespräch mit Alvin Boyarski,* in "Archis +", 1986, No.86, pp.28-33. コールハースとゼンゲリスは課題「19世紀美術館」について以下のように述べている。「各自は駅の一般的機能を維持するかどうか、芸術と技術の狭間で揺れ動く19世紀の多様性を美術館の構成に反映させるかどうか、複合施設を経営的に自活させるための機能を付加するかどうかなどの選択に迫られる。最終的には、鉄道駅に代表される19世紀の廃れかけたインフラ──まもなく時代遅れになる大都市的インフラ──のパトスと象徴的に結びつく提案が求められている」([Rem Koolhaas, Elia Zenghelis], *Museum for the 19th Century,* London, in "The Projects Review. Architectural Association. School of Architecture", 1976-77)

[185] *Diploma Unit 9,* in "Prospectus. Architectural Association. School of Architecture", 1977-78, p.37.

[186] Ibid.。課題のプログラムでは、さらに以下のように述べられている。「今年のスタジオ設計課題は、並行して行われる二つの調査研究によって補完される。第1の研究──レクチャーやセミナーを通じて行われる比較的理論的な研究──は、シュプレマティスム・ロシア構築主義・表現主義・シュルレアリスムなどの形で顕現したいわゆる『近代建築』が当初巻き起こした論争を再構築し、真実の意図を探ることである。それらは現在、誤解され、戯画化され、忘れ去られる危機に瀕している。第1の研究は共同研究を含み、成果は相互に関係する一連の歴史系論文としてまとめられるだろう。いくつかの特徴的な挿話が掘り下げられ、設計行為をより豊かにして

の重要部分を強化し、機能不全となった都市の部分を選択的に解体・交換するという柔軟性の高い戦略を開発する」[188]。さらに課題では三つの「ヨーロッパ都市の都市計画的『危機』」に対応する三つの「近代的テクスチャー」なるものが示されている。第1は「断絶を避けながら新たなプログラム要素を歴史的中心部に挿入する」方法、第2は「(想像上の)オリジナル状態に修復したりCIAMやチームX的な架空の場を造ったりすることなく」機能不全となった部分を交換する方法、第3は郊外や衛星都市など未開発の場所において「既存の町の複製という手段に訴えることなく」都市性を生み出す方法である[189]。

コールハースがディプロマ・ユニット9を担当した最後の年である1979〜80年度には「大都市的建築 = 大衆の建築か?」というテーマが掲げられている。課題文では過密の文化を象徴する図像(アイコン)として、浜辺に密集する群衆の写真が取り上げられている。

課題文から引用しよう——「『大衆』という存在は移り気であり(エフェメラル)、ひどく具体的であると同時に非現実的である。この性質はあらゆる近代的な建築活動の核心部に根本的な不安定性と不確実性を招き寄せる。大衆の出現以降の建築は、明らかに以前とは様相が異なっている。伝統的な建築に備わる繊細な意味作用のシステムは、多数の人間が突如押し寄せることによって破壊されてしまう。この圧倒的な侵略を前にして、昨今のポストモダニズムや合理主義は、暗黙裡に『大衆の出現以後に建築は存在するのか?』という問いを立てている。彼らは以前の価値——柱、刳型、歴史的暗示など——を再び持ち出して『人々の好むものはこれだ』とか『人々の為にしてきたことはこれだ』とポピュリズム的あるいは『リアリズム的』な言葉によって正当化しているが、結局それらは建築を救うために建築から大衆を遠ざける提案でしかない。今日の大衆にふさわしい建築を模索しているのは一体誰か? これら

くれる知識の泉が生み出されるはずである。第2の研究は——これは第1の研究の対極をなす——個々の設計案の構法的・技術的側面に注目する[…]」(Ibid.)

[187] *Diploma Unit 9,* in "Prospectus. Architectural Association. School of Architecture", 1978-79, p.37.
課題のプログラムは、さらに次のように続く。「『ユニットのスタイル』が未成熟な状態で硬直してしまう危険性を避けるために、今年のユニット9は二つの大規模な都市デザインのプロジェクトに集中して取り組む。今日の『都市の危機』を乗り越える新しいアプローチを模索し、高度にプログラム的な建築が状況を改善し変容させる原動力として現在でも妥当性をもちうるかを研究する試みである。現在、ヨーロッパでもアメリカでも都心居住が急速に復権している。都市居住の需要は高い生活の質——贅沢な広い住まい、快楽主義的なきめ細かい共有施設、快適な移動と交通、良質な周辺環境——を要求している。しかし、既存の都市はこのような質を満たすようにつくられておらず、要求に応えることができない。だが真に近代的な文化を都市が『装備する』ことは、保存や都市修正などのあらゆる操作と同様に都市が生き抜くための必須条件である。今年のユニット9は、このような都市の文化的『転換』という需要に注目し、需要が生じたそもそもの理由である歴史的コンテクストを設計過程で破壊することなく遂行される」(Ibid.)

[188] Ibid.

[189] *Diploma Unit 9,* in "The Projects Review. Architectural Association. School of Architecture", 1978-79.

すべてを鑑みれば『大衆のための建築とは何か』という問いを今一度立て直し、大衆という概念の考古学を探究し、この問いを隠蔽している悪意・政治・妥協の地層を除去することは時宜を得たものと思われる。『大衆』が存在するという事実──少なくとも建築内に想定以上の大量の人々が存在しているという事実──を受け入れることから『大衆のための建築』が生まれるはずであり、その可能性と特性を精査することには大きな意義がある。これらすべての問題に対する精度の高い新しい展望を示すことが、今年度のユニットの骨子である──これは大都市的建築を開発するというユニットの目標に明白に接近している。課題は『大衆と単調性』『大衆と多様性』『個人の想像力vs.大衆』『スターリニズムの建築』『大衆はポピュリストか?』といったテーマに分けられるだろう」[190]。

ディプロマ・ユニット9はOMAの初期スタッフを数多く輩出している。ザハ・ハディド、アレックス・ウォール、エリアス・ヴェネリス、ステファノ・デ・マルティーノ、リチャード・パールマッター、リカルド・シモーニらである。1977年に卒業したハディドは1977〜78年度にポルフィリオスとともにディプロマ・ユニット9のチューターに就任し、1980〜81年度にはユニット9の指導的立場を引き継いでいる。マデロン・フリーゼンドープとゾーイ・ゼンゲリスは描画法の指導に関して彼女を補佐している[191]。

コールハースとゼンゲリスの言葉をここで繰り返そう──「ディプロマ・ユニット9の目的は、20世紀末にふさわしいアーバニズムの形態を再発見し展開することである。それは高密度特有の文化的な可能性を引き出す新しいタイプの建築的シナリオであり、大都市のライフスタイルを批評し、最終的にはそれを再建することである」[192]。

[190] *Diploma School. Unit 9,* in "Prospectus. Architectural Association. School of Architecture", 1979-80, p.37.
コースの終わりに発表された文書には以下のように記されている。「近年の建築運動は様々なレトリックを駆使して前近代的な建築の価値を再主張し、押しつけようとしているように思われる。そして今日まで続いてきた前近代的な価値を破壊する行為を『悪い夢』として遠ざけようとしているようである。このような建築運動を前に『大衆のための建築』という問いを今一度立てることは挑戦的なことに思われた」(*Diploma Unit 9,* in "The Projects Review. Architectural Association. School of Architecture", 1979-80)

[191] AAスクールにおけるレム・コールハースの教育活動の一部は、ウォールにも引き継がれている。ウォールは1981〜82年にジェレミー・ディクソンとともにディプロマ・ユニット9の指導に当たっている。

[192] 1976〜77年に作成されたユニット9のプログラムより抜粋。以下も参照のこと。
P.B. [Peter Buchanan], *Elia Zenghelis, Rem Koolhaas, Zaha Hadid,* in "The Architectural Review", vol. CLXXXIV, 1983, No.1040, (pp.64-67), p.64.
エヴァンスは以下のように述べている。「分断の一方の極には近代運動の理想を──再解釈しながら──断固支持する者たちがいる。彼らは『現在誤解され、戯画化され、忘れ去られる危機に瀕しているもの、すなわちシュプレマティスム・ロシア構築主義・表現主義・シュルレアリスムなどの形で顕現したいわゆる近代建築が巻き起こした論争を再構築し、その真実の意図を探ること』をめざしている(これはレム・コールハースとエリア・ゼン

「過密の文化」とポシェの手法

OMAの設立からわずか2年後の1977年に『アーキテクチュラル・デザイン』誌は彼らの特集号を出版している[193]。これはOMAというグループに関する最初の重要な批評的特集である。コールハースとゼンゲリスはいくつかのテクストを寄稿し、プレゼンテーションの監修も行い、ニューヨークに関するプロジェクトをOMAのカテゴリーに従って三つに分類している。コールハースは《囚われの地球の都市》に登場する「OMAの私的殿堂の諸要素」のプログラムが「もともとは《エクソダス》の広場のために書かれていた」[194]ことを解き明かしている。《コロンブス・センターの卵》の巨大な卵形モニュメントは、シュルレアリスムやポップ・アート的な手続きを通じて、凡庸な驚き(ヴァルハラ)を生

68.「『大都市の生活』あるいは『過密の文化』」。1977年の『アーキテクチュラル・デザイン』誌OMA特集号より抜粋

69.「マンハッタニズムの発見」。1977年の『アーキテクチュラル・デザイン』誌OMA特集号より抜粋

68

69

ゲリスが1976年のユニット紹介時に放った言葉である)。興味深いことに、モダニズムを支持する議論もそれに反対する議論も、ともに様式の変容ではなく、生のあり方を変容させるという観点において展開している。様式的な関心があることはいずれの立場にも明らかだが、『過密の文化』をめざすソーシャル・コンデンサーのプロジェクト、前近代的な社会性を再生する奇人のための拡張住居のプロジェクト、人々が集まる公共空間を都市の中に再構築するプロジェクト等々…。これらは意図よりも外見によって区別する方が容易である」(Robin Evans, *AA History and Student Work*, in "Prospectus. Architectural Association. School of Architecture", n.d., (pp.2-11), p.8)

193 『アーキテクチュラル・デザイン』誌のOMA特集号(1977年、第5号)ではフランプトン、ポルフィリオス、ジョージ・ベアードらがシュルレアリスム的な空想的要素と極端なリアリズムを兼備えたOMAの作品に関する文章を寄稿している。同じ1977年にジェンクスは、ヘイダックとコールハースの作品を「超合理主義」という言葉で説明している(cf. Charles Jencks, *Irrational Rationalism: The Rats since 1960*, in "A+U", 1977, No.76, pp.110-13)。

194 *The City of the Captive Globe/1972* cit., p.336. コールハースが1973年に描いたスケッチでは、《エクソダス》の「ストリップ」が「囚われの地球」と「侵略の公園」を内包している(sketch published in De Cauter, Heynen, op. cit., p.265)。

み出す方法を直観的に発見したプロジェクトとして紹介されている——それは「建築は安易(イージー)になりうるという突然の発見」[195]である。《マイアミの住宅》、《写真美術館》、《浮遊するスイミングプール》は「三つの矩形のプロジェクト」という見出しでまとめられているが、サイズに従って建築を分類した1990年代半ばの試みと同様に、ここには作品を建築類型以外の方法で分類したいという欲求が表れている。なお三つのプロジェクトは「ほどよい建築的プロジェクト」と「大スケールの『大都市的』プロジェクト」に区別されており、すでにサイズへの関心が見られる。三つのプロジェクトに共通する「ピューリタン的な厳格さ」は「いわゆるポストモダン建築の形遊びに対する反論」[196]という文脈で捉えることができる。

コールハースはこう述べている——「これらのプロジェクトの特徴である規則的な分割は、プログラムを人間活動に対応する反復的な単位に分解する——住宅を部屋に、美術館を展示室に、プールをロッカーに。《マイアミの住宅》の細長いプールや《写真美術館》のサービス道路などのプログラム上の特別な要求だけがシステムを中断するが、このような中断こそがプログラムを劇的なものに変えるのである」[197]

「『大都市の生活』あるいは『過密の文化』」というコールハースのテクストでは、題名に続く半ページ分がニューヨークの航空写真で占められ、「大都市の生活」を表象する建築の実験場としてOMAが選び出した場所が明示されている。OMAはニューヨークに関する研究とプロジェクトを通じて、以後のプロジェクトと理論的活動の中心となる「過密の文化」の原理を導きだしている。この原理の意義を解き明かす中でコールハースは20世紀の批評家と建築家が否定的に捉えてきた「過密」という言葉の意味を反転させ、「過密」こそが新たな大都市文化の象徴となることを示したのである。

コールハースはこう述べている——「19世紀のある時、地球上のある場所において——面積は取るに足らないものだったが——かつてない状況が生まれた。限られた領域内で近代技術が急激に発展

[195] *The Egg of Columbus Center/1973* cit., p.334.
[196] *Three Rectangular Projects,* ibid., p.352.
[197] Ibid.
[198] Koolhaas, *'Life in the Metropolis'* cit., pp.319, 320.
[199] コールハースが使用したイメージは以下の文献に掲載された写真の一部分である。William Cole, Julia Colmore, ed., *New York in Photographs,* New York, Simon and Schuster, 1961, fig. 156.
また、以下も参照のこと。
New York City Planning Commission, *Plan for New York City, 1969, a Proposal. 1: Critical Issues,* New York, Department of City Planning, 1969.
コールハースはアウグスティヌスの「都市は壁ではなく、市民からつくられる」という言葉を引用し、「過密の文化」の象徴である人

し人口が爆発的に増加することによって、『大都市(メトロポリス)』という突然変異的な人間の共存形態が誕生したのである。大都市は従来の都市を築いてきた伝統的な分節と差異化のシステムを無効にし、建築の歴史を白紙に戻した。しかし大都市が真に突然変異だとすれば、そこからは独自の『アーバニズム』が生まれ、『大都市的状況』が織りなす『栄光と悲惨』に固く結びついた建築が生まれ、独特の理論・法則・方法・発見・達成を体現する建築が生まれるはずである。それは正統な建築観・批評観からは逸脱している。なぜなら正史は自らの存在を揺り動かす根本的な断絶を受け入れることができないからだ。マンハッタンは暗黙裡に『大都市的状況』の祖型とみなされ、しばしば両者は等価ですらある。マンハッタンの輝かしい発展は大都市という概念の形成と歩調を合わせてきた。人口とインフラの両局面においてマンハッタンは密度の極致であり化身である。マンハッタンの建築はあらゆる点で過密状況を促進し、社会混交の特異体を支え、独特な過密の文化をもたらしているのである」[198]

『アーキテクチュラル・デザイン』誌の別ページに掲載された「マンハッタニズムの発見」というテクストではOMAの文化的なプログラムが解き明かされている。冒頭に示されたコニーアイランドの浜辺の人だかりは『ニューヨーク市計画1969』に収録されたアンドレアス・ファイニンガーの写真の(匿名的な)一部分であり[199]、写真の横には「人々のいない都市とはなんだ?」というシェイクスピアの言葉が引用されている。この写真はニューヨークの航空写真と図像的・概念的な対比を示し、偏執症的=批判的方法によってコニーアイランドとマンハッタンを比較し、群衆と摩天楼を比較する契機を与えている[200]。過密の文化を「群衆の集中」として捉えた先駆的事例としては1960年代イギリスのプロジェクト——たとえば1963年に開催されたアーキグラムの「リビング・シティ」展——が挙げられる。そこでは都市は建物の集合ではなく、人間と生活環境の総体として捉えられている。スーパースタジオもまた過密の文化のいくつかの重要な局面を予言して

混みのシーンを描写している。リベスキンドもAAスクールの彼のユニット9の1976〜77年の課題文中で同じ言葉を引用している(cf. *Inter Unit 9*, in "Prospectus. Architectural Association. School of Architecture", 1976-77, p.39)。なお1956年に『アーキテクチュラル・フォーラム』誌において発表された「セントラル・シティ 集中 vs 過密」という記事には「人口とアクティビティの極端な集中が都市には必要不可欠である」という一節がある(*Central City: concentration vs. congestion*, in "Architectural Forum", vol.CV, 1956, No.3, pp.114, 115)。

200 Cf. *The Discovery of Manhattanism*, in "Architectural Design", vol. XVII, 1977, No.5, p.330.

いる——「休暇中に浜辺や田舎に押し寄せる群衆は機械と可動式ミニ・サービス (車、ラジオ、ポータブル冷蔵庫) に『奉仕された』人間の集合である。ワイト島やウッドストックへの人々の集中は三次元の構築物という基礎を必要としない『都市的』生活の可能性を示している」[201]

　過密の文化のアイデアを練り上げる際にコールハースはジョヴァンニ・ノリが1736〜38年頃に描き1748年に出版したローマの地図を参照している。ノリの地図はコールハースの過密のアーバニズムに類似した都市計画的な仮説であり、コールハースの理論構築に直接的影響を与えている。ヴェンチューリとスコット・ブラウンは1968年にこの地図を取り上げて、街路・広場・中庭・庭園・教会空間を「黒塗りの建物量塊から切り出された公共のヴォイド」として表現している点に着目している。彼らはこう述べている——「これらの空間は屋根の有無にかかわらず暗色の『ポシェ』を用いて精緻に描かれている」。これは後に『ラスベガスに学ぶ』でも繰り返された一節である[202]。

　「ポシェ」とは19世紀のボザールで生まれた作画技法を示すフランス語で、組石造建築の断面図の塗りつぶされた色面を意味している。20世紀前半にポシェは主にアメリカン・ボザールの理論家たちによって再解釈され[203]、その後『ラスベガスに学ぶ』において都市空間の性質を表現する新しい技法として使用される。ラスベガスの地図に適用されたポシェは空き地や広告、都市生活を特徴づける活動の分布、季節ごとに異なる光の効果、雰囲気のヴァリエーション、交通のフローなどを表現したのである。

　『ラスベガスに学ぶ』の出版後にルイス・カーンはポシェの技法が彼の中空構造のアイデアの源だと告白している。カーンは1974年にこう述べている——「私はポシェから中空壁と密実壁の違いを学ん

70. ジョヴァンニ・ノリのローマ地図の一部分 (1748年)

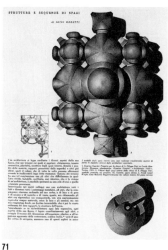
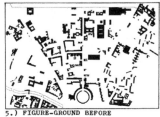

71. ルイジ・モレッティ「空間の構造とつながり」。『空間(スパーツィオ)』誌1952〜53年第7号より抜粋

72.「フリードリヒ街の図と地」(O.M.ウンガース、ベルリン、1978年)。コールハース、ライマン、コルホフ、オヴァスカとの協働作品

だ。[…]。私は密実ではない容器としての壁をつくった」[204]。コールハースは《マイアミの住宅》のサービス空間の帯を「中空壁」と呼んでいるが、その理論的背景を理解する上で自らのアイデアに関するカーンの説明はきわめて示唆的である。

1974年にはIAUS発行の『オポジションズ』誌にルイジ・モレッティの論文「空間の構造とつながり」が再録され、アメリカにおけるポシェの議論が一層深まった。挿絵には歴史的建築物の模型が用いられているが、組積造の構造ではなく、構造体が決めている空間の輪郭が風変わりな量塊として表現されている[205]。

『ラスベガスに学ぶ』でノリの地図が取り上げられた後に、ウンガースと彼の若い協働者たち──ロウ、コルホフ、コールハース──は都市平面にポシェの技法を適用している。但しコールハースは1990年代半ばまでノリの地図について言及することはなく、ポシェという言葉を使い始めるのはさらに後になってからである。

1977年にはクリエの都市研究から影響を受けたAAスクールの卒業生ロドリゴ・ペレス・デ・アルセが、ル・コルビュジエのチャンディ

[201] Superstudio, *Description of the Microevent/Microenvironment,* Ambasz, *Italy: The New Domestic Landscape* cit., (pp.242-51), p.244.

[202] Cf. Robert Venturi, Denise Scott Brown, *A Significance for A&P Parking Lots or Learning from Las Vegas,* in "The Architectural Forum", vol. CXXVIII, 1968, No.2, pp.36-43, pp.89, 91; Venturi, Scott Brown, Izenour, op. cit., p.14.

[203] Cf. Jacques Lucan, *Généalogie du poché. De l'espace au vide,* in "Matières", 2004, No.7, pp.41-54.

[204] [L.I. Kahn], *Kahn on Beaux-Arts Training,* in "The Architectural Review", vol.CLV, 1974, No.928, p.332.

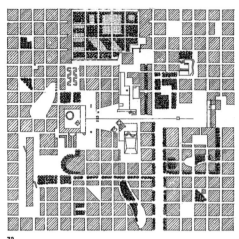
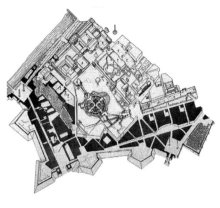

73.「ル・コルビュジエのチャンディガール議事堂の都市化」(ロドリゴ・ペレス・デ・アルセ、1978年)

74.「断絶されたローマ・ロウ案」(コーリン・ロウ、1978年)

ガール議事堂とカーンのダッカ議事堂の空地を開発する提案を行っている。彼はノリの地図を応用して4枚のダイアグラムを作成し「アテネ憲章が文義通り適用されて生じた空疎な都市空間を再都市化する」[206]ために有効な「システム」を定義している。ペレス・デ・アルセの狙いはコールハースの「過密の文化」とクリエの「居留地の高密化」の双方に結びついている。ジェンクスはこう述べている――「他の合理主義者たちもオスカー・ニーマイヤーやル・コルビュジエの近代都市に生じた空地を埋めて密度を倍増させ、レム・コールハースが呼ぶところの『過密の文化』を促進している」[207]

ロウとコッターもまた1978年出版の『コラージュ・シティ』においてヴェンチューリ的なポシェの概念を適用し、建物の「間（インビトゥイーン）」の

205 モレッティはこう述べている。「内部空間と他の建築要素の結びつきは無限で、きわめて強固である。ここでは以下を思い起こすだけで十分だろう。内部空間は限定された表面としての外皮をもち、空間が応答すべき事実とエネルギーはその表面上に圧縮されて読み取られる。そして今度はその表面から空間が生じるのである。しかし内部のヴォリュームはそれ自体が具体的な存在でもある。内部のヴォリュームはエネルギーを欠いた希薄な物質、つまり他ときわめて敏感に反応する物質からつくられているにもかかわらず、それを包み込む素材の造形や実体から独立している。繰り返しになるが、内部のヴォリュームはそれ自身の資質をもっているのであり、そこからは以下の4つの性質が抽出される。第1の性質は大きさであり、絶対的な体積として理解される。第2の性質は密度であり、光が浸透する量と分布に依存する。第3、第4の性質である圧力とエネルギー量は、多かれ少なかれ空間内の部分同士の近接性に従って決まる。つまりその度合いは建設された量塊同士の反発力とそれらが独立して存在する時の理想的なエネルギーによって定まる。このような性質は立ちはだかる障害物や制約に従って形を変える動的な流動体の圧力、あるいは空間に電荷が作用することで生じる電場電位と比較しうる」(Luigi Moretti, *Strutture e sequenze di spazi*, in "Spazio", 1952-53, No.7, (pp.9-20, 107, 108), p.10, Eng. trans., Luigi Moretti, *Structures and Sequences of Space. Translation by Thomas Stevens*, in "Oppositions", 1974, No.4, (pp.123-39), pp.123, 124)。モレッティによるソリッドの概念は、アルベルト・エーリッヒ・ブリンクマン(Albert Erich Brinckmann)の「芸術的造形の基礎形態としての可塑性と空間」(*Plastik und Raum als grundformen künstlerischer Gestaltung*, Munich, R. Piper & Co, 1922, p.10)の主張に直接的に基づいている。

206 Rodrigo Perez de Arce, *The urban redevelopment of the city. Chandigarh and Dacca*, in "Lotus international", 1978, No.19, (pp.98-101), p.98.

ペレス・デ・アルセは以下のように記している。「都市は崩壊へと向かうゆるやかで悲劇的な連続

75. レオン・クリエによる伝統的都市街区のプロジェクト（1978年）

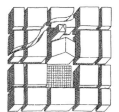

空間に建物自体と同等の重要性を与え、都市組織における「図／地」、「オブジェクト／テクスチャー」の関係を鮮明に表現している[208]。さらに1978年には「断絶されたローマ」というアイデアコンペが開催され、ヴェンチューリのエッセイからヒントを得ながら、ノリの時代にはまだ開発されていなかった地区を設計するというテーマが招待参加者に与えられた。ロウ案では連続的な量塊をスライスして伝統的な都市組織を創造する可能性が示され、クリエ案では「内部が穿たれた連続的量塊」として都市の街区を捉えるダイアグラムが描かれている[209]。後者は伝統的な街区の形態に限定されているものの『コラージュ・シティ』の先進的な理論の核心を示すもっとも重要なグラフィック表現と言える。一方コールハースは1980年にロウとクリエのデザインを批判した上でポシェのさらなる創造的可能性を模索している[210]。コールハースがニューヨークで見いだした過密の文化のパラダイムは、CIAMの都市計画を批判するというポストモダニズム的誘惑——ポシェを適用した最初期のプロジェクトに見られる特徴——を払いのけたのである。

プロセスの渦中にある。ノリのローマ地図は公共空間の全体性を外部のみならず室内も含めて表現している点できわめて重要である」(Ibid.)。なおこのテクストが掲載された『ロータス・インターナショナル』誌の第19号には、ベルリンに関するウンガースのテクストも掲載されている。これはコールハースを含めたコーネル大学の学生との協働を通じて執筆されたものである(cf. Oswald Mathias Ungers, Rem Koolhaas, Peter Riemann, Hans Kollhoff, Arthur Ovaska, *La città nella città. Proposte della Sommer Akademie per Berlino*, Ibid., pp.82-97)。ペレス・デ・アルセは「都市に累積していく構築物は、近代都市計画が引き起こした分散と断片化に代わる妥当な選択肢の一つである」と主張している(*Urban Transformations. Rodrigo Perez de Arce*, exhibition cat., The Architectural Association, London, 24 April-16 May 1980, London, The Architectural Association, 1980, p.4)。

207 Charles Jencks, *Verso l'elettismo radicale,* in *La presenza del passato, Prima mostra internazionale di architettura. Corderia dell'Arsenale. La Biennale di Venezia. Settore Architettura,* Milan, Electa, 1980, (pp.30-37), p.35.

208 Colin Rowe, Fred Koetter, *Collage City,* in "The Architectural Review", vol.CLVIII, 1975, No.942, pp.66-91.

209 Léon Krier, *Quarta lezione. Analisi e progetto dell'isolato urbano tradizionale,* in "Lotus international", 1978, No.19, (pp.42-55), p.43.

210 OMAの作品とポシェの関連を論じた草分けとしてピーター・ブキャナンが挙げられる(cf. Peter Buchanan, *OMA at the Hague,* in "The Architectural Review", vol. CLXXXI, 1987, No.1084, pp.87-91; id., *Three Dutch Architects,* in "AA Files", 1987, No.16, p.7)。

『アーキテクチュアル・デザイン』誌上のコールハースの「過密」キャンペーンはポストモダニズムとポスト機能主義に対する攻撃によって締めくくられている。

「以上のように定義された大都市的建築は二つの論争を引き起こすだろう。第1の論争は街路・広場・大通りなどに結びついた『伝統的』な建築を人工呼吸的に延命させ、『近代』がもたらした損失——つまり『大都市』そのもの——を帳消しにできると信じる者に対して仕掛けられている。彼らは『ストイックな良い趣味』という名の下に『麗しくお行儀の良い』社会混交のための空っぽの場所を強要している…。第2の論敵は隠喩に対して執拗な嫌悪感を抱き続ける近代建築である。近代建築は自らの目標を盲信し、カオスに対する恐怖を振り払うべく巨大規模を分解して要素を孤立させようとする。さらに機能を制限することによって『大都市』を予測可能なものとして描き直し、移ろいやすさを制御する術を取り戻そうとあがいている…。両者はともに過密文化の可能性を空費しているのである」[211]

『錯乱のニューヨーク』——マンハッタン・グリッドと摩天楼の偏執症的＝批判的解釈（1978年）

『アーキテクチュアル・デザイン』誌の注釈では、「『大都市の生活(メトロポリス)』あるいは『過密の文化』」がまもなく出版される『錯乱のニューヨーク』という「過密の文化に関する理論書」の一部であると述べられている[212]。1975年に予告された同書は1978年にニューヨーク、オックスフォード、パリで英語版とフランス語版が同時に出版されている。題名の鍵である「錯乱」という言葉は、マンハッタンを分析する際に援用したダリの『偏執症的＝批判的活動に基づく科学的探求の手法』へのオマージュである[213]。ダリのエッセイと同じく『錯乱のニューヨーク』は「驚くべき『秘密の』脚本」[214]であり、摩天楼が俳優となってマンハッタンという舞台に立っている。本のカバーに使用されたフリーゼンドープの『現行犯』においても摩天楼が生物のように描かれており、コールハースの情熱的な叙述に頻出する「理論的スペクタクル」「パフォーマンス」「ステージング（上演）」「見世物的サスペンス」「劇的な急展開」といった表現も映画の脚本的である。

『錯乱のニューヨーク』の冒頭では、本書自体が補遺に掲載されたOMAの「概念的・隠喩的プロジェクト」の一つであることが明かされている。本書の構造はマンハッタンの「グリッド」に基づいている。各章は「ブロック（街区）」であり、ニューヨークは「いまだに理論を探究し続けている」ヨーロッパのアヴァンギャルドのヴィジョンを先取り

して具現化した存在、すなわち「マンハッタニズム」の化身として描かれている。コールハースはフーコー的な考古学者となって現代の建築文化を解き明かす秘密の発見者のように振る舞っている（「マンハッタンは20世紀のロゼッタ・ストーンだ」）。しかし実際のところは「マンハッタンの回顧的なマニフェスト」の確固たる土台を築く「山のような証拠」を挙げるために、コールハース自身が例外的な大都市を「必要としていた」のである。マニフェストの狙いは大胆な論争を仕掛けることである。つまり「輝く都市」やCIAMの都市計画を退けて、マンハッタンの高密度居住に見出される空想的・遊戯的・超現実的要素に置き換え、それによって過密文化の理論的基礎を築き上げることである。

「前史」と題された序章では、オランダ人の入植者が都市を発見する場面が描かれている。ここでコールハースは同一の長方形ブロックを繰り返す「マンハッタン・グリッド」を「予言行為」「概念上の投機」と呼んで正当化している（彼は《囚われの地球の都市》でもグリッドを賞賛している）。コールハースにとってグリッドはスーパースタジオ、アーキズーム、アンバースが構想した均質でニュートラルなパターンの具現化なのである。「グリッドという二次元の規律は三次元的な無秩序に対して思いもよらない自由を許す」[215]と彼は述べている。

パリと19世紀万博に関するベンヤミンのエッセイに倣い、コールハースはグリッド内に建設される構築物のモデル——実験の象徴的起源——として1853年ニューヨーク万博の「二つの巨大構築物」を取り上げている。そのひとつはロンドンのクリスタル・パレスに似た円蓋（クーポラ）をもつ構築物であり、もうひとつはラッティング展望台という高さ約100mの塔である。コールハースの偏執症的＝批判的解釈によると、円蓋（クーポラ）は理念的には「球」である。それは「真に新しく革命的な技術と発明」を孕む子宮となり、その技術は後にマンハッタンの建物において「解き放たれる」運命にある。エレベーターの原型となったエリシャ・オーティスのプラットフォームがその代表例と言える[216]。一方ラッティング展望台は「もっとも細くもっとも容積の小さい構造物」、「土地をわずかに消費する存在」、すなわち「針」である。「針」は摩天楼の同義語として用いられてきた言葉であり、ル・コルビュジエの1935年のニューヨーク滞在を報じた『ニューヨーク・ヘラルド・トリビュー

[211] Koolhaas, *Life in the Metropolis* cit., p.325.
[212] Ibid.
[213] Dalí, op. cit., p.97.
[214] Ibid., p.11.
[215] Koolhaas, *Delirious* cit., p.15.
[216] オーティスが自らの発明を公表した際の演劇的な挿話については『錯乱のニューヨーク』の一節（Ibid., p.19）とコールハースが引用する以下のエッセイを比較のこと。Earle Shultz, Walter Simmons, *Offices in the Sky*, Indianapolis, New York, Bobbs-Merrill Company, 1959, pp.42, 43.

ン』紙の記事[217]からの引用でもある。コールハースのシュルレアルな物語においては、球と針という原型的な形態の「異種交配」を通じてマンハッタン摩天楼のダーウィン的な進化が始まり、そこから「一連の見事なハイブリッド」[218]が誕生したとされている。

　第2章の「コニーアイランド：空想世界のテクノロジー」では1853年の博覧会が担った役割がコニーアイランドの遊園地に引き継がれている。1900年代初頭までコニーアイランドのアトラクションは「未来派的な断片や機械仕掛けのガラクタやテクノロジーのクズ」[219]で満ちあふれていた。マンハッタンの摩天楼はそれらが移植されてつくりだされた存在である。コールハースは「都市群島」というウンガースの概念を援用し、コニーアイランドをニューヨークの普遍的な未来像の断片として解釈したのだと言ってよい。コニーアイランドにマンハッタン建設の決定的な役割を担わせたコールハースの直観には、ホイジンガのホモ・ルーデンスや1950年代末にアンテルナショナル・シチュアシオニストが予告した遊戯の都市——「欲望」「遊戯」「漂流」に基づきシュルレアリストが無意識に夢見た都市——からの影響が見いだされる。

　かくしてコニーアイランドは驚くべき演劇的効果を生み出し、めざましい感情を疑似体験させる装置の実験場となる。このようなコニーアイランドの特性を支えた技術を、コールハースは「空想世界のテクノロジー」と呼んでいる。彼の説明によればそれは「空想を支えたり生み出したりするテクノロジー」、「人間の想像力を媒介し拡張するテクノロジー」であり、「抗いがたい魅力を放つ模造」を建設する手段である[220]。

　コールハースの「空想世界のテクノロジー」は技術に関するピュリスム的・機能主義的な考え方を告発するものであり、この意味では1960〜70年代のネオ・アヴァンギャルドが近代運動を乗り越えるべく模索した技術に通底している。コールハースの「空想世界のテクノロジー」の解釈は技術の進化の本質的な一過程であり、シュルレアリスムの意識下の領域、バンハム的な「調整された環境」[221]、ジェンクスがミースとウォレス・ハリソンの作品に見いだした「超越的技術」[222]、

[217] Koolhaas, *Delirious* cit., p.221.
[218] Ibid., p.20.
[219] Ibid., p.25.
[220] Ibid.
[221] Cf. Reyner Banham, *The Architecture of the Well-Tempered Environment,* London, Architectural Press, 1969.
[222] Jencks, *Modern Movements* cit.,pp.104, 200. ジェンクスはレイナー・バンハムとフランソワ・ダルグレの「非＝住宅」プロジェクトとリチャード・ハミルトンの絵画『クライスラー社へのオマージュ』について次のように述べている。「エロティシズムと洗練されたテクノロジー。この二つがアヴァンギャルドたちの主要な関心事である」

アーキグラムのプロジェクトのSF的な技術、クックが『実験的建築』[223]にまとめた実現済みの技術——巨大スクリーンへのビデオ投映、宇宙時代の技術的達成、ロボット・カー、電化の普及などの「環境」と「ライフスタイル」を変化させた技術——の領域へと連続している。

　コールハースが1970年代に関心を抱いた技術は構造の形態や工夫とは無関係であり、シュルレアリスムの熱狂的な脚本家たらんとする彼の思想的背景に接近するものに限られている。「『錯乱のニューヨーク』に登場する技術は恣意的に選択されたものであり、エレベーター、スチール、エアコンが『空想世界のテクノロジー』と同一視されていた」[224]とコールハースは1995年に回想している。

　ダリとフロイトに倣って、コールハースはコニーアイランドを「保育器」、マンハッタンの「胎児」、ニューヨークからぶら下がる「クリトリス的器官」として捉えている[225]。ミレーの『晩鐘』が「大衆の想像力」[226]に与える影響を研究したダリのように熱狂的な筆致で、コールハースはアトラクションの機能と来園者の感情に与える刺激を緻密に描写している。コールハースにとってプログラムが建築創作のプロセスの基礎であることはここから明らかである。彼はプログラムを単なる機能リストとしてではなく一種のノンフィクションの脚本として捉えているのである。

　コニーアイランドを扱う第2章は摩天楼の原型、すなわち「針」と「球」という二つの原初的な象徴形態を統合した1906年の「グローブ・タワー」の説明によって締めくくられている。巨大な球の中には空中庭園と大ホールが「一連のフロア上に」積み重ねられ、一部は回転式である。球全体は高さ210mのトラス構造でつくられ、一群のエレベーターを収めた8本の柱脚によって地上から持ち上げられている——つまり「無視しうるほど小さな一点を介して地面と接触している」のである。このようにしてグローブ・タワーは「占有する世界の一部を5,000倍に複製する」。さらに多層の地下鉄駅と「ボート用の桟橋」がそこに付け加わる。「エッフェル塔の複製を押しつぶしたような巨大な鋼鉄製の惑星」であるグローブ・タワーは、以後のコールハース作品の重要な発想源となっている[227]。

---

[223] Cf. Peter Cook, *Experimental Architecture*, London, Studio Visa, 1970.
[224] OMA, Koolhaas, Mau, op. cit., p.665.
[225] Koolhaas, *Delirious* cit., p.23.
[226] Dalí, op. cit., p.39.
[227] Koolhaas, *Delirious* cit., pp.59-62.
コニーアイランドのアトラクションの描写は《エクソダス》の「ストリップ」も思わせる。「喜びの宮殿は社会の圧縮器(ソーシャル・コンデンサー)としてつくり直された桟橋である。平行して走る2枚の壁は無数の小部屋と私的空間を内包し、直線状の公共空間を挟み込んでいる」(ibid., p.65)

76. コニーアイランドのグローブ・タワー計画(ニューヨーク、1906年)。レム・コールハース『錯乱のニューヨーク』(ニューヨーク、1978年)より抜粋

77. ポストカード「夜のルナ・パーク(ニューヨークのコニーアイランド)」。『錯乱のニューヨーク』より抜粋

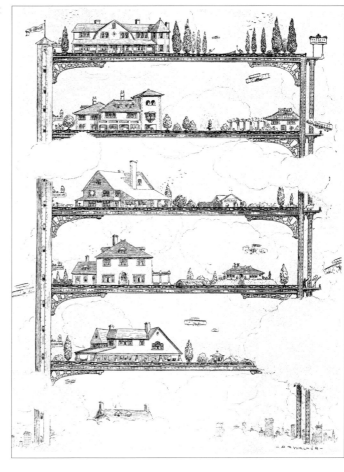

78.『ライフ』誌に掲載された架空の摩天楼プロジェクト（1909年）。『錯乱のニューヨーク』より抜粋

　『錯乱のニューヨーク』の核心は1900年代初頭から1930年代初頭にかけて進行したマンハッタンの摩天楼の誕生と発展に関する考察である。コールハースは再び偏執症的＝批判的方法を用いて1909年の『ライフ』誌に掲載された架空の摩天楼案に一つの「定理」を見いだし、長方形ブロックと鉄骨造とエレベーターのシュルレアルな「偶然の出会い」からもたらされる新たな有機体の可能性を示している。『ライフ』誌の摩天楼案では84枚の「人工平面」あるいは「プラットフォーム」が鉄骨造によって支えられ、各層に家と庭園が載せられている。鉄骨造とエレベーターは敷地利用に関する伝統的なアプローチを刷新し、無数の「空中敷地」では時とともに移り変わる制御不能の様々な機能が増殖する。この摩天楼はネオ・アヴァンギャルドのニュートラルな無限平面と同じく「予測不能のアーバニズムという新

しい形態を導く手段」であり「プログラムの不安定性を永遠に約束する」存在である[228]。

　ここでコールハースは以後の設計に応用される2種類の原則、ないしは「公理系」を導き出している。第1の系はヴォリュームの形態操作に関わるもので、「押　出（エクストルージョン）」「生成過程（プロセス）」「自動建築」という概念を含んでいる。第2の系は外被、コア、フロアの関係性に関わるものであり、「臨　界　量（クリティカル・マッス）」「ロボトミー」「自己モニュメント」「垂直分裂」といった概念から構成されている。

　コールハースの言う「押出」とは摩天楼の平面形を敷地境界線から導き出す原理である。その例としてはフラットアイアン・ビル（「敷地が22回複製され積層された」[229]）やシティ・インヴェスティング・カンパニー・ビル、エクイタブル・ビルなどが挙げられているが、これらの摩天楼はセットバックしているため厳密にはコールハースの定義には従っていない。『ハーグ・ポスト』誌の記者だったコールハースは押出原理を単なる集中的な土地利用法ではなく、創造性と階層的な構成をあえて低減する方法として捉えている。押出原理はエレベーターという発明が解き放ったシュルレアリスム的な自動生成の論理的帰結であり、ウォーホル的な単一階の「反復」を促す存在である。「エレベーターは分節の不在に基づく美学を初めて生み出した」とコールハースは述べている[230]。

　「自動建築」と「プロセス」は方向性を同じくする二つの概念で、ともに前衛芸術理論に由来している。アンドレ・ブルトンはシュルレアリスムを「純粋で心理的な自動記述（オートマティスム）」[231]と定義している。バラバラにした譜面を帽子に入れ、無作為に取り出して貼り合わせるデュシャンの『音楽的誤植』、新聞の切り抜きを紙袋に入れて取り出した言葉を再構成するトリスタン・ツァラの詩作、『錯乱のニューヨーク』にも登場する「優美な屍骸」などは注目すべき最初期の事例である。「優美な屍骸」とはドローイングや言葉を紙片に記して折りたたみ、次の人が以前の内容を知らぬままにドローイングや言葉を続けるシュルレアリストの遊戯である。コールハースの「プロセス」の概念はシュルレアリスムの自動記述（オートマティスム）や1960年代のプロセス・アートといった現代美術の展開に基づいている。

　『錯乱のニューヨーク』ではエンパイア・ステート・ビルの建設が伝統的な建築概念の終わりを告げる事件として象徴的に描かれている。コールハースはベルトコンベアー方式に基づいて日々の進捗をチェックする建設工程を「心理的な自動記述（オートマティスム）」と解釈し「文字通り思考なき建物」[232]と呼んでいる。「エンパイア・ステート・ビルが計画された

時代にヨーロッパの前衛は作者の批判的な心的機構に阻害されることなく記述のプロセスに身を任せる自動記述の実験を行っている」[233]とコールハースは述べるが、「自動(オートマティック)建築」の概念はまさしくこの「自動記述」に由来している──「エンパイア・ステート・ビルは一種の自動建築だと言ってよい。会計士から配管工に至るまでのつくり手の集団は、建設というプロセスに感覚的に身を任せている」[234]

　新しい通信手段は「新世界」の自動建築の生産プロセスに多大な影響を与えている。設計段階に関して言えば、ウィリアム・ウォルドーフ・アスターがイギリスにいながらマンハッタンのホテルの設計について「電信で」指示を与えたという逸話が紹介され、「モールス信号の建築」[235]と呼ばれている（コールハースは後に「ファックス言語」を通して設計を行っている）。またウォルドーフ・アストリア・ホテルの建設時には、建物各部分を接合するために電話でのやりとりが行われたという。このようなプロセスと自動建築は、建築家の芸術家気質を消去し「チーム」で置き換えるという副産物を生んだ。オフィス・フォー・メトロポリタン・アーキテクチャー（OMA）という名称と組織の構成や創作の方法の背景には、マンハッタンの起源に関するこのような考察が認められる。

　『錯乱のニューヨーク』のもうひとつの公理系は、摩天楼の「サイズ」が引き起こした諸問題に関わっている。ウールワース・ビルのように「巨大な量塊(ラージャー・マッス)」[236]となった摩天楼では、建物の奥行きが一定以上に達して「臨界量」を超え、内部のアクティビティを反映する「『正直な』ファサード」という伝統的な原理が崩れて最終的には無効となる。「建築の外部と内部」[237]は明確に分離されてしまうのだ。

　この「建築の外部と内部の分離」をコールハースは外科手術の用語を用いて「ロボトミー」と名づけている。これはスーパースタジオも用いている言葉である[238]。コールハースによれば「大都市の外観を形成する建築」の背後には、コニーアイランドから移植された「抗いがたい魅力を放つ模造」の領域が控えている[239]。

　『錯乱のニューヨーク』の論理展開に従えば、ロボトミーという命題は1916年のゾーニング法が定めた敷地内の最大ヴォリュームを通

228　Koolhaas, *Delirious* cit., pp.69, 70.
229　Ibid., p.72.
230　Ibid., p.68.
231　Breton, op. cit., p.30.
232　Koolhaas, *Delirious* cit., p.117.
233　Ibid., p.115.
234　Ibid.
235　Ibid., p.111.
236　Ibid., p.81.
237　Ibid., p.82.
238　「設計の器具が外科用ナイフのように尖り、測鉛線のように正確であれば、それを使って繊細なロボトミー手術ができるだろう」(Superstudio, *Description of the Microevent/Microenvironment* cit., p.250)
239　Koolhaas, *Delirious* cit., p.86.

じて証明される。コールハースはこのヴォリュームを「理論的外形」[240]と呼んでいる。ヴォリュームの制限は機能を問わずあらゆる摩天楼に適用されるが、ヒュー・フェリスはそこから導かれる抽象的な形態を「明日のメトロポリス」というドローイングを描き礼賛している。ロボトミーと理論的外形という二つの概念は、後のOMA作品の彫刻的な展開に影響を与えている。

　さらにロボトミーはあらゆる象徴的な含意を排した巨大さの純粋な顕現である「自己モニュメント」という概念を生み出す。ここでは1990年代半ばにコールハースが構築したビッグネスの理論が先取りされている。

　「ロボトミー」という一節においてコールハースは以下のように述べている――「建物には内部と外部がある。西洋建築では両者に精神的な関連性が成り立つのが望ましいという人間主義的な前提が存在している。つまり外部が内部の活動を何らかの形で明らかにするのが望ましいというのである。『正直な』ファサードはその背後の活動を物語っている。ところが数学的に言えば三次元の事物の内容積は三乗で増大するのに対し、それを包む表面の方は二乗でしか増大しない。つまり建物の表面積の比率は、表現すべき内部容量の増大に比してどんどん小さくならざるを得ない。それゆえマッスが一定の臨界量を超えると両者の関連には限度を超えた圧力がかかる。この『限度の突破』が自己モニュメント性の兆候を生じさせるのである。容器と内容の間の恣意的な断絶の中に、ニューヨークの建設者たちは未曾有の自由の領域を見出した。彼らはこれを活用し形態化するにあたって、建築的なロボトミーを実行する――つまり前頭葉と脳の残りの部分のつながりを外科的に切除し、感情と思考過程の分離によって何らかの精神の混乱を惹き起こそうとするのである。この建築的ロボトミーは外部と内部の建築を分離する。このモノリスは外界に対して閉ざされ内部における絶え間ない変化の苦しみを覆い隠す。つまり日常生活を覆い隠すのである」[241]

　さらにコールハースは説明する――「マッスがある臨界量を超えると建築物はすべてモニュメントに姿を変えるか、もしくはその大きさそのものの効果によって、少なくともモニュメントへと変貌しそうな期待感を増大させる。建物の個々の活動の総和もしくは本質がモニュメント的な相貌にふさわしくなくてもいっこうに構わない。この種のモニュメントは従来の象徴表現(シンボリズム)の慣習の中に根本的でトラウマ的な断絶を持ち込む。その物理的存在は抽象的な理念や例外的に重要な体制の表現ではなく、社会的ヒエラルキーを見せつける三次元的な

表現でもなければ記念碑でもない。むしろそれは単純にそれ自身である。そのヴォリュームそのものによって象徴(シンボル)であることを免れえないのである――様々な広告を載せるビルボードのように、それ自体は空虚なシンボルとして意味を媒介するのである」[242]

「エレベーター」「押出」「自動建築」「建築的ロボトミー」「自己モニュメント」はコールハースの理論空間に原理の星座を描き出している。それはヨーロッパの従来的な建築理論から逸脱し、コールハースがさしあたり「新世界」固有の表現と認めたもうひとつの建築観であり、1990年代初頭に彼が素描する「建築以後(ポスト・アーキテクチャー)」の概念の前提となる。バンハムはアメリカのエンジニアが「建築を時代遅れの文化とする一手を繰り出した」[243]と警鐘を鳴らしているが、建築家に形態を決定する余地が残されていないように見える枠組みにおいて「空想世界のテクノロジー」は発明という概念の最大かつ究極的表現として際立っている。なぜなら通常は構造・外形・構成・階層・分節・類型などの概念に分離されて表現される特性を統合し包摂するからである。ゆえにコールハースが捉えたニューヨークの摩天楼は20世紀の芸術上の対立を共生させる理論的作品、あるいは詩的表現として浮かび上がる。そこでは1960年代のアヴァンギャルドのラディカルな形態が解体されると同時に、シュルレアリスムが予告した空想的な次元が最大限に実現されているのである。

断面図における床スラブの積層に着目した「垂直分裂」の概念は「階(ストーリー)同士の意図的な断絶」[244]というロボトミーの一種であり、階層の制限から機能配置を解放してサイズの限られたフロアにもフレキシビリティをもたらす。ロボトミーと垂直分裂はそれぞれ都市的スケールと建築的スケールにおいて断片化を促進し、ブロックとブロック、フロアとフロア、部屋と部屋の間にニーチェ的な「孤独のシステム」をつくりだす。コールハースはウンガースに倣ってそれらを「群島(アーキペラゴ)」という象徴や「都市の中の都市」の定式に結びつけ、ニーチェとコーベットが呼び起こした「ヴェネチア」のイメージをマンハッタンの「隠喩的モデル」に変換している。コールハースが「伝統的な客観的プランニング」[245]では捉えられない都市の本質に無意識にアプローチする方法としてシュルレアリスム的な新しいプランニング手法――「隠喩的プランニング」――を編み出したのはまさにこの時である。

[240] Ibid., p.90.
[241] Ibid., p.82.
[242] Ibid., pp.81, 82.
[243] Banham, *The Architecture* cit., p.162.
[244] Koolhaas, *Delirious* cit., p.90.
[245] Ibid., p.104.

『錯乱のニューヨーク』には以下のような決定的な一節がある。「『グリッド』——もしくは大都市の領域を分割し制御可能性を最大化する他のあらゆる手法——は『都市の中の都市』における群島として記述される。個々の『島』が相異なる価値を祭り上げれば、それだけシステムとしての群島の統一性は強化される。『変化』は『島』という要素に内在している。ゆえにシステムそのものを修正する必要は一切ない。大都市の群島としての各摩天楼は——リアルな歴史の不在の中で——独自の即席の『伝承（フォークロア）』を展開させる。ロボトミーと垂直分裂という二重の分裂行為を通じて——建物の外部と内部を分裂させ、次いで内部を小さな自律的部分に分割し展開させることによって——このような建物は外部を形態主義（フォルマリズム）だけに、内部を機能主義だけに振り分けることができるようになる。このようにして建物は形態と機能の間の対立を永久に解消するばかりでなく、恒久不変のモノリスによって大都市の不安定性を祝福する都市を誕生させるのである」[246]

1970年代のヨーロッパでは建築作品と都市の保存に関する議論が巻き起こっていた。この文脈における「隠喩的プランニング」の効用は、刻々と変化するブロックの可能性を引き出し、建物を「破壊」することである。コールハースによればこのような破壊は建物の「精神」の「保存を妨げるものではない」[247]。それはフロイト的・シュルレアリスム的な「一種の建築的カニバリズム」を通じた「生まれ変わり」であり、作品の「概念」を「物質」から「解放する」行為である。「マンハッタンの過密の文化では破壊は保存の別名である」[248]と彼は述べている。このような「破壊」は《エクソダス》にも通底し、後に「ジェネリック・シティ」というテクストにおいて絶え間ない変化を生成する現象として再登場する。

ウォルドーフ・アストリア・ホテルに関する断章では、マンハッタンのホテルが「空想世界のテクノロジー」を通じて社会生活の新形態を懐胎する場所に変貌する。それは《エクソダス》の現実化である。「マンハッタンの究極的な居住単位」[249]と呼ばれるホテルの進化過程は——コールハースによれば——ダウンタウン・アスレチック・クラブ

246 Ibid., p.244.
247 Ibid., p.111.
248 Ibid., p.126.
249 Ibid., p.119.
250 Ibid., p.128.
251 Ibid.
252 Ibid., p.130.
コールハースはこう述べている。「ホテルそのものがプロットである。——それは他の場所では絶対出会うことのない人間同士の間にでたらめで幸運な衝突を発生させる独自の法則を備えたサイバネティックな宇宙である。ホテルは人々の間に実り多い交わり、社会階級間で豊かに織り上げられるインターフェース、異なる慣習同士の衝突が生む喜劇的空間、そしてあらゆる出来事に劇的な彫りを添えるための決まり切ったニュートラルな背景を与えてくれる」(ibid., p.124)

において頂点に達する。それは社会的地位の著しい差異の垣根を乗り越えて「望ましい人間混交をもたらし促進する」建築であり、「構築主義的ソーシャル・コンデンサー」、ダーウィン的な装置、あるいは大都市生まれの新人類を育む「保育器」として解釈される[250]。ダウンタウン・アスレチック・クラブを構成する38枚の「プラットフォーム」は13基のエレベーターで結びつけられているが、これらプラットフォームは1909年の『ライフ』誌の理論の実現であり、大都市生まれの新人類の精神と肉体を管理する「敷地」である（たとえば「n階のフロアでは裸の男たちがボクシンググローブをつけたまま牡蠣を食べている」[251]）。スイミングプールを載せたプラットフォームはレオニドフのプールと同じように一連の「浮遊するスイミングプール」の一つである。コールハースは次のように述べている──「エレベーターはまるで水のまっただ中に突き出さんばかりである。夜のプールは水底の照明システムだけによって照らされ、狂おしく水をかき分ける泳ぎ手たちを載せた水盤は、ウォール街のタワーの電飾とハドソン川の川面に映る星影の間で空中に浮かんでいるように見える」[252]

　ニューヨークのコールハース的系譜学において、ロックフェラーセンターはマンハッタニズムが「無意識的」な段階（グリッド内の最大限の過密を可視化したフェリスの「理論的外形」がその代表例である）から「危機的」な段階へと移行するターニング・ポイントである。この危機とは第二次世界大戦後の6番街沿いの摩天楼群に見られる合理主義的な薄

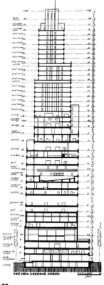

79.「ダウンタウン・アスレチック・クラブ」の断面図（スターレットとヴァン・フレック、ニューヨーク西19番、1929〜30年）。『錯乱のニューヨーク』より抜粋

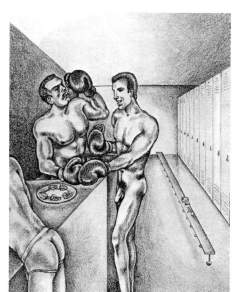

80.「ダウンタウン・アスレチック・クラブ」、プールのロッカールームのボクサーたち（マデロン・フリーゼンドープ画）。『錯乱のニューヨーク』より抜粋

81. ロックフェラー・センターのプロジェクトチームの打ち合わせ風景。『錯乱のニューヨーク』より抜粋

小化現象に起因するものであり、特にロックフェラーセンターに追加された摩天楼群に顕著に表れている（コールハースはそれらを「学ばれざるマンハッタニズム」[253]と評している）。コールハースは偏執症的＝批判的方法を用いてロックフェラーセンターの成立過程を吟味し、「ゾーニング法の外形という不可視の岩山からマンハッタンの究極的な祖型を彫り出す」[254]行為として描き直している。さらに彼はこのニューヨークの未曾有の事業に駆り出された建築家・技術者・投資家・法律家・建設者の連帯がいかなる経緯で築き上げられたかを考察し、レイモンド・フッド、ハーヴェイ・ウィリー・コーベット、ウォレス・ハリソンらが参加した建築家連合の機能についても研究している。コールハースが「コーベットの一手（ムーブ）」[255]と呼ぶ団体の存在はOMAというプロ集団のあり方にも示唆を与えている。

コールハースはフッドを「大都市と神経組織が絡み合った」マンハッタニズムの「代理人」と呼び[256]、過密の文化の立役者とみなしている。フッドの「一つ屋根の下の都市」と「マンハッタン1950」は、帯状に配置された摩天楼群に機能を集中させ、現実と空想を統合する計画である。コールハースはこれらを純粋な実利的要請を満たすことから芸術的な質が生まれた偉大な先例として捉えている。コールハースの論理展開に従えばフッドは過密文化の創造者であり、それをロックフェラーセンターとして具現化した人物である。しかし摩天楼をル・コルビュジエ的な「脱過密文化」に進化させたのもまたフッドである。なぜなら彼は自然採光と自然換気を促すべく数々の細長い建物を計画し、RCAビルの原型をつくり出したからである。RCAビルは「マンハッタン的な感性によって『幸福なる』光と空気と緑からなるモダニズム的な『輝く都市』を取り込む試み」[257]である。フリーゼンドープは罪を犯そうとしているRCAビルを描いたが、これはロックフェラーセンターが「究極のマンハッタンの最初の断片」[258]であるというコールハースの考察の具象化である。『錯乱のニューヨーク』の物語ではRCAビルはル・コルビュジエ、すなわちマンハッタンの摩天楼の空想精神を抹殺しようと試みた男を暗示する存在として描かれている。

しかしRCAビルの対極的（アンチテーゼ）な存在もロックフェラーセンターの複合

253 Ibid., p.240.
254 Ibid., p.155.
255 Ibid.
256 Ibid., p.137.
257 Ibid., p.173.
258 Ibid., p.197.
259 Ibid., p.180.
260 この断章は『アーキテクチュラル・デザイン』誌の特集号にも掲載されている (Rem Koolhaas, Dalí & Le Corbusier. The Paranoid-Critical Method, in "Architectural Design", vol.XLVIII, 1978, No.2-3, pp.152-63)。記事の扉絵はフリーゼンドープのドローイングであり、ミレーの『晩鐘』の2人の農民を装ったクライスラー・ビルとエンパイア・ステート・ビルが描かれている。

施設内に存在する。「ブロック一つ分の広さ」[259]のステージと最高度に洗練された照明・音響設備を舞台裏に備えた「ラジオ・シティ・ミュージック・ホール」である。そこにはドミトリー、医療室、稽古室、体育室、作業室に加えて、動物を収める檻や、象でも運搬できる油圧式エレベーターが併設されている。巨大なラジオ・シティ・ミュージック・ホールは声や表情の表現に基づく伝統的な芝居を無効化してしまう。何しろ俳優と観衆の間に60mもの距離があるのだから。代わって同時期にハリウッドが編みだした新スケールの娯楽設備が重用され、新しい演目と新しい舞台デザインが生まれている——たとえば笑気ガスを混入したホールの空調は「空想世界のテクノロジー」の一つである。ラジオ・シティ・ミュージック・ホールは摩天楼と同じように「自己モニュメント化」し、あらゆるシンボリズムを解体する存在である。

　ダリとル・コルビュジエを比較した『錯乱のニューヨーク』の断章では、ヨーロッパ文化が主役を演じている[260]。ここでコールハースは彼のニューヨーク観を導いた理念的な案内役である偏執症的＝批判的方法について説明し、ミレーの『晩鐘』に関する考察を深めている。偏執症的＝批判的方法の特性は《囚われの地球の都市》やコニーアイランドと同様である。つまり一見陳腐で凡庸なものを驚きへと変え「概念的なリサイクル」を促進し、すでに確立された視点や枠組みを破壊する「贋の事実」をつくり出すのである[261]。

　コールハースはこう述べている——「初期シュルレアリスムの

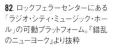

82. ロックフェラーセンターにある「ラジオ・シティ・ミュージック・ホール」の可動プラットフォーム。『錯乱のニューヨーク』より抜粋

83. 『優美な屍骸』(C.エリュアール、マン・レイ、P.エリュアール、パブロ・ピカソによるドローイング)

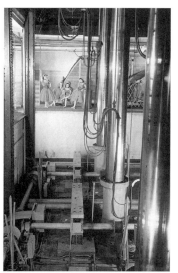

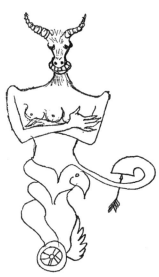

自動生成的な著作・絵画・彫刻に見られる潜在意識への受動的かつ故意に無批判的な屈服に代えて、ダリは第2段階のシュルレアリスムを提唱している。それはPCM（偏執症的＝批判的方法）による無意識の意識的活用である。[…]。ダリがPCMを発明したのはパリで偏執症が流行していた頃のことである。医学的研究がそこに集中した結果、偏執症（パラノイア）の定義は単なる強迫神経症の枠を超えてしまう。つまりより広い意味での妄想という精神錯乱のタペストリー上の一断片にすぎない偏執症が、分不相応なまでに強調された時代だったのである。偏執症とは実は解釈の錯乱である。あらゆる事実、出来事、強制、観察は、病んだ精神によって単一の思考体系の中にからめとられ、しかもそれらが完全に自らの仮説──最初の出発点である妄想──を確認し強化する形で『理解される』のである。偏執症患者はつねに自分の額に釘を打ち込む、たとえハンマーがどこに打ち下ろされようとも。ちょうど磁場の中で金属原子が一方向へ並び集合的で累積的な引力を生み出すように、偏執症患者は停止不能で体系的な彼らにとっては厳格な合理的連関の中で世界全体を一つの事実の磁場へと変えてしまい、すべてが同じ一つの方向を、つまりは自分が行きたいと思う方向を指すようにしむけるのである。偏執症の本質とは現実世界とのこうした──歪んだ──強力な関係のことである。『外界の現実は具体的な事実や証拠として役立ち…われわれの精神の現実に奉仕する…』。偏執症は終わりのない認識のショックなのである」[262]

ル・コルビュジエをはじめとするモダニズム思想を支えた鉄筋コンクリートという技術的な土台の根源に、コールハースは構法的な合理性ではなく恣意的な「仮説」（テーゼ）を見いだし、それが「狂気」の領分に属すると考える。鉄筋コンクリートの工程に関する彼の解釈もシュルレアリスム的な偏執症的＝批判的方法の適用例である。なお『錯乱のニューヨーク』にはル・コルビュジエの「救世軍のボート」の写真が引用されているが、ここにも「浮遊するスイミングプール」に似た存在に対するコールハースの偏執症的＝批判的な執着が表れている。

コールハースは以下のように述べている。「鉄筋コンクリートの工程を分解してみると次のようになる。まず型枠として推測に基づく構造体が建てられる──これは基本仮説（テーゼ）のネガにあたるものであ

[261] Koolhaas, *Delirious* cit., p.203.
コールハースは述べている。「偏執症的＝批判的活動は証明不可能な理論的仮定のための根拠の捏造作業であるとともに、引き続きその証拠を世界に接ぎ木する作業でもある。その結果一つの『偽りの』事実が『本当の』事実の間に非合法的に存在できるようになるのである。偽りの事実と現実世界とのこうした関係は、スパイと社会との関係に等しい。つまりスパイが平凡で人目を惹かない存在であれば

る。次に鉄筋——その寸法はニュートン物理学の合理的諸原理に厳密に従う——がそこに挿入される。これは偏執症的計算の補強プロセスである。次にネズミ色の液体が理論上の雌型(カウンター・フォーム)の中に流し込まれ、大地の上での永続的な生や否定しがたい現実性がそこに与えられるが、この事実は出発点の狂気を示すしる——型枠——が取り去られ板の木目という指紋のみが残った時にいっそう強調される。こうして初めはこの上なく柔順であったのに、突如として岩のように固くなる鉄筋コンクリートは空虚と充溢を等しく具象化することができる。これは建築家にとっての可塑素材(プラスチック)なのである（おびただしい量の型枠が散らばる鉄筋コンクリート造の建築現場がノアの企てと似ていることは偶然の一致ではない。ノアの場合は不可解にも陸のまっただ中に建てられた造船所なのだから）。ノアに必要なものは鉄筋コンクリートだった。近代建築に必要なものは洪水である」[263]

　コールハースはニューヨークの過密を批判するル・コルビュジエの論拠を一つずつ皮肉たっぷりに解体していく。その手始めは、ル・コルビュジエによる摩天楼に対する「中傷作戦(キャンペーン)」は15年も続いたが、その間に彼は「攻撃目標を一度として把握しなかった」[264]という指摘である。ここにはル・コルビュジエの技術的予言をあざ笑ったバンハムや[265]、このスイス人建築家の都市提案を批判したクリエと同じようなアイロニーが見いだされる。コールハースはル・コルビュジエの「十字形摩天楼」「ヴォアザン計画」「輝く都市」の三つの提案が、マンハッタンに基づきながらも魅力を剥奪された「アンチ・マンハッタン」の表現であると解釈する。「スケルトン」「カーテンウォール」「正直な構造」「鉄筋コンクリート」はコールハースによる偏執症的＝批判的方法の標的となり、「厚みのない十字形平面」をもつ「剥き出しで」「裸で」「デカルト的な」ル・コルビュジエの摩天楼は、マンハッタンのタワーの本質的特徴である凡庸な外観と空想的な室内の乖離状態を消滅させる存在として捉えられている[266]。コールハースは「ありふれたファサードの背後にえも言われぬ存在を孤立させる」[267]ことが「マンハッタンの英知」だと主張しているが、ここで用いられている「えも言われぬ」という形容詞はル・コルビュジエの思想において重要な意味を帯びた言葉である（ル・コルビュジエは「えも言われぬ空間(エスパス・アンディシブル)」という表現を用いている）。

あるほど、その社会の破壊活動によりよく専心できるというわけである」(ibid., p.202)
262　Ibid., pp.200, 201.
263　Ibid., pp.206, 207.
264　Ibid., p.210.
265　Cf. Banham, *The Architecture* cit., pp.143–170.
266　Koolhaas, *Delirious* cit., p.212.
267　Ibid., p.228.

84. 鉄筋コンクリートに応用される「ダリの偏執症的＝批判的方法のダイアグラム」とル・コルビュジエの救世軍ボート。『錯乱のニューヨーク』より抜粋

85. ミレーの『晩鐘』から着想を得た摩天楼のデザイン（マデロン・フリーゼンドープ／OMA）。『アーキテクチュラル・デザイン』誌1978年第2/3号より抜粋

Reinforced concrete construction. What Modern Architecture needs is a Flood

Dali's diagram of the Paranoid-Critical Method at work doubles as diagram of reinforced concrete construction: a mouse-gray liquid with the substance of vomit, held up by steel reinforcements calculated according to the strictest Cartesian logic, infinitely malleable at first, then suddenly hard as rock.

Broken down in sequence, reinforced concrete construction proceeds as follows.
First, the conjectural structure of shuttering is erected—the negative of the initial thesis.
Then steel reinforcements—dimensioned strictly according to the rational principles of Newtonian physics—are inserted: the reinforcing process of paranoiac calculation.
Then a mouse-gray liquid is poured into the empty speculative counterforms to give them permanent life on earth, an undeniable reality, especially after the signs of the initial madness—the shuttering—have been removed, leaving only the fingerprints of the wood's grain.
Infinitely malleable at first, then suddenly hard as rock, reinforced concrete can objectify vacuity and fullness with equal ease: it is the architects' plastic.
(It is no coincidence that each reinforced concrete building site, with its mad clutter of shuttering, resembles Noah's project: an inexplicably landlocked shipyard.)
What Noah needed was reinforced concrete.
What Modern Architecture needs is a flood.

BUMS

In 1929 Le Corbusier realizes a Floating Asylum for the Parisian Salvation Army, an object that establishes all these metaphors on a literal plane.
His barge offers accommodation for up to 160 clochards.
(Bums are the ideal clients of modern architecture: in perpetual need of shelter and hygiene, real lovers of sun and the great outdoors, indifferent to architectural doctrine and to formal layout.)
They are arranged in pairs of double-decker beds along the length of the barge, which is made of *reinforced concrete.*
(Remnant of World War I military experimentation. Like architecture, all paraphernalia of warfare are PC objects: the most rational possible instruments at the service of the most irrational possible pursuit.)

Le Corbusier, Floating Asylum for the Salvation Army, 1929. "In the winter, the barge is moored in front of the Louvre to house the clochards that the cold has chased away from under the bridges."

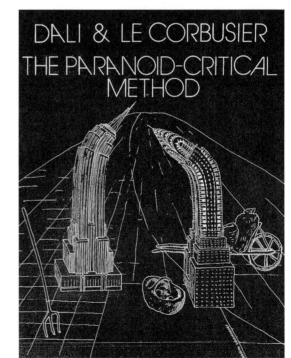

コールハースはル・コルビュジエについて次のように述べている——「彼はあくまで生真面目を貫き、その代償として建物はまったく凡庸なものとなった。[…]。ここにはマンハッタン特有の空想世界のテクノロジーの出番はない。ル・コルビュジエにとって技術を想像力の道具や延長として使用することは濫用と等しい行為だったからである。遠いヨーロッパからやってきて、技術の神話を心の底から信じている人間にとっては、技術そのものが空想だったのだ。それは無垢のままにとどまらなければならない。技術は最も純粋な形でのみ、すなわち厳密にトーテム信仰的な威厳の中でのみ表現されうるものだったのである」[268]

　しかしコールハースはニューヨークがヨーロッパの大空想家が定めた運命からなんとか逃れたと結論している——「マンハッタニズムは、喉につかえながらもとうとうル・コルビュジエを呑み込んで消化した」[269]。生まれながらの「マンハッタンの発明者」[270]である無数の者たちがル・コルビュジエに反抗するページを開いたのである。

　ニューヨーク滞在の終わり頃になると、《エクソダス》に始まるコールハースとOMAの一連の作品は一定の隠喩と形態を繰り返し組み合わせ、建築の根源的システムを描き出す一枚の布地のように

[268] Ibid., p.212.
[269] Ibid., p.233.
[270] これはコールハースがル・コルビュジエを定義する際に用いた言葉である(Ibid., p.223)。『錯乱のニューヨーク』はきわめて高く評価され、ニューヨークとアメリカの摩天楼に関する多くの論文が参照する最重要文献になった。特にジェンクスが1980年に著した『スカイスクレイパー、スカイプリッカー、スカイシティ』はコールハースの考察から多くを学んでいる。たとえばフラットアイアン・ビルは「敷地を直接的に押し出したもの」として捉えられ、エンパイア・ステート・ビルは「自動生成の建築」と述べられている。ジェンクスのエッセイでは以下のような謝辞が述べられている。「レム・コールハースに特別な感謝を示したい。彼は私の文章にコメントするのみならず重要な文献を貸し与えてくれた。高層ビル群の背景に横たわる意味と動機を探究した彼の『錯乱のニューヨーク』はあらゆる摩天楼研究者たちが達すべき基準を設定したと言える。私の研究とは方向性は異なるものの、この木からきわめて多くを学んだ」(Charles Jencks, Skyscrapers-Skyprickers-Skycities, London, Academy Editions, 1980, p.4; for the previous quotes, cf. p.38 and p.28) ジェンクスはフリーゼンドープが描いた絵画『愛の営みが終わって』を掲載し、その横に次のようなテクストを寄せている。「レム・コールハースの『錯乱のニューヨーク』によって高層ビルの秘められた生活はとうとう解き明かされた。コールハースは彼の妻マデロン・フリーゼンドープの絵画を援用しつつ、精神分析まがいのやり方で建てられた人々の情熱や裏切り、内なる慕情を明らかにした[…]。ニューヨークが告白した真実とは『過密の文化』すなわち多様な機能と像を大量に積み重ねた世界史の圧縮だった。あらゆる現実は（少なくともあらゆる文化は）ここで統合され再創造される。2,028個の民主的で平等なブロックの一つに投げ込まれ、上空に押し出されていくのだ。コールハースの詳細な分析に従えば、それぞれのブロックはかねてから存在していた『熱狂』を具現化する都市幻想なのである。ニューヨーク全体に染み渡る折衷主義が、数々の記号が、それぞれの建物の人格と『顔』がそこから生まれる」。バーナード・チュミの『錯乱のニューヨーク』——批評の批評」も参照のこと(Bernard Tschumi, On Delirious New York: A Critique of Critiques, in "International Architect", vol.I, 1980, No.3, pp.68, 69)

なっている。ウンガースやアイゼンマンとの交流を通じてコールハースは様々な隠喩や類型的な要素を学び、それらの分節と結合のあり方について豊富で確固たる知識を身につけたのである。そこには異なる文化に由来する対比的な要素も含まれているが、コールハースは独特の叙述能力を用いてそれらを統合し、こうしたあらゆる経験を建築の理論的・理念的・図像的な次元を深く追究するための糧とすることができた。彼の次の段階は偏執症的＝批判的方法の創作プロセスを適切に表現する技法を開発することである。「私は思想家である」とコールハースは宣言しているが[271]、ここには依然としてレオニドフの姿が──『現代建築』誌の編集者は、1930年に彼を「建築家にして思想家」と評した[272]──知的な理想像として見え隠れしている。

[271] Cit. in Alejandro Zaera, *Finding freedoms: conversations with Rem Koolhaas*, in *1987-1998 Oma/Rem Koolhaas*, "El Croquis", No.53+79, p.21.
[272] Cit. in Aleksandrov, Chan-Magomedov, op. cit., p.116.

コールハース的新即物主義
── ポストモダニズムと
コンテクスチュアリズムへの挑戦

2

86《オランダ議事堂増築コンペ案》(レム・コールハース＋エリア・ゼンゲリス＋ザハ・ハディド／OMA、ハーグ、1978年)、「歩行空間の接続」と名づけられたアクソメ図(ハディド作)

「優美な屍骸」と「テクトニック」(1978〜79年)

1978年前後にOMAはヨーロッパ諸都市の歴史的中心部を対象とした建築や地区計画の国際コンペに数多く参加している。各プロジェクトは最初にいくつかの断片に分割され、OMAのメンバーによって個別に展開された後にグループ・セッションを通して再構成されたが、この協働形式はディプロマ・ユニット9の「テクトニック」の課題と同様であり、ロンドンとロッテルダムとアテネに分散したメンバーの知的なノマディズムを満足させることができた。さらにこの協働形式はコールハースの二つの興味を反映している。一つはロックフェラーセンターの不動産的オペレーションであり、そこでは建設可能ヴォリュームが──『錯乱のニューヨーク』によれば──「断片に分解されて独立したチームによって検討展開されている」[1]。もうひとつはコールハースが「シュルレアリスム理論の『優美な屍骸』」と呼ぶ「潜在意識から『解放された』[…]詩的混成物」[2]を生み出す方法である。「テクトニック」「優美な屍骸」「ニューヨークの摩天楼」の三者は、アヴァンギャルド的な近代性というパラメーターによって歴史的都市のイメージと意味を解釈しながら建築を生成する上での方法的モデルとなっている。OMAは──ディプロマ・ユニット9の「テクトニック」の課題に際して述べた通り──1970年代終わりに死亡宣告された「近代性」を延命させるべきだと考えていたのである。

OMAが「優美な屍骸」と「テクトニック」の方法を試みた最初の機会は1977年〜78年に訪れる。ハーグのビネンホフ城における議事堂増築のコンペである。卒業したばかりのザハ・ハディドはOMAの一員としてこのプロジェクトに取り組み、ディプロマ・ユニット9の学生にも同一のテーマが与えられている[3]。

13世紀に城郭として建造が始まり、ベルラーヘによる増築も行

[1] Koolhaas, *Delirious* cit., p.162.
[2] Ibid., p.214.
[3] Cf. *Diploma Unit 9*, in "The Projects Review. Architectural Association. School of Architecture", 1977-78.

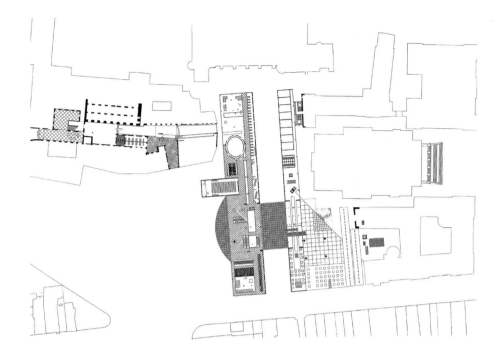

87.《オランダ議事堂増築コンペ案》(レム・コールハース+エリア・ゼンゲリス+ザハ・ハディド/OMA、ハーグ、1978年)、平面図

われたビネンホフ城の形成過程は、OMAの理論に従えば理想的なオリジナル状態を復元することの不可能性を証明しており、ポストモダンの設計手法と対立する存在である。コールハースはビネンホフ城の展開を簡潔に再構築することで、それが「建築とプログラムが連続的に変容するプロセス」の渦中にあり、「防衛という目的が表現的機能と象徴的機能によって置き換えられる」ことを発見している。このような「機能の変化」の結果、ビネンホフ城は「様々な歴史様式の寄せ集め」となり、「真正性(オーセンティシティ)の問題が避けがたく生じるほど複雑になっている」[4]。「ギターの形をした寄せ集め」[5]として解釈された議事堂の施設は、ピカソが異素材を組み合わせて制作した最初のレリーフ作品『ギター』(1912年)を連想させる。

　OMAの提案では交差する2本の軸に沿って機能の異なる三つの建物が配置され、それぞれが3人の建築家によって個別に展開されている。会議室と公共空間を収める幅広の低層建築はゼンゲリスの設計で、コンティニュアス・モニュメントを思わせるガラスの外被で覆

[4] [Koolhaas-OMA], *OMA. Urban Intervention: Dutch Parliament. Extension, The Hague*, in "InternationalArchitect", vol.I, 1980, No.3, (pp.47-60), p.48.

[5] Ibid.

[6] [Koolhaas-OMA], *Ampliamento del parlamento a L'Aia. Progetto di concorso. 1979. Office for*

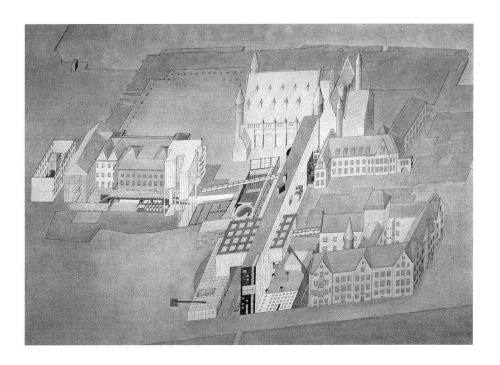

88. 同上、鳥瞰図

われている。ホールと議員オフィスを収める間口の狭い高層建築はハディドの設計で、第1の建物に並行し、長さも同じである。ファサードの一面はガラス張りで、もう片面には内部機能に従った様々な開口部が設けられている。プログラムが要請する1,000㎡の増床に応えた不整形平面の建物はコールハースが担当している。平行に並ぶゼンゲリスとハディドの建物は「板状建築（スラブ）」であり、一方は横倒しで「水平的」、他方は短辺で地面に接し「垂直的」である[6]。二つの板状建築（スラブ）はともに「テクトニック」の方法を用いて抽象的ヴォリュームとしてデザインされ、内部には「小さな建築的挿話がちりばめられ建物に必要な集中とくつろぎの抑揚が与えられている」[7]。細長いピロティ柱に支えられたコールハース担当の不整形な建物は押出原理の最初の実験であり「摩天楼」と呼ばれている。不定形な土地の輪郭から建物の外形が導かれる様はフラットアイアン・ビルのミニチュアのようである。押出原理から逸脱する唯一の例外部分は2棟の板状建築（スラブ）に面した湾曲壁であり、この部分は1930年代のオランダ新即物主義的なフォルマリズ

Metropolitan Architecture: Zaha Hadid, Rem Koolhaas, Elia Zenghelis, in "Lotus international", 1979, No.25, p.25.

7 [Koolhaas-OMA], OMA. Urban Intervention cit., p.58.

ムをかすかに感じさせる。

　三つの独立部分は統合段階において啓蒙主義的なニュアンスを帯び始め、OMAが描いたニューヨークの建造物のように抽象的なモノリスとなって対話を始める。2枚の「板状建物(スラブ)」はL字に折れ曲がった議事堂のヴォリュームによって連結され、L字の短い部分は水平スラブに、他方は垂直スラブに突き刺さっている。これは「大多数のアマチュアと選ばれたプロを架橋する」[8]という議事堂の隠喩的機能の表現である。「水平スラブ」に収められた「有蓋の法廷」は「何よりも議論を通じて争いに決着をつけるというオランダ的な信念」[9]を体現している。一方、「摩天楼」内部の「楕円の部屋(オーバル・ルーム)」はOMAのシンボルである卵と同じく「アイデアの孵化」を象徴している。他にもこの設計には「OMAの私的殿堂(ヴァルハラ)の諸要素」が数多く見いだされる。プラニッツやバルセロナ・パヴィリオンを参照した部屋があるかと思えば、傾いたポールで支えられた正方形パネルはマレーヴィチやエル・リシツキーへのオマージュであり、4本の巨大なミース的十字柱もある。タワーの足元の本来は堀だった場所には「浮遊するスイミングプール」が停泊し「『ギター』を切り裂いている」[10]。三つの建物は歩廊で結びつけられているが、その一部はロッテルダムのファン・ネレ工場を思わせる傾斜した空中ブリッジである。このように既存建造物に沿って建ち上がる建物の全体はビネンホフ城の歴史の新たな一章となる。

　ハディドは建物を分解して表現した「移動と接続」と呼ばれるアクソメ図を描いたが、これは《マイアミの住宅》の「コンセプトのアクソノメトリック」と同様に構造システムではなく「プロウン」の論理に従って組み立てられた空間の構成要素を強調している。黒い背景の上に建物を白く描いた配置図はウンガースの仲間に広まっていたロウの作画技法を踏まえたもので、OMAはこの図を「コンテクストの図と地を示すドローイング」と名づけている[11]。

　1978〜79年にコールハースとゼンゲリスはダブリンのフェニックス・パークにおけるアイルランド首相邸増築コンペに参加し

[8] [Koolhaas-OMA], *Ampliamento del parlamento a L'Aia* cit., p.25.
[9] Ibid.
[10] *OMA. Urban Intervention* cit., p.56.
[11] Ibid., p.56.
[12] Cf. *Diploma Unit 9*, in "The Projects Review. Architectural Association. School of Architecture", 1978-79。学期末に作成された文書には以下のように記されている。「アイルランド首相邸コンペでは、著しい重要性と特徴を備えた居住施設が要求された。それゆえヴィラというモデルを限界まで拡張している。プログラムはバンガロー的もしくはモーテル的とさえ言えるものだが、期待される『イメージ』は明らかにヴィラあるいは小宮殿である。この意味でプログラムは近代特有のジレンマにさらされている。つまり『しぼんだ』プログラムに反して、文化的期待は減じないというジレンマである」
[13] Cf. [Koolhaas-OMA], *Residenza per il Primo Ministro Irlandese. Concorso*

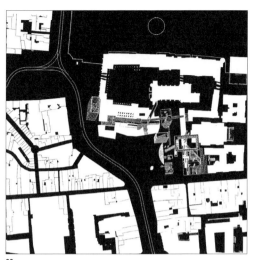 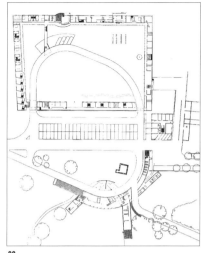

89.《オランダ議事堂増築コンペ案》(1978年)、都市のヴォイドをポシェで示した地区平面図

90.《アイルランド首相官邸コンペ案》(レム・コールハース+エリア・ゼンゲリス／OMA、ダブリン、1978〜79年)、平面図

た。ハディドは失われかけていたOMAとの関係を清算し、自らの案をもってコンペに臨んでいる(但しAAスクールではコールハースとゼンゲリスとともに指導を続けていた)。ビネンホフ城のコンペと同じくディプロマ・ユニット9の学生にも「アイルランド首相官邸」の設計が課題として与えられている[12]。

OMAとハディドはともに廃墟の壁で囲まれた庭園内に国賓のゲストハウスを挿入し、壁の外側に湾曲道路に沿った形状の首相官邸を配置する提案を行っている。二つの建物は遊歩道によって接続されている。また両者の案は相互貫入する二つのヴォリュームによって「プライベート部門と接客部門に分割された住宅」という官邸の性格を表現している点でも共通している[13]。ここからハディドはエル・リシツキーのシュプレマティスム的な構成を建築に翻訳し、抽象的でダイナミックな形態を用いて分節と融和を両立させた案を展開している[14]。一方OMA案ではプログラムがゲストハウスと首相官邸という二つの部分に象徴的に分割され、前者をコールハース、後者をゼンゲ

per l'abitazione del Primo Ministro Irlandese e gli ospiti di Stato a Dublino, Phoenix Park, 1979. Progetto Office for Metropolitan Architecture: Rem Koolhaas, Elia Zenghelis," in "Lotus international", 1979, No.25, (pp.19-24), p.19.

14 「平面形は重力から解き放たれた感覚を引き起こすようにデザインされている。それは政治と公務の官僚的でストレスの多い側面から自由になる感覚である。プロジェクトはアイルランドの歴史や建築類型を一切参照することなく生まれたダイナミックな新しい美学を示している」(Residenza per il Primo Ministro Irlandese. Concorso per l'abitazione del Primo Ministro Irlandese e gli ospiti di Stato a Dublino, Phoenix Park, 1979. Progetto di Zaha Hadid," in "Lotus international", 1979, No.25, (pp.15-18), p.15).

91.《アイルランド首相官邸コンペ案》(1978〜79年)、鳥瞰図

リスが設計した後に一つの作品へと統合している。コールハースとゼンゲリスはこの案を「二つの自律的な構築物の思いがけない共存の結果」[15]とロートレアモン的に解釈し、「広い領域の内側にある新しい領域」[16]とウンガース的言い回しで説明している。ハーグのプロジェクトと同じくこのダブリンのプロジェクトもインターナショナル・スタイルの造形に基づいており、ポストモダンとの違いは明白である。ここでは「あからさまな歴史的引用に頼ることなく偉大な伝統住宅に匹敵する豊かさと複雑さ」[17]がもたらされているのである。

首相官邸の食堂は「メデューズ号の筏」を彷彿とさせる「プラットフォーム」で一部が「宙に浮かんでいる」[18]。ここではOMAが後に実現する空中プラットフォームが先取りされている。ホテルに似た機能をもつ国賓用ゲストハウスは、2枚の壁――既存の石壁と庭園内に追加されるコンクリート壁――に挟まれた帯の中に配置されている[19]。湾曲道路によって切り取られた中庭の一部はオランダのチューリップ畑のように短冊状に分割されて様々な草花が植えられているが、このデザインは以後のプロジェクトでOMAが提案する帯状配置の原型と言えるだろう。

《アイルランド首相官邸コンペ案》はOMAが技術的なディテールに初めて取り組んだプロジェクトであり、「アメリカ的な美学と機知に対抗したいという意志が働いていた」[20]。《マイアミの住宅》や1977〜78年度のディプロマ・ユニット9の課題と同じく、素材の組み合わせによって一種の隠喩的な構成が生み出され、特にゲストハウスでは「粗野なデザインから洗練されたデザイン」[21]までが揃っている(粗い石・木・大理石・磨きコンクリート、アルミニウム、ガラス)。しかし「この対

15 [Koolhaas-OMA], *Residenza per il Primo Ministro Irlandese* cit., p.19.
16 Ibid., p.23.
17 Ibid., p.19.
18 Ibid.
19 このような方法の先駆的事例としては《エクソダス》や、ウンガースがレバークーゼンに設計したモルスブロイヒ美術館が挙げられる。1975年に構想された後者は、既存の城郭を取り囲む「建物/壁」である(cf. Oswald Mathias Ungers, *Architecture as theme*,

比は首相官邸で反転する」。OMAはこう述べている――「ありふれた素材と仕上げを意図的に選ぶことによって形態は沈黙し、すべては気高さと分別ある良識の堅い連帯によって結ばれている」[22]

　ハーグの《オランダ議事堂増築コンペ案》を制作した翌年の1979年に、OMAは同コンペの審査委員長から依頼を受け、1882年に建設されたアーネムの「丸天井型」刑務所の改修を検討している。円形平面の外周に沿って独房が並び、中央にある看守の中庭がスチールの丸天井で覆われた既存建物はジェレミ・ベンサムの一望監視（パノプティコン）モデルの実現例である。しかし20世紀に入ると中庭は遊戯場として使用されるようになり、一望監視（パノプティコン）の意味は徐々に薄らいでいった。本来は監視用として設けられた中心部の近代的な望楼は看守の食堂に変わり、囚人に覗かれることを嫌って窓にはカーテンが取り付けられた。コールハースの計画ではこのような自然発生的な使われ方の変化が一つの可能性として捉えられている。円形刑務所のほぼ幾何学的な中心部には半地下の十字路が設けられたが、これは本来の「監視の目」をくぐり抜ける切り通しである。脱獄のメタファーである十字路には店舗が並び、その先の円形刑務所（パノプティコン）外側には大部分が地下に埋められた施設群――工房、ジム、スイミングプール、面会室――が並んでいる（もっとも規模の大きい建物には平行に並ぶ帯（ストリップ）の手法が用いられている）。上空から見た刑務所の広場は地下工事中に中止した建設現場のようである。円形刑務所（パノプティコン）の円筒形ヴォリュームには角柱状のサテライト棟がくさびのように打ち込まれ、囚人たちが内部に収容されている。ここで刑務所という本来の姿は再び反転され、施設内で進行中の様々な生活現象が一層促進される。OMAによる増築部分は意図的に凡庸な形態を与えられた一種のインターナショナル・スタイルであり、その構成論理はいまだエル・リシツキーの「プロウン」の影響下にある[23]。

　コールハースはこの作品に潜む本質的に詩的な特性を以下のように解説している。「このプロジェクトでもっとも気に入っているのは、きわめて厳格な与件に対応しつつプログラム的・隠喩的・形態的な意図を整理できた点である。新たな始まりという隠喩、文化は絶えずパラダイムを更新するシステムであるという理念、中心の絶え間ない反転といったテーマは、もっとも概念的であると同時にもっとも実利

Milan, Electa, 1982, p.19）。
20 *La deuxième chance de l'architecture moderne* cit., p.4.
21 ［Koolhaas-OMA］, *Residenza per il Primo Ministro Irlandese* cit., p.20.
22 Ibid.
23 Cf. Stanislaus von Moos, *Rotterdam lädt Leonidow ein. Zu neueren Arbeiten des Office of Metropolitan Architecture,* in "Archithese", XXI, 1981, No.5, (pp.57-62), p.59.

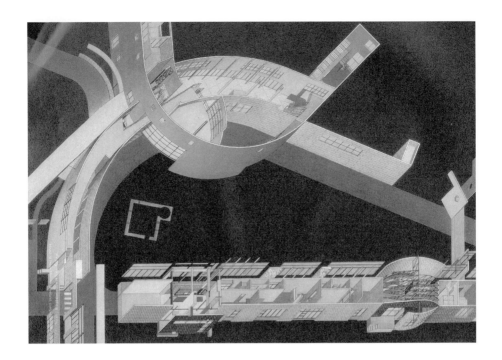

92.《アイルランド首相官邸コンペ案》(1978〜79年)

的なレベルでも機能し、両者の有機的な連関が生まれている」[24]

　コールハースが1980年代初期に著したテクストでは、ポストモダンに対するOMAの批判的な立場を象徴するプロジェクトとしてハーグやダブリンのプロジェクトとともに《アーネムの刑務所計画》が挙げられている。「この『近代的な』刑務所は予言的考古学の産物であり、監視という古いシステムの上に新しい『教化(シビリゼーション)』の層を投射し続ける。改築部分全体は規律というシステムの終わりなき進化を反映している。[…]。新築部分は近代性の層を付け加えながらも、自らが決定版となることを望んではいない。それは既存部分に比べて安全でも危険でもない。既存部分が図像的な抑止力を保ち続けるために、新築部分は投獄という概念を表現する必要もなければ無視する必要もない。かつての中心性を抹殺(クロスアウト)された丸天井は、解体された過去の表現となる。この丸天井は囚人の贖罪機能だけに捧げられていた近代性に基づく存在なのである」[25]

[24] Rem Koolhaas, *La rénovation d'une prison panoptique. Rem Koolhaas et Stefano De Martino*, in "Architecture Mouvement Continuité", 1981, No.54-55, p.60.

[25] [Koolhaas-OMA], *Study for the Renovation of a Panopticon Prison Arnhem, Netherlands, 1979-81*, in OMA, Rem Koolhaas, Bruce

93.《円蓋形刑務所の増改築計画》(レム・コールハース／OMA、アーネム、1979〜85年)

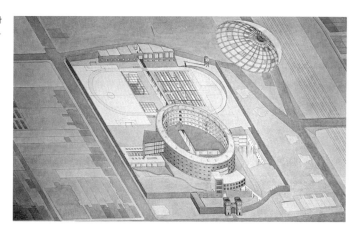

OMAの論争的著作(1979〜80年)

1979年から80年にかけてコールハースとゼンゲリスは建築における機能プログラムの役割を繰り返し強調し、近代的な思考パターンと機能主義の手法を再評価している。その背景には「形態は機能に従う」という言葉で総括された近代運動の理論的根拠が「絶対的な不確定性」によって解体されたという認識がある。コールハースは「[…] 機能が単一の形態に帰結することはない」と述べている[26]。かくしてマレーヴィチのテクトニックやフェリス的な形態が20世紀末生まれの曖昧で不確定的な機能を収める形態生成モデルとして召還される。さらに1980年代に入るとコールハースの理論と関心の双方でミース・ファン・デル・ローエの作品が重要な意味を帯び始める。ミースのヴォイドとマレーヴィチやフェリスのソリッドは一見すると正反対だが、その本質を理解すればコールハースの傾倒の理由がある程度説明される——ミースのヴォイドはマレーヴィチやフェリスのソリッドと同じく「絶対的な不確定性」の受け皿となるのである。この頃からコールハースが披瀝する知的な地平から偏執症的＝批判的方法が影を潜め始める。偏執症的＝批判的方法はOMAが戦略的に推進する「プログラムの論理」の陰に隠れ、驚異を生み出す幸運なタイミングが舞い戻ることを待ち続けることになる。

プログラムの根拠を模索するOMAは1970年代初期にポストモダンを推進した「合理主義建築」一派と対立した。主唱者の一人で

Mau, ed., *S,M,L,XL*, New York, The Monacelli Press, 1995, p.247.

[26] [Koolhaas-OMA], *OMA.*
Urban Intervention cit., p.60.

あるレオン・クリエとの衝突は、AAスクールでの数年来の協働にもかかわらず避けがたいものとなった。1979年12月に開催された第16回ミラノ・トリエンナーレの会議において、ゼンゲリスは1920年代と70年代の「合理主義」に共通する教条主義と純粋主義を攻撃し、「近代性」の概念を様式ではなくプログラム形成という観点から捉えて擁護した[27]。ゼンゲリスは述べている――「歴史が経験した数々の近代性はすべて残忍で不安を誘うものだった。なぜならそれは新しいイデオロギーの反映だったからである」「近代の暴力はつねにシニフィアン的に振る舞った」。ゼンゲリスは「近代運動」は単なる一様式に矮小化される存在ではないと考えたのである。さらに彼は1975年以来のディプロマ・ユニット9の活動を通じて浮上したいくつかの概念を確認している。それらはOMAの知的戦略の根拠となった概念であり、「近代建築」はいまだ完成しておらず「記号体系(コード)」が「閉じられた」とは言えないという主張や、「大衆」が「クライアント」になるという「前代未聞の挑戦」に取り組むには「建物と同じようにプログラムをデザインし」「近代建築を大衆の建築として再定義する諸要素を探求すること」が不可欠であるという主張が含まれている。

　「歴史的な都市」が果たしてきた「人間の活動と文化の震源地(エピセンター)という伝統的な役割」を「修復」する必要があるという点、および都市の高密度と混交機能の解体を企てたル・コルビュジエの都市計画原理を厳しく攻撃する点については、OMAを含む国際会議の主要参加者の意見は広く一致していた。しかし「近代性」の概念と結びつく計画手法をめぐって参加者の溝は深まり、特にレオン・クリエとモーリス・キュロは猛烈な反論を展開している。

　ゼンゲリスは述べている――「結局、近代建築のイデオロギーは合理主義を推し進める中で貧困化していったのである。1920年代には合理主義という言葉が論理実証主義の還元主義を召還する呪文と

---

[27] Elia Zenghelis, *Apropos of style and ideology*, in "Lotus international", 1979, No.25, pp.32-34.
[28] フランプトンはイベントの企画段階から声がかかっていたが後に関係を断ち、カタログへの寄稿も拒絶している (cf. Paolo Portoghesi, *La fine del proibizionismo*, in *La presenza del passato. Prima mostra internazionale di architettura. Corderia dell'Arsenale. La Biennale di Venezia. Settore Architettura*, Milan, Electa, 1980, (pp.9-14) p.9).
カタログではヴィンセント・スカリーが「ニューヨークの摩天楼に再び命を吹き込むもの」としてコールハースとOMAの作品を絶賛している。「コールハースと彼のグループの作品は摩天楼を擬人化している。それらはあたかも群衆のように愛し合っているように見える。これまでわれわれはニューヨークの摩天楼を芸術に対する決定的な征服として捉えてきたが、コールハースらの描く摩天楼はより魅惑的である。コールハースはそれらを人間に見立てているのみならず、有効なモデルとして使用できることを示している。彼のすばらしいプロジェクト群と摩天楼全般の再解釈への貢献がそうさせているのである」 (Vincent Scully, *Come si è giunti alla situazione attuale*, ibid., (pp.15-20), p.20)
スカリーはOMAの作品を過去の再発見という当時の一般的傾向の中に位置づけている。「これらはすでに失われてしまった至近の歴史の断片をいかに取り戻すかを示す格好の事例である。日々の生活と環境に根づいた単純な喜びを非常に豊か

94.《ヴェネチア・ビエンナーレのOMAパヴィリオン》(レム・コールハース／OMA、1980年)。ストラダ・ノヴィシマ（新たな道）という展示の一部として設営された

して用いられていた。この暴力的な言葉が今日再び姿を現しつつある事実に大きな不安を覚える［…］。構成規則が定められ［…］一つの趣味（テイスト）と一つの抑圧的システムが押しつけられようとしているのだ。学生の頃、私はル・コルビュジエに恐れを抱いたが、彼に救いを求めることはほとんどなかった。近年のレオン・クリエの作品に対しても同様である。奇妙なことに両者はしばしばイメージすら似通っている。しかし最大の類似点は暴力的に全体性を追求する合理主義にある」

「過去の現前」と題された1980年のヴェネチア・ビエンナーレ建築展において、OMAは全世界的に広がり始めたポストモダンに対するさらなる批判を展開する。アルセナーレ会場ではポストモダン作品を集めた展示――「新たな道」（ストラダ・ノヴィシマ）――が賞賛を浴びていたが、フランプトンの仲介で実現したOMAの展示は低予算で必要最低限の要素を組み合わせたものである[28]。湾曲した鉄パイプに水色のカーテンが張られて曲面がつくられ、このカーテンを赤く塗装したアルミニウムの角柱が斜めに貫き、さらに「OMA」のネオンサインを支えている。カーテンの左端はめくりあがりOMA作品を展示する空間への入口となっている。各要素は水をモチーフにしてリシツキー的あるいはデ・ステイル的にデザインされ、幻想的なシュルレアリスム的雰囲気を醸し出している。

ビエンナーレのカタログに掲載されたコールハースの短いテクスト「われらの『新即物主義』」（ニュー・ソブラエティ）は、かつてない国際的危機に見舞われている機能主義の伝統を情熱的に弁護するものである。コールハースはビエンナーレ会場を「残酷な強迫的アルセナーレ」（プロクルステス）と糾弾し、展示作品の多くが「歴史主義的」「類型的」な教義を振りかざして「連続的な文化の変容」を妨げるものだと断じている[29]。なおヴィンセント・スカリーも「［…］眼前の現実を古いモデルにあてはめるのはプロクルステス的愚行である」と警鐘を鳴らしている[30]。

なものにしてくれる」。一方ジェンクスは1979年に合理主義運動の主流をまとめ上げた後に《ホテル・スフィンクス》を引用し、OMAとボフィールの作品をまとめて「超合理主義」と定義している。彼はこう述べている。「ここでは現実的な都市機能と既存の都市幻想を統合することによって、商業的・芸術的次元における超合理主義の傾向が要約されている。他の擬人的建築と同様に、それは巨大なスケールを過負荷的に帯びることを通じて生気を得ている。おそらく極端な超合理主義者であるレム・コールハースは『錯乱のニューヨーク』とドローイングを通じて商業の夢と論理の背景に横たわる詩学を明らかにしている。彼の合理的な幻想はその術策と都市の過密を極端に推し進めることから生まれており、ロックフェラーセンターとウォルドーフ・アストリア・ホテルの伝統に連続している」(Charles Jencks, Verso l'eclettismo radicale, ibid., p.35)。ジェンクスはコールハースに自邸の暖炉の設計を依頼しようとしていた。それは彼の歴史的形態のコレクションの一部となるはずだった。しかしこの仕事は後にグレイヴスに任されている(cf. Charles Jencks, *Towards a Symbolic Architecture. The Thematic House,* London, Academy Editions, 1985, p.132)。

29　Rem Koolhaas, Elia Zenghelis, La nostra nuova sobrietà, in *La presenza del passato. Prima mostra internazionale di architettura. Corderia dell'Arsenale. La Biennale di Venezia. Settore Architettura,* Milan, Electa, 1980, pp.214-16.

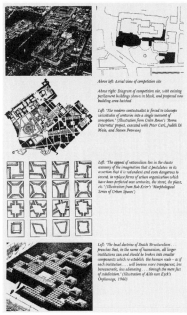

95
96

95.『その10年後』(マデロン・フリーゼンドープ／OMA、1984年)
96. エッセイ「OMAの都市的介入」(レム・コールハース／OMA)の一ページ。1980年出版の『インターナショナルアーキテクト』誌より抜粋

コールハースはこう述べている――「レイモンド・フッドは『人間の全活動はフロア上で展開されるのだから平面図(プラン)がなによりも重要だ』と述べている。この言葉は一種の『機能主義的』な建築のあり方を定義づけている。形態に縛られることなく、未曽有の並列化と触媒的な結合から生まれる人間の活動パターンをフロア(すなわち地表面)上に想像し築き上げるのである」[31]

　コールハースは機能主義という言葉を「設計資料集成」的な旧来の理論に囚われることなく理解しており、プログラム的な機能を自由に組み立てる道具として平面(プラン)を捉え、その価値を繰り返し指摘している。「われらの『新即物主義』」で「機能主義」として挙げられた例――「レオニドフ、メーリニコフ、『ベルリンの』ミース、ライトのブロード

30 Vincent Scully, *American Architecture and Urbanism*, New York, Praeger Publishers, 1969, p.255.
31 Koolhaas, Zenghelis, *La nostra nuova sobrietà* cit., p.214.
マニフェストには次のように書かれている。「OMAはいわゆる機能主義と呼ばれる伝統の保存と修正に関わってきた――例を挙げるとレオニドフ、メーリニコフ、『ベルリンの』ミース、『ブロードエーカー・シティ』のライト、ロックフェラーセンターのフッドなどである。これらはプログラムの想像力を駆使して領域を制圧するキャンペーンであり、そこでの建築は密度・技術・決定的な社会の不安定性などといった与件に基づく文化的『コンテンツ』の構築に直接干渉することができる。昨今の建築はこのような要求をあきらめてしまっている。プロクルステスという強盗は、被害者の身体を引き延ばしたり切断したりして彼のベッドにぴったりと合わせていた。歴史主義的で類型的な『新しい』建築の前で、文化は残酷なプロクルステス的アルセナーレ〔ヴェネチア・ビエンナーレの主会場〕のなすがままになっている。場所がないという言い分で『近代的』活動が排除される一方で、見直されつつある形態や類型に合致しているというだけの理由で、他のプログラムが人工的に復活を遂げている。劣化したモダニズムのささいなエピソード――本質的に非批判的である

エーカー・シティ、フッドのロックフェラーセンター」——はその証左である。フッドの言葉を引用することを通じてコールハースは平面を連続的でニュートラルな表面として捉えたが、これはスーパースタジオやアーキズームの空想的プロジェクトに通底している。「フロア」は映画の舞台セットに接近し、プログラムは出来事を生み出す脚本としての性質を帯びている。なお「われらの『新即物主義』」で再編成された「OMAの私的殿堂(ヴァルハラ)」にはフランク・ロイド・ライトの理想的なプロジェクト「ブロードエーカー・シティ」も含まれている。このプロジェクトがアメリカ大都市の過密をきわめて暴力的に攻撃する一方で、不可視のプロセスから生まれる自動生成的な都市形態を提案していたからである——ライトがこのプロジェクトについて解説した本の題名は『消えゆく都市』である。

「われらの『新即物主義』」において、コールハースは「過去の重さに耐える」ためにはそれと「関係し」、「過去と近代を［…］共存させる」ことが不可欠だと述べた。ここでは「過去の現前」というビエンナーレのテーマが反転されている。OMAのハーグやアーネムの計画はこの仮説の例証である。

1984年にフリーゼンドープが制作した『その10年後』は1974年に発表された『愛の営みが終わって』のその後を描いた絵画である。『愛の営みが終わって』ではクライスラー・ビルとエンパイア・ステート・ビルが『現行犯』の舞台になった部屋のベッドで仰向けに横たわっていた。2本の摩天楼は『その10年後』にも登場するが、彼らはいまや頭を垂れてフィリップ・ジョンソン、マイケル・グレイヴス、ヴェンチューリ、ケヴィン・ローチ、スコット・ブラウンらポストモダニストの子どもたちを愛でるように眺めている。時は誕生パーティの真っ最中で、4本のろうそくが立てられた円柱状のケーキはポストモダニズムが1980年のヴェネチア・ビエンナーレにおいて公式に誕生したことを暗示している[32]。

ヴェネチア・ビエンナーレが開催された1980年に、OMAは『イ

——には情け容赦ない批判が加えられるけれども、実は過去が肯定されているにすぎない。ここで示す二つのプロジェクト《オランダ議事堂増築案》と《アーネムの刑務所計画》は、より複雑なまま過去と向き合うOMAの立ち位置を適切に描き出している。［…］このような状況では、歴史主義も類型的教義も、望ましい文化の連続的な変容プロセスを邪魔する人工的で受け入れがたい妨害となるのである。修正を具体的に投影し、触知できる近代性を具体化することを通じてのみ、過去の重さに耐えることができるはずである。二つのプロジェクトの重要性は、過去と近代が関係し、共存している点に存する。さもなければ実用的建築の大軍が集団逃亡し、後にはきわめて爽快な地平が開かれるだろう。近代性の領域は見捨てられ、新しいものが稀となり、発明が生まれにくくなり、想像力は感電し、解釈は破壊され、近代性は再びエキゾチックなものになる…。新しい即物主義の時代が到来するのだ (ibid., pp.214, 216; Rem Koolhaas, Our 'New Sobriety', in OMA Projects 1978-1981, exhibition cat., Architectural Association, London, 2 June 27 July 1981, London, The Architectural Association, 1981, pp.9, 10)

32 *La deuxième chance de l'architecture moderne* cit., p.5.

ンターナショナルアーキテクト』誌上でミラノとヴェネチアで浮上した問題について考察を続けている。ビエンナーレで発表されたテクスト同様、ハーグのプロジェクトの紹介から始まる文章には当時世間一般で広まっていた議論に対する批判的な洞察が含まれている。誌面レイアウトはページ中央に理論的エッセイとプロジェクトのドローイングを配し、脇にコールハースのプロジェクト解説を載せるという構成である（いくつかの解説は「われらの『新即物主義』」からの抜粋である）。ページ中央部のエッセイは「都市的介入」——歴史的都市における新しい建築——に問いを投げかける内容となっている。

OMAは彼らの知的戦略に対立する思想として「コンテクスチュアリズム」「合理主義」「構造主義」の三者を挙げている。但し第3の「構造主義」はオランダの事例つまりオランダ構造主義に限られる。OMAの批判は三つの潮流の主唱者であるロウ、クリエ、ファン・アイク、ヘルツベルハーに向けられ、具体的にはロウの「断絶されたローマ」のプロジェクト、ロブ・クリエの歴史的都市の広場案、ファン・アイクのアムステルダム孤児院が槍玉にあげられている。OMAはコンテクスチュアリズムに対する緻密な批判を展開している。コンテクスチュアリズムの計画では——ロウの「断絶されたローマ」に見られるように——CIAMの都市計画理論とは対照的に建物が高密度に建ち並んでいるが、OMAはそれがあらゆる断片的な都市状況を平板化し、連続的で均質な都市組織（アーバン・ファブリック）をもたらす思想だと断じている。OMAの考えでは、コンテクスチュアリズムでは「図と地」という新しい方法論が歴史的街並みの質を回復するというテーマに矮小化され、もっとも一般的な意味でのポストモダニズムに合流している。OMAは単一の創造行為の範疇において歴史的都市の性質を再現するというコンテクスチュアリズムの提案の実行可能性に異議を唱える。なぜなら歴史的都市の性質は数世紀にわたり重層した現象から生まれるものだからである。

OMAはこう述べている——「コンテクスチュアリズム的なひらめきは予測される理想と『経験的な必然性』が衝突する瞬間に降臨する。後者が前者を歪めユートピア的な性質をくじく中で、コンテクスチュアリストは美学的な快楽のみならず——より尊大に——ある種の反形而上学的な満足を得る。コンテクスチュアリズムの図像学

33 [Koolhaas-OMA], *OMA. Urban Intervention* cit., p.48.
コンテクスチュアリズムという言葉は、ロウの学生スチュアート・コーエンとスティーヴン・ハートによる1965年の「都市デザイン」の中で初めて使用された。この言葉は、シューマッハーとコーエンによる『カサベラ』誌（1971年）と『オポジションズ』誌（1974年）の論文をきっかけとして、国際的議論の場においても注目を集めた（cf. Wayne Copper, *The Figure Grounds,* Cornell University,

的パラダイムにおいて、このような衝突や中絶されたユートピアは文字通りの長い時間をかけて出来事が堆積する中で生まれるはずなのだが、近代のコンテクスチュアリストは数世紀にわたる変遷を一瞬の着想へと圧縮してしまう。これがコンテクスチュアリズムのデザインの中核に根づく病である。コンテクスチュアリストは大なり小なり思いつきの推論にすぎない単一の行為にこれから400年500年先に起こるかもしれないシナリオを投射する──しかも、それが直ちに建設されるのだ。この予防的な行為を通じて、コンテクスチュアリストは自らが拠って立つ歴史的連続性を中絶している。二つ目の問題は『経験的な必然性』である。コンテクスチュアリストは歴史の美学を自力でシミュレーションするため、『理想』と『現実』、『観念的なもの(プラトニック)』と『状況的なもの』の間の果てしない戦いにおいて両方の立場を──理想的には等しく確信を抱きながら──演じ分け、再現しなければならない。それゆえ『経験的な必然性』──純粋な理想像を傷つけ歪める状況的な暴力──の探求は狂気の沙汰となる。不完全性を吹き込み、不純物を生み出す余地を最大限に確保するために既存のコンテクストは圧縮される。つまりコンテクストはとても支えることのできない仮定や憶測に従うように強要され、巻き戻しの理想化に服従することになる。『状況的なもの』は一種の抽象概念となり、それに次いで生じるのは具体性と特殊性のオーラの喪失である──コンテクスチュアリズムの教義全体がまさにそのために築かれたにもかかわらず。結局のところ、ポパー主義者がユートピア主義者にならなかったように、コンテクスチュアリストの『つくられた』ユートピアの美学は非実現(ノンフルフィルメント)を劇的に転換させる厳格さを決定的に欠いている。コンテクスチュアリズムの予防的な側面と意固地な経験の理想化は、現実のコンテクストにピントを合わせるための複雑かつ精密な判断と選択を事実上排除しているのである」[33]

ゼンゲリスがミラノで表明した通り、OMAはクリエ兄弟の都市リサーチに代表される合理主義を否定的に捉えており、その解体を訴えた。それが「都市のテクスチャーの連続性」[34]と折り合わないプログラムを都市から排除し、20世紀のあらゆる革新を否定する存在だと考えたからである。クリエに対する批判の中にはヴェネチア・ビエンナーレのエッセイで用いたプロクルステスのイメージが再登場して

Ithaca, New York, 1967, typewritten thesis; Tom Schumacher, *Contextualism: urban ideals [plus] deformations*, in "*Casabella*", vol.XXXV, 1971, No.359-360, pp.78-86; Stuart Cohen, *Physical Context/Cultural Context: Including it All*, in "Oppositions", 1974, No.2, pp.1-39)。

[34] [Koolhaas-OMA], *OMA. Urban Intervention* cit., p.50.

いる。OMAは結論する──「歴史から強迫観念的な合法性を導くコンテクスチュアリズムと合理主義は、いまだ生じていない歴史を中絶する先制攻撃なのである」³⁵

　構造主義に対するOMAの批判は「都市的介入」に関する考察から導き出されている。建築を「小さな要素」に分割し再結合するという当時オランダで流行していた手法が、個々の建物の象徴的な価値を失わせるとOMAは問題提起したのである。コールハースはその代表格であるファン・アイクの孤児院を家族と住居の間に「隠喩的な照応関係」をつくりだしたとして評価している³⁶。しかし彼はこう続けている──「ファン・アイクの『家族』ユニットに始まり、ヘルツベルハーの名高いセントラル・ベヒーア・オフィスを経て、このモデルは消耗され堕落し退廃的段階に達している。構造主義には建築の可読性（レジビリティ）に深刻な危機をもたらした責任がある。いまや孤児院や学生寮であろうと、集合住宅、オフィス、刑務所、デパート、コンサートホールであろうと、すべて同じに見えてしまうからだ」³⁷

　エッセイの結びでOMAは自らの《オランダ議事堂増築コンペ案》こそ「伝統」という言葉にふさわしい建築だと挑発的に述べている。歴史的都市の進化とはしばしば機能の暴力的修正を伴いながら幾世紀にわたって展開してきた「変容プロセス」であり、そこには現代も含まれるべきだと強調したのである。エッセイを結論づける「最後の一押し（ファイナル・プッシュ）」という表現の背後には、ツァラトゥストラの言葉──「ただ通り過ぎることだ！」──が再び鳴り響いている。なおOMA案を挿入したビネンホフ城の鳥瞰図（フリーゼンドープ画）にも「最後の一押し（ファイナル・プッシュ）」という題名が与えられている。

　「自身の近代性について言い逃れをしない建築だけが」──OMAは述べている──「この伝統を守りつなぎとめることができる。このように解釈すると、あらゆる歴史主義的な教義は事実上変容を中断する存在であり妨害ですらある。かくしてビネンホフ城の『制圧』は新しい議事堂を挿入する行為それ自体によって完了する。新し

35　Ibid.
36　Ibid., p.50.
37　Ibid.
38　Ibid.
39　「コールハースが様式の議論に加わることは稀である。なぜなら彼の関心事はプログラムだからである。ローマ住居を現存する建物の内部に再生産するという彼の発言は、何よりも使用に関する議論を呼び起こすために行われたものである［…］。アクティビティとそれを収める方法に関する主張は『錯乱のニューヨーク』の本質的テーマの一つである。［…］『ローラーコースター』『愛の筒』『炎に包まれるホテル』などの例を次々と挙げるコールハースの強迫観念的な主張は──彼はそれを偏執症的と呼ぶ──、テーマを展開するための仕掛けである。このテーマはいわゆるポストモダン建築の様式の引用や建築形態の『意味』への没頭や『自身のみを語る』新合理主義的な原型からかけ離れており、機能主義の教義の伝統的解釈からも逸脱している［…］。『プログラム』に関するコールハースの主張は彼の作品背後に横たわるテーマである」(Bernard Tschumi, *On Delirious New York: A Critique of Critiques,* in "InternationalArchitect", vol.I, 1980, No.3, (pp.68-69), p.69)。「テーマ」は1980年代初期にウンガースが構築した建築概念の中心だった。ウンガースは次のように述べてい

97.『遊泳者』(レム・コールハース／OMA、1981年9月15日)

い議事堂は城壁の内部に近代性を吹き込む最後の一押し(ファイナル・プッシュ)の建築的表現としてデザインされるのだ」[38]

　OMAの知的スタンスは多くの人々とりわけチュミによって支持されている。1980年にチュミは『錯乱のニューヨーク』で展開された批判を再検証し、建築を見るコールハースのまなざしは様式や原型(アーキタイプ)や機能主義的手法の問題ではなく機能的プログラムの展開へ向けられていると強調している[39]。

　1980〜81年にハディドはコールハースとゼンゲリスの後任としてディプロマ・ユニット9の課題を初めて作成している。OMAの文化的方向性を継承するハディドの課題には「モダニズム」に関する問いかけ——1980年の中心的命題——が含まれている(「なぜモダニズムを礼賛しなければならないのか?」[40])。1981年の6〜7月にはコールハースとゼンゲリスの退任を記念してAAスクールでOMAの展覧会が開催され、1978〜81年に制作されたプロジェクトが展示されている。この展覧会は『インターナショナルアーキテクト』誌の記事やヴェネチアの展示と同じくポストモダンと合理主義の流行に対する応酬だったが、当時既に語り草となっていたニューヨーク時代の理論的・隠喩的プロジェクトと近年のOMAの実務を峻別する意味も込められている。なぜならニューヨーク時代の仕事はOMAを「空想的幻視者」[41]という枠にはめてしまう恐れがあったからである。この展覧会のカタログでロバート・マクスウェルはOMAがニューヨーク時代のプロジェクトで探求した「シュルレアリスム的誇張の王国」から「きわめて型破りだが大いに建設可能に見えるもの」へ移行したと指摘している[42]。コールハースはここで「われらの『新即物主義』」を再び発表したが、ゼンゲリスは「技法あるいは建築としてのドローイング」という意味深長なタイトルのエッセイの中で、彼らが将来的に実作に向かうことを強調している。

　ゼンゲリスはこう述べている——「過去2年間、我々は実現のチャンスがあるプロジェクトのみに関わり、ここ12ヵ月の間だけでも

る。「テーマの設定と定義は建築にとって必要不可欠な前提である。一度テーマが設定されたら、数々のヴァリエーションを生み出し、自らの意思に従って変容を遂げるだろう。もちろんテーマをプロジェクトの基礎としてつねに底流しているのだが、建築をテーマ化する必要性は、純粋に機能主義の暗闇から抜け出すことに他ならない。あるいは——逆の観点から眺めると——様式の濫用からの離脱である。それは建築言語の本質的内容への回帰を促すだろう」(Ungers, Architecture as theme cit., p.10)

40　Diploma School. Unit 9, in "Prospectus. Architectural Association. School of Architecture", 1980-81, p.40.

41　Elia Zenghelis, Drawing as technique and architecture, in OMA Projects 1978-1981 cit., (pp.11-14), p.12.

42　Robert Maxwell, Introduction to New York of OMA, ibid., (pp.3-7), p.3.

九つの設計を行った。一つは現在建設中で、年内にはさらに多くが着工すると期待している。この展覧会は我々の仕事のこのような段階を展示するものである。現実的なプロジェクトを描いたドローイングが紙の中から飛び出して実現することを、この展覧会が後押しするように願っている」[43]。さらにゼンゲリスは続ける——「我々は過去10年間、既存の世界に新しく挿入すべき建築をつくるという信念を表現するよう試みてきた。それは凡庸であると同時に崇高で、解くことのできない矛盾を孕むがゆえにつねに刺激的だった。挿入とは自身が直面するコンテクストを認めて高みへと導く行為である。望むらくは近代性という伝統にかすかな変異をもたらすものにならんことを」[44]

1981年9月15日にコールハースは「浮遊するスイミングプール」と「メデューズ号の筏」の衝突を描いた『遊泳者(スイマー)』を制作した。1976年に発表された『プールの物語』では一方が他方を貫いていたが、ここでは両者とも難破している。これはOMAに生じつつある変容の一種のメタファーと言えるだろう。

ロッテルダム、ベルリン、アムステルダム、スヘフェニンゲンのプロジェクト(1980年)

コールハースとゼンゲリスは1980〜81年度を最後にAAスクールでの指導を辞めOMAの実務活動に専念し始める。コールハースはロッテルダムにOMAの新しい本拠地を立ち上げ、その運営に忙殺される(当初コールハースは1983年に亡くなったヤン・フォールベルフに助けられていた)。1980年に開設されたロッテルダム事務所は以後OMAの中心地となり、キース・クリスチャンセ、ウィレム・ヤン・ノイトリングス、ザヴェール・デ・ヘイテル、ウィニー・マース、ヤコブ・ファン・ライスらを輩出することになる。フリーゼンドープ、ウォール、ゼンゲリスがいるOMAロンドン支部は数年後に閉鎖され、1981年から84年にかけてゼンゲリスの指揮下でアンティパロス島、レスボス島、アテネ、ケファロニア島でヴィラ、集合住宅、ホテル、公園、ビーチなどの設計に取り組んでいたアテネ支部も数年後に幕を閉じる。設立直後のOMAロッテルダムはオランダにおける新規プロジェクトに集中し、『錯乱のニューヨーク』で論じたロックフェラーセンターの「建築家連合」のような協働形式で設計を進めている。まずチームのメンバーがアイデアを出し合い、その後コールハースの理論的かつ隠喩的な枠組(グリッド)の中で統合されるのである。OMAロッテルダムは《囚われの地球の都市》に似た実験場となったのである。

ポストモダンに対する批判精神とプログラムを重視するOMA特有の方法を背景として、コールハースは現行の近代建築——それ

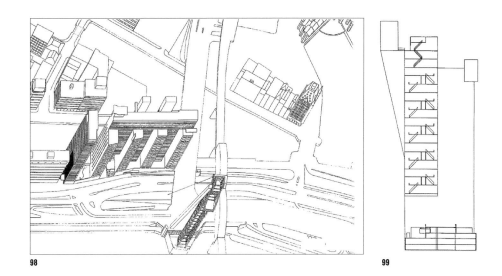

98. 《ボンピュの複合施設》(レム・コールハース／OMA、1980〜82年)、アクソメ図。ロッテルダムのマース川河岸にあり、マース大通りに沿った敷地における計画

99. 同上、断面図

は時として凡庸ですらある——をきわめて意図的に再解釈した作品を制作していく。ベルラーヘの作品と同様にそれらは優美な形態をあえて避け、コンテクスチュアリズムとポストモダニズムが見逃したもの、すなわち歴史的都市にとって異物となるコンテクストと対話する努力を払っている。当時の建築界の潮流に逆らうものだったが、作品に内包される創造的プロセスは1980年代後期に「驚異」を生み出す原動力となる。

　コンテクスチュアリズムの概念を批判的に検証する機会は、ロッテルダムの《ボンピュの複合施設》計画において訪れる。これはロッテルダム市からの依頼で1980〜82年に取り組んだプロジェクトであり、敷地はマース川河岸にある。スプー橋とウィレム橋に近接し、マース大通りに面するこの場所は、市の指示とは無関係にOMAが選びだした象徴的な土地である。そこは第二次世界大戦時の爆撃で壊滅した複数の地区の合流点であり、ビネンホフ以上に多様でカオス的なコンテクストの中に取り残されていた。コンスタントの絵画作品『テラン・ヴァーグ』を思わせるこの敷地は「明確な特性をもたないコンテクスチュアリズム」というコールハース特有の概念を表現する格好の場所だった。市当局は「タワーが都市景観に与えるインパクト」[45]を検証することに関心をもっており、『錯乱のニューヨーク』の成功に後押しさ

43　Zenghelis, *Drawing as technique and architecture* cit., p.14.
44　Ibid.
45　[Koolhaas-OMA], *Apartment Building and Observation Tower/Boompjes Riverbank Development, 1980-1982, Rem Koolhaas-OMA*, in "A+U", 1988, No.217, p.102.

 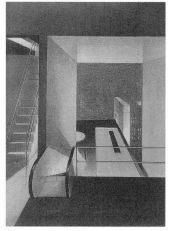

100.《ボンピュの複合施設》
(1980〜82年)、「空の街路」
101. 同上

れたコールハースはウォルドーフ・アストリア・ホテルやロックフェラーセンターなどのニューヨークの摩天楼に基づくヴォリューム構成を試すことができた。機能的プログラムはニューヨークのホテルやソヴィエトの労働者クラブをモデルとして設定され、さらにマレーヴィチやフェリスの方法論を応用して複数のヴォリュームが組み合わされて、高さ72mの複合施設がつくられている。コールハースはそれが抽象的な建物量塊であり「外側から内側に向かって設計された」[46]と述べている。「基壇」[47]（ボディウム）と名づけられた土台部分には駐車場、スーパーマーケット、レストラン、託児所、学校やその他の都市機能と港湾機能が収められている。隣接する川と大通りの両方に沿って延びる平面形はベルラーヘのアムステルダム証券取引所のように不整形である。基壇（ボディウム）の上には互いに直交した二つの板状ブロックが建ち上がっている。これらは戦後再建時のロッテルダムの集合住宅をモデルとして設計され、様々な住戸タイプを収めている。マース川およびマース大通りと平行するブロックからは、ロフト付きのニューヨーク風タワーが4本突き出している。複合施設の最上階の「空の街路」[48]はヘルスケア・センターやホテルなどの公共的機能を結びつけながら、最後にはスイミングプールへと達している。

---

[46] Rem Koolhaas, Stefano De Martino, Kees Christiaanse, *Le torri di Rotterdam*, in "Modo", VII, 1983, No.58, (pp.54-59), p.59.

[47] [Koolhaas-OMA], *OMA Projects 1978-1981* cit., p.40.

[48] [Koolhaas-OMA], *Rem Koolhaas [...]. Apartment Building and Observation Tower. Rotterdam. Holland. 1982*, in Philip Johnson, Mark Wigley, ed., *Deconstructivist Architecture*, exhibition cat., MoMA, New York, 23 June – 30 August 1988, New York, MoMA, 1988, p.46.

[49] Koolhaas, De Martino, Christiaanse, *Le torri di Rotterdam* cit., p.58.

[50] Ibid., p.59.

[51] [Koolhaas-OMA], *Two Structures for Rotterdam 1980-81*, in *OMA Projects 1978-1981* cit., p.40.

102. 同上、「展望台」
103. 同上、鳥瞰図

　《ボンピュの複合施設》では素材を象徴的に使用するレオニドフ的な視点が再び導入されている。川から見ると建物は「石のタワー群による壁」であり、市中心部から見ると「石の板状建築(スラブ)とガラスのタワーの組み合わせで隙間から川の断片を覗かせている」
　コールハースはこう述べている ——「都市側のガラス面は様々な角度で傾斜し光と空と水面を乱反射させる。しかし建物自体を映し出すことはない」[49]
　『錯乱のニューヨーク』における理論的な発見と「絶対的な不確定性」に導かれたコールハースは、これらのタワーに関して「摩天楼はプログラムの変化に柔軟に対応可能な選択肢である」[50]と述べている。ブロックから突き出たタワー群は都市コンテクストと様々な関係性を取り結び、一見すると近代建築的な建物にシュルレアリスム的な生気を吹き込み、《ニュー・ウェルフェア島／観念的ランドスケープ》で示された隠喩的引力を思わせる。さらに1本のタワーは「脱走」[51]してさえいる。この「脱走」タワーは2本の鉄骨トラスと片持ちのプラットフォームから構成される展望台で、エル・リシツキーのレーニン演説台に対するオマージュであり、コールハースが後に設計するタワーを予感させる。「脱走」タワーの細いトラスは階段とエレベーターを内包し、太いトラスはウィレム橋のスパンの一部を転用したものである（市は橋をコンクリート造につくり替えようとしていた）。この太いトラスは以前は橋頭堡だった組石造の土台からほぼ垂直に立ち上がり、2本のタイロッドと傾斜トラスに固定された姿はレオニドフ的である。コール

ハースはこれを「建築的カニバリズム」の表現と呼んでいる。「脱走」タワーはロッテルダムの19世紀の玄関口を象徴する痕跡となり、夜には「引用の灯台」[52]となって光り輝く。

『ラスベガスに学ぶ』の挿絵やレトリストが描いたパリの心理学的地図と同じく、プロジェクトの鳥瞰図には水面に映り込む傾斜ファサードの光や建物が落とす影が描き込まれ、複合施設は走り抜ける車の窓から眺めたかのように表現されている。《ウェルフェア・パレス・ホテル》のドローイングと同じくマース川には「浮遊するスイミングプール」が浮かび、OMAの建築家／救助員がアムステルダム港に到着したことを暗示している。

OMAはこう述べている――「この敷地は特殊である。一方は川岸、もう一方は川に沿った高速道路、さらにもう一方は橋で仕切られている。見ることはできるが近寄ることは難しい場所であり、敷地内のあらゆる構築物は速度と視点がめまぐるしく変化する通過の体験を通じて把握される。アパートメントはこのような動的体験を見据えて設計されている。基壇の上に4本のタワーが建てられ、頂部で連結して一枚のスラブを形成し空中街路的なプロムナードとなっている。建物背面部は水面から直接立ち上がり、2本のタワーは街の中心部に向かって傾斜している。4本のタワーの最上階に配置された商業施設と共有施設にはプロムナードからアクセス可能で、スラブを貫いて川岸に向かって少しずつ下降していく体験をもたらす。[…]。古い橋の断片を転用した98mの展望タワーが橋頭堡の上に建ち、アパートメントの存在感を強調している。タワー頂部の展望台とレストランには斜行エレベーターでアクセスする。展望タワーとアパートメントは単一の複合体を形成している。その全体はタワー群のコンポジションであり、個々のタワーはスラブと多様な関係性を取り結んでいる。外倒しになるもの、押さえ込まれたもの、ねじれたもの。鉄のタワーは脱走してしまった。[…]。複合施設の向かいには別ヴァージョンの『浮遊するプール』が停泊している」[53]。

ロッテルダムに続きコールハースの研究対象となった都市はベ

[52] Koolhaas, De Martino, Christiaanse, *Le torri di Rotterdam* cit., p.59.

[53] [Koolhaas-OMA], *Two Structures for Rotterdam, 1980-81*, in *OMA Projects 1978-1981* cit., (pp.39-42), pp.39, 40.

マクスウェルは次のように述べている。「浮遊するプールはまもなくニューヨークに向けて旅立つだろう。タワーの構造体は、身を屈して川に架かる橋に変身しようとしている。これらの隠喩của生動的なものや何もしない建築とい

う会計士の夢から遠く離れたものになる。私たちは複雑な建築的象徴体系に巻き込まれる。それは過去と現在の影響を認めるものである――戦争で破壊された橋と今日支配的な市民的平和の儚さへと」(Maxwell, op. cit., p.6)

ルリンである。ベルリンもまたコンテクスチュアリズムと近代性に関するOMAの考えを表現する格好の場所である。1980年にOMAはヨーゼフ・パウル・クライフスがディレクターを務める国際住宅展（IBA）で実施されたコンペに二つの案を提出している。コールハースはコッホ通りとフリードリヒ通りに面する4街区を対象とした案を作成し、ゼンゲリスはリュッツォウ通りの街区計画を担当している。いずれの案も閉じた街区と19世紀の建物を保存するという都市計画を無視している。フリードリヒ通り沿いの地域を表現した鳥瞰図には、爆撃がもたらした都市の間隙、都市を分割する壁、戦後再建期の建築、二つの大戦間のベルリンの建築が描かれているが、これらはすべて国際住宅展の想定から逸脱している。さらに、鳥瞰図にはミースの摩天楼案やヒルベルザイマーの平行街区案や一部のみ実現したメンデルゾーン設計のIG金属ビルが含まれており、「新即物主義」の教義を踏まえて建設された「もうひとつのベルリン」のマニフェストになっている。しかもOMAはハディド的なシュプレマティスム解釈を応用してさらなる分節化を適用している。それゆえヒルベルザイマー、ミース、メンデルゾーンの作品が互いに異なるように、コールハースとゼンゲリスの作品も似通っていない。

　ゼンゲリスの提案では形の異なる構築物が集まって3街区にまたがる雷文状のヴォリュームを形成し、リュッツォウ通り側の主要部分には1対の高層ビルが建てられている。閉じた街区をつくるというプログラムの要請を満たすために建物同士は接近を強いられているが、完全に接することはなく街区中央のオープンコアを見通す隙間が残されている。いくつかのヴォリュームは折れ曲がり、構築主義風に相互貫入しており、ダブリンの《アイルランド首相官邸コンペ案》やメンデルゾーンの作品のように内側に向かって湾曲したヴォリュームも見られる。

　「シュプレマティスムのポンペイ」[54]と呼ばれたコールハースの提案は過密の文化の一形態で、ペレス・デ・アルセによるチャンディガールとダッカの計画の影響が認められる。広大な空き地は

[54] *La deuxième chance de l'architecture moderne* cit., p.6. ベルラーへの「被覆の建築」の概念において、古代住居への参照が決定的だったことに留意したい。「建築にとってもっとも重要な瞬間は、街路に面する時ではなく、壁の内側において訪れる――これは根源的に東洋的な原理である」とベルラーへは述べている（H.P. Berlage, *Over de waarschijnlijke ontwikkeling der architectuur*, in "Architectura", XIII, 1905, No.29-33, 36, 41; republished in Id., *Studies over bouwkunst, stijl en samenleving,* Rotterdam, 1910; ed. 1922, p.117）。

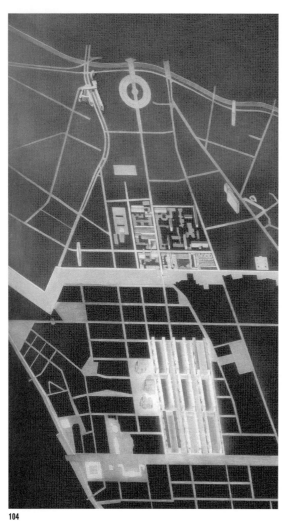
104

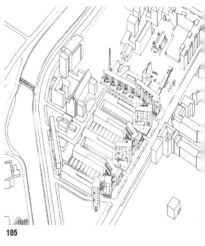
105

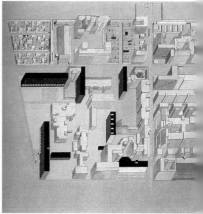
106

107

104. フリードリヒ通り沿い地区の概念的鳥瞰図（OMA、ベルリン、1980年）

105.《リュッツォウ通りの公営住宅コンペ案》（エリア・ゼンゲリス／OMA、ベルリン、1980年）

106-107.《コッホ通り／フリードリヒ通りの公営住宅コンペ案》（レム・コールハース／OMA、ベルリン、1980年）

中庭型住居で埋め尽くされている。建物はヒルベルザイマー、フーゴー・ヘーリング、ミースの中庭型住居(パティオ・ハウス)を参照して設計され、幾重にも重なる壁はベルリンの壁を象徴している。さらにコールハースは細長い住棟を挿入し隙間の存在を強調した街区も提案している。国際住宅展の規定を無視したコールハースの提案にはベルリンのイメージを戦災後に復元することは不可能であるという主張が込められているが、これはウンガースの問題提起と一致している。

　OMAはこう述べている——「街路があらゆる都市計画の中心的な要素であるという近年の再発見に従えば、複雑で曖昧なベルリンの状況に対するもっとも単純な解決法は50〜60年代の『失敗』を抹消し、敷地境界線に沿った建物を再構築し歴史的意識の回復の兆しを示すことだろう。このアプローチはグリッドを保存し、新しい建物をうやうやしく古い建物に接続して戦後の建物をできるだけ覆い隠そうとする。つまり数十年来の誤った思想を無害化しようと努めるのだ。しかしこのような時こそ誘惑に抗うことが重要であり、判断停止し振り子運動の一部になることを避けなければならない。ある一つの建築的教義を受容しても、昼の後には夜が訪れるように、数年後には正反対の教義を採用するという振り子運動——それはあらゆる世代が次の世代によって嘲弄され続ける負の連鎖である。このような肯定と否定の連鎖は反歴史的である。建築に関する議論がちぐはぐな文章をつなぎ合わせた理解不能な代物になってしまうのだから。[…]。近代建築に対するもっとも根強い批判は何もないところ——白紙状態(タブラ・ラサ)——からのスタートに執着する点に向けられている。しかしフリー

108.《アイ広場の集合住宅計画》(レム・コールハース／OMA、アムステルダム、1980〜88年)、ダイアグラム。イルデフォンス・セルダ、エルンスト・マイ、トニー・ガルニエ、ル・コルビュジエの計画を挿入することでアムステルダム北部のフォーゲルドープ地区の可能性を検証している

109. 同上、全体平面図

110. 同上、最終案

111. 同上、ブロック間の眺望検討図

ドリヒ通り周辺地区はすでに完全に破壊されている。私たちはいまだに深い傷を抱えている敷地の性格を新たな実験を行う可能性として捉える。近代的な建築類型(タイポロジー)と都市組織(テクスチャー)——その多くは20世紀にベルリンで開発されたものである——が古典的な街路パターンと共存可能か、遠い過去から近年までの建築思想の生存者たちと共存可能かという仮説を検証する機会である」[55]

アムステルダムの《アイ広場の集合住宅計画》において、コールハースは時代遅れとみなされる危険を一切顧みず1920〜30年代のオランダ新即物主義の形態的特徴を復活させている。ゾイデル海沿いの敷地は旧市街地の対岸に当たり倉庫や造船所が集まる地区である。1980年に設計を開始したOMAは、敷地に様々な都市組織を当てはめるというウンガース的手法を通じて地区のポテンシャルを検証している[56]。敷地に挿入されたモデルはインターナショナル・スタイルの様々な事例から選ばれている(ヨハネス・ダウカー、マルト・スタム、ヨハネス・ベルナルドゥス・ファン・ロヘム、イワン・レオニドフらの作品。ラフロフ、ポポフ、クルチコフらレオニドフ派の作品。ル・コルビュジエ、エルンスト・マイ、ヴァルター・グロピウス、ルートヴィヒ・ヒルベルザイマー、ヤコブ・バケマ、ルートヴィヒ・ミース・ファン・デル・ローエ、バートランド・ゴールドバーグの作品)。検討されたモデルの中には、ポストモダニズムが都市文化の模範とみなしているイルデフォ

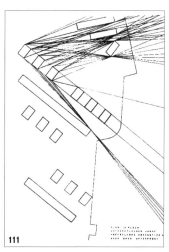

55 [Koolhaas-OMA], *Kochstrasse/Friedrichstrasse,* in *OMA Projects 1978-1981* cit., pp.33, 34.

56 Cf. Oswald Mathias Ungers, Hans F. Kollhoff, Arthur Ovaska, ed., *The Urban Garden. Student projects for the Südliche Friedrichstadt, Berlin, Summer Academy for Architecture '78 in Berlin,* Berlin, n.d.
ここではセミナーの参加者のうち特にコールハースについて言及されている。

112.《アイ広場の集合住宅計画》(1980〜88年)、「最終案の図と地」

ンス・セルダのバルセロナ都市計画やレオン・クリエによるラ・ヴィレットの都市組織やウンガースによるベルリン・リヒターフェルト地区コンペ案(コールハースが参加したプロジェクト)なども含まれている。

OMAは各モデルについて建築面積と容積と高さを記録した後に、水際の状況を考慮しつつ地区全体を二つの部分に分割している。第1の部分はモートル運河とメーヴェン通りに挟まれた三角形であり、中央に公共空間を配し周囲にはオランダ新即物主義に典型的なパターンに従って帯状のヴォリュームが並べられている。これは平行に並ぶ帯というコールハース特有の手法である。第2の部分には長大な建物と独立したブロックが配置されているが、それらも平行に並ぶ帯のシステムで整理されている。《ルーズベルト島集合住宅コンペ案》と同じく、平行に並ぶ一連の建物は旧市街地に向かって開かれた私道と中庭を交互につくりだし、綿密に計算された透視図的シークエンスによって——開口部のデザインも一役買っている——アイ広場は近隣地区に再接続される。長大な建物はオープンな広場の輪郭を決定するが、そのデザインはクリエ兄弟が提唱した歴史主義的な形態学とは対照的である。コールハースは以下のように述べている——「ほとんど集落的なコンテクストでありながら実は市中心部に立地しているという分裂。小スケールの建物を維持したいという欲求と集中的に建て

113-115.《アイ広場の集合住宅計画》(1980〜88年)、OMA設計のアパートメント棟

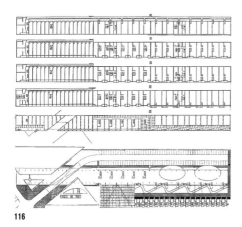
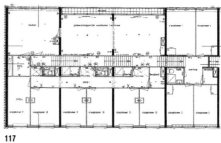

116-117. 同上、平面図

118.「重工業省コンペ案」の一部分（イワン・レオニドフ、モスクワ、1934年。個人所蔵）。赤の広場における計画である

119-120.《アイ広場の集合住宅計画》(1980〜88年)、OMA設計のアパートメント棟

コールハース的新即物主義――ポストモダニズムとコンテクスチュアリズムへの挑戦

ることへの圧力。これらの二項対立が敷地に緊張感を与えている」[57]

「最終案の図と地」と名づけられた図面は周辺地区を含めた計画全体を描き出している。ハーグの《オランダ議事堂増築コンペ案》における「コンテクストの図と地を示すドローイング」と同じく、ここでは密実な空間と開放的な空間の関係性が白い背景上に黒塗りのポシェとして表現されている。

OMAのマスタープランに従って各建物の設計を進めるために6組のオランダ人建築家が招聘されている（キース・デ・カット、ヘイン・ファン・メール、グループ69、ヘイン・デ・ハーン、ペーテルス・エン・ボーゲルス、シエール・ファン・レイン）。OMA自身はモートル運河沿いの長大な高層集合住宅と平行に並ぶ短い低層建物群に加え、複数の公共施設――スーパーマーケット、コミュニティセンター、託児所、学校――の設計を担当している。工事は1986年に始まり1988年に完了している。

全長218m幅15mの集合住宅と計画全体の関係は、シュトゥットガルトのヴァイゼンホーフジートルングにおけるミース棟と計画全体の関係に似ている。建物はアルド・ロッシ設計のミラノのガララテーゼ集合住宅と同じく1960～70年代に数多く建てられた合理主義的建築の系譜に属している。OMAの建物は1層ないし2層の様々な住戸タイプを凝集してつくられ、異なる住戸平面をもつ三つの部分（外廊下型・直線型・混合型）に分割されている。これら3部分は最上階でモートル運河を望む空中歩廊――《ポンピュの複合施設》のような「空の街路」――によって結びつけられている。オランダ新即物主義であれば切りっぱなしの断面で終えるところにファサードが設けられているので、メーヴェン通り側の建物端部は厳密に言えばオランダ新即物主義のデザインとは異なっている。地上階のピロティ空間には形の異なる2種類の柱列が用いられている。運河側の柱は板状、反対側は円筒状であり、板状の柱列の前面には幅広の階段が配置されロッシ的なモニュメンタルな都市景観がつくられている。

ピロティ空間の天井は木の板材が張られた2枚の面に分割されている。2枚の天井はピロティ空間の最深部で接しており軒先に向かってせり上がっていく。このような傾斜天井は以後のコールハース作品にも頻繁に見られる特徴である。

ピロティ空間には街路が貫通している。2本の柱が取り除かれた貫通部分では、上層階の床を支えるために屋根上に2本の鉄骨アーチが追加されている（バルコニーの一部も鋼製のタイロッドで吊り下げられている）。後のプロジェクトでもOMAは地上階の柱を減らすために様々な構造的工夫を行うが、これはその最初の例である。なおレオニドフ

も構造要素の一部分を建物の外側に移動する方法を用いている。

　ピロティ空間に挿入された二つの店舗の平面はOMAを象徴する卵形である。同じくピロティに差し込まれた二つの鋭角三角形のヴォリュームは（スーパーマーケットとコミュニティセンターが収められている）、街路を貫通させる幾何学的操作の結果であり、過去にコールハースが用いた本体（ボディ）を貫通する手法の再来と言える。長方形と三角形のヴォリュームの組み合わせはディプロマ・ユニット9のプロジェクトと同じくシュプレマティスム的抑揚がついた 構　成（コンポジション） を示している。

　長さが短い低層棟はメゾネット型住戸から構成され、ファサードに並行した建物中央部の帯に階段が収められている。地上階には鉄骨階段が配置され、2棟に挟まれた外部空間はコールハースとゼンクリスの《ルーズベルト島集合住宅コンペ案》と同じようにブラウンストーンが建ち並んだニューヨークの街路を思わせる。水平連続窓とソリッドの帯が交互に現れるファサードと、鉄とガラスで覆われた連続テラスは二つの大戦間にオランダで建設された団地へのオマージュである（J.J.P.アウトによるキーフフーク集合住宅やファン・テイエン、ブリンクマン、ファン・デル・フルーフトによるベルクポルダー集合住宅など）。荒々しい漆喰壁、階段とエレベーターを覆う金属波板、工業的なアルミニウムの窓枠、黒レンガなどはオランダ新即物主義の標準団地計画に特有の経済的な仕上げ材料である。

　1980年にOMAは、カレル・バーニーが1958年に設立した舞踏団のためのダンスシアターを設計するよう依頼された。設計当初、この劇場はハーグ近郊の海辺の保養地スヘフェニンゲンに建設され、

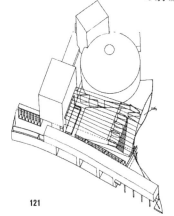

121.《ダンスシアター第1案》（レム・コールハース／OMA、スヘフェニンゲン、1980年）、アクソメ図。構造はポローニ&フィンク事務所と協働

122.《ダンスシアター第2案》（レム・コールハース／OMA、スヘフェニンゲン、1982〜83年）、模型。構造はポローニ&フィンク事務所と協働

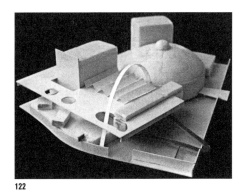

121

122

57　R.K.［Koolhaas］, *Aménagement d'un quartier. Amsterdam 1980-81*, in "L'architecture d'aujourd'hui", 1985, No.238, (pp.40-45), p.41.

円蓋で覆われた19世紀のサーカス劇場——舞踏団の一時的な本拠地——と向かい合って配置される予定だった。これが《スヘフェニンゲンのダンスシアター第1案》である。OMAは800人収容の劇場、ダンス室、作業場、ダンサーの宿舎、オフィス、テントで覆われた屋外劇場などの多様なプログラムに異なる構造を与え、いくつかの建物では《アイ広場の計画》と同様にオランダ新即物主義的なアプローチを試みている。ル・コルビュジエの「コンパクトな構成」やジェンクスの「シュルレアリスム的コラージュ」[58]と同じく、これらの建物は「壁」に囲まれ、大通りとサーカス劇場の間に凝集されている。屋外劇場のアイデアはこの敷地特有の「砂丘に残る自然な斜面」[59]から発想されたものである。構造設計に際してコールハースは強い隠喩的インパクトを生みだす特殊な方法の開発を求め、ウンガースのすすめに従ってポローニ&フィンク事務所の構造家ステファン・ポローニと協働している[60]。

しかし、路面電車のルート変更に伴って敷地面積が減少してしまったので、第1案は中止になる。そこでOMAは1982〜83年に《スヘフェニンゲンのダンスシアター第2案》を作成している。新たにデ

123.《ダンスシアター第2案》、立面図

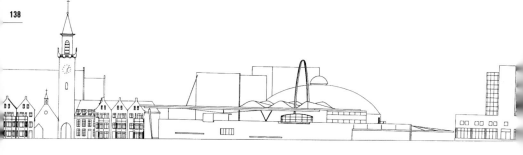

58 Cf. Charles Jencks, *Modern Movements in Architecture*, Harmondsworth, Penguin Books, 1973 (French translation, pp.21, 25, 26).
59 [Koolhaas-OMA], *Théâtre national de danse. Projets 1 et 2, Scheveningen 1980-84*, in "L'architecture d'aujourd'hui", 1985, No.238, (pp.84-89), p.84.
60 ウンガースは1960年にポローニと出会い、1964年に彼をベルリン工科大学の建設科学の教師として招聘している。ポローニはウンガースの作品の構造設計にも関わっている (cf. Stefan Polónyi, *Interpretare le strutture portanti, dell'architettura*, in "Lotus international", 1993, No.79, pp.79-87)。
61 Cf. ibid., p.87.
62 [Koolhaas-OMA], *Théâtre national de danse* cit., p.84.
63 ポローニは以下のように回想している。「レム・コールハースはアイデアの宝庫であり、しばしばそれを言葉だけで伝達する。それゆえ彼のアイデアにふさわしい適切な構造を一度にいくつも提案することが可能である。たとえば1982年のスヘフェニンゲンのオランダ・ダンスシアターのプロジェクトの時には、だいたい以下のような会話が取り交わされた。コールハース『大きく張り出した片持ちの屋根の端部は、正面から見たらとても薄いものにしたい。そして正面の梁を支える支柱はすべて異なる形でなければならない。左端の支柱は傾き、足元に向かって先細りするものにしたい』。ポローニ『それなら梁をフライタワーのブレースの1本にアンカーするといいだろう』。

ザインされた波打つ屋根は第1案のテントのアイデアの流用で、構造はガウディの建築から発想を得たものである[61]。劇場を斜めに横切る巨大な放物線アーチの構造は1960年代に──特にアメリカのガソリンスタンドにおいて──よく用いられたアーチに由来するが、その元祖はル・コルビュジエやニーマイヤーの構築主義的アーチだろう。コールハースの狙いはアーチを「釣り鐘状ドームの幻影」[62]と捉えて「ダンスシアター」を「サーカス劇場」に見せかけることである。いくつかの建物は大きなフラットルーフで覆われ、屋根を支えるために長尺梁と特殊な構造要素──傾斜円柱、鋼製ケーブル、タイロッドと支柱、山型に溶接された鉄板──が用いられている。レオニドフやデ・ステイルを思わせる構造要素の非対称的なアサンブラージュは危うげな平衡状態を表現しているが、これはコールハースが以後も模索し続ける空間感覚である[63]。ステージを収めたヴォリュームの道路側ファサードには巨大パネルが張られ、フリーゼンドープによる3人のダンサーの壁画が描かれている。パネル自体はヴェンチューリの「装飾された小屋」のようにヴォリュームからはみ出している。OMAは《スヘフェニンゲンのダンスシアター第2案》を「ヴァナキュラーなリゾート建築と調和するように、きらびやかな要素で飾り立てた機能的な箱［…］」[64]と呼んでいる。鮮やかな色彩、祝祭的な装飾、ニーマイヤーやファン・ラーフェスタインの建築を思わせる不思議な曲線造形、スペクタクル的な幾何学をもつ構造体は、このOMAの言葉を裏づける要素と言えよう。計画は1983年9月に市に認可されたが後にさらなる大変更を被ることになる。

コールハース『そのとおりだ。しかしそれはフライタワーの1面だけにしてほしい』。ポローニ『その場合は反対側に支柱が必要になるだろう』。コールハース『いやいやそうじゃない！奥の方にはV字の支柱を立て、右端の部分では梁をアーチによって支えられるはずだ。この方法はコストの問題で採用されない可能性が高いが、その場合は問題を解決する他の方法を考えなくてはならないだろう』。ポローニ『わかった。それではタワー右側では、梁を宙吊りになった柱で支えることにしよう。それを支柱とブレースで補強された大梁の上に載せよう』。コールハース『いいアイデアだ。パーフェクトだ』。ポローニ『このやり方なら屋根の自重と積雪荷重に対してはすべてうまくいくだろう。但し屋根は風によって吹き上げられやすいので、フライタワー左側の上方から引っ張り力を受ける部分とタワー右側の低いブレースによって支えられている部分は、ケーブルを使って地面にアンカーするか、重しを載せる必要があるだろう』。コールハース『なおさら好都合だよ！左側の足下には円錐形の鉄の塊を置き、右側の屋根の上には鉄球を置こう』。このようにして、ロシア構築主義的な構造のコンポジションが生まれたのである（Con / With Rem Koolhaas in Polónyi, op. cit., p.87）。
[64]　[Koolhaas-OMA], Théâtre national de danse. Projet. La Haye 1984, in "L'architecture d'aujourd'hui", 1985, No.238, (pp.90-95), p.91.

見えない過密 —— パリのプロジェクト（1982〜83年）

マンハッタン島に対してコニーアイランドが果たした役割をモデル化し、《エクソダス》や《囚われの地球の都市》のような理念的プログラムを構想し、新しい大都市的なライフスタイルを生成するシステムを提案する —— これらを一挙になしうる絶好の機会がOMAに訪れる。1982〜83年にパリで開催されたラ・ヴィレット公園のコンペと1983年に同じくパリで開催された1989年万国博覧会のコンペである。コールハースとゼンゲリスは平行に並ぶ帯や正方形グリッドを敷き詰めた連続平面を敷地全体に押し広げ、それを「タペストリー」[65]と呼んだが、これらはマンハッタン・グリッドやフッド的なフロア概念やアーキズームとスーパースタジオの連続平面を引き継ぐものである。インスタント・シティやウンガースのプロジェクトと同様に[66]、連続平面は娯楽施設の群島(アーキペラゴ)の受け皿となり、来訪者はレトリスム的な「漂流」を通じてホモ・ルーデンスに変容し、1950年代終わりに生まれた都市ヴィジョンに住まう理念的な住人となるのだ。このような設計プロセスを通じて生み出されたカオス的形態は、コールハースが模範とする先例の中で特にブロードエーカー・シティが浮かび上がってきたことを間接的に示している。

ラ・ヴィレット公園のコンペでは娯楽と文化に供する高密度な施設設計が要請された。この条件はOMAを「過密の文化」の実験へと駆り立てる。公園全体は非物質化された建物として捉えられ、純粋なプログラム —— 構築主義的な「公園大のソーシャル・コンデンサー」[67] —— にまで還元される。OMAの「システム」では公園設計・庭園設計に典型的な手法は直接的には採用されず、アイゼンマンのコンセプチュアルな構築物のように断片化されて取り込まれている。コンペ要項に表れていた「プログラムの非決定性」は敷地全体を覆い込む4枚の機能的な層として解釈され、それぞれ「帯」「点状グリッドあるいは紙吹雪(コンフェッティ)」「アクセス経路と動線」「締めくくりの層」と呼ばれている。様々な庭園と娯楽施設を収めた第1の層は長さ50mの帯を平行に並べたもので、それぞれの帯の違いは舗装材のテクスチャーと植栽の種類だけであり、来園者はその全体を自由に横断できる。ウルク運河と科学博物館には特別な帯が割り当てられ、特に後者は「エクストラ・

---

[65] Cit. in Jacques Lucan, ed., *OMA. Rem Koolhaas*, Paris, Milan, Electa France, 1990, Italian translation, Milan, Electa, 1991, pp.89, 97.

[66] 特にウンガースによるベルリン第4リング計画を参照のこと。このプロジェクトは相異なる一連の短冊状の建物から構成されている。コールハースもこの計画に参加している（cf. Aymonino, *Il contributo di Oswald Mathias* cit., pp.34-38）。

[67] [Koolhaas-OMA], *Projet 327*, in Patrice Goulet, *Projets & Réalisations. Concours International pour le Parc de la Villette, Paris Décembre 1982*, in "L'architecture d'aujourd'hui", 1983, No.225, pp.73-75.

124.《ラ・ヴィレット公園コンペ案》（レム・コールハース＋エリア・ゼンゲリス／OMA、パリ、1982年）、全体図

125. 同上、ダイアグラム。コンペで要求された機能を層状にして敷地に重ねている

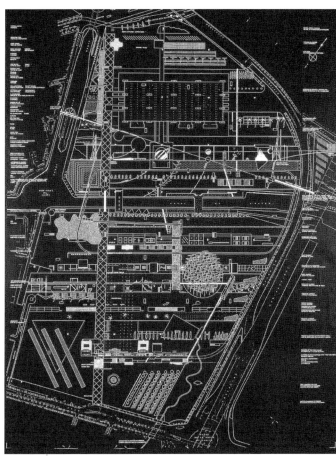

124

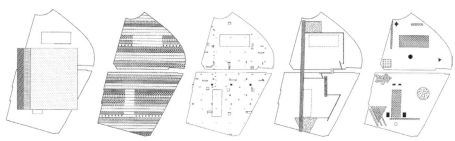

125

ラージ」と呼ばれている。第2層「点状グリッドあるいは紙吹雪(コンフェッティ)」の構成要素はキオスク、売店、飲料自販機、遊技場、ピクニック場である。これらは時代に合わせて変化できるように数学的な操作を介して配置され、スミッソン夫妻やクリストファー・アレグザンダーの手法を思わせる。赤・青・黄に塗り分けられたキオスクとパヴィリオンの抽象的な平面は「テクトニックの紙吹雪(コンフェッティ)」というシュプレマティスム的用語にふさわしい(セルゲイ・エイゼンシュタインはヴィーツェプスクにあるマレーヴィチの装飾作品を「シュプレマティスムの紙吹雪(コンフェッティ)」と呼んでいる)。第3の層は帯に沿った複数の小道と2本の主要路である。一つ目の主要路はバーコード状の帯群と直交する直線的な「モール」であり、二つ目の主要路は幅の異なる斜めの線分をつなぎあわせた屈曲する「プロムナード」である。これら2本の主要路沿いには様々なアトラクションが整備され「敷地の中の敷地」と呼ばれている。他のすべてが閉園した後にも大都市の大通りのように輝き続ける「モール」はボードレール的に「『遊歩者(フラヌール)』の領域」と呼ばれている。「締めくくりの層」は帯やグリッドのシステムの上に配置される複数の巨大オブジェクトである。いくつかの既存構築物を除いてOMAがデザインしたものであり、単純な幾何学が用いられイルミニズムやシュプレマティスム的な象徴性を帯びている。その一つであるプロウンのような「音楽都市」は「3本の『梁』によってスライスされた三角形の量塊(マッス)であり、音楽学校・研究所・音楽博物館という三つの異なる組織を表現している」。複数の帯を斜めに横切る並木は「幻覚的な奥行き」を「物質に頼らずに」つくりだす「舞台美術的な要素」と言える。プロジェクトの模型では運河沿いの植栽の帯が密実としたスポンジで表現されているが、ルーチョ・フォンタナが切り裂いたキャンバスよろしく様々な角度で小道が横切り、ヴェルサイユの庭園も想起させる。他の部分はOMAの過去の作品の断片である。たとえば「入口の壁」は《エクソダス》の「ストリップ」のサービス機能を収めた「建物／ファサード」に似ている。

公園にありがちな透視図的な軸線は帯と層のシステムによって置き換えられ、陳腐な視覚体験に代わって「水平的な過密性」が生じている。来園者は絶え間ない「漂流」状態、つまり風景が絶え間なく変化する状態にさらされ、最終的には「アンテルナシオナル・シチュアシオニスト」が理論化したような方向感覚の完全な喪失状態に至る。このようにしてプロジェクトは不可視の大都市的建築というコールハー

68 [Koolhaas-OMA], *Projet 327* cit., p.73.

69 *The Story of the Pool/1976* cit., p.356.

スの目標を達成し、ヴォイドを漂う群衆の生の舞台となるのである。

《ラ・ヴィレット公園コンペ案》の帯のシステムを説明する際にコールハースは《エクソダス》の「ストリップ」や《マイアミの住宅》の平行に並ぶ壁や《アイルランド首相官邸案》の庭園デザインや「優美な屍骸」のランダムなシークエンスなどを援用することもできたはずである。しかし偏執症的＝批判的方法によって鍛え上げられた彼の独創的な知性は、帯状に分割された公園の平面図と無数のフロアが積層された摩天楼の断面図との間に驚くべき類似性を見いだすに至る――「帯状の配置からは摩天楼の機能配置も想起される」[68]。ここでは《ラ・ヴィレット公園コンペ案》がマンハッタンの空想的巨人のコンセプチュアルな身体と同一であることがほのめかされている（フリーゼンドープは摩天楼が横たわる姿を描いていた）。あるいは水中で横倒しになった《ウェルフェア・パレス・ホテル》のタワーや「浮遊するスイミングプール」そのものと言えるかもしれない。コールハースは「浮遊するスイミングプール」について「水面に雲影を映し出したプールは摩天楼以上の存在である――それは地上に現れた空のかけらである」[69]と述べている。いずれにせよこれ以降のコールハースの自己批評において、平面を帯状に構造化する方法はダウンタウン・アスレチック・クラブの断面の転換（トランスポジション）として解釈されるようになる。このような捉え方はシチュアシオニスムの影響を受けてコールハースが1985年に執筆した『テラン・ヴァーグの賞賛』の主張にも通底している。

「『錯乱のニューヨーク』の本質がダウンタウン・アスレチック・クラブの断面だったとすれば――それは絶え間なく変化し続ける大都市生活の騒々しい積層である――［…］その三次元的な性質をほとんど圧縮し、代わりに純粋なプログラムを提案しているラ・ヴィレット

126.《1989年パリ万博コンペ案 西地区》（レム・コールハース＋エリア・ゼンゲリス／OMA、パリ、1983年）。多様な都市組織を挿入して敷地の可能性を検証している

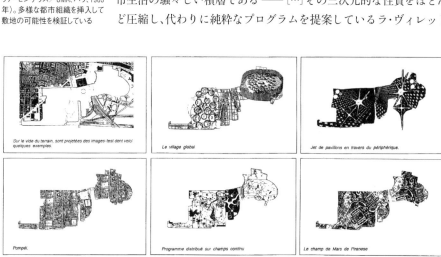

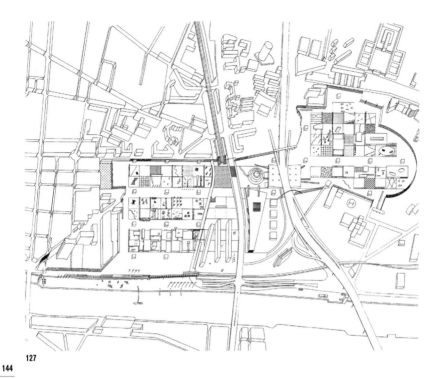

127-129.《1989年パリ万博コンペ案・西地区》(1983年)。地区を組織する多様な方法と動線システムを示すダイアグラム

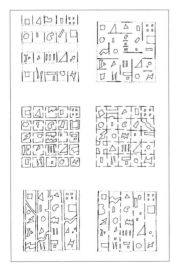

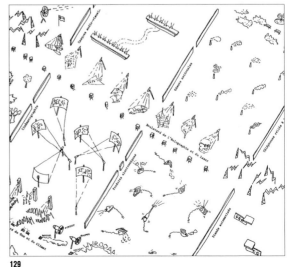

案はよりラディカルであらゆる束縛から自由である［…］。行き着くところラ・ヴィレット案は大都市的な状況の純粋利用を暗示している。それは建築なき密度つまり『見えない』過密の文化である」[70]

「見えない都市」における建築の非物質化は1960〜70年代のアヴァンギャルドたちの目標であり、カルヴィーノやライトの構想にも通底している。1989年パリ万博のためにOMAが制作した二つのコンペ案でも、このような建築の非物質化が重要視されている。パリ西部と東部に位置する二つの敷地はともに「情報のフィールド」[71]であり「見えない境界」[72]に囲われている。ここでは、コンピューター制御のコミュニケーション技術の進化から生まれた「可動かつ実体のないもの」[73]によって、建築家は「動的な状況の制作者」に変容している。

西部地区を囲い込む壁――「外周壁」――はエントランス、売店、映像スクリーン、植栽などの様々な機能を収め、ベルリンの壁のように高さと形が刻々と変化する。《アイ広場の計画》と同様に、このプロジェクトでも多様な都市組織を仮定し敷地に当てはめる方法を通じて地区のポテンシャルが検討されたが、その際に用いられた都市組

130.《1989年パリ万博コンペ案 東地区》（レム・コールハース＋エリア・ゼンゲリス／OMA、パリ、1983年）

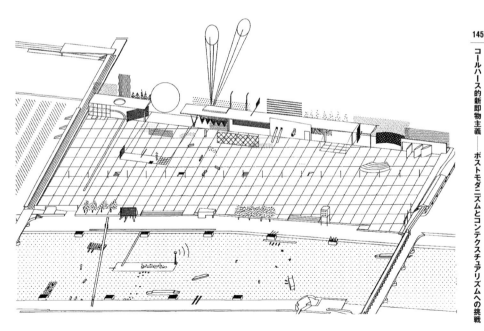

[70] [Koolhaas-OMA], *Parc de La Villette. Concours, Paris, 1982-83. Eloge du Terrain Vague*, in "L'architecture d'aujourd'hui", 1985, No.238, p.46.

[71] [Koolhaas-OMA], *Exposition Universelle, zone ouest*, in "L'architecture d'aujourd'hui", 1985, No.238, pp.48,52.

[72] Ibid., p.48.

[73] Ibid., p.52.

131-132.《聖イェラシモスの聖なる広場》(エリア・ゼンゲリス／OMA、ケファロニア、1984年)

織のモデルはファン・アイク好みの原始的村落やピラネージのポンペイや『カンプス・マルティウス』——過密の文化のカオス的形態の代表格——など様々だった。「パヴィリオンとテリトリーが織りなすカーペット」[74]と呼ばれた地区全体は「画地」という規則的な正方形パターンに分割されている。さらにOMAは画地の外側を通る街路や通路などの「自律的な動線」と、画地を横切る「統合的な動線」という2種類の動線を提案している。この2種類の動線によって画地には豊かなヴァリエーションが生まれているが、それらは19〜20世紀に生まれた多様な空間モデルを連想させる。マンハッタンのようにいまだブロックから構成されている都市に始まり、スーパースタジオの「2000tの都市」(「12の理想都市シリーズ」の一つ)、アーキズームの「ノン・ストップ・シティ」、ミースの「バルセロナ・パヴィリオン」、そしてOMAの帯状構築物(ストリップ・ストラクチャー)などである。これらのヴァリエーションを通じてコールハースはグリッドと摩天楼の意味に関する『錯乱のニューヨーク』の発見——「グリッドという二次元の規律は三次元的な無秩序に対して思いもよらない自由を許す」[75]——の妥当性を検証したと言えるだろう。

　東部地区の計画では正方形グリッドはさらに小さくなり、スーパースタジオ的な舗装モジュールにまで還元されている。電子部品が組み込まれ構造化された平面は若干アーキグラムのプロジェクトを思わせる。冒険テーマパーク的な旅路をめぐる移動手段として、OMAは様々なシステム——ウォークマンを聴きながらの歩行、動く歩道、ローラーコースター、ケーブルカー、モノレール、旋回橋など——を開発し、移動速度や利用方法などの特徴をまとめている。これらは人々に多様な体験を与える装置であり、19世紀の万博で展示された数々の技術的発明に連なるものだが、「空想世界のテクノロジー」へのコールハースの情熱によって一層の豊かさが加えられている。このような移動手段のスタディは美術館の展示や摩天楼の動線に形を変え

て後のOMAプロジェクトにも再登場することになる。

　漫画のコマや絵本の挿絵のように描かれた《ラ・ヴィレット公園》と《1989年パリ万博》のドローイングは、ウィレム・ヤン・ノイトリングスのプロジェクトに特有の表現である。アレックス・ウォールが彼のプロジェクトに参加しているが、2人はともにOMAのスタッフである。なおOMAは1980年代後半に計画した都市複合施設のプロジェクトでも同種のグラフィック表現を用いている。

　コールハースはこう述べている――「アムステルダムのプロジェクト、そしてなによりもラ・ヴィレットとパリ万博のプロジェクトは大都市の中心に開かれた無(ナッシング)の特質とは何かをイメージする試みである」[76]

　1984年にはゼンゲリス率いるOMAのグループがギリシアのケファロニア島のプロジェクトに取り組み、パリの二つのプロジェクトの方法と現代建築の様々な事例から導かれた方法とを応用している。それは《聖イェラシモスの聖なる広場》というプロジェクトで、島の守護聖人を記念して毎年8月に開催される祝祭のための広場計画である。ゼンゲリスは敷地全体を二つに分割し、湾曲壁に囲われた教会基壇周辺の「宗教ゾーン」と街と教会をつなぐ直線道路に沿った「祝祭ゾーン」をつくり出し、後者に現代建築の手法を用いて遊戯的な要素を挿入している。それはネオ・アーキグラム的な「ファン・パレス」であり「新・構築主義者的な文化宮殿」あるいは一種の「新たな道(ストラダ・ノヴィシマ)」――「様々な祝祭的オブジェクトのポストモダニズム的な解釈」[77]――とでも呼べる広場である。さらに教会の様式と連続するネオ・ビザンチン様式のガレリアも設計している。《スカラとアルゴストリのパブリックビーチ》のプロジェクトでは、ゼンゲリスは売店、レストラン、バー、駐車場、歩道を点在する要素として捉え、様々な幾何学的デザインを試みている（スカラのビーチでは点線が、アルゴストリでは曲線が用いられている）。

　ゼンゲリスはこう述べている――「これらのプロジェクトの主な目的はシンボルやプログラムあるいは都市それ自体を媒介とし、都市的プログラムを唐突に挿入することによって場所の性質を把握し強化することにある。これは最小限の地形的・建築的な介入であり、ささやかな操作によってラディカルな特徴を生み出すことが狙いである。周囲の自然を侵略するのではなく飼い慣らすことによって地表の

[74] Ibid.
[75] Ibid., p.50 (from *Delirious New York*).
[76] Cit. Lucan, *OMA. Rem Koolhaas*, cit. p.157.
[77] Cf. [Zenghelis-OMA], *Aménagement de la Plaine Sacrée de Saint Gerasimos*, in "L'architecture d'aujourd'hui", 1985, No.238, pp.56-59.

広がりを楽しむという転換である」[78]

アルゴストリのコウタヴォス湾では、ゼンゲリスはアトラクションが集まるアミューズメント・パーク——一種のコニーアイランド——の設計を行っている。プロジェクトは「都市の公園」「スポーツの公園」「浮遊する公園」「休養の公園」「教育の公園」「水の公園」に分割されている。「水の公園」は「静的あるいは動的な一連の人工物」を備え「それらの配置と運動の軌跡によって正真正銘の『水のバレエ』が演じられる」[79]。さらに夜になると「アトランティスのメタモルフォーゼ」や「タイタニック号の難破」などの出し物が光の投影によって生み出されている[80]。

ハーグのダンスシアターと「衝突」(1984〜87年)

《スヘフェニンゲンのダンスシアター第2案》は1984年に放棄され、代わりにハーグのスパイ通りに近い地下駐車場の上に複合施設を建てることが決定される(カレル・ウィーバーが設計したホテルの隣である)。OMA設計の「ダンスシアター」とディック・ファン・マウリックとピエト・フェルメーレン設計の「ドクター・アントン・フィリップス・ホール」からなる複合施設の全体は1987年に竣工している。OMAはスヘフェニンゲンで検討していた案を独立的かつ並列的な部分に分割し、一部を再利用している。たとえば波打つ屋根や「装飾された小屋」的なステージのヴォリュームなどである。結果としてここでも「ヴァナキュラーなリゾート建築」の祝祭性を帯びた作品が生まれている。しかし円蓋(クーポラ)の隠喩的な価値は承認されたものの放物線アーチは中止さ

133. スパイ通りの《ダンスシアター》(レム・コールハース／OMA、ハーグ、1984〜87年)、ダイアグラム。構造はボローニ&フィンク事務所と協働。《ダンスシアター》とマウリックとフェルメーレン設計のドクター・アントン・フィリップス・ホールとウィーバー設計のホテルの関係性を検討するダイアグラム

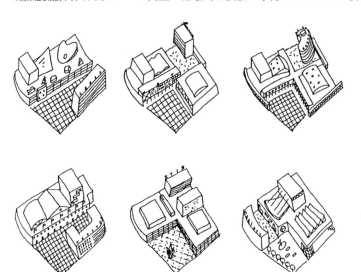

れている。

　検討段階のドローイングを見ると、《ダンスシアター》の各部分とドクター・アントン・フィリップス・ホールと隣接するホテルの組み合わせについて五つの案が検討されていることがわかる。各々の案は「装飾された小屋」や「テクトニック」あるいは「優美な屍骸」などに基づいている。ハーグとダブリンにおけるOMAの初期作品は複数のプレーヤーで行うゲームだったが、コールハースが選んだ最終案[81]は1人の創造者が生み出すシュルレアリスム的な断片のコラージュである。

　《ダンスシアター》はベルラーヘ的なピクチャレスクの伝統とコールハース独自の「新しい」コンテクスチュアリズムの双方を踏まえ、スパイ通りの捉えどころのない戦後の都市風景を反映している。素材と色彩を隠喩的に使用する手法は1977〜78年度のディプロマ・ユニット9の課題で試みられた「能弁なディテール」の実現と言えそうである。

　《スヘフェニンゲン第2案》と同様にオーケストラピット、ステージ、舞台裏、機械室、リハーサル室、シャワー付き楽屋、衣装室、倉庫、事務室、レストランなどの劇場の各機能は別々のコンテナに収められ、新聞記事のように長方形平面の中に押し込められている。プログラムにはフィットネスの空間――サウナ、マッサージ室、スイミングプール――が追加されているが、ここには《エクソダス》の「ストリップ」やダウンタウン・アスレチック・クラブからの影響が見て取れる。設計プロセスをあえて機能のリストアップと規模設定だけに制限することによって、各部の表現はボザール的「キャラクテール（性格）」のヴェンチューリ的なポップ・ヴァージョンとでも呼べるようなものとなっている。

　波打つ屋根とホールのファサード、フライタワーのファサードには黒く塗装した金属波板が用いられている。フライタワーのスパイ通り側の立面は「装飾された小屋」すなわちフリーゼンドープが描いた3人のダンサーの壁画で飾られている。楽屋と衣装室と事務室を収めるヴォリュームは3層に分割されているが、それぞれに異なる仕上げ材と開口部を与えることで機能の違いが表現されている。ドクター・

[78] Elia Zenghelis, *ARCADIE: Le paradis transposé,* in "L'architecture d'aujourd'hui", 1985, No.238, p.55.

[79] [Zenghelis/OMA], *Aménagement de la Baie de Koutavos,* in "L'architecture d'aujourd'hui", 1985, No.238, p.68.

[80] Ibid., p.70.

[81] [Koolhaas-OMA], *Théâtre national de danse. Projets 1 et 2* cit., p.84.

134.《ダンスシアター》(1984〜87年)

アントン・フィリップス・ホールに接続する部分にはエントランスが設けられ、コールハースはそこにレオニドフ的な金色の逆円錐形を挿入している。その1階部分はチケット売場、上階部分はシアターカフェである。《ダンスシアター》の背面のヴォリュームにはハリソンが設計した国連ビルの低層棟の凹面屋根からの影響が認められ、いくつかのディテールにはヴェンチューリからの影響も見られる（舞台裏ファサードの細長い水平線のような開口部のデザインはその一例である）。街路側のファサードに使用されている白いパネル材も一種の「装飾された小屋」と言えるだろう。

「波打つ屋根」の造形は《スヘフェニンゲン第2案》に由来するもので、新しいコンテクストにおいてはフライタワーとドクター・アントン・フィリップス・ホールの間で押しつぶされた柔軟な水平面として解釈されている。水平の帯で覆われたヴォリュームは街路に向かって流れ出したかのように配置され、直下の白い「装飾された小屋」部分から水平に突き出している。このため街路の反対側から見ると、逆円錐形ヴォリュームの真横部分で白い「装飾された小屋」の梁が1スパン分剝き出しになっている。このようなヴォリュームの水平移動と面の圧縮は以後のコールハース作品に繰り返し現れる形態操作である。ロウとコッターは1975年出版の『コラージュ・シティ』においてローマのナヴォナ広場に建つ聖アグネス教会のファサードの曲線について論じ、それが敷地に生じた「圧力」の結果であると解釈して「コラージュ」よりさらに高次な「衝突」という概念を展開している。『コラージュ・シティ』のこの主題はロウがボヤスキーとともに行った1970〜71年度のAAスクールのセミナーに基づいている[82]。

[82] Cf. Rowe, Koetter, *Collage City,* in "The Architectural Review" cit.

135. 同上、アクソメ図
136. 同上、平面図

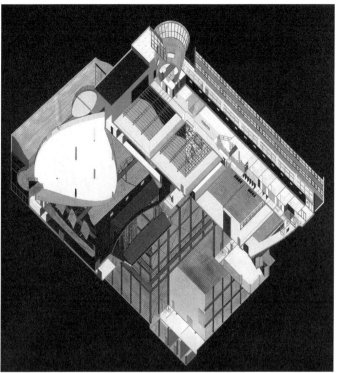

135

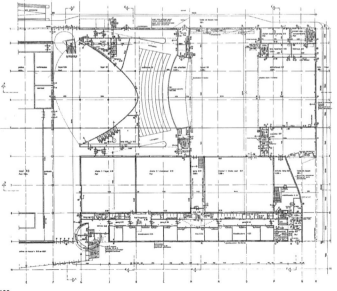

136

《ダンスシアター》の各部分にはダンスのような運動が見いだされる。エントランスの逆円錐形はつま先で立つバレリーナの輝く肉体のメタファーである。彼女はメカニカルなバレエで観衆を招き寄せているのである。

《ダンスシアター》のヴォリュームはドクター・アントン・フィリップス・ホールに押しつけられ、両者の間には細く垂直的な「間の」空間が生まれている。そこは二つの建物の色鮮やかなコンクリート壁に挟まれた空間である（ドクター・アントン・フィリップス・ホールの壁はピンク色で《ダンスシアター》の壁は鮮やかな赤である）。「波打つ屋根」はコールハースが設計したホール側から下りてくるので、この「間」の空間を生み出しているのは《ダンスシアター》だとわかる。19～20世紀のギャルリやパサージュ[83]に特有の性格——たとえばガラスで覆われた両端部——を備えた空間には、二つの劇場が共有する機能が挿入されている。両側の壁に穴を開けることによってドクター・アントン・フィリップス・ホール側にクロークとカフェのキッチンが、《ダンスシアター》側にカフェを併設した地上階のホワイエと第2ホワイエに至るアクセス階段が設けられているのである。パサージュの床はテラゾータイルで仕上げられ、《ダンスシアター》のホールを支える傾斜スラブの下面は防音パネルで覆われている。この傾斜スラブ直下のくさび形の空間は、天井の低いもうひとつの「間」の空間である。そこでは1枚の壁が平面上で放物線を描き——曲線の頂点はホールの床スラブがもっとも低くなった点と一致している——パサージュの幅広の断片であるカフェとの境界をなしている。「室内の公共空間——ホワイエ

137. オスカー・シュレンマーがバウハウス舞台工房で制作したコスチューム（デッサウ、1927年）

138.《レーニン研究所計画》（イワン・レオニドフ、モスクワ、1927年）

139.《ダンスシアター》（1984～87年）、エントランスとシアターカフェ

140

141

140. 同上、背面ファサード
141. 同上、ホール下部のカフェ
142-143. 同上、「スカイバー」

とダンス室——は独立したプロジェクトとして構想され、外壁の室内側に向けて穿たれたヴォリューム／洞窟である」[84]とコールハースは主張しているが、これは設計プロセスの正確な説明ではない。

　カフェに立ち並ぶコンクリートの丸柱は様々な色で塗り分けられており、地下駐車場のグリッドの規則性から解放されている。つまりミケランジェロの『囚人』のように自らの拠り所から解放されているのである。なお、1980年代末の作品ではこのような装飾的な操作に頼ることなく、構造それ自体に介入することによってグリッドの規則性が崩れ始める。

　パサージュ上空には楕円形のプラットフォームが絶妙なバラン

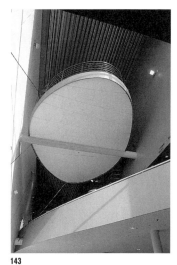

142　　　　　　　　**143**

83　劇場の近所にはこのようなパサージュの一つがある。議会の建物に面して、グラーベン通りとホフ通りをつなぐパサージュである。

84　[Koolhaas-OMA], *Théâtre national de danse. Projet. La Haye 1984* cit., p.91.

144.《ダンスシアター》(1984〜87年)、ホール内観

スで浮かんでいる。このプラットフォームは「スカイバー」と呼ばれ、《スヘフェニンゲン第2案》に際してコールハースとポローニが検討したキャノピーの構造のアイデアに基づいている。全体が金属で覆われた「スカイバー」は円筒状の梁に載せられ、さらにポールとタイロッドで補強されているが、不安定な印象を与えるこの構造体は「動的な一瞬の均衡」の概念を表現している[85]。コールハースとオールタイスはレオニドフ設計のモスクワの摩天楼案について以下のように述べている——「ガラスの頂部には8本の鉄骨で支えられたプラットフォームがあり、そこから赤の広場に向けて『空のパフォーマンス』が上演される」[86]。「スカイバー」の白い下面にはロープが張られ船の帆を思わせる。人々はプラットフォームからホワイエを眺め、窓越しに街を一望し、ヴォイドに浮かぶ感覚を体験して「メデューズ号の筏」で漂う難破船の乗組員たちと同一化するのである[87]。《ダンスシアター》の機能的プログラムはコールハース独特の詩的な論理を展開する口実となっている。初期案に見られるメイン・ファサードから突出した片持ちの直方体ヴォリュームもその一つである——それは建物軀体にくさびのように打ち込まれた「浮遊するスイミングプール」だと言える。

　劇場内部には夜の雰囲気が漂っている。ベルベット張りの座席とコンクリート側壁には濃淡の異なる2種類の青が使用され、階段席の床、プロセニアム、ステージ、金属板の天井は黒とグレーである。長方形を湾曲させた形の壁掛けの音響パネルだけが鮮やかな黄色で、カーテンのように見える（このパネルはハンス・シャロウンのベルリン・フィルハーモニーのコンサートホールを参照している）。

1980年代中期のヴァナキュラー・モダニティ

　《ダンスシアター》と同時期に設計された1980年代半ばの一連の作品において、OMAはインターナショナル・スタイルを用いて「新即物主義」の解釈を試みている。いくつかの作品は依然としてポストモダニズムとコンテクスチュアリズムに対する批判によって動機づけられているが、そこに第二次大戦後の建築に見られる「ヴァナキュラー・モダニティ」の表現が重ねられている[88]。「ヴァナキュラー・モダニティ」

[85] コールハースは以下のように説明している。「スカイバーは［…］200人を収容する。人々が北側か南側に集中すると、スカイバーを支えるチューブに引張力か圧縮力がかかる。つまり構造の振る舞いが完全に変わる。これは単に荷重をどのように処理するかという問題ではなく、不安定な構造の振る舞いの表現なのである」(cit. in Alejandro Zaera, Finding freedoms: conversations with Rem Koolhaas, in "El Croquis", No.53+79, p.20)

[86] Rem Koolhaas, Gerrit Oorthuys, Ivan Leonidov's Dom Narkomtjazjprom, Moscow, in "Oppositions", 1974, No.2, (pp.95-103), p.103.

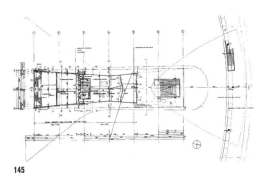

145
146

145.《駅前広場のバス停と地下鉄出入口》(レム・コールハース／OMA、ロッテルダム、1985～87年)、平面図。当時のパートナーのファン・ブッテンとの協働作品。2004年に解体された

146. 同上、外観

とはロッテルダムとベルリンの再開発の仕事を通じてコールハースが1985年に見いだした概念である。コールハースはロウのコンテクスチュアリズムの理論的な限界を押し拡げ、テラン・ヴァーグ的な風景と捉えどころのない都市のヴォイドに適応する術を模索し続けたのである。彼は都市と郊外におけるこのような再開発地域に焦点を当て「どんな私生児にも出自がある」と宣言している[89]。

ロッテルダム駅前広場の中央部には、1985～87年に観光案内所とバス停と地下鉄駅からなる複合施設が建設されている。このプロジェクトは戦後復興期の建築の性質を再解釈するOMA的コンテクスチュアリズムの一例であり、施釉タイルやアルミ窓枠などのありふれた建材が意識的に用いられている。端部がめくれ上がった三角形のキャノピーは足元がすぼまる彫刻的なピロティによって支えられ、ニーマイヤーやファン・ラーフェスタイン、シャロウンなどの屋根を思い起こさせる。なお、エル・リシツキーの「プロウン」シリーズの一つにも道路の交差点にまたがる三角形がある。

1984年に設計され1987年に竣工した《アルメーレ港警察署》では、白と青のレンガを使い分けることによって1950～60年代のリートフェルト作品のように建物をヴォリュームと面に分割する操作が強調されている。内部空間は複数の帯と平行に並ぶ壁によって整理され、中央には大ホールが配置されているが、これは《マイアミの住宅》のモデルを踏まえたものである。「警察(Politie)」という文字が配されたメイン・ファサードの長大な壁は「装飾された小屋」の一種であり、

[87] スカイバーは1988年のマルヌ=ラ=ヴァレのユーロ・ディズニー・ホテル・コンペ案のホールにも再登場している。

[88] Rem Koolhaas, LE CONTEXTE: La splendeur terrifiante du XXe siècle, in "L'architecture d'aujourd'hui", 1985, No.238, p.15. 彼の定義はジェンクスの造語である「ニュー・コンテンポラリー・ヴァナキュラー」に由来する(Charles Jencks, Modern Movements in Architecture, Harmondsworth, Penguin Books, 1973; ed. 1980, p.249)。

[89] Koolhaas, LE CONTEXTE cit.

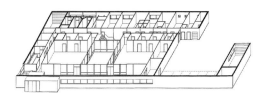

147 **148**

147-148.《アルメーレ港警察署》（レム・コールハース／OMA、1984〜87年）

149-150.《モルガン銀行本社屋コンペ案》（レム・コールハース＋エリア・ゼンゲリス／OMA、アムステルダム、1984〜85年）。構造はオヴ・アラップ事務所と協働

青く塗装されている（空色は都市建築によく用いられる色である）。

　1984〜85年にOMAはアムステルダムの《モルガン銀行本社屋》のコンペに参加している。彼らはプログラム全体を二つのヴォリュームに分割し、それぞれにオフィスとアパートメントを配置している。オフィスが入る主要ヴォリュームはベルラーヘ的な広場を都市計画法規に従って再解釈したもので、ヴォリュームの一部を取り除き角地に「ネガ」[90]の空間を生み出している。この操作によって失われた床面積は左右対称のL字形タワーを建物コーナー部に載せることによって取り戻されている。コールハースは法規の解釈から生まれたこの風変わりな構成を「敷地の主要な軸線に向かって開かれた本」[91]とシュルレアリスム的に描写している。トイレ・エレベーター・階段は平面中央の帯にまとめられ、柱割りはヨーロッパの理想的な幾何学すなわち正方形グリッドに従っている。外周部の構造フレームは灰色の花崗岩で覆われているが、これはヒルベルザイマーのシカゴ・トリビューン・コンペ案へのオマージュである。コーナー部分には白大理石で覆われた壁がはめ込まれている。このような壁とフレームの

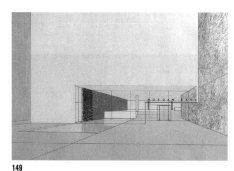
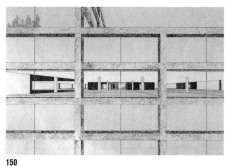

149 **150**

[90] [Koolhaas-OMA], *Une angle de place. Agence de la Banque Morgan, Amsterdam, Pays-Bas. Rem Koolhaas, OMA,* in "L'architecture d'aujourd'hui", 1985, No.242, (pp.53-57), p.53.
[91] Ibid.

並置はテラーニやアイゼンマンの作品あるいは《マイアミの住宅》に見られる連続性と非連続性のテクトニックな対比をもたらしている。さらに、庭園沿いのガラス壁がこれらの「新即物主義」的な形態と素材のレパートリーを完成させている。なお《モルガン銀行本社屋コンペ案》はコールハース、セシル・バルモンド、オヴ・アラップ&パートナーズ・ロンドン事務所のその後長きにわたる協働の最初のプロジェクトである。

　コールハースが《スヘフェニンゲンのダンスシアター第2案》に取り組んでいた1984年に、ゼンゲリスが指揮するOMAのグループはベルリンのフリードリヒ通り207／208番地の建物を計画している(ここでの構造担当はポローニ&フィンク事務所である)。このプロジェクトは

151. 《チェックポイント・チャーリー》(エリア・ゼンゲリス／OMA、ベルリン、1984〜90年)、フリードリヒ通り側の外観。構造はポローニ&フィンク事務所と協働。フリードリヒ通り207／208番地に建つ税関事務所と住居の複合施設である

152. 同上、平面図

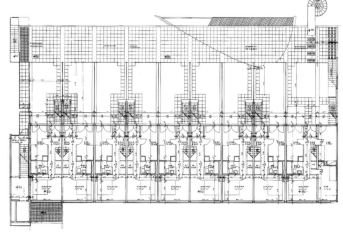

153-154.《チェックポイント・チャーリー》、背面部のディテール

153   154

　国際住宅展の一環として1990年1月に竣工している。敷地が有名な「チェックポイント・チャーリー」(東西ベルリンの国境検問所)の隣にあったため、建物も《チェックポイント・チャーリー》と名づけられている。中庭型の建築を推進するクライフスのベルリン再開発計画に抗って、この建物は街路からセットバックし、《オランダ議事堂増築コンペ案》と同じように相互貫入する水平と垂直の2枚のスラブから構成されている。《アイ広場の計画》の中央棟と同様に、バス待合室と検問所のサービス機能が収められた水平スラブの一部はパヴィリオン的に街路側に突出している。また水平スラブは裏側にも突き出し、上部に大きな屋上テラスがつくられている。垂直スラブはあたかも水平スラブに載っているかのようにデザインされ、様々なタイプの住戸で占められている。その下層階には背面の(専有庭を兼ねた)テラスから、上層階にはフリードリヒ通り側の2層のバルコニーからアクセスする。後者のバルコニーはブリーズ・ソレイユのような鉄骨で支持した傾斜ガラスのスクリーンで覆われている。建物の主体構造は鉄筋コンクリート造である。ゆったりと間隔を置いて地上階に並ぶ巨大な柱はアパートメントが入る重厚な垂直スラブを支えている。フラットルーフのデザインはフリードリヒ通りに大きく張り出した飛行機の翼のようで、一部に眼孔のような有孔コンクリートブロックが用いられている。建物背面の二つの階段も構造的に凝ったデザインで、コンクリート造の階段はベルリンのシャロウン作品を思い起こさせる。もう一方の鉄骨階段の構造は「スカイバー」に由来し、長い梁の中央部がフォークのような支柱で補強されている(人が通ると揺れる)。パンチングメタルのパラペットや水平の帯に分割されたファサードや一部の壁に施され

155-157.《ビザンチウム》(レム・コールハース／OMA、アムステルダム、1985〜89年)。構造はグラボースキー・ポールト事務所と協働。フォンデル公園とスタドハウダースカーデとナッサウカーデに面する店舗・住宅・オフィスの複合施設である

たデ・ステイル的な赤と黄色の色彩など、この作品はインターナショナル・スタイル展覧会の様相を呈している。上から二つ目の階ではバルコニーの壁が迷彩柄に塗装されているが、これは軍の検問所であるチェックポイント・チャーリーへのオマージュである。

「OMAの戦略は敷地の潜在的な固有性に基づいて遡及的(レトロアクティブ)なコンセプトを確立することである。OMAの解答は18世紀の街区を単に保存し解釈することではなく、一見異質な都市環境の特性 ── 近過去の結果と現代の用途パターン ── をも参照している」[92]

1980年代半ばには駐車場、店舗、集合住宅、オフィスを収めた巨大複合施設の計画が開始される。コールハースの指揮下で1985年にデザインされ、アムステルダムのフォンデル公園脇に1988〜89年に建設された《ビザンチウム》である。複合施設の全体は《ダンスシアター》と同じく様々なヴォリュームの寄せ集めであり、各ヴォリュームはプログラムとコンテクストに個別に対応し、いくつかのモチーフはOMAの初期作品に由来している。《ビザンチウム》は既存の低層レンガ造建物に接しているが、徐々に高層になり、交差点に面する部分で《モルガン銀行コンペ案》のようにスケルトンを剥き出しにした高層オフィスとなる。住棟の低層ヴォリュームの間には空中庭園があり建物全体はフォンデル公園に向かって開かれているが、これはOMA好みの類型的な提案である。地上部に近い店舗部分は金色のフラットルーフで覆われ、《スヘフェニンゲンのダンスシアター第2案》の屋根や《チェックポイント・チャーリー》の翼のような屋根を思わせる。この屋根は傾斜しているが、側方のガラス面も傾いているのでサッシ枠が屋根勾配と直交している。これは以後のコールハース作品に頻繁に現れる幾何学的操作である。ナッサウカーデ通りと公園の両方に面す

[92] Office for Metropolitan Architecture, *IBA Scheme for Checkpoint Charlie, Friedrichstrasse 207/208, 1984-*, in "AA files", 1987, No.15, p.90.

るコーナー部の屋上には金色の逆円錐ヴォリュームが張り出すように載せられている。これは《ダンスシアター》のエントランスの逆円錐に似ており、都市のコンテクストが異なってもOMA作品と直ちに認知させる常套句(クリシェ)と言える。集合住宅のホールはミース風デザインで、そこから庭園に対して開かれた幅広の明るい廊下が延びている。集合住宅の階段やその他の動線に囲まれた空間は街路のようにデザインされている。

ヴォイドの戦略 ── ムラン・セナール新都市計画と「現代都市」

1985年の仏『今日の建築(ラルシテクチュール・ドジュルデュイ)』誌のOMA特集号にコールハースは3本の記事を寄稿してヴォイドというコンセプトを論じている。なお同号でコールハースはゼンゲリスとの協働の終了を宣言し、ゼンゲリスは1年後にOMAを去っている。「コンテクスト:20世紀の恐るべき輝き」という文章はシュルレアリスト、レトリスト、コンスタント、『ラスベガスに学ぶ』などの先例を踏まえつつ、パリやベルリンやロッテルダムの見捨てられた土地をコンテクスチュアリズムの概念に取り込む試みである。「レ・アール」「ポンピドゥー・センター」「ラ・デファンス」「フロン゠ド゠セーヌ」について述べた冒頭部は「見ることも触れることも理解することもできない宝物」を探し求める「錯乱のパリ」の基礎研究と言える。

彼はこう書いている──「20世紀のコンテクストに特有の美は、知らぬ間に展開した何らかの建築的教義の結果ではないという点に存する。つまりそれは相異なる考古学的な層が同時発生的に形成されたことの表現なのである。ある建築的教義は次の教義と対立する。夜の後に朝が訪れるように、後から来たものが先にあるものの本質を事実上台無しにする終わりなき振り子運動である。その結果として生まれてしまった風景を解きほぐすには、統合的な解釈力とシャンポリオン、シュリーマン、ダーウィン、フロイトに見られるような19世紀的な粘り強い分析力が必要である」[93]

ベルリンとロッテルダムは第二次世界大戦時の爆撃で生まれた「ヴォイド(空虚)」を共有している。このヴォイドこそが二つの都市に現れる新しい美しさ──「恐るべき現代的な美」──の基盤である。コールハースはベルリンに関してこう述べている──「今日、国際住宅展(IBA)は歴史という名のもとでこの痕跡を隠蔽し、痕跡を破

[93] Koolhaas, *LE CONTEXTE* cit.

157

壊した痕跡さえ消し去ろうとしている。それが歴史的に見てもっとも重要な事実であるにも関わらずである（その美についてはここでは語るまい）」。ロッテルダムの再開発は「都心において」「開放性という概念」を実現したモデルとして描かれている。

　自伝的な調子を帯びた次の一節でコールハースはロッテルダムを「コンパクト・シティ」に変えようとした建築家について語っている——「都市計画者たちが空っぽとみなした場所には実は神秘的な特質と自由が秘められていたが、彼らは目を逸らし続けていた。舗装の下地材である砂利の上で水しぶきをあげるようにボートごっこを楽しむ子どもたち——旅行者の目を喜ばせる風景——を見て見ぬふりをしたのだ。いまやこの子どもたちは都会の変異体（アーバン・ミュータント）へと成長を遂げた。彼らはポストモダンの計画を一杯に満たし利用し尽くすことができる。そこはあらゆることが可能な場所なのである」

　ロッテルダムの空白の治療法として考案された「物質」による「高密度化」——「彼らが望んだ高密度化とは建築家だけがなしうる物質による高密度化だった」——とヴォイドに新しい命を吹き込む「都市の変異体（アーバン・ミュータント）の群れ」による「高密度化」の対比は、1977年の『アーキテクチュラル・デザイン』誌において過密の文化の概念を解説するために、マンハッタンの航空写真と海水浴をする群衆の写真が対比されていたことを思い起こさせる。

　「方法論について（メソード）」はパリ、ベルリン、ロッテルダムに関するコールハースの考察を結論づけるテクストである。「これらの作品に何らかの方法論があるとすれば、システマティックな理想化の方法、既存物を自動的に過大評価する方法である。それはもっとも凡庸な側面にさえ遡及的・概念的・思想的意義を見いだす思索の爆撃である。どんな私生児にも出自がある。みだらな不倫を執拗に探る探偵だけがかすかな手がかりをかぎつける。私たちは密かに次のように信じているので

はないだろうか。もし自らの作品が知性の光で照らし出された理想の世界へ、つまり芸術的な統合と何よりも真摯さが貫く世界へと移植されたならば、作品は自動的に世界と同じ質を獲得し、作者自身による解釈という足場が取り外されたずっと後になっても理論的な完全性を具現化し続けるのではないかと。このような考えと鏡像関係にあるのが、いかに平凡であっても、その都度の敷地状況を鑑みる臨床心理検査的な方法である。それはほとんど傲慢と言えるような──文字通り信じられないような──単純さに強く固執し、この単純性によってコンテクスト解釈の複雑性を覆い隠し、きわめて繊細な側面まで他と同列に扱ってしまうのである」

「何もないところでは何でもできる。建築のあるところでは（それ以外は）何もできない」。この断固としたフレーズは「ユルバニスム：無を想像すること」の冒頭の一節である。そのページには廃墟となったベルリンの写真が用いられている[94]。コールハースにとってヴォイドは人間の生の移ろいやすさを意味し、因習的な建築の物理的実体を解体する存在である。その背景にはアーキグラム、プライス、バンハム、スーパースタジオ、アーキズーム、イヴ・クラインらの理論が認められる。コールハースはウンガースの教えを守りながら、ベルリンについてこう語っている──「代わりに必要となるのは物質に頼ることなく密度を維持する方法であり、建築に邪魔されることなく強度を想像することである」[95]

コールハースはテクスト末尾で《囚われの地球の都市》で描かれた「OMAの私的殿堂(ヴァルハラ)の諸要素」のリストを更新している。新しく加

158-159.《ムラン・セナール新都市コンペ案》（レム・コールハース／OMA、1987年）

159

えられた「諸要素」は歴史的形態によって高密度を確保するデザイン——ポストモダンの潮流を特徴づける方法——に対抗するために、コールハースが近代建築ではなくヴォイドを使い始めたことをほのめかしている。なお「ユルバニスム:無を想像すること」にはヴェネチア・ビエンナーレのマニフェストで用いられたプロクルステスという言葉も再登場している。

　コールハースはこう述べている——「[...]多くの歴史的中心部は大都市の網の目にからめ捕られ、都市のファサードは細部にまで浸透した『大都市』という現実を覆い隠す存在にすぎない。しかし都市のソリッドと大都市のヴォイドが併存するモデルにおいては、安定性の希求と不安定性の要請の間に矛盾は存在しない。見えない糸で結ばれた二つの別個の事業としてその両方を追求することができるのだ。再開発と破壊を同時進行させることによって都市はポスト建築の風景となり、『消去跡』の中を漂う『建築の島』が集まった群島(アーキペラゴ)となる。かつての都市は張りつめた　無(ナッシングネス)　によって置き換えられる。[...]。都市をデザインすることよりも都市の衰退をデザインする方が重要である——近い将来には確実にそうなる。消去という革命的プロセスと「解放区」つまりあらゆる建築的法則を宙吊りにする「概念的なネバダ」を設定することだけが都市生活に内在する苦悩——プログラムと容器の間に生じる軋轢——を宙吊りにしてくれる。　無(ナッシングネス)　を想像することは以下の場所を思い浮かべることに等しい。ポンペイ——大量の壁と屋根からつくられた都市。マンハッタン・グリッド——そこに『そこ』があった時より1世紀も前からあった『そこ』。セントラルパーク——かつては『絶壁』を挑発していたが今ではそれを定義づけるものとなったヴォイド。ブロードエーカー・シティ。グッゲンハイム美術館。ヒルベルザイマーの「中西部」——零度の建築が建ち並ぶ広大な地平。そしてベルリンの壁。これらすべては空白、特に大都市における空白が実は空疎ではないことを明らかにしている。既存の都市組織に挿入することがプロクルステス的な行為となってしまうプログラム、つまりアクティビティと都市構造の四肢切断を引き起こすプログラムに対してヴォイドは有効に働くのである」[96]

　「ユルバニスム:無を想像すること」において、コールハースは「マンハッタニズム」とウンガースの群島(アーキペラゴ)理論を参照しつつ「ヨーロッパ大都市の理論」の基礎を築き上げている。それは歴史的な中心部と近

94 Rem Koolhaas, *URBANISME: Imaginer le néant*, in "L'architecture d'aujourd'hui", 1985, No.238, p.38.

95 Ibid.

96 Ibid.

160-161.《ベルマミーア計画》
（レム・コールハース／OMA、1986
～87年）

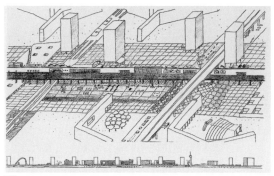

160

代的な周縁部の間に横たわる価値観と形態の対立を乗り越える理論である。ベルリンの事例からコールハースが導き出した大都市に関する総括的なヴィジョンは、OMA特有の二項対立——建設／破壊、ソリッド／ヴォイド、安定／不安定などの《囚われの地球の都市》の延長線上に浮かび上がった対立——に基づいている。またベルリンは歴史的都市の再建過程で生じる中間的な段階についても示唆を与えている。これはOMAが1980年頃に関心を寄せていたテーマであり、ここでの発見は約10年後に発表される「ジェネリック・シティ」を先取りしている。コールハースは宣言する——「大都市が達しうる一貫性とは、均質に計画された構成ではなく、せいぜいが断片を寄せ集めたシステムであり多重現実のシステムである。ヨーロッパでは歴史的な中心(コア)の残滓がこのようなシステムの一部になりうる」[97]

「建築：誰のために何のために?」というテキストはミース・ファン・デル・ローエの1枚の写真から始まっている。ミースはルイス・マンフォードとジェンクスが「"無(ナッシングネス)"のエレガントなモニュメント」[98]と呼んだ建築の創造者である。コールハースは「世界が一度として望んでいない構造」を提案した空想家や「過ぎ去った事物の儀式的な具現化」を唱えるポストモダニストから距離を置き[99]、ミースの時代には確実に存在していた英雄的な建築文化を情熱的に追い求めたのである。彼のほとばしるような筆致はダダイズム、シュルレアリスム、ブルータリズムや彼の世代に特有の生き生きとしたポップ文化を思わせる。

「良い行いが過剰に存在する時には『クール』にならないこと、すなわち今一度不器用で頑固で情熱的になることが重要である。恐るべき状況が今日の建築の衰退をもたらし、たちどころにギリシア悲劇的な次元に達しうるが、この状況を一か八かで推し進めることだけが矛盾に満ちた真実を明らかにする。現代において建築家であることは——彼自身の価値には一切かかわらず——英雄的に振る舞うこと

161

であるという真実である。建築家にはクライアントを退け、自らの庇護者を怒らせ、政治家に耳を貸さない真の勇気が必要である。建築の神話を築くために絶対に必要な姿勢なのだ。我々の文化の潜在意識に対してヒロイズムの奇跡を見せなければならない。少なくとも建築家だけがなしうる本質的な事柄が存在する証拠を示さなければならない」[100]

「不可視の過密の文化」と無(ナッシングネス)の性質を発見したコールハースは、1987年の《ムラン・セナール新都市コンペ案》においてヴォイドの戦略を都市的スケールで実験している。敷地はパリ郊外の手つかずの土地である。コールハースはこう述べている——「汚れなきムラン・セナールの敷地は新しい都市を思い描くには美しすぎる。風景の広大さ、森の美しさ、農園のおだやかさは開発という観念にまったく適さず、勇気をくじく存在である」[101]

　自然の景観を建築から守るためにコールハースはウンガースの「群島(アーキペラゴ)」のシステムを応用する。つまり風景を「海」とし、その中に各々独立して開発される「島」を浮かべたのである。ウンガースのグループがベルリンで展開した仮説に倣って、計画全体は「帯(バンド)」あるいは「線状ヴォイド」と呼ばれる保護区域——形状は敷地内の様々な風景の質に従って決定されている——と一つ一つが独自の論理に従って建設される「島」に分けられている。つまり《ラ・ヴィレット公園コンペ案》の平行に並ぶ帯の幾何学が変形され、不整形のヴォイドが絡み合った全体が生成されたのである。明確な形をもたないヴォイドはフォン

97　Ibid.
98　Cf. Jencks, *Modern Movements* cit., ed. 1980, p.96.
99　Rem Koolhaas, ARCHITECTURE: Pour qui? Pourquoi?, in "L'architecture d'aujourd'hui", 1985, No.238, p.71.
100　Ibid.
101　Cit. in Lucan, *OMA. Rem Koolhaas* cit., p.114.

タナの切り裂かれたキャンバスの孔やアスガー・ヨルンとギー・ドゥボールの心理地理学的な都市図やコンスタントの『ニュー・バビロン』に似ている。このようなテクスチャーは公園設計や都市計画の歴史上ほとんど類を見ないものである。コールハースはこの形から「漢字」を連想しているが、これは《モルガン銀行》の「本」と同じく予期せず浮かんだシュルレアリスム的なイメージと言えるだろう。唯一の直線的な要素はショッピングセンターや大学などの公共サービスとアクティビティで占められる広場の連続体で、敷地と帯のシステムを《エクソダス》の「ストリップ」や「浮遊するスイミングプール」のように暴力的に貫いて高速鉄道駅へと延びている。

　プロジェクトの模型では、木製の直方体をばらまき《ダンスシアター》や《ビザンチウム》のように寄せ集めることによって建物部分が表現されている。過密の文化の受け皿となる 帯(ストリップ) 内の建物密度はヨーロッパ都市の歴史的中心部やマンハッタンの密度、あるいはロウやクリエの都市計画の密度に接近している。しかしOMAの島状都市には歴史上のモデルに由来する部分は一切ない。OMAはこう述べている——「建物つまり充溢した部分を制御することはもはや不可能である。なぜならそこは政治的・経済的・文化的な力が働く領域であり、絶え間ない変化を被っているからである。しかしヴォイドは違う。そこはおそらくあらゆる確実性が存在しうる最後の場所である」[102]

　1986～87年にOMAはアムステルダム郊外のベルマミーア団地の大規模解体に逆らう代替案を制作している。第1案は既存建物中央にある正六角形の広大な緑地を高密度化する計画である。ベルリンで行った提案と同様に緑地にはヒルベルザイマー的な中庭型住居やウンガース的な都市住宅が挿入されている。既存の高架道路はショッピングセンター等の様々な機能とアクティビティを覆う屋根として利用され、高架上には《エクソダス》の「ストリップ」の連続壁に少し似た構造体が挿入されている。第2案は2本の軸線上に新築のタワーとサービスを集中させる提案である。ここでは既存のコンテクストの上に覆い被さる高密度な都市組織がつくられ、計画全体にモニュメンタルな性格が与えられている。軸線の1本は「ベルマ・ストリップ」[103]と呼ばれ、複数の長方形基壇から構成されている。建物は基壇の上に置かれているので、《囚われの地球の都市》の断片を並べ替えてつくっ

---

[102] Ibid.
[103] Donald van Dansik, Le projet d'Oma pour Amsterdam, in "Urbanisme", 1987, No.219, (pp.80-87), p.84.

た直線状の理想都市といった様相を呈している。

　《ベルマミーア》や《ムラン・セナール新都市計画》などの都市的スケールのプロジェクトや、ヴォイドとコンテクスチュアリズムなどの問題に取り組むためにOMAは1988年に「大都市財団〔グロススタット・ファウンデーション〕」という新しい組織を設立している。リサーチ・出版・展覧会などに取り組むこの新部門の指揮はドナルト・ファン・ダンシクに委ねられている。大都市財団は「現代都市」と名づけられたリサーチ・プロジェクトを開始するが、それはヨーロッパの歴史的中心部ではなく20世紀生まれの匿名的な周縁部やロッテルダムとベルリンのヴォイドのような「20世紀の恐るべき輝き」の表現に焦点を当てる研究である。ここにおいて「ジェネリック・シティ」へと至る重要な一歩が踏み出されたと言える。

　コールハースは以下のように述べている——「『錯乱のニューヨーク』の——決して書かれることのなかった——結論は二つの世界大戦間に建築が決定的な変化を被ったということである。この時期、伝統的な形態に内在する文化的な意味は確実にその一義性を失っている。ニューヨークの建築は——突然変異的な発生と急速な変化という面において——現代の開発行為に深い影響を与えたが、これに相当する建築はもはや存在しない。『現代都市』は今日の都市に出現しつつある建築形態のリサーチであり、現実に生まれている突然変異体がもたらす影響とその可能性についての検証である。リサーチの目標は『公の議論』を引き起こすことではなく、パリ、アトランタ、東京など様々な都市で進行中の一見自然発生的かつ独立的なプロセスを数限りなく記録し解釈することである。それは既存の都市を不可避的に断片化し、都市のダイナミクスの重心を中心から周縁へと移動させ、都市計画のルールをきわめて巧妙に回避するプロセスである。歴史的都市の他には——さらに言えば『居住』に関わる建築以外には——ほとんど関心を示さなかった時代が終わり、大量の建築家が新しい領域に向かっている。彼らのプロジェクトの多くは近代的な『同時代の〔コンテンポラリー〕』環境やさびれた工業地帯や都市周縁部、あるいはさらに遠くの『ニュータウン』やまっさらな風景の中にある。公園や企業本社屋などの古くから存在するプログラムにも新しい方法が適用される。クライアント側の要望も変化しているのである。まだ曖昧だが、ポストモダンのノスタルジアもモダンの白紙状態〔タブラ・ラサ〕も必要としない建築と都市計画の新形態が生まれつつある。両者に共通する特徴は予定調和的な理論の不在、幾多の自己言及的な教義の熱狂的な解放、新しい感性による周辺環境の特性の理解である。『現代都市』はいまだ認識されて

いない20世紀後半の都市風景の美に関する遡及的(レトロアクティブ)なマニフェストとなるだろう」[104]

　同じ1988年にコールハースは「OMAの16年間」というテクストを執筆し1972年の《エクソダス》以降の活動を振り返っている。16年という歳月は「根本的に異なる文化の時代」である70年代の8年間と80年代の8年間に分けられている。コールハースは彼のプロジェクトの「攻撃的な現実主義」を強調し、その陰に潜むシュルレアリスム的側面については言及していない。彼は1980年代のいくつかのプロジェクト(《オランダ議事堂増築コンペ案》、《ポンピュの複合施設》、《コッホ通り／フリードリヒ通りの集合住宅コンペ案》等)が「クリエ兄弟による『ヨーロッパ都市の再発見』」と対決する「論争的な公開実験」であると説明し、パリとその郊外に計画された都市プロジェクトを「『無(ナッシングネス)』への取り組み」として振り返っている。「建築は――その定義上――あらゆる問いに対して構築的な物質によって答えるが、私たちはこれらのプロジェクトを通じて一種のプログラム的・組織的な操作を模索してきた。それは建築からの『自由』という新しい文化状況をもたらす。一連のプロジェクトの中で最新の《ムラン・セナールの都市計画》では、ヴォイドによって組織化される都市が検証されている――ここに見られるのは一種の建築以後(ポスト・アーキテクチャー)の近代性なのである」[105]

ミース的シュルレアリスム ── ミラノ・トリエンナーレのパヴィリオンとオランダの住宅作品

　「建築：誰のために何のために？」[106]に挿入されたミースの写真は、当時国際的な議論の中心になっていたドイツの巨匠に――1986年にはバルセロナ万博ドイツ館(通称バルセロナ・パヴィリオン)が復元されている――コールハースも関心を抱いていたことを物語っている。ミースに対するコールハースの関心は同年に開催された第17回ミラノ・トリエンナーレの出展作品《ボディビル・ホーム》において一つの頂点に達している。このプロジェクトでコールハースはバルセロナ・パヴィリオンの複製を制作し、トリエンナーレの企画者の提案に従ってグロピウスやピスカトールの作品を挿入している[107]。但しバルセロナ・パヴィリオンは1939年の「光の都市」で展示されたマンハッタ

---

104 Rem Koolhaas, *Introduction for New Research 'The Contemporary City'*, in "A+U", 1988, No.217, p.152.

105 Koolhaas, *Sixteen Years of OMA* cit., pp.16, 17.

106 Cf. Rem Koolhaas, *ARCHITECTURE: Pour qui? Pourquoi?*, in "L'architecture d'aujourd'hui", 1985, No.238, p.71.

107 マリオ・ベリーニとジョルジュ・テイソはコールハースに対してこう述べている。「君はエルヴィン・ピスカトールのパンチングボールのある寝室や1931年

162. 1939年ニューヨーク万博の「光の都市」で展示されたマンハッタンのジオラマ。『錯乱のニューヨーク』より抜粋

163.《ボディビル・ホーム》(レム・コールハース／OMA、1986年)。第17回ミラノ・トリエンナーレの展示である

ン・グリッドが湾曲したジオラマと同様に、トリエンナーレ会場の壁の曲線に沿って曲げられている。またミース・ファン・デル・ローエのパヴィリオンはアメリカ大都市を一望する摩天楼の頂上に再配置されたようにも見える。つまりミースの作品が一種の「スカイ・パヴィリオン」あるいは「浮遊するスイミングプール」や「メデューズ号の筏」のヴァリエーションへと変換されているのである。

《ポンピュの複合施設》の鳥瞰図と同じく、《ボディビル・ホーム》の平面図には光・音・反射・投影などを示す様々な記号が描き込まれている。インスタレーションではこれらの要素がミースの抽象的空間に驚くべきオーラを与え、「近代建築の『隠された』次元」を暴露している。このように感覚的かつ心理的な性質を備えた《ボディビル・ホーム》は、近代建築は純粋主義(ピューリタニズム)であると訴える建築家や歴史修正主義に対するOMA流の反撃になっている。

OMAはこう宣言している――「昨今、近代建築は生気がなく虚ろでピューリタン的であると攻撃されているが、私たちは近代建築が快楽主義的な運動だったと確信している。その抽象性と厳格性は実は近代的生活(モダンライフ)という実験のため最高度に挑発的な舞台を設える伏線だったのである。ミラノ・トリエンナーレにおけるOMAのインスタレーションはバルセロナ・パヴィリオンの平面を湾曲させることによってこの命題を証明する試みであり、広い意味での体育文化(フィジカル・カルチャー)と融

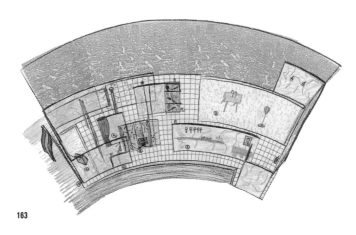

163

のベルリンの展覧会でグロピウスが提案したジムを覚えているだろうか。われわれの提案は現代の健康と肉体美に捧げられた家という『フィクション』を前提として、君に現代のボディビル・ホームを設計してもらうことだ。それはジムの家だと言ってよい」(Mario Bellini, Georges Teyssot, *Pensate, architetti, alla casa degli uomini*, in *Il progetto domestico. La casa dell'uomo: archetipi e prototipi. Progetti*, Milan, Electa, 1986, (pp.9-13), p.12)

164-165.《デ・ブリンク1・2号棟》（レム・コールハース／OMA、フローニンゲン、1984〜88年）。フローニンゲンの東港に近い集合住宅

166.《レイクショア・ドライブ・アパートメント》（ミース・ファン・デル・ローエ、シカゴ、1951〜57年）

164

166

165

167.《タインバウ通りのヴィデオ・バスストップ》(レム・コールハース/OMA、フローニンゲン、1989-91年)

168.《スーパー&ポピュラー》(レム・コールハース/OMA、フローニンゲン、1994～95年)。写真家E.オラフとの協働による公衆便所のプロジェクト

合するバルセロナ・パヴィリオンのあり方を提案している。この『家』は世俗化と神聖化を同時進行させ、現代文化のきわどい側面にすら適合してみせる。表現は映像と光の効果と人間の声を用いた抽象的な効果音によって完成される。これによって人々にショックを与え、近代建築に潜む『隠された』次元に気づかせることが狙いである」[108]

ミラノ・トリエンナーレのインスタレーションとほぼ同時期に計画された二つの作品《デ・ブリンク1・2号棟》と《二つのパティオ・ヴィラ》もこのような近代性の解釈を傍証するものである。

同一形状の集合住宅2棟を平行に並べた《デ・ブリンク1・2号棟》

167

168

は1984年に設計され1987～88年に建設されたプロジェクトで、施主はゲーリングス不動産である。敷地はフローニンゲン旧市街地に近く、二つの運河がちょうど交差する三角形の土地である。2棟の平面はともに長方形で地上階において接続され、1棟は都市に向かって前進し──《ニュー・ウェルフェア島/観念的ランドスケープ》のように「引力」が働いているように見える──《デ・ブリンク》がオランダ新即物主義の生命力を宣言するために捧げられたという事実を暗示している。各棟は高さと色の異なる二つの部分に分割されている。色の違いは異なるレンガを用いることによって生み出され、高層部には茶色のレンガが、低層部には白レンガが張られている。またデ・スティルを彷彿とさせる多彩色の装飾がアクセント的に加えられている。この多様な色彩はおそらく《デ・ブリンク》をミースの傑作の寓意

[108] OMA, *1. La casa palestra*, in "AA Files", 1986, No.13, p.8. 以下も参照のこと。[Koolhaas-OMA], *Body-building home: la casa palestra, progetto Office for Metropolitan Architecture,* in *Il progetto domestico* cit., pp.52, 53.

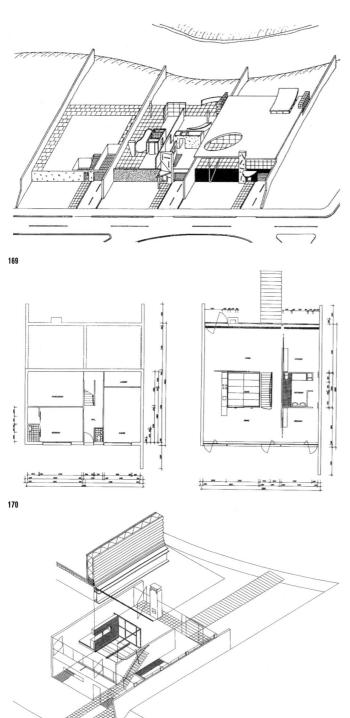

169.《パティオ・ヴィラ初期案》(レム・コールハース／OMA、ロッテルダム、1984年)。クラーリンゲン、オンデルラングス通りの計画

170.《二つのパティオ・ヴィラ(クラーリンゲンの住宅)》(レム・コールハース／OMA、ロッテルダム、1987〜88年)、平面図。クラーリンゲン、オンデルラングス通り44／46の計画

171. 同上、アクソメ図

172-173. 同上、外観
174. 同上、内観

コールハース的新即物主義——ポストモダニズムとコンテクスチュアリズムへの挑戦

的な表現に変容させるために導入されている。同一の形状をもつ2棟の建物というアイデアはおそらくシカゴ湖畔に1951〜55年に建てられたミースのレイクショア・ドライブ・アパートメントに基づくものであり、コールハースは二つの建物をさらに双子に分割したが、これもまた1957年にミースがさらに1対を加えて4棟の構成となったレイクショア・ドライブ・アパートメントの複合体の再解釈と言えそうである。フローニンゲンに建てられたレイクショア・ドライブ・アパートメントもどきでは、地上階に重厚なミース的十字柱も現れている。但しコールハースは整然としたミース的ファサードの代わりにカーテンの掛かった正方形のポツ窓を採用している。この計画の鳥瞰図には「浮遊するスイミングプール」の機能的な原型である細長い平底貨物船(ダッチ・バージ)が描かれている。

　1984年にはロッテルダム郊外の緑豊かな土地に3棟の中庭型住宅が計画されている。OMAは土地の斜面を利用して1階を前面道路のレベルに、2階を道路面よりも高い庭と水路のレベルに合わせている。3棟の住宅は黒い壁によって仕切られているが、この界壁はミース作品のように境界を越えて住宅の外側まで延びている。連続的なフラットルーフは3棟全体に統一感を与える要素であり、界壁とは好対照をなしている。リボンのような水平窓と大きなガラス面には新即物主義(ニュー・ゾブラエティ)の影響がはっきりと表れている。

　1977〜78年に実現した最終案では住宅の数が二つに減っている(発表当初のタイトルは「二つのパティオ・ヴィラ」[109]だが「2人の友人のための家」[110]と呼ばれることもある)。主階である2階の平面は正方形であり、中心には「中庭(パティオ)」と呼ばれる屋根のない空間(3.55m×3.60m)が設けられている。1階のフィットネス・ルームには中庭(パティオ)のガラス床を介して光が落ちるが、これはコールハースが《写真美術館》のコンペで試みていた工夫である。中庭(パティオ)の一方は鈍く光る金属波板で覆われ、その背後にはキッチンが備えられている。他の三方はすべてガラスである。全体が木製フローリングによって仕上げられた2階の床はフッドの連続平面に呼応している。旧来の平面計画に代わり2系列の平行に並ぶ帯のシステムが採用され床は分割されている。様々な部分同士のつながりは巨大な引戸によって調整される(中庭を開放することもできる)。居間エリアと書斎付きの寝室は収納と配管を内蔵した分厚い壁で仕切られている。この壁はミースに倣って「自由な壁」[111]と呼ばれるが、おそ

109　OMA, Koolhaas, Mau, op. cit., p.65.
110　[Koolhaas-OMA], Two Patio Villas, 1984-1988. Rem Koolhaas-OMA, in "A+U", 1988, No.217, p.76.
111　Cit. in Lucan, OMA. Rem Koolhaas cit., p.44.

室内環境を制御する配管とダクトは、庭園に面する窓に近い床の帯状の一部分と街路沿いの

175-176.《チャーチル広場オフィス・コンプレックス・コンペ案》(レム・コールハース／OMA、ロッテルダム、1984年)。構造はアロンソン構造設計事務所と協働

らく非構造壁としての性質に注目してのことである。界壁の一方には収納が並び、他方はパーティクルボード――通常は建設現場の仮設材として用いられる――によって仕上げられている。このパーティクルボードと中庭(パティオ)の一部で使用されている金属波板はOMAのアイコン的な材料と言えるだろう。フラットルーフは天井裏に隠された鉄骨梁によって支えられているが、フィリップ・ジョンソンが設計したヴィラと同様に外周部には細い円柱が立てられている。庭園側のファサードを構成する巨大なガラス面には様々な加工が施され(透明ガラス、サテン仕上げガラス、フロストガラス、緑色ガラス)、インターナショナル・スタイルの完全な透明性とは対比的に風景の見え方を様々に変容させる。道路側の外壁は色の異なる四つの台形に分割されているが、これは黒い壁を突き出して全体を構成していた初期案の名残であろう。面をランダムな斜線で分割する表現はフォンタナ的「切断」に対するコールハースの関心を示している。ガレージのドアには番地を表す数字が黒文字で大きく描かれ、車と歩行者のアクセスは白い矢印と横断歩道の模様によって明示されている。ここにはヴェンチューリ的なポップの手法の影響が認められる[112]。

オランダ的マンハッタニズム ―― チャーチル広場オフィス・コンプレックス、ハーグ市庁舎コンペ案

1980年代半ばの二つのプロジェクト《チャーチル広場オフィス・コンプレックス》と《ハーグ市庁舎コンペ案》では、『錯乱のニューヨーク』で発見され、《ボンピュの複合施設》に部分的に適用された第1世代の

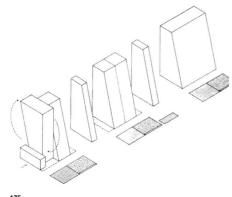

175

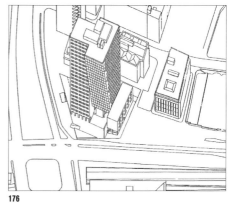

176

水平連続窓の真下に設けられた黒塗りの木製キャビネットの中に収められている(キャビネットの扉の奥には日用品を収納する棚も設けられている)。

112　1989～91年に設計・建設されたフローニンゲンの「ヴィデオ・バスストップ」もミースへのオマージュである。

マンハッタン摩天楼の生成プロセスがさらに展開されている。

　1984年にOMAはロッテルダムのチャーチル広場に面するオフィスビルのコンペに参加している。敷地は《ポンピュの複合施設》と同じく旧市街地と港湾の境界に位置している。コールハースはまずフェリスに倣って法規が許す最大容積を設定し、先端が切られたピラミッド状ヴォリュームを得た。次にこのヴォリュームを二等分し、一方を逆さまにすることによって地上階の面積が少なく上層階で面積が増加する逆ピラミッド形をつくりだしている。オリジナルのピラミッドと倒立ピラミッドを背中合わせに配置すると面積の総和は各階で等しくなる。コールハースはこの機能的な帰結を「結局のところすべての階は同一面積である」[113]と強調している。二つの部分を並置した《チャーチル広場オフィス・コンプレックス》は《デ・ブリンク》のツインタワーのヴァリエーションと捉えることもできるが、ここでコールハースが適用した形態生成プロセスはロバート・モリスの方法にも接近している。1965年にモリスは同一形状の2本の梁を異なる位置に置き、等価の物体でも見る位置によって人間の知覚が変わることを検証している[114]。

　同一形状のヴォリュームを二つ並べ一方を倒立させるという《チャーチル広場オフィス・コンプレックス》の手法は、同一の平面が複数階で反復される状況を避け、多様なレイアウトと空間を可能にする。しかしコールハースはファサードについて「一方は都市に向かって他方は港に向かって傾斜している」[115]と述べているので、オリジナルのヴォリュームを切断し倒置する操作の意図は——機能的なものか象徴的なものか——曖昧である。《ポンピュの複合施設》や《デ・ブリンク》と同様に、この建物も身体を二つに引き裂かれて都市の相異なる側面とシュルレアルな対話を行っているようにも見える。

　《チャーチル広場オフィス・コンプレックス》でも象徴的な意味を考慮して外装材が選択されている。傾斜ファサードに用いられるガラスのカーテンウォールは近代都市を暗示し、石張りの外壁は戦時の爆撃を免れた歴史的建造物に呼応している。逆向きに傾いた2枚のカーテンウォールは風景を切り取り反射させ細分化させるが、これは《ボ

[113] [Koolhaas-OMA], *Immeuble de bureaux. Projet, Churchillplein, Rotterdam, 1984,* in "L'architecture d'aujourd'hui", 1985, No.238, (pp.32-37), p.33.

[114] スーパースタジオとアーキズームはこれと似た創作方法を建築に採用した先駆者である(「平行六面体を波打つ線に沿って切断せよ」というグラフィック作品やアーキズームの波打つ椅子を参照のこと。

cf. Gargiani, *Archizoom* cit., p.25).

[115] [Koolhaas-OMA], *Immeuble de bureaux. Projet, Churchillplein* cit., p.33.

[116] *Immeuble de bureaux.*

ンピュの複合施設》で議論された反射というミース的・ウンガース的モチーフの再来である。OMAはこう述べている ――「建物に近づくと傾いたガラスのファサードに映り込んだ自分の姿が見えるが、その像は都市や空や港に向かって反射している ―― あなたの足元に『バッファロー号』が停泊しているという具合に。引き裂かれた建物が備える曖昧な特質は変形敷地における方位の問題を解決する。それは敷地自体を際立たせるのではなく、むしろ周辺環境の雰囲気を映し込む存在なのである」[116]。

OMAは図解的なアクソメ図を作成して形の生成プロセスの各段階を示している。この教科書的なドローイングには2000年に提案される「普遍的近代化特許」の萌芽が見られる。

ハーグ市庁舎の設計コンペは1986～87年に開催された。敷地は当時建設中の《ダンスシアター》に隣接し、ハーグ議事堂にも近いカルファーマルクト通り沿いの長さ240mの街区である。ポンピュやチャーチル広場の計画に引き続き、OMAはここでもウォルドーフ・アストリア・ホテルやロックフェラーセンターのような記念碑的なスケールをもつニューヨーク摩天楼を変形し提案を制作している。背の高い基壇から大小様々のヴォリュームと屋上庭園が段上に立ち上がり、最終的にはマンハッタン的なタワーへと達しているのである。タワー群はコンペ要項で明瞭に設定されていない機能を内包し「不安定なプログラム」を翻訳し「建築的な意味」を与える存在である[117]。かつてコールハースは《囚われの地球の都市》の知的なプログラムにおいて「[…]恒久不変のモノリスが大都市の不安定性を祝福する都市を誕生させる」と述べている[118]。

プロジェクトの初期段階では、建物はフェリス的あるいはマレーヴィチ的な巨大な抽象的ヴォリュームとして表現されている。コールハースはこのヴォリュームを平行に並ぶ帯に分割し、《デ・ブリンク》や《チャーチル広場オフィス・コンプレックス》のように3本のスティック(マッス)をつくりだしている。量塊からタワーが遊離していく彫刻プロセスは模型の制作過程を連続的に記録した写真によって示されているが、この表現は《チャーチル広場オフィス・コンプレックス》のダ

Projet, Churchllplein, Rotterdam, 1984, in "L'architecture d'aujourd'hui", 1985, No.238, (pp.32-37), p.33. 自らのプロジェクトの源泉として、コールハースはレオニドフの重工業省とミースのベルリンのフリードリヒ通りの摩天楼案を挙げている(cf. ibid., p.9)。「この二つのプロジェクトは歴史的中心部における摩天楼の可能性を示している」(Ibid.)

[117] Cit. in Lucan, OMA.

Rem Koolhaas cit., p.58.
[118] Koolhaas, Delirious cit., p.244.

177

177.《ハーグ市庁舎コンペ案》（レム・コールハース／OMA、1986〜87年）、ポシェを用いた配置図。構造はオヴ・アラップ事務所と協働。カルファーマルクト通りとスパイ通りに隣接している

178. 同上、各階平面図

179. 同上、透視図

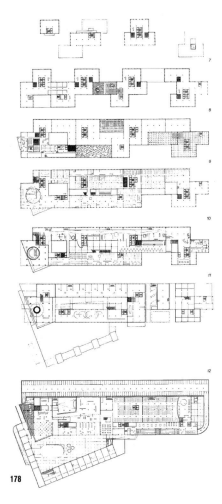

178

179

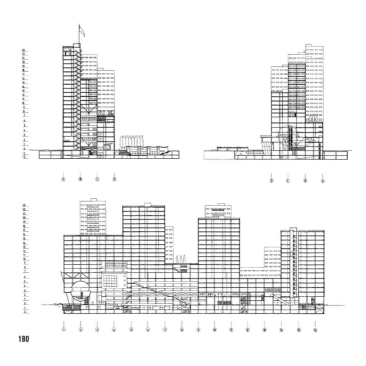

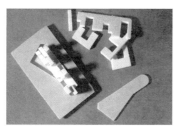

180. 同上、断面図
181. 同上、スタイロフォーム模型
182. 同上、アトリウムの透視図

イアグラムに相当する。このような彫刻プロセスを、コールハースはミケランジェロの『囚人』を引き合いに出して説明している[119]。模型に用いられた発泡スチレン材の「スタイロフォーム」は加工が容易な材料で[120]、以後コールハースが設計手法を開発する際にきわめて重要な役割を果たすことになる。

　ヴォリュームの全体構成はほとんどウンガース的な「マンハッタンのミニチュアの複製」[121]であり、そこにプログラムが要請する様々な機能が挿入されている（市役所、展示ギャラリー、図書館、官公庁オフィス、民間オフィス等）。構造体は《モルガン銀行コンペ案》に似た正方形グリッドのスケルトンである。外装材はここでも隠喩的な性質を考慮して選択されている。旧市街地側は石張りで、戦後に発展した街区側には鉄骨フレームが用いられている。中間部のヴォリュームはカーテンウォールで、両端部の壁はコンクリートパネルで覆われている。なおメイン・エントランスが設けられた端部の壁はスパイ通りに沿って湾曲している。中間部のヴォリュームには8層分の高さのモニュメンタルなアトリウムが穿たれているが、これはマンハッタン摩天楼のロビーの発展版と言える。さらにスパイ通り側の端部には複数階にまたがる球が挿入され、その内側には市議会場が収められている。球はルドゥーやブレーやレオニドフが用いた形態だが1980年代の建築に特徴的な造形でもあり、ロッシのミラノ会議場（1982年）や磯崎の東京都庁案（1985〜86年）などに見ることができる。1本のタワーの22階にはオイスター・バーがあるが、これはフリーゼンドープが描いたダウンタウン・アスレチック・クラブのスイミングプールの一幕を思い起こさせる（裸の大都市の独身者たちがボクシンググローブをはめた手で牡蠣を食べるシーンである）。

　《ハーグ市庁舎コンペ案》ではロックフェラーセンターの石膏模型や、マンハッタン摩天楼の凸凹した輪郭を生成された1916年のゾーニング法が、スタイロフォームの塊を彫塑的に切り出す方法によって置き換わっている。コールハースはアメリカのプラグマティズムの詩学を引き継ぎ、石膏模型などの造形に表れたノスタルジックな彫刻趣味にますます傾倒していったのである。

　コールハースのスケッチはル・コルビュジエのニューヨークのド

---

119 「［…］コールハースは、三つの建物をサンドイッチ状に重ねた上で全体を彫り込む操作を行っている。そうすることで威圧的な量塊は扱いやすいスケールのタワーのコラージュになる。——このようなアプローチをコールハースは大理石という拘束衣から解き放たれたミケランジェロの奴隷像と比較している」（Graham Wyatt, *Koolhaas and OMA Win The Hague City Hall Competition,* in "Progressive Architecture", 1987, No.4,（pp.27, 28），

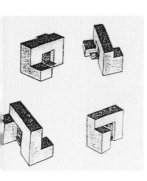

183.《アーキパック・オフィスビル計画》(レム・コールハース／OMA、アーネム、1988年)

ローイングやニーマイヤーの国連ビルのスケッチに似ている[122]。一方OMAが制作した《ハーグ市庁舎》のタワーのパステル画では窓枠の線が省略され、フェリスが描いた抽象的なヴォリュームを思わせる。市庁舎を含めたハーグ中心部の平面図はヴェンチューリがノリのローマ地図に見いだした手法を応用して描かれている。すなわち建物は黒いポシェで表現され、中庭・教会・店舗・デパート・ホールなどの公共に開かれた都市空間は──《ダンスシアター》のホワイエ兼パサージュも含めて──白い色で表現されている。

1988年前後のいくつかのプロジェクトにおいて、コールハースは《ポンピュの複合施設》、《チャーチル広場オフィス・コンプレックス》、《ハーグ市庁舎コンペ案》で試みた彫刻的な要素をさらに展開している。マンハッタンの摩天楼という形態上の参照物は徐々に影を潜め、「現代都市」のシナリオに即した不定形なヴォリュームが生まれたが、これらは数十年後に建設される「恐るべき美」を宿したOMA作品の前触れである。この意味では1988年にアーネムで計画された《アーキパック・オフィスビル計画》は特に重要である──単一の連続的ヴォリュームでありながら垂直に立ち上がり、水平に拡張し、再び地面に降り立つ様はまるで生き物のようである。

サン=クルーの住宅 ──「ベルリンの壁」と「浮遊するスイミングプール」の変容（1985〜91年）

コールハースの自伝的な隠喩を帯びたOMA独自の新即物主義（ニュー・ソブラエティ）はパリ郊外サン=クルーの《ダラヴァ邸》において炸裂する。これはル・モニトール出版のドミニク・ブデと妻のダラヴァのために1985年から91年にかけて建設された住宅である。何人かのフランス人建築家と接触した後、ブデは厳しい予算内で（しかも彼は屋上にプールを希望していた）20世紀の建築を象徴するような住宅を設計するようコールハースに依頼する[123]。《ダラヴァ邸》は分割に関する一定の幾何学的ルールと独自の隠喩表現に満たされたコールハースの一連の住宅群の最初の作品である。プログラムは一本の映画脚本に変容し、以前のプロジェクトではいまだ未完成だった構造的・平面計画的な発見が重層している。

20世紀の小住宅が建ち並ぶピクチャレスクな開発地域内にあ

p.28)

120 Cf. OMA, Koolhaas, Mau, op. cit., pp.547 et seq. スタイロフォームは建物に用いられる断熱材である。

121 Ungers, *Architecture as theme* cit., p.115.

122 Cf. Oskar Niemeyer, Milan, Mondadori, 1975, p.323.

123 住宅竣工後、ブデはコールハースの作品の記録にもっとも意欲的に関わる建築批評家の一人になった。

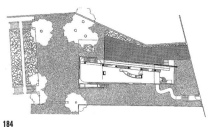
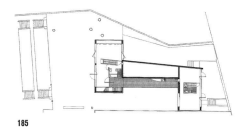

184.《ダラヴァ邸》(レム・コールハース／OMA、サン=クルー、1985〜91年)、1階平面図。構造はマルク・ミムラムと協働。クロドアルド通りに面する個人邸

185. 同上、2階平面図

り、クロドアルド通りに向かって傾斜している敷地はコールハースの常套手段に従って平行に並ぶ3本の縦長の帯に分割されている。真ん中の帯は住宅の本体部分によって占められ、その左手側は地下のガレージにアクセスする舗装道路、右手側は庭園になっている。ガレージ側の敷地境界線は裏庭に向かって末広がりで、それに対応して住宅の外壁も平面上でかすかに傾斜している。宙に浮かんだ住宅の本体(ボディ)も三つの部分に分割され、細長いスイミングプールを載せた中央の帯と、両親と娘たちのユニットを収めた二つの箱がつくられている。二つの箱は中央の帯から正反対の方向に突出している。このようにまったく異なる要素を並置する方法は「優美な屍骸」の手法で描かれたシュルレアリスムのドローイングにも似ている。

　　構造家マルク・ミムラムとの協働で設計された鉄筋コンクリート造の構造体は支持材ができるだけ目立たないように工夫され、箱とスイミングプールは奇跡的に宙に浮いたように見える。この住宅に見られる構造的工夫のいくつかは以後のコールハース作品の構造設計の基本となる。プールは1列に並ぶ円柱と2本のL型柱と娘たちのユニットの壁によって支えられている。庭に面したコンクリートの箱はプールを支える列柱の延長線上にある1本の柱の上で均衡を保っている。箱の重心にかかる荷重は1階の天井に剥き出しになった梁を介してこの柱に伝えられている。庭に向かって大きく張り出した片持ち部分は、タイロッドである2本のピロティ柱によってバランスしている。この方法は以前「スカイバー」で用いた構造システムに近い。片持ち構造と2本のタイロッド／ピロティ柱からなるシステムは19世紀の博物館で恐竜の骨を展示する際に用いられたフォーク状の支柱に似ている。あるいはダリの1930年代の絵画作品に現れる不定形に爛れた肉塊を支えるつっかい棒のようでもある。コールハースは『錯乱のニューヨーク』でダリのつっかい棒を挿絵に用いており、「ダリの『偏執症的＝批判的方法』のダイアグラムは鉄筋コンクリート造の構法を示すダイアグラムとして読むこともできる［…］」[124]と述べている。ダリの『眠り』という絵では悪夢の中で崩れ落ちる感覚がつっかい棒

186-188. 同上、外観

コールハース的新即物主義──ポストモダニズムとコンテクスチュアリズムへの挑戦

189-190. 《ダラヴァ邸》(1985〜91年)、内観

189

によって表現されている。これらを踏まえると《ダラヴァ邸》の箱もまたシュルレアリスム的な精神分析学の装置として捉えることができるだろう。

　道路側の箱も鉄筋コンクリート造で、1枚のコンクリート壁と16本の細長い鉄柱で支えられている(柱の何本かは給排水管を兼ねている)。幾何学的な秩序を欠いてランダムに配置された鉄柱は曲がりくねった歩道をよけるために傾斜し、森のような効果を生み出している。

　平面計画は建物の両端部とそれらを結びつける長いスロープ――敷地の傾斜とほぼ一致している――を基本として編成され、二つの箱とスイミングプールには独立したアクセスが与えられている。このような平面計画は――ル・コルビュジエの再解釈を経由しつつ――中世フランスの伝統にまで遡るものである。スロープはコンクリート壁に開けられた巨大なガラス面と「中空壁」の間に挟まれている。素地の合板でつくられた「中空壁」はピロティ柱を包み込み、様々な日用品を納める収納にもなっている。これは小窓が開けられた「現代版の鏡板(ボワズリー)」であり、コールハースの作品にはしばしばこのような壁が貫入している。

　プログラムが要請する各機能は「基壇」「ガラスのヴォリューム」「箱」「スイミングプール」など素材も象徴的な形態も異なる容器(コンテナ)の中に配置されている。半ば地面に埋まった基壇にはエントランス、機械室、書庫、スタジオが収められている。スタジオには庭と同じ高さに設けられた開閉可能なガラススリットから光が射し込む。地盤面上に立ち上がった2枚の壁面には灰色の粗いスレートが張られ、モニュメンタルな石の基壇の相貌を呈している。パリ郊外の邸宅地に典型的に見

190

られる素朴な塀と同じく石は乱積みされているが、目地のデザインは通常の組石造の幾何学からは逸脱している。ここには1990年代初期のOMA作品に登場する黒い樹脂製の擬石を用いたグラフィック的な表現の萌芽が見られる。

　基壇と浮遊する本体の間にはガラスで覆われた連続的な中間層——「間(インビトゥイーン)」の空間——が挿入されている。コールハースは上下から圧迫されたこの空間を「ガラスの家」と呼んでいる[125]。「人形の中の人形」というウンガースのマトリョーシカ的な手法を念頭に置くと[126]、この空間は塀と建築の外被によって切り取られた庭の一部として捉えることができる。コールハースはこう述べている——「ガラスの家の小さな矩形は最小限の建築面積(フットプリント)の表現である。それは単なる予備的な覆いといってもよい。『他者』が始まるところ、つまり境界壁までが本当の家なのである」[127]

　「ガラスの家」の内側では斜行する壁が思いがけない透視図的な効果をもたらし、空間が伸縮するような感覚を与えている。これは《ダンスシアター》のカフェと同様の体験である。この空間はパンチングメタルの引戸や外付けの竹格子やカーテンなどの様々な半透明壁によって囲われている。金色のカーテンはコールハースの「ガラスの家」の連続空間の中に庭と対峙する領域を生み出し、彼がマグロウヒル・ビルについて述べた一節を思い起こさせる——「[…]金色のシェードが太陽光を反射させるために引き下ろされるとマグロウヒル・ビルは

[124] Koolhaas, *Delirious* cit., p.207.
[125] OMA, Koolhaas, Mau, op. cit., p.134.
[126] Cf. Ungers, *Architecture as theme* cit., p.57.
[127] OMA, Koolhaas, Mau, op. cit., p.134.

191.『眠り』の一部分（サルバドール・ダリ、1937年。個人所蔵）

内部に燃えさかる炎を抱えた氷山のように見える。それはマンハッタニズムという炎を内部に抱えたモダニズムの氷山なのである」[128]

キッチン背面の湾曲壁は滑らかなポリカーボネート波板を二重張りにしてつくられ、光は透過するが視線は遮っている。壁を通り抜けた光は液体のようであり、両親のユニットに至る階段の踊り場から眺めるとプール側壁に小窓を開けて中の水を眺めているような感覚に囚われる。まるで「浮遊するスイミングプール」と同じく「プールにおける健康的で時に刺激的な水中の営み」[129]を観察しているかのようである。

細長いプールと二つの箱は「コンクリートの蝶のように浮遊する家」[130]というコールハースの目標を達成するために宙吊りにされている。それぞれの箱の中には寝室と書斎が収められ、階段と浴室が間仕切りの役割を担っている。箱は平行に並べられているが水平方向にずれており、床の高さも異なるので（娘たちのユニットの方が低い位置にある）両方の寝室からパリ市街の風景と庭を眺めることができる。二つの箱にはル・コルビュジエ的な「水平連続窓」が穿たれている（娘たちのユニットの大きな長方形窓は唯一の例外である）。箱の外装は表面が研磨された金属の波板で、娘たちのユニットには「アルミニウム」が、両親のユニットには「銅」が用いられている。この《ダラヴァ邸》において金属やポリカーボネートの波板はOMA作品のアイコン的な素材になった。これらの外装材はコンクリート構造の構成、すなわち二つの箱とスイミングプールという3分割を強調するとともに、機械と飛行機と小屋をハイブリッドしたかのような外観を演出している。箱の底面には金属板が張られ、スポットライトで照らされるとソリッドな石の基壇に着陸した飛行機のコックピットにいるような感じがする。それはパリに向かって再離陸する準備が整った飛行機なのである。

屋上の仕上げは仮設的な印象を与えるが、その理由の一つとして予算が限られていたことが挙げられる。屋上は突然見捨てられた工事現場のようでもある。住宅の頂部にあるスイミングプールからは大都市の眺めが得られる（《ホテル・スフィンクス》の頭部のプールから遊泳者は同様の光景を楽しんだだろう）。庭からプールへのアクセスは、ニューヨークの避難階段に似た回転可動の急階段であり、両親のユニットを貫いて屋上に通じている。設計段階では両親のユニットの屋上に細

[128] Koolhaas, *Delirious* cit., p.160.

[129] *The Story of the Pool/1976* cit.

[130] [Rem Koolhaas], *Villa Dall'Ava*, in Michel Jacques, ed., *OMA Rem Koolhaas. Living, Vivre, Leben*, Arc en rêve centre d'architecture, Birkhäuser Verlag, 1998, p.52.

いフォークのような柱で支えられた卵形の屋外屋根も計画されていた。この屋根は《スヘフェニンゲンのダンスシアター第2案》の設計時に着目したヴァナキュラーなビーチを彷彿とさせるが結局実現しなかった。プールサイドはウッドデッキで仕上げられ、パラペットはなく下部のプラットフォームから少しはみ出している。その上を「スカイバー」の客のようにバランスをとりながら歩いていくと娘たちのユニットを収めた箱の屋上に達する。そこでは卵形の領域がオレンジ色の有孔プラスチックシート（当時現場養生用に使われ始めた材料である）で囲われている。

　石の基壇、ガラスの家、コンクリート壁、金属の箱、宙吊りのプールは物語的・象徴的な使命を帯びた「優美な屍骸」の断片であり、住宅の機能的な要請を超越した存在である。箱とプールの組み合わせは矩形のプールのエッジを強調した《ルーズベルト島集合住宅コンペ案》の「浮遊するスイミングプール」を思い起こさせる。二つの箱を包み込む金属の波板も『プールの物語』で描かれた物質的な側面──金属製の「浮遊するスイミングプール」──を暗示している。打ち放しコンクリートの壁もコールハースの隠喩的な世界の一断片であり、コールハース自身が住宅の平面図に走り書きした通りベルリンの壁を象徴している[131]。このコンクリート壁は街路や建物を横切るベルリンの壁に倣って両親の箱を貫き、基壇と娘たちの箱を切り裂いているように見える。このようにして、「二つの独立ユニットと屋上プール」という施主の要望に対応する住宅固有の機能的プログラムは、《アーネムの刑務所計画》の時と同じようにコールハースの「隠喩的な意図」と結びつけられたのである。

　《ダラヴァ邸》の発表時にはハンス・ヴェルレマンが撮影した写真に基づく脚本(シナリオ)が作成されている。フリーゼンドープの絵画に置き換わるこの写真は「概念的・隠喩的プロジェクト」の時代の終わりを告げている。「概念的・隠喩的プロジェクト」は他のプロジェクトから切り離された存在ではなくなり、一見するとネオモダニズム的な凡庸さを示す実施プロジェクトに活力をもたらすために内在化されたのである。撮影に際して1頭のキリンが庭に放たれると[132]、娘たちの箱を支える細いピロティ柱はダリの『聖アントニウスの誘惑』の馬や象の足に似た華奢でいびつな器官のように見え始める。この表現は1930年にク

131　OMA, Koolhaas, Mau, op. cit., p.189.
132　オオカミと大蛇も検討された。後者は枝の間に配される予定だった。

192

194

192.《ダラヴァ邸》(1985〜91年)。娘たちの箱のディテール

193. 同上、ハンス・ヴェルレマンによる竣工写真。キリンが見える。

194.『聖アントニウスの誘惑』(サルバドール・ダリ、1946年)

リストファー・ウッドが描いたサヴォア邸のテラスのシマウマを思い起こさせる。

　1枚の写真では水着を着て水泳帽をかぶったコールハースのスタッフたちがプールサイドで準備運動しており(現場を担当したザヴェール・デ・ヘイテルも含まれている)、今にもプールに飛び込もうとする彼らの視線の先にはパリの景観が広がっている。彼らは「プールの物語」の建築家／救助員であり、サン=クルーに一時的に停泊した金属製の「浮遊するスイミングプール」とともに再び旅立とうとしている。大都市の引力に引き寄せられたもうひとつの「漂流」の始まりである。

133　Koolhaas, interview in *Villa Dall'Ava*, video by Richard Copans and Alain Guiheux, Paris, Centre Pompidou.

コールハースは1991年に次のように述べている。「[…]スイミングプールは、図らずもエッフェル塔へと至る軸線上にある。しかしこの単純な事実が建物を大都市的にしているわけではない」(Sanford Kwinter, ed., *Rem Koolhaas. Conversations with students,* Houston, New York, Rice University

195.『シマウマとパラシュート』(クリストファー・ウッド、1930年)

196.《ダラヴァ邸》(1985〜91年)、ハンス・ヴェルレマンによる竣工写真。OMAのスタッフがスイマーとして登場している

コールハースはこう述べている――「この住宅がエッフェル塔の軸線上にぴったりと位置しているという事実に私はいらだった。しかしそれはほとんど裸のままで泳ぐと同時に、偉大な大都市のスケールに触れるという親密な状況をつくりだすユニークな機会を与えてくれた[…]。私はこの瞬間が住宅を神格化する極致にならぬようにあらゆる手段を講じた。この住宅は人々を崇高な体験へと導く通路ではないからである」[133]

School of Architecture, Princeton Architectural Press, 1996, 2nd ed., p.12)。ダラヴァ邸の庭園デザインについては、以下を参照のこと。

Michel Jacques, ed., *Yves Brunier. Landscape architect*, Basel, Boston, Berlin, Birkhäuser, 1996, pp.52-55.

驚異の時代

197〈ユーラリール計画〉(レム・コールハース／OMA、1988〜91年)、都市計画を示すスケッチ

クンストハルIとオランダ建築家協会本部コンペ案（1987～88年）

　　　　　　　　　　1987年から88年にかけて設計されたプロジェクト群はOMAによるポストモダンに対する論争の総決算であり、1989年に参加したコンペにおいて切り拓かれることになるOMAの新境地の前触れである。1986年にOMAは組織を抜本的に再編しゼンゲリスはグループを去っている。様々なプロジェクトが実現せずに終わっていたが、OMAはロッテルダムでの経験が買われて1987年末に「クンストハル」という企画展用美術館の設計を依頼される。敷地はロッテルダムのマース大通り沿いにありボイマンス・ファン・ベーニンゲン美術館がある公園の南側である。その翌年には同公園を挟んで反対側のオランダ建築家協会本部のコンペにも招待される。さらに1989年にはOMAは公園全体をつくりかえる《ミュージアム・パーク》の設計にも参加している。

　　　　「クンストハル」の計画は1988年のコンペ当選時を境として二つの段階に分けられる。第1段階の数々の設計案——OMAは《クンストハルI》と呼んでいる——では正方形平面の箱が地面から持ち上げられ、堤防の上を走るマース大通りに停泊したボートのようである。堤防に接して槍のように尖った低層のヴォリュームが配置され、その屋根から波止場のようなスロープを通って箱の中にアクセスする。低層のヴォリュームの曲線は大通りから公園に下っていく車道に沿って伸び、内側には設備室とオフィスが収められている。一方、箱の内部は3方がガラスで覆われた巨大な一室空間である。建物中央部は箱の中に入れ子状に挿入された直方体のようなトップライトによって採光されている。会議室やカフェなどの空間はマース大通りに垂直に交わる細長いヴォリュームの内部に配置され、その一部は箱のフラットルーフから上に突き出している。

　　　　バルモンドとの協働を通じてコールハースは箱の高さと同じ梁成をもつフィーレンディール梁の構造システムを開発している。この

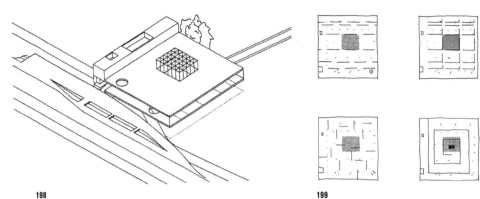

198

199

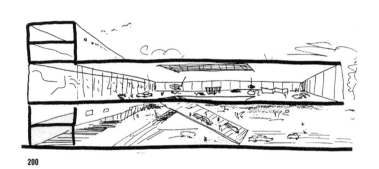

200

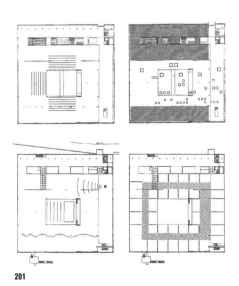

201

198. 《クンストハル》(レム・コールハース／OMA、1987年)、アクソメ図。構造はオヴ・アラップ事務所と協働。マース大通りに面する計画である

199. 同上、展示計画のヴァリエーション

200. 同上、断面パース

201. 同上、平面図

202. 同上、フィーレンディール梁

フィーレンディール梁では鉛直材の間隔が多様で単調なモジュールが反復する空間が避けられている。また水平材はスラブの厚みの範囲内に納められているので見えない。このような鉛直材の配置によって公園の木々のように暗号的に柱が並んでいるように見える。ブノワ・マンデルブロが発見した「フラクタル図形」と同様に柱列は数学的な意味において一見するとランダムだが背後にはロジックがある[1]。1988年10月に作成された案では柱列の一部がある数列と一致していたほどである(柱の断面形状も様々である)。フィーレンディール梁の案は却下されたが、このような暗号的なロジックは以後もプロジェクトの背後に潜み続けている。

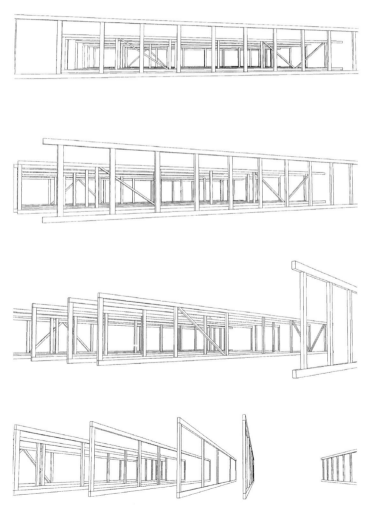

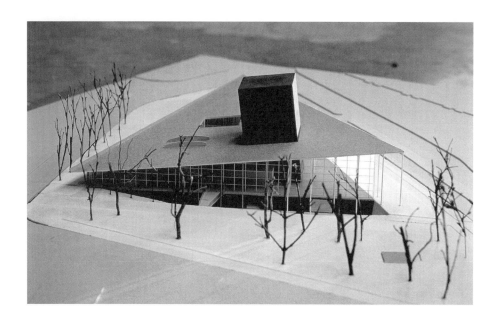

203.《オランダ建築家協会本部コンペ案》(レム・コールハース／OMA、ロッテルダム、1988年)、模型。構造はオヴ・アラップ事務所と協働

　1982〜83年のパリのプロジェクトと同様にOMAは可動パネルを用いて多様な展示形式を成立させる可能性を検討している。ドアで接続され廊下によって隔てられている長方形の個室群、平行に並ぶ細長い個室群、ミース的な連続空間、ル・コルビュジエやライトの美術館に似た螺旋状の空間などである。展示室中央には「ロボット」と呼ばれる可動プラットフォームの仕掛けが設けられているが、これは『錯乱のニューヨーク』で描かれたラジオ・シティ・ミュージック・ホールの装置の応用である。これによって中央オーディトリアムをつくりだしたりスロープとなって公園から車を導きモーター・ショーを演出したりと、様々に変形することができる。

　《クンストハルⅠ》に見られる直方体の貫入という操作は《オランダ建築家協会本部コンペ案》にも適用されている。これは卵の殻を突き破るというOMAのシンボルを思わせる隠喩的な構成である。《オランダ建築家協会本部》の機能は二つのグループに分けられ、第1のグループは展示室・図書室・レストラン・オーディトリアムなど公共に開放された機能から成り、第2のグループは図面模型アーカイブ・研究室・スタッフ用オフィスから成る。第1のグループは三角形平面の

1　Benoît B. Mandelbrot, *Les objects fractales*, Ital. transl., *Gli oggetti frattali. Forma, caso e dimensione*, Turin, Einaudi, 2000, p.156.
2　[Koolhaas-OMA], *Netherlands Architecture Institute,* in "1987-1998 OMA/Rem Koolhaas," in "El Croquis", No.53+79, p.60.
3　Ibid.

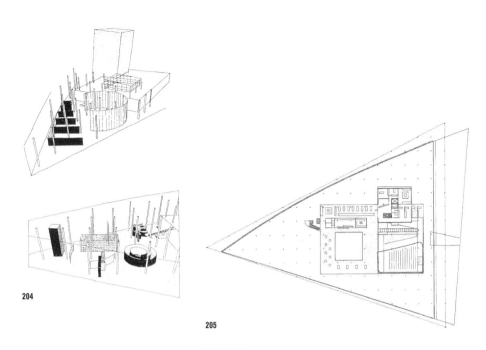

204. 同上、検討時のスケッチ
205. 同上、2階平面図

明るく広大な列柱空間(ポルチコ)に収められ、その空間の輪郭は敷地沿いに連続するガラスとポリカーボネートの波板によって縁取られている(ポリカーボネート波板は道路に合わせてわずかに湾曲するファサードに使用されている)。第2のグループは「基壇」[2]と呼ばれるソリッドな箱(チェスト)の中に配置され、そこから黒い閉じた直方体が高くそびえ上がっている。この直方体は傾斜して、金色に輝く片流れの三角形屋根と直角に交わっている(《ビザンチウム》にも見られる幾何学的ロジックである)。レオニドフやフッドの作品のように、直方体と屋根は対比的な色と象徴性を与えられている。屋根を支える鉄骨柱は正方形グリッド上に並べられているが、このグリッドは壁と大きな正方形の中庭(パティオ)によって中断されている。《クンストハルⅠ》のフィーレンディール梁の鉛直材と同様に屋根を支える柱は「森」[3]のように見え、後に《クンストハルⅡ》で実現する柱／樹木のメタファーを予感させる。中庭(パティオ)の床にはガラスがはめ込まれ、階下の模型収蔵庫に光を落とすトップライトになっているが、これは

206. 《ミュージアム・パーク計画》(レム・コールハース／OMA、ロッテルダム、1989年)、模型。イヴ・ブルニエと協働

ロッテルダムの《二つのパティオ・ヴィラ》で用いられた採光手法と同じである。また《アイ広場の計画》の中央棟と同じく屋根の上には1対の梁が追加され、グリッドと重なるオーディトリアム内部の2本の柱が取り除かれている。同一サイズの正方形平面をもつ中庭と直方体はウンガース的な相互反転のイメージであり、前者はガラスで囲われた空洞、後者は黒いコンクリート壁で閉ざされた密実な空間である。これらは1977年版の《エクソダス》の「ストリップ」に登場する二つの美術館──一方が他方のネガとなっている──にも似ている。コールハースは次のように述べている──「基壇は収蔵・所有・研究を、周囲の空間はアクセスを象徴している」[4]

　OMAとイヴ・ブルニエが協働した《ミュージアム・パーク》計画では敷地が果樹園・基壇・公園の三つに分割されている。これは造園デザインの常識を覆す構成である。リンゴの果樹園には白い玉砂利が敷き詰められ、そこに幹が白く塗られた樹々が対角線上に植えられ、ボイマンス美術館とオランダ建築家協会本部の明るい前庭となっている。黒いターマック舗装で床面が仕上げられた基壇は周囲よりも一段高いパフォーマンス用ステージである。果樹園と基壇の間は鏡面の壁で隔てられ、上から眺めるとシュプレマティスム的な白と黒の構成を示している。《クンストハル》の前庭にはさらに密に樹木が植えられ（幹に絡まった蔦が新しい木と古い木の違いを曖昧にしている）、地面には様々な色の花が植えられている。シュプレマティスムや点描主義(ポアンティスム)のコンポジションを想起させる《ミュージアム・パーク》は四角形と三角形のOMA作品をつなぐ芸術のプロムナードであり、オランダ的なプロテスタンティズムを象徴する庭と言えるだろう。

クンストハルⅡ ── 近代のエッセンス（1989〜92年）

　オランダ建築家協会本部にはヨー・クーネンの設計案が採用され、《ミュージアム・パーク》も当初案の一部が1991〜93年に実現したにすぎない[5]。しかし「クンストハル計画」はコールハースの設計で継続し、実現を果たしている。《ダラヴァ邸》の時と同じく、コールハースは構築主義やシュプレマティスムやデ・ステイルに加え、ル・コルビュジエやミースらの名作から詩的本質だけを抽出し、過去に対するノスタルジアを排して新即物主義(ニュー・ソブラエティ)を解放することを試みている。

4　Ibid.
5　作品の一部はペトラ・ブレーゼの指揮下で制作されたブルニエ案に従って建設されている。ブレーゼは1987年にOMAとの協働を開始している(cf. Petra Blaisse, *A personal impression,* in Jacques, Yves *Brunier* cit., pp.19-24）。

1988〜89年に進められた設計案は《クンストハルⅡ》と呼ばれている。堤防上のマース大通りに押しつけられた初期案のヴォリュームは正方形平面をもつ単一の箱に統合されている（但しオフィスは依然として堤防に接しており、湾曲するガラス壁は初期案の先細りしたヴォリュームの名残をとどめている）。初期案に比べて機能が大幅に減少したため、建物を持ち上げるアイデアや「ロボット」「フィーレンディール梁」などのアイデアは中止を余儀なくされた。そこでOMAは《クンストハルⅠ》では数ある展示ヴァリエーションの一つにすぎなかった螺旋状のシークエンスの展示システムを発展させている。つまり様々なスロープ──オーディトリアムの傾斜床もその一つである──からなる連続的な経路によって高さの異なる展示室を結びつけたのである。正方形平面には大通りと公園を結ぶ斜路と1本の車道が横切り──図面ではそれぞれ「ストリート」、「ロード」と名づけられている──全体はほぼ正方形の大展示空間と直交する2本の帯（それぞれにホールとオフィスを収める）と展示ギャラリーの四つに分割されている。いくつかの検討案ではシンボリックな楕円形の構造体が「ロード」の上にまたがりホールと正方形の展示室をつないでいる。別の案では「ロード」を空に向かって開放し、「ストリート」の真上にアーチ屋根を設けることによって「堤防と公園の架け橋」というプロジェクトの立地上の役割が（「装飾された小屋」的に）象徴されている。《ダンスシアター》の逆円錐形のパヴィリオンのように初期プロジェクトの断片も時折顔を覗かせている。スタディ図面の多くには構造が示されていないため、構造システムは空間配置の決定後に検討されたと考えられる。
　1991〜92年に実現した最終案は完全な正方形平面でファサードは4面がすべて異なっている。螺旋空間が押し込められた建物全体はフラットルーフを突き破る剃刀状の背の高いヴォリュームや車道、歩行者用の斜路によって分割されている。公園とマース大通りをつな

207.《クンストハルⅡ》（レム・コールハース／OMA、1987〜92年）、平面のスケッチ。構造はオヴ・アラップ事務所と協働。マース大通りに面する計画である

208. 同上、断面のスケッチ

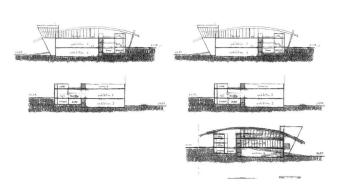

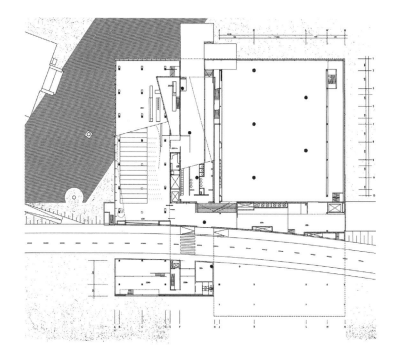

209

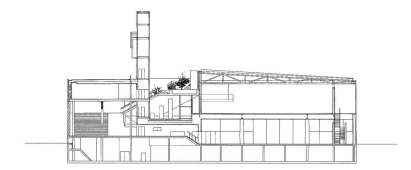

210

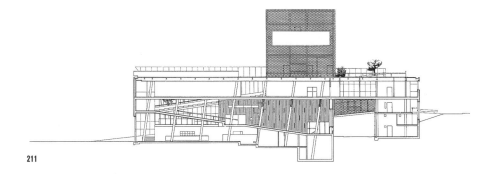

211

209.《クンストハル》(1987～92年)、1階平面図

210-211. 同上、断面図

212. 同上、マース大通りと公園をつなぐ斜路（パッセージ）

213. 同上、建設現場写真

214.「ハーグ市立美術館」(H.P.ベルラーへ、1928～35年)、建設現場写真

212

213

214

ぐ斜路は《ラ・ヴィレット公園コンペ案》のモールや《ダンスシアター》のパサージュ（パッセージ）と同じく常時開放された通路である。設計の途中段階からこの通路（パッセージ）は単なる動線ではなく構造的な意味をも担うようになる。金属製の「浮遊するスイミングプール」がプラスチックの「メデューズ号の筏」を切り裂いたように、通路（パッセージ）の硬い屋根の先端はシュルレアリスム的・メーリニコフ的な衝動に突き動かされ、壊れやすい透明の箱の外被を突き破っている。

　通路（パッセージ）の片側の壁はポリカーボネート製である。来館者たちはこの壁に開けられた穴をくぐり抜けて《クンストハル》に入館し、抑揚のある不可視の螺旋へと導かれる。そこは傾斜した線分――様々な幅の階段とスロープ――を踊り場や展示室で結び合わせた空間である。螺旋は第2展示室の上空に浮かぶ第3展示室のバルコニーで一旦中断するが、そこからは外に出て通路（パッセージ）直上の屋上庭園に沿って進み、最後は一部が開放されたフラットルーフに達する。抑揚のあるリズムと突然の

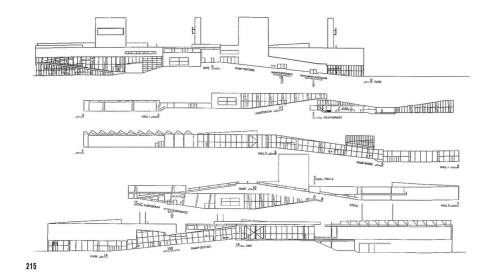

215

中断を併せもつこの螺旋空間はコールハースが「物語」と呼ぶシナリオの筋書きに沿って箱の中の来館者を導く存在である――「言葉によって伝えられる物語ではなく、ただ運動によって示される物語。ゆえに経路には始点がありどこかへ続いていく」[6]。複雑な連続経路が貫通する直方体のヴォリュームというアイデアは以後のコールハース作品に繰り返し登場するが、その都度ごとに異なる高さをつなぐ様々な方法が探求されている。様々な断片を「優美な屍骸」のようにつなぎ合わせ、連続的な長い帯として螺旋を表現した《クンストハル》のダイアグラムは、後にOMAが常套的に用いるドローイング手法となる。

ポリカーボネート・パネルで覆われた通路沿いの細長い帯は「壁」[7]と呼ばれて、設備・トイレ・階段室・エレベーター・券売所を内蔵している。背後に蛍光灯が仕込まれた「壁」は発光する外皮である。《クンストハルⅠ》の初期案にも登場していたこのような「壁」は、《マイアミの住宅》の「中空壁」や《エクソダス》の「ストリップ」や「浮遊するスイミングプール」の壁に連なる建築言語である。配線と設備機械類を収めた「壁」の中間部は屋根の上に突出している。公園のランドスケープの中に屹立する「壁」は《クンストハル》の光り輝く透明な「装飾さ

216

215. 《クンストハル》(1987〜92年)、連続経路を示す概念的ダイアグラム

216. 同上、第2ホール内観

6 *Interview with Rem Koolhaas. Interviewer: Hilde Bouchez,* in "A+U", 2005, No.419, p.93.

7 アラップが作成した断面図を参照(Cecil Balmond, *Informal*, Munich, Berlin, London, New York, Prestel, 2002, p.98)。

8 Ibid., p.395.

コールハースはバルモンドについて以下のように記している。「彼は西洋人ではない。それゆえデカルト的安定性――いつのまにか重苦しく厚かましい存在と

れた小屋」であり、OMAの《オランダ建築家協会コンペ案》の黒いコンクリートの直方体と ── もしそれが実現していたら ── 造形的な対比をなしただろう。

　《クンストハル》の構造設計には《オランダ建築家協会コンペ案》のような規則的なパターンは見られない。バルモンドとの協働を通じてコールハースは螺旋各部のアイデンティティを多様な構造システムによって表現しそれらを合体させている。バルモンドは《クンストハル》のことを「並置（ジャクスタポジション）のカタログ」と呼んでいる[8]。

　レストランとオーディトリアムと第3展示室では鉄筋コンクリートの柱がコンクリートの傾斜床スラブと直角に交わっている。この操作はコールハースがすでに試みてきたロジックの応用である。但しスラブが水平であるにもかかわらず第3展示室の内側でも柱は傾いたままである。オーディトリアムのステージ側では中央列から3本の斜柱が取り除かれているが、吊り下げ天井のようにデザインされた照明器具がその名残をとどめている。第3展示室では中央の柱列がすべて取り除かれファサード沿いの柱がコンクリート壁で置き換えられている。通路（パッセージ）の構造が貫通する部分では別の柱列からさらに2本の柱が取り除かれ、代わりに屋根の上に鉄骨梁が追加されている。

　上下に重なる第1展示室と第2展示室では、一方が他方に挿入された入れ子状の構造システムが採用されている。一つ目のシステムは平行に並ぶ2列のH形鋼柱であり、二つの展示室を貫き第2展示室では屋根を支えている。二つ目は床大梁を支える5本の巨大なH形鋼柱であり、第1展示室の中央部分にのみ配置されている（一般的なスパン割から外すために正方形グリッドに従わず千鳥状に並べられている）。前者の平行に並ぶ2列の柱は ──《ダラヴァ邸》の柱と同様に ── 2層分の細長いギャラリーと設備スペースを隔てる「壁」の内側に隠されている。他方、第1展示室の中央に立つ柱は樹皮で覆われ、公園の観念的延長となっている。これは《ウェルフェア・パレス・ホテル》のホールの「灯台に扮した柱」[9]を思わせる。

　第2展示室の屋根を支えるトラス梁は各部分で断面形状が異なっている。トラス梁の一端は展示室と細長いギャラリーを隔てる「壁」を乗り越えて延び、連続的な高窓をつくりだしている。高窓から

化したシステム──の伝統を揺るがし、ひっくり返すことができたのだろう…。堅実さと着実さに代わり、彼の構造は疑問・恣意・神秘、さらには神秘主義すら表現している。彼は今日の不確実性と流動性に対応できる構造のレパートリーを生み出し続けている」（Rem Koolhaas, *Preface*, ibid., p.9）

[9] Koolhaas, *Delirious* cit., p.252.

217.《クンストハル》(1987〜92年)、外観

218. 聖ピエール教会内陣の「吊り天井(ペンダント・アーチ)」(エクトール・ソイエ、カーン、1518〜45年)

射し込む光はグレーチングの床を通過して——これは一種のコールハース的中庭である——下階のコンクリート壁で囲まれたギャラリーまで達している。トラス梁を補強する水平ブレースはオレンジ色に塗られたスチール・パイプで、とぎれとぎれの放物線を描いている。このような非連続性は《クンストハルⅠ》におけるフィーレンディール梁の垂直材のリズムに似通っている。トラス梁の間に設けられた水平に連続する高窓には空調配管が組み込まれ、ポリカーボネート・パネルの背後に透けて見える。

通路(パッセージ)の鉄筋コンクリート構造は、《ダラヴァ邸》と1990年代の住宅作品の中間に位置する過渡的な解決を示している。構造を釣り合わせるための補強要素(厚みの異なるスラブや外側の補強)が隠されているので、通路(パッセージ)を覆いこむ傾いた長方形の屋根スラブは斜めに配置された4本のピロティ柱の上で釣り合っているように見える。

バルモンドはこう述べている——「断面図では絶望的にアンバランスに見えるかもしれない。しかし全体は二重のキャンチレバー構造として設計されている。平面的には対角線の両端に同じ荷重がかかっているので全体の均衡が保たれている。斜路の床は強固な逆梁の格子によって支えられており、非対称形によって生じる変形やねじれを抑えているのである」[10]

[10] Balmond, *Informal* cit., p.101.

ピロティ柱が並ぶ直線と屋根の軸線は一致していない。通路(パッセージ)の動線を遮らないように柱の位置が調整されているからである。通路(パッセージ)の起点となる1本目のピロティ柱はマース大通り側の大庇の下にある第2展示室の入口脇に配置され、ガラス面で囲われた斜路——通路(パッセージ)に平行している——と第2展示室の境目をちょうど隠している(2本目のピロティ柱は斜路を覆うガラス面と同一線上にある)。どちらも鉄筋コンクリート造だがピロティ柱とスラブの印象は異なっている。柱が黒く塗装されているのに対してスラブはコンクリート打ち放しだからである。なおピロティ柱にはRCAビルのホールの柱に似た照明器具が取り付けられている。

　第2展示室のマース大通り側の立面では屋根が大きく張り出し、《スヘフェニンゲンのダンスシアター第2案》のキャノピーを彷彿とさせる。屋根を支える様々な形状の柱は——垂直に建てた鉄骨フィーレンディール梁、打ち放しコンクリートの角柱、黒塗りでマッシブなコンクリートの円柱、白い鉄骨十字柱、黒いH形鋼柱——20世紀の構造の原型を彫刻に変換したものと言える。角柱とフィーレンディール梁は聖アンドリュース十字形の交差ブレースによって補強され、H形鋼の柱とともに屋根の鉄骨梁を支えている。この梁は二

219.《クンストハル》(1987〜92年)、オーディトリアム内観

220.《クンストハル》(1987〜92年)、第1ホール内観
221. 同上、第2ホール内観

222.《ウェルフェア・パレス・ホテル》(レム・コールハース／OMA、ニューヨーク、1976〜77年)、ホールの透視図

223.《クンストハル》(1987〜92年)、パッセージのコンクリート柱のディテール

224. 同上、2階ギャラリー内観

225. 同上、ピロティ下の道路

226.《クンストハル》(1987〜92年)、マース大通り沿いの列柱

重であり、片持ちの小梁を内蔵した分厚い屋根を、屋根上に露出した大梁がさらに支えている。この張り出した屋根はポーチ空間を覆うモニュメンタルなシェルターである。

ポーチ空間の床はグレーチングで、床下にはマース大通りを支える堤防の斜面が透けて見える。斜面を覆う粗い石のブロックは堤防をつくる際にオランダで一般的に用いられる材料であり、マース大通りと公園の高低差に潜んでいる意味——海と陸の対比——を際立たせ、《クンストハル》が「浮遊するスイミングプール」のように係留された存在であることを暗示している。

プログラム、ランドスケープ、コールハース好みの隠喩、構造システムのそれぞれを反映させた《クンストハル》の立面は4面がすべて異なっている。各立面は階ごとに2本の帯に分割され、グレーや黒に塗装したコンクリートや、石張り、透明ガラス、フロストガラスなどの多様な素材が張られている。1本の帯から次の帯へと移るコーナー部では素材も厚みも切り変わっているが、ここにも作品全体に染み渡る並置(ジャクスタポジション)の詩学とテクトニックの対比が表現されていると言えよう。各面にふさわしいモジュールを使い分けているのでサッシの割り付

227. 同上、外観
228. 同上、コーナー部のディテール

けも一貫性をもたない(ベルラーヘ的なアプローチである)。メイン・ファサードの2面にランダムに張られた長方形のトラバーチンは《エクソダス》の壁の再現である。また矢印やピクトグラム文字を大きくあしらったヴェンチューリ的なポップなサインがエントランスや室名や順路などを指し示している。

　レストランの天井には様々な色を放つネオンランプの円環が光り輝いている(ギュンター・フェルクの作品である)。マース大通りと並行するオレンジ色の梁には通路の真上あたりにヘンク・フィシュ作のラクダの彫刻が載せられている。これはシュルレアルな幻影であり、ジュリオ・ロマーノの「パラッツォ・デル・テ」やピラネージの「英国風カフェ」やマレーヴィチのキュビスム的な静物画に登場する空飛ぶ四足獣を彷彿とさせる。

　《クンストハル》は打ち捨てられたアイデアと早すぎるアイデアを結集した作品である。いくつかのアイデアは50年以上前まで遡るものだが、コールハースによって生命を吹き込まれ、当時は想像もされなかった姿を現している。このプロジェクトは1970年代に始まったコールハースによる近代建築再考のワンステップであり、彼の中で定まりつつあった新即物主義を乗り越える方向性を示唆している。コールハースは近代の壊れやすい本質である新即物主義にまもなく「新たな終点」が訪れ、インターナショナル・スタイルの歴史に新たな一ページ──「OMAスタイル」──が開かれることを予感しているのである。

フィーレンディール梁の進化 —— カールスルーエ・メディアテクノロジー・アート・センター、フランス国立図書館コンペ案

1990年にコールハースはデルフト工科大における2年間の教職の締めくくりとして「オランダ建築はいかにモダンか?」という会議に参加し、1989年竣工の《アイ広場の計画》に対する自己批評を行っている。彼は「戦前のモダニズムの復興」の段階には終止符を打たねばならないと自覚していたが、その背景には社会主義の衰退を象徴的に示したベルリンの壁の崩壊——これも1989年の出来事である——が認められる。ベルリンの壁が建っていた頃に設計され、当時まだ未完成だったOMAの《チェックポイント・チャーリー》の一部機能も、壁の崩壊によって意味を失っている。

コールハースはこう問いかけている——「何から何まで不安定と変化が刻印された今世紀において[…]ほぼ100年を隔てて建てられる建築が似通うことなどどうしてありえようか? この疑問が自己批判の引き金になった」。同様の批判は現代オランダのモダニズムの潮流に対しても向けられている。なぜならそこでは完璧な機能性が達成される裏側で、観念的な衝動や「荘厳で」「神秘的な」情動やアヴァンギャルド芸術の実験精神(コールハースは未来派と構築主義を例に挙げている)やアメリカ文化特有の「唯物主義」が失われているからである。コールハースは次のように結論づける——「[…]今日のオランダ建築は意図の欠如した建築であり優越感に浸るモダニズムであり、まったくあたりさわりがなく歯抜け状態で無味乾燥である。夜の眠りを妨げもしないが、まどろみから目覚めさせることもない」[11]

このような文脈においてマレーヴィチ、ミース・ファン・デル・ローエさらにはロッシの作品が、無害な機能主義に堕したオランダ版「モダニズム言語」を乗り越える方向性を示唆する存在として提示されている。

[11] Rem Koolhaas, *Hoe modern is de Nederlandse architectuur?*, in Federico Bilò, ed., *Rem Koolhaas. Antologia di testi su Bigness, progetto e complessità artificiale,* Rome, Kappa, 2004, (pp.38-49), p.46.
[12] Ibid., pp.44,43.
コールハースは次のように述べている。「ヘリット・オールトイスとシュレーダー邸を訪れた時のことが思い起こされる[…]。その家は確かに印象的で感動的であり、私は息を呑んだ。しかし少し時間が経つと、シュレーダーの住宅はミース・ファン・デル・ローエのそれと比べてはるかにつまらないという思いを禁じえなくなった。ミースの住宅では享楽的な背のないソファがフロストガラスの窓脇に置かれ、オニキス壁の傍らにはみだらでけばけばしい赤いカーテンが掛かっている。何かがある場所の隣にはつねに何も置かれず、重みをもつものは浮遊するものと近接している。シュレーダー邸を卓越した住宅とみなすこともできるだろうが、一方でそれは17世紀的な事物で一杯になりすぎている。それはあまりに満たされているのだ。様々な発見で満たされ、大きな意図と小さな意図で満たされ、欲望で満たされ、物で満たされ、色彩があふれている——少なくともペンキが一杯に使われている。それは抽象的で卓越したオブジェクトで満たされている[…]。これらすべては本当にオランダのモダニズム神話で語られているような自由を与えるものなのだろうか。見方を変えると、それは息を詰まらせるものではないか。ヘリット・リートフェルトとミースの違いは、おそらく次のようにもっともよく表現できるだろう。ある種の自由が閉塞をもたらす一方で、解放をもたらす固定性が存在するのではないか。前者はリートフェルトで、後者はミースである。[…]。固定化し、名を与え、肥大化さ

229-230.《カールスルーエ・メディアテクノロジー・アート・センター（ZKM）コンペ案》（レム・コールハース／OMA、1989〜90年）、初期のコンセプト・スケッチ（アクソメ図と断面図）。構造はオヴ・アラップ事務所と協働。アイゼンバーン通りの計画

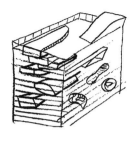

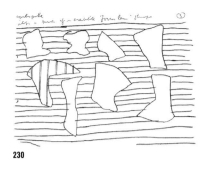

229　　　　　　　　230

　コールハースの講演のハイライトはマレーヴィチの「貫通不能な」ソリッドこそが「近代建築の極致」であるという詩的宣言である。マレーヴィチのソリッドは空間概念への批評として捉えられ、皮肉にも「唯一真正なオランダ近代建築の産物」「名状したがたいアリバイ」[12]と捉えられている。この指摘はOMAのその後の創造的進化を予感させる。

　「私にとって——個人的な話で申し訳ないが——近代建築の頂点はいまだにマレーヴィチのアーキテクトニクスである。それは——文字通りソリッドであるという意味で——貫通不能である。本当にできないのだ。入り込むこともできない。せいぜい頂上のフェルトかアスファルトで覆われたプラットフォームに上り下界を眺めることしかできない。今日における近代性の原理とは人々に対する無関心である。それは非人間的で、ただ空回りし続けるタービンの一部として自らを捉えている。このような近代性はオランダでは一度も受容されたことがない」[13]

　1989〜90年はまさにOMA作品の転換期であり、『錯乱のニューヨーク』で素描された原理と物語的な隠喩と構造のコンセプトが新たなる統合へと向かった時期である。その代表例は《カールス

せ、空白を残すことができない、あるいは残そうとしない——これらはオランダの近代性が孕む特徴である。これはリートフェルトだけでなくファン・アイクやファン・フェルゼンにもあてはまることである」（ibid., pp.41, 42）。コールハースによるオランダ建築に対する反抗の3部作は、ロッシが福岡に建てた「イル・パラッツォ」という建築の批評によって完結する。当時、同じ福岡でコールハースは《ネクサス・ワールド》の集合住宅を建設中だった。「イル・パラッツォ」はポストモダニズム的な特徴をもつにもかかわらず「面食らうほどの社会的要素の密度」を備えた建築である。コールハースはこう述べている。「それはショッキングだったが、特に魅力的ではなかった。いずれにせよそれが今日の技術的・社会的な潜在力を驚くべき巧妙なやり方で利用した最新建築であることは認めねばなるまい。あらゆる種類の情報が結びつけられ、起こりそうにもないことがかき集められ、全体は並外れた創造力と知性によって統合されている。この建物に対する私の感情は曖昧だが、次のことだけは断言できる。室内に入った瞬間、人々は数年来味わってこなかった新しい状況へと足を踏み入れる真の興奮を覚えるだろう。それは現在のあらゆる種類の可能性を換骨奪胎しながら利用する雑種的で人工的な状況である。あらゆる種類の可能性に身を任せつつも、それらを生け捕りにするのである」（ibid., pp.48,49）。「あらゆる種類の可能性に身を任せつつも、それらを生け捕りにする」。これはコールハース言うところの大都市の流れに身を任せることを余儀なくされるサーファーとしての建築家像を示しているのではないだろうか。

13　Ibid., p.44.

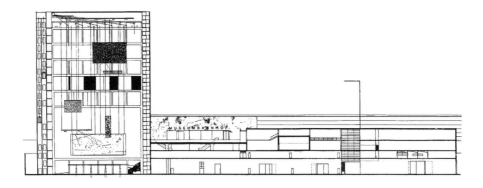

231.《カールスルーエ・メディアテクノロジー・アート・センター(ZKM)コンペ案》(1989〜90年)、断面図

ルーエ・メディアテクノロジー・アート・センター》、《フランス国立図書館》、《ゼーブルグの海上ターミナル》、そしてフランクフルトの《オフィス・シティ》とアガディールの《パーム・ベイ・コンヴェンションセンター》である。前三者ではバルモンドとの協働を通じて巨大構造体の内部に多層のフロアを積み上げながらも「優美な屍骸」「ヴォリュームの衝突」「ラ・ヴィレット公園の層状化」「都市的なヴォイド」がもたらす自由を守り抜くことが試みられている。「フィーレンディール梁」はそこできわめて重要な役割を果たすことになる。

　《カールスルーエ・メディアテクノロジー・アート・センター(ZKM)》は都市郊外を象徴するような鉄道駅裏手の線路沿いにおける計画である――そこはOMA特有のコンテクスチュアリズムを今一度築き上げるのにふさわしい都市状況である。敷地全体はまず3本の透視図的な軸線――「都市と接続する軸線、建物の内部動線となる軸線、バロック都市の快い眺めをもたらす垂直軸」[14]――のシステムによって構造化される。次に建物は細長い矩形平面の低層ヴォリュームと巨大で奥行きのある正方形平面の直方体に分割される。前者にはコールハース好みの 帯（ストリップ）のシステムが採用され、設備室・収蔵庫・研究部門・多目的ホールが挿入されている。後者の巨大な直方体はこの 帯（ストリップ）の端部に載っており、劇場・オーディトリアム・美術館・レストラン・眺望テラスを収めている。線路下には劇場のホワイエと高速鉄道(ICE)新駅のホールをつなぐ通路――「タイムトンネル」――が設けられている。《ZKM》と駅とカールスルーエの歴史地区を接続するこの通路は《エクソダス》の「ロンドンのエリア」に類似している。つまり、「古典的な都市の市民が新しい美術館に入る準備をする」[15]場所である。

　直方体の部分の検討時に描かれた1枚のスケッチでは、フロアを積層しそこから不定形の空洞を削り取る操作が示されている。ここには規則的な構造計画と自由な空間形態を両立させる新しい階層構造（ヒエラルキー）

232-233. 同上、模型

を模索するという問題意識が表れている。これは1989〜90年のOMAのプロジェクトの中心命題である。しかし、《ZKM》の最終案では《クンストハルI》で採用された「フィーレンディール梁」が再び出現し、カーンの建築を彷彿とさせる階層構造(ヒエラルキー)がつくりだされている。

平面全体は主要な空間を収める広大な中央ゾーン——「ルーム」あるいは「内側の建物」——と設備配管・機械室・垂直動線を収める帯状の周縁ゾーンに分割されている。後者に配置される機械室の奥行きは様々であり、コールハース的な「中空壁」である[16]。一方前者の「ルーム」は1層分の梁成をもつフィーレンディール梁を積み重ねてつくられた空間で、梁下は無柱空間となっている。つまりそれ自体が梁となるフロアと、構造から完全に自由な階が交互に現れるのである。

他のコールハース作品との関連で言えば、《クンストハル》の屋根から突き出たヴォリュームと同様に《ZKM》の「機械室」の論理は「中空壁」の概念に由来する[17]。設備と垂直動線を収めた「機械室」は建物四周で厚みが異なっているがすべての階で同位置にあり、本来はもっ

[14] Cit. in Kwinter, *Rem Koolhaas. Conversations with students* cit., p.31.
[15] [Koolhaas-OMA], *ZKM/Centre for Art and Media Technologie,* in "El Croquis", No.53+79, p.86.
[16] Ibid.
[17] 断面図では境界部の帯と設備を収める屋根面の帯に暗色のハッチングがかけられている。これはポシェに由来する描画技法と言えるだろう。

と大きな奥行きを必要とする機能も無理矢理挿入されている（たとえば劇場のステージは狭いが高さは建物全体に及んでいる）。外壁全体をスクリーンにするアイデア——OMAはそれを「未来派的」[18]と呼んでいる——はこのような制約から導き出されている。スクリーンは巨大な「装飾された小屋」であり、電気仕掛けの「空想科学のテクノロジー」によって変転する映像が投射される。

　設備の帯の床スラブは片持のトラスに支えられている（幅が最小の東側立面の帯には階段・斜路・トイレが収められている）。建物の外周部には構造体が並び、一部には——たとえばメイン・エントランスの2本のエスカレーターを収めた帯には——スロープと垂直に交わる斜めの梁が追加されている。これは《クンストハル》のオーディトリアムで採用された構造ロジックの発展版である。外被と「ルーム」の間の空洞は垂直動線を収めており、国連本部ビル北ロビーのアトリウムに似ている。幅が最大の帯はもっとも重要な設備スペースで、この建物で唯一窓がなく不透明な外壁で覆われている。

　「今日の建築には二つの状況が包含されている。一部は永続的であり、それ以外は一過的である」。こう語るコールハースはメタボリズムやアーキグラムの文化の継承者であると同時に無意識にオーギュスト・ペレの階層構造をも受け継いでいる[19]。

　前述した《ZKM》の検討スケッチは《フランス国立図書館コンペ案（TGB）》の着想源となった。コールハースはスケッチに描かれた「フロアの積層」と「穿たれたヴォイド」を図書館における二つの基本部分である「書庫」と「閲覧室」に読み替えたのである。図書館は矩形平面（約75m×87m）をもつ高層で巨大な直方体で、《ZKM》と同じく会議場・展示場・レセプション・倉庫・機械室などの独立したプログラムを収めた低層ヴォリュームの上に載せられている。セーヌ川に面した直方体の低層階部分はレオニドフ的なトラス構造で垂直の構造要素は一切現れない。一方、上層階を支える構造は5枚の長い壁で、平面全体はこの壁によって平行に並ぶ帯状の書庫に分割されている。厚さ約2mの壁は「内部が中空で小区画に分けられた」コンクリート造である。これは防火区画の壁の役割を担うとともに配管や設備機器を内蔵し、「自立構造システムとしての巨大な梁」[20]と呼ばれている。この並列

---

[18] 「南面には『ロボット』が設けられる——これは伝統的な劇場のフライタワーの一変種であり、様々な機械装置と可動要素を収める。この技術的なゾーンが美術館の各室と接続することで、常に変わり続けるフューチャリスティックな性質が生まれている。この視覚的スペクタクルは透明被膜を通じて高速道路からも眺められる。こうしてセンターのアクティビティが表現される」（[Koolhaas-OMA], *ZKM/Centre for Art and Media Technologie*, in, "El Croquis", 1992, No.53, p.120）

[19] Rem Koolhaas,

する壁がつくりだすパターンの中には「ガラスのかご」[21]に囲まれた9基のエレベーターが挿入されている。

　これらの壁と床スラブを切り欠くことによって複数層にまたがり内部に構造要素が一切現れない閲覧室がつくられている。積層するフロアをくりぬいて巨大な空間をつくりだす手法は《スフィンクス・ホテル》に挿入された物体や『自由の夢』で描かれたクライスラー・ビル内部の自由の女神や《ハーグ市庁舎コンペ案》に埋め込まれた球形議会場などのいくつかのOMA作品にまで遡ることができる。シェル構造に包まれた閲覧室は様々な形をしており、低層階にちりばめられた「小石」にはオーディトリアムとプロジェクション・ブースが、二つのヴォリュームがかみ合った「交差」には時事情報ライブラリーが、巨大な斜路が3周する「螺旋」には参考資料ライブラリーが、「貝殻」には蔵書目録室が、メビウスの輪のような「ループ」には研究用ライブラリーが収められている。各閲覧室の端部は外壁のガラス面によって切断されている。つまりロウとアイゼンマンによるル・コルビュジエやテラーニ作品の概念的解釈と同様に、各立面が直方体の垂直断面になっているのである。小窓があるオフィス側を除きファサードには雲形の模様が重ねられ、一連の空洞を「雲のような量塊」の内部に穿つというアイデアが表現されている。「雲のような量塊」と様々な部屋を収めた「小石」の組み合わせはイヴ・クラインの青一色の絵画──1958年の『RE19』から始まる一連の作品──を空間的に昇華したものと言えるかもしれない（クラインは様々な大きさのスポンジをキャンバスにランダムに並べ雲や海底の小石のように青で染め上げている）。なお《TGB》の上層階にはコールハース特有の象徴的なスイミングプールが再び姿を現している。

　このように複雑な構造システムはドミノ・システムの空間的な可能性を再考した結果である。ドミノ・システムはプロジェクト初期段階で検討されたモデルの一つであり、《TGB》の設計過程における目標はこの偉大な構造システムの自由度を推定することだった。OMAはこう述べている──「当初我々は《TGB》の荷重がグリッド上に並んだ規則的な柱だけで支えられると単純に考えていた。しかしそれではヴォイドの空間──建物の最重要部分──が柱で串刺しになっ

Junkspace, in "A+U", May 2000, OMA@work.a+u, special issue, p.20. Cf. Roberto Gargiani, Le condizioni permanenti e le condizioni passeggere dell'architettura, in Id., Auguste Perret, 1874-1954, Milan, Electa, 1993, pp.96-117.

[20] [Koolhaas-OMA], National Library of France, in "El Croquis", No.53+79, p.73.

[21] Ibid., p.68.

234.《フランス国立図書館コンペ案》(レム・コールハース／OMA、パリ、1989年)、初期のコンセプト・スケッチ。構造はオヴ・アラップ事務所と協働

てしまうことが明らかになった。しかも下層部の柱は恐ろしく太くなる。エントランス階は見ものだろうが——少なくとも225本の超巨大な柱が林立するのだから——決して効率的とは言えない。どうすればよいのか誰にもわからなかった。下階にオーディトリアム用の大空間を穿つこともできなかった」[22]

これを受けてOMAとオヴ・アラップ事務所は積層するフロアを貫く閲覧室の壁を「深海の圧力に耐える潜水艦のような」構造的な「殻」にして、内部の柱を取り除く可能性を検討している[23]。しかしこの場合には応力分布によって閲覧室の位置が制限されてしまう。つまりドミノ・システムの限界を克服する一方で、空間と構造が統合されたカーン的なシステムになってしまうのだ。さもなければ「穴(グロット)が30階分の重量を支えるという大仕掛け」[24]を講じなければならない。この方法だと構造計算と建設費の点では複雑かつ困難だが、カーン的統合という限界を乗り越え空間と構造の革新的関係を発見できたかもしれない。しかしコールハースとバルモンドが考えたシステムのままでは「自由な平面(プラン・リーブル)」の柔軟性が大きく損なわれることも明白だった。

OMAによると、この時点から《ZKM》のように1層分の梁成をもつフィーレンディール梁が検討され始める。階が移り変わるごとに鉛直材によって支えられたフィーレンディール梁の形状が次々と変化し、梁成と同じ階高をもつフロアと2本の梁に挟まれたフロアが交互に出現する。ここにはカーンがラホヤのソーク生物学研究所実験棟で用いた手法の影響が多少認められる。フィーレンディール梁の方法によって、柱が閲覧室を貫くというドミノ・システムの問題は克服されるが、一方で構造体の間に部屋を挿入することは難しくなる。結局のところここまでの段階で検討された様々な方法はすべて放棄される。コールハースは《ZKM》のスケッチに描いた当初のアイデア——規則的な建物ヴォリュームに埋め込まれた不規則な形の巨大な部屋——にあくまでもこだわったからである。図書館内の様々な空間にこのような特殊な関係性を与えるために構造的な検討が続けられた。そして最終的には、複数の梁を結合して単一の連続的な垂直構造体をつくりだし、それを自由に切り欠いて閲覧室を挿入するという方法に達する。案の出発点はフィーレンディール梁だが、この「梁／壁」にもっとも近い構造モデルは今日広く普及している構法、すなわ

22 OMA, Koolhaas, Mau,
op. cit., p.669.
23 Ibid.
24 Ibid.

235. 同上、模型（壁とフロアが取り除かれている）

236. 同上、アクソメ図

235

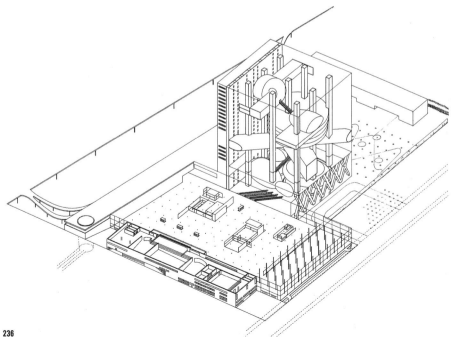

236

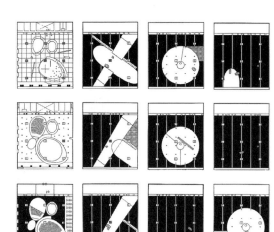

237. 《フランス国立図書館コンペ案》(1989年)、断面図

238. 同上、各階平面図

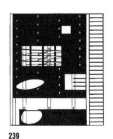
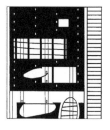

239. 同上、ポシェを用いた第2壁と第3壁の断面図

240. 同上、模型

241. 「重工業省コンペ案」の一部分(イワン・レオニドフ、モスクワ、1934年)。赤の広場における計画である

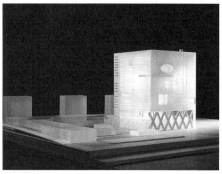

ちレイアウトの要求に従って自由に切り欠くことのできる鉄筋コンクリートの壁である。

　OMAはこう述べている ── 「平面は12.5m幅の平行なゾーンに分割されコンクリート壁によって隔てられる。壁の高さは100mで理論的には無限の強度をもつ『巨大な梁』である。ヴォイドの部分では単純にこの梁に穴を開ければよい。『上昇の大広間(グレート・ホール・オブ・アセンション)』では梁は両端部で支えられ70m角の無柱空間が生まれる。[…]。壁の内側は中空で（より強度が大きくなる）、吸排気用の垂直シャフト ── 気体で満たされた空間(プレナム) ── に分割される。壁に穴を開けるだけで2枚の壁に挟まれた12.5m幅の空間は空調される。ヴォイドの空間はそれぞれ独自の設備室すなわち五つの技術的な胎盤につながっている」[25]

　ヴェンチューリ的なポシェの手法を応用した平面図と断面図は岩のようなヴォリュームから閲覧室をくりぬくアイデアを表現している。模型は二つ制作されている。一つは閲覧室・サービス空間・エレベーターだけを示すモレッティ風のソリッドであり、もうひとつはフロアの集合体を量塊(マッス)として表現し、そこから閲覧室をくりぬいて空洞がつくられた模型である。二つの模型はポシェの彫刻版と言えるだろう。OMAはこう述べている ── 「図書館とは情報のソリッドな量塊、つまり本やレーザー・ディスク、マイクロフィルムやコンピューターといったあらゆるメディアによる記憶の貯蔵庫として解釈される。そして、主要な公共空間は建築の不在、すなわち情報の量塊(ソリッド)からくりぬかれたヴォイドとなるのである」[26]

「驚異の意義」── ゼーブルグ海上ターミナル、リールのグラン・パレ

　OMAが1989年に取り組んだ《ゼーブルグ海上ターミナル》のコンペでは、イギリス行きのフェリーのサービスを向上させ英仏海峡トンネルとの競争の影響を抑えることが求められた。OMAの提案には《コロンブス・センターの卵》のようなマグリット的スケールの卵が再び登場している。卵は「識別可能な一切の類型から意図的にかけ離れた形態」[27]として様々な機能を内包する容器であり、海を渡り浜辺に打ち寄せられた「驚異」である。殻の頂部が割れてタワーが出現する様は、まさにOMAのマニフェストに登場した卵のシンボルと同じである。

25　Ibid., p.673.
26　Ibid., p.66.
27　Cit. in Lucan, *OMA. Rem Koolhaas* cit., p.128. Cf. Martine de Maeseneer, Dirk van den Brande, *Rem Koolhaas. Sea Trade Center at Zeebrugge: A Working Babel*, in "Architectural Design Profile", 1992, No.98, Pop *Architecture*, pp.XV-XIX.

シュルレアリスム的な形態をつくるためにOMAがポリスチレン製のマネキンの頭を利用したという事実もきわめて興味深い。

コールハースはこう述べている――「建築家としてのキャリアの中で初めて私たちはきわめて美学的な選択に直面した。私たちがなしうる唯一の判断はもはや機能に基づくものではなかった。合理的に分析するには問題があまりに複雑すぎたのだ。[…]。コンペの作業が半ば過ぎた頃、私たちはある形態が他の形態よりも美しいかどうかを検討していた。一つの形態に対する批判はそれが人間の頭部に似すぎているという点だった。コンペ提出の4日前に私たちは円錐と球を組み合わせた形に落ち着いた」[28]

この《海上ターミナル》には乗用車やトラックやバスが行き交う斜路と高架橋が巻きつき、時には貫通している（グローブ・タワーの足元でも交通動線が交差し、その1本がフェリーの桟橋に向かって枝分かれしている）。サービス空間と駐車場を収めた低層部の主要構造は同心円状に配置された6本の支柱である。この構造は高層部では放射状配置の壁柱となり、半円形のホテルや漆黒のオフィス・タワー――《オランダ建築家協会》の屋根を突き破った直方体を思わせる――などの建物を載せた床スラブを支えている。低層部と高層部の間には設備スペースが挿入されているが、これは構造的な役割も担っており、壁柱の構造を補強し上部構造を支えるプラットフォームとなっている。卵形シェルの内部には様々な摩天楼やライトのグッゲンハイム美術館や《アーネムの刑務所計画》の断片がランダムに挿入され、「優美な屍骸」的な構成を示している。卵の中心は目がくらむようなピラネージ的なヴォイドであり、コールハース特有の対になった長いエスカレーターによって貫かれている。球形の構造体の内部においてアトラクションを「一連のフロア上に積み重ねる」[29]原理は、コールハースがグローブ・タワーのデザインから引き出した発見である。つまるところグローブ・タワーと同じく《海上ターミナル》も「球と円錐の混合物」[30]なのである。大きな容器の内部に小さな容器を積み重ねる手法はウンガース的な「人形の中の人形」や「家の中の家」の概念にも接近している。但し幾何学的な秩序によって一連の容器を再結合するというウンガース的な関心はコールハースには見られない[31]。

《海上ターミナル》の吹き抜けを見上げる旅行者たちの目には、折り重なったプラットフォームや、宙吊りのヴォリュームや階段や廊下が飛び込んでくる。それらを包み込む巨大なガラス屋根はバックミンスター・フラーがデザインしたマンハッタンを覆うジオデシック・ドームのようであり、フッドの「一つ屋根の下の都市」のパロディと

も言える。ゼーブルグの隠喩的な卵の内部で旅行者たちは大都市のイメージと生活を再発見し、アウトドア的な食事を楽しみながら様々なパフォーマンスを眺める。フェリーを待つ束の間に、激しく脈動する「過密の文化」の空想的な旅に参加するのである。オフィスタワーの屋上にはコールハース的なプールもあり、「浮遊するスイミングプール」の秘教的な 旅(オデッセイ) に参加することができる。

《フランス国立図書館コンペ案》では積層するフロアが秩序を生み出しているが、《海上ターミナル》では耐力要素となる卵形の外被がその役割を担い、同一の構造が複数階で反復されることはない。一方ヴォイドには様々な構造形式をもつ容器が寄せ集められている。これは《クンストハル》の箱のコンセプトを踏まえて、それを極端に推し進

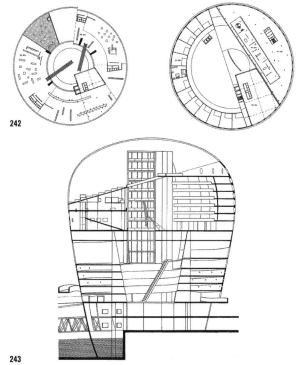

242.《海上ターミナル・コンペ案》（レム・コールハース／OMA、ゼーブルグ、1989年）、旅行者階とオフィス／ホテル階の平面図。構造はオヴ・アラップ事務所と協働

243. 同上、断面図

28　Cit. in Kwinter, *Rem Koolhaas. Conversations with students* cit., p.20.
29　Koolhaas, *Delirious* cit., p.59.
30　［Koolhaas-OMA］, *Zeebrugge Sea Terminal*, in "El Croquis", No.53+79, p.78.
31　ロッシによるゼーブルグ海上ターミナルのコンペ案はオブジェクトを寄せ集める提案であり、コールハース案と似通ったアプローチと言える。但し全体を覆い込む統合的な外被はなく、ウンガースのベルリンのプロジェクトのためにコールハースが描いたスケッチのようにオブジェクトは高い基壇の上に配置されている。

めた創作プロセスと言えよう。卵の殻には車の進入口・駐車場のポツ窓・少し大きなホテルの窓・オフィスの長方形窓・リング状のパノラマ窓などの様々な穴が開けられている。パノラマ窓の部分では《フランス国立図書館コンペ案》に見られたようなトラス構造が卵の殻に置き換えられている。

　殻の内部の容器と構造体は異なる機能に対応しているため複雑かつ特殊である。それゆえ、これらの全体は固定的なシステムを形成している。これら「建物の中の建物」は、解体する以外には一切の変更を許さない。全体に秩序を与える存在は殻だけであり、マンハッタン・グリッドの永続性の本質を昇華した存在と言える。《海上ターミナル》

244.《海上ターミナル・コンペ案》、模型

は摩天楼のメタファーである。なぜなら、積層された不安定な要素を包み込む純粋な外被にまで還元されているからである。

　鉄とコンクリートの構造体を建設するためにオヴ・アラップ事務所は二つの方法を提案している。プレファブ材を用いた迅速な組立法と少数の職人による現場作業という昔ながらの方法である。後者の場合、バベルの塔やサグラダ・ファミリアの建設と同じく建物はゆっくりと成長し現代的な廃墟の印象が醸し出される。OMAは二つの方法が建設現場に異なる風景と象徴性を与える点を強調している——「スピードを重視する前者の方法では、まず基礎が建設され、次にプレファブ材が迅速に組み立てられ、最後にラス網を下地とした泡状の吹付けフェロコンクリートが部材を覆いこむ。一方第2のシナリオでは建物は超実体的な存在となる ―― 一握りの職人が莫大な時間をかけて現場打ち鉄筋コンクリートによって建てるからである。第1の場合、突然の竣工は一種のスペクタクルになるだろう。第2の場合はほとんど気がつかないほどゆっくりとした進捗がサスペンスをもたらすだろう。工事が進むにつれて職人は徐々に年をとり、小さな子どもが大人になっても建物は依然として未完成のままだろう。悩ましいこと

245.〈オフィス・シティ　コンペ案〉（レム・コールハース／OMA、フランクフルト、1989年）、配置図
246. 同上、立面図と断面図

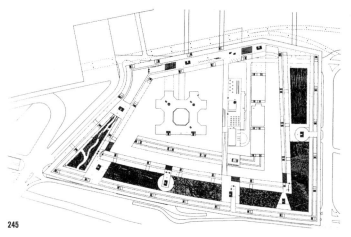

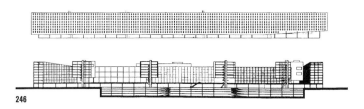

に、第1の建物は即席だが物質性に欠け、第2の建物は完成(するとすれば)までに時間はかかるが「本物」である。正反対なものが表面的には同一の平面と断面から、すなわち同一の建築から生まれるのである」[32]

1989年にOMAはフランクフルトの《オフィス・シティ》のコンペにおいて再び連続的な形態を提案している。コンペは新空港のターミナルに隣接する地区に1万5,000人のオフィスワーカーを収容する計画で、敷地にはすでにいくつかの建物が建てられている。一部をピロティで持ち上げた単一の巨大建築というOMAの提案は道路やハイウェイやインターチェンジが織りなす風景から引き出されたもので、ヴォリューム全体は道路曲線に沿って湾曲している。ここではコールハース特有の平行に並ぶ帯の構成が、既存建物を交互に取り巻くヴォイドとソリッドの「リング」[33]のシステムに転換され、同心円状の帯の間に「間(インビトゥイーン)」の空間が生み出されている。さらに帯は垂直動線のヴォリュームによって細分化され各断片には異なる性質が与えられている。ひまわり畑、麦畑、ブドウなどの果樹園、店舗が並ぶ街路、小さな森などである。そこに表れる「ほとんどピクチャレスクとでも呼べるような居心地の良さ」は、OMAによればエルンスト・マイの新フランクフルト団地計画(ジートルング)からの影響を示している[34]。

フレーム構造のパターンは《モルガン銀行コンペ案》や《ハーグ市庁舎コンペ案》に類似している――ニュートラルで連続的なフロアが支配的なオフィスビルでは、OMAはたいていドミノ・システムを採用するのである。建物端部はせり上がり、新即物主義的なエレメンタリズムの造形にOMA特有の躍動感を加えている。建物は生き物のようであり、とぐろを巻いた蛇が頭を伸ばそうとしているように見える。コールハースはこう述べている――「エキゾチックな空港というコンテクストに対するジェスチャー。傾斜屋根のラインに合わせて駐機場(エプロン)に向かって開かれたコンセプチュアルな穴がつくられる」[35]。過去のOMA作品と同じく外装材は眺望という観点から選択されている。「中庭側のオフィス立面はガラス張りである。外側の立面はレンガ積みで白から黒へ、黒から白へとグラデーションをなすように計算され、高速道路(アウトバーン)に向かって『目がくらむような輝き』を放っている」[36]

《海上ターミナル》の計画に続いて1990年にもOMAは海辺

---

32 [Koolhaas/OMA], *Bifurcation (1993)*, in OMA, Koolhaas, Mau, op. cit., p.601.

33 Cit. in Lucan, *OMA*.

Rem Koolhaas cit., p.66.

34 Ibid.

35 OMA, Koolhaas, Mau, op. cit., p.479.

36 Ibid.

37 [Koolhaas-OMA], *Hotel and Convention Centre in Agadir*, in "El Croquis", No.53+79, p.104.

波打つ表面と浮遊するスラブの

のプロジェクトに取り組んでいる——《アガディール・コンヴェンションセンター》コンペ案である。このプロジェクトは「漂着する」オブジェクトというコールハース的な神話への回帰を示すと同時に建物本体(ボディ)を暴力的に切断して景観に開いている点でも《海上ターミナル》に類似している。しかしその形状はゼーブルグの驚異とはまったく異なる。《アガディール・コンヴェンションセンター》では1辺140mの正方形平面をもつ低層の直方体建築が提案され——実現しなかった《クンストハルⅠ》の一変種——浜辺とユーカリが植えられた公園の間に配置されている。直方体は機械室と駐車場を収めたU字形ヴォリュームに囲まれ、海と公園の双方を見渡すヴォイドによって水平に切断されている。このヴォイドは「アーバン・スクエア」と呼ばれており、上下は二つの密実な層で、砂に埋まった下層にはコンヴェンションセンターが、上層にはホテルが収められている。アーバン・スクエアの波打つスラブは砂丘の曲面を模しているが、これは《スヘフェニンゲンのダンスシアター第1案》で試みられたアイデアであり、ニーマイヤー建築の彫塑的な性質を連想させる。OMAはこう述べている——「ベランダの床と天井は砂丘を自然の型枠として打設したコンクリート造の『シェル』である」[37]

アーバン・スクエアを貫く円柱は1辺20mの正方形を36個集めた基本グリッド上に配置されている。次に幾本かの柱をずらして上層の様々なヴォリュームの直下に再配置したり、取り除いたり、柱を太くしてカーン的な中空構造体にしたりといった修正が加えられる（ここには《クンストハル》の設計手法がいくらか反映されている）。このような操作の結果、柱は一見するとランダムに散らばりユーカリの木立に呼応した森のイメージが生まれる——これは《クンストハル》の「柱／樹木」の隠喩の拡張である。1辺5mの第2グリッドの交点上にはアーバン・スクエアに浮かぶプラットフォームを支えるタイロッドが並べられている。上層ヴォリュームから吊り下げられた「宙吊りの部屋」はこのタイロッドによって支えられている。

アーバン・スクエアのヴォイドにはコールハース好みのエスカレーターとエレベーターが貫き、二つのソリッド層を結びつけている。上層部のホテルにはフィットネス施設や様々な客室——黄金

組み合わせは、ニーマイヤーのリオデジャネイロ音楽センターの検討図面にも認められる。ニーマイヤーは以下のように述べている。「海への眺望を確保するために、われわれは建物全体を1本の支柱の上に浮かべた」(cf. *Oscar Niemeyer*, in "L'architecture d'aujourd'hui", 1974, No.171, p.33)

247

のイスラム的天蓋をもつロイヤル・スイートや中庭付きの客室など——や「浮遊するスイミングプール」が収められている。これらの配置は一見するとアラブの都市組織に似ているが、実際にはレオニドフの学生たちが設計したドム・コムニイ計画に基づいている。主構造は対の壁／梁とフィーレンディール梁の組み合わせで、部屋はこのフィーレンディール梁にまたがって配置されている。1対の壁／梁に挟まれた細長い空間は長大な廊下で、2対の壁／柱に挟まれた20m幅の空間には中庭付きの客室が2列分収められている。

　外壁と屋根には磨き方の異なる2種類の地場産の石材が張られ、建物は浸食された巨大な岩のように見える。ソリッドとヴォイドの関係は黒塗りのポシェを用いた断面図によって表現されている。OMAの設計要旨には次のように記されている——「単一の建築物を屋根と基壇という二つの部分に『分割』することによって海に面した壮大な都市的な『ルーム』——屋根で覆われた浜辺のプラザ——をつくりだす提案である」[38]

　コンヴェンションセンターを取り囲む公園にはホテルやクラブ

247. レニングラード郊外の「ドム・コムニイ」(パヴロフ兄弟、1929〜30年)。イワン・レオニドフが指導した学生の作品

248.《パーム・ベイ・コンヴェンションセンター・コンペ案》(レム・コールハース／OMA、アガディール、1990年)、コンペ提出模型。構造はオヴ・アラップ事務所と協働

249. 同上、アーバン・スクエアの模型

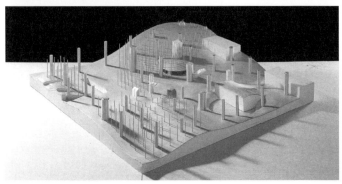

の建物が配置されている。その形態は様々であり伊東豊雄の「ホワイトU」に似たU字形の建物があるかと思えば、ミースがベルリンで計画した二つ目の摩天楼案のように波打つ輪郭をもつ建物もある。これらすべてはパヴィリオンつまりピクチャレスクな庭園の「彫刻的な要素」であり、偏執症的＝批判的方法を通じて設計されている。

隠喩的な卵という「刷り込まれた固定観念」はゼーブルグの驚異にとどまることなく、ついにリールで「現実」を射止め、「実体のない思索」から「事実の密度」が生み出されることになる[39]——それは1990年の完成に向けてOMAが取り組んだ《ユーラリール》計画である。このプロジェクトの背景にも英仏海峡トンネルの建設が引き起こした新しい状況が認められる。

リール駅の隣地は地方鉄道と国際鉄道が交差する場所であり、高速鉄道（TGV）の地下駅用に確保されていた。この土地に《ユーラリール》と呼ばれる複合施設を建設し、ロンドンとパリとブリュッセルに近接する立地条件を生かしてビジネス・商業・文化・芸術・音楽の汎ヨーロッパ的な国際的中心地にすることがプロジェクトの目的で

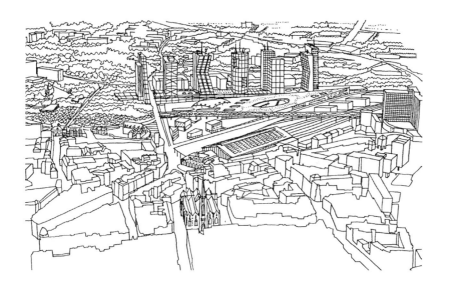

250.《ユーラリール計画》（レム・コールハース／OMA、1988～91年）、鳥瞰図

[38] [Koolhaas-OMA], *Hotel and Convention Centre in Agadir,* in "El Croquis", 1992, No.53, p.182.

[39] Koolhaas, *Delirious* cit., p.202.

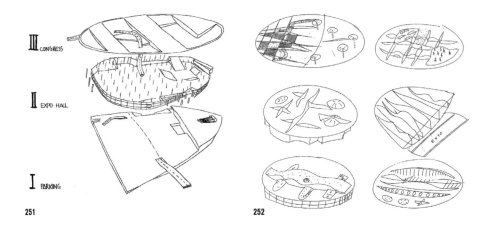

251

252

251-252. 《グラン・パレ》(レム・コールハース／OMA、リール、1990〜94年)、初期のスケッチ。構造はオヴ・アラップ事務所と協働。《ユーラリール計画》の一部としてペリフェリック大通りとジャヴァリ通りに面して建設された

ある。1988年にこの野心的なプロジェクトは「過密の文化」に基づく複合体を提案したOMAに委託された。OMAが提案した複合施設は敷地輪郭を「押出」して成形した様々な建物やタワーからなる。1枚のプラットフォームが巨大な勾配屋根となって三角形の大広場(フォーラム)を覆い、そこから複数のタワーが突き出している。この構成は同時期に設計していた《オランダ建築家協会コンペ案》に似ている。さらに地下に埋まったTGV高速鉄道の軸線を強調するために、OMAは線路の真上に店舗と公共施設を収めたギャラリー空間を配置し、その上に7本のタワーを載せている(この軸線はル・コルビュジエ通りと名づけられている)。OMAのプログラムの狙いは鉄道駅という19〜20世紀的な建築類型をラディカルに変容させることである。

OMAはこう述べている——「古典的な鉄道駅の機能的な単調さは地下台座をつくることによって克服される。トンネルの真上に配置したオフィスやホテルはTGVシステムの一部となり超活動的な特権的領域となる［…］。公共的な南北軸上で駅はビジネスセンターとなるのである」[40]

《ユーラリール》のいくつかのドローイングは《ラ・ヴィレット公園コンペ案》と同じく漫画的なタッチで描かれている。ル・コルビュジエ通りの上空にそびえるタワー群は多種多様なヴォリュームや部品の寄せ集めで、ファサードはいろいろな向きに傾きシュルレアリスム独特の擬人化されたオーラを放っている。あるタワーには頭のような部分があり、別のタワーはうつむいているように見える。ここではフリーゼンドープが描いた絵の中でマンハッタンの摩天楼がミレーの『晩鐘』の農民をまねて頭を垂れていることが思い起こされる。

スミッソンやバケマとファン・デン・ブルックが構想した都市の

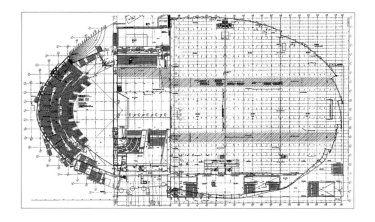

253. 同上、主要階平面図

ように、複合施設の各部は空中通路によって連結している。新駅にはエスカレーターとエレベーターが交錯する裂け目があり「ピラネージ空間」と呼ばれている[41]。この地下空間は《ゼーブルグの海上ターミナル》や《アガディール》のアーバン・スクエアのスペクタクル的な大都市のヴォイドに通底している。

　ル・コルビュジエ通りの終端には公園がある。OMAはそこにロマンチックで象徴的な意味を与えている——「洞窟あるいは鉱物のような三角形の大広場の空間とは対照的に、丘の円形空間は緑で覆われている」[42]。公園計画は1991年にブルニエとWEST8によって提出されたものである。

　1991年には複合施設の設計がジャン・ヌーヴェルやクリスチャン・ド・ポルザンパルクなどの建築家に割り当てられ、コールハースは《グラン・パレ》——彼の用語では「コングレクスポ」——と呼ばれる《ユーラリール》のシンボルとなる建物の設計を行っている。初期案の《グラン・パレ》は道路と鉄道にまたがり《スヘフェニンゲンのダンスシアター第2案》と同じく放物線アーチから吊り下げられた建物だったが、最終的にはOMAのマニフェストのシンボリックな卵を思わせる楕円形の建物が三角形敷地に建設される。工事期間は1990年から94年であり、実質的着工は1992年である。これはヨーロッパ大都市の理念的な中心の誕生を表現する建築である。

40 ［Koolhaas/OMA］, *Lille, France, 1988/1991. Centre International d'Affaires*, in "El Croquis", No.53+79, p.350.

41 Ibid., p.351.

42 Ibid.

254.《グラン・パレ》(1990〜94年)、外観
255. 同上、「サル・ゼニット」
256. 同上、音響パネルのディテール
257. 同上、空調吹き出し口のディテール
258. 同上、ホワイエ
259. 同上、非常階段
260.「ウォーキング・シティ」(アーキグラム、1964年)

254

　ロッテルダムに建設された駅と同じく《グラン・パレ》の第1案の屋根は湾曲している。また《アガディール》の屋根のように内部に公共空間を収めることができるほど分厚い。OMAは「サイズの比較」[43]というドローイングを作成し《グラン・パレ》を六つの巨大オブジェクト——コンコルド、ボーイング747-200型、ツェッペリン飛行船、豪華客船ノルマンディー号、ケネディ航空母艦、エッフェル塔——と比較している。このうちエッフェル塔は《グラン・パレ》の平面と同サイズをもつ楕円内部に挿入されている。エッフェル塔と《グラン・パレ》を重ね合わせた図はグローブ・タワーにおける針と球の対比を連想させる。

　《グラン・パレ》の構造はバルモンド率いるオヴ・アラップ事務所と協働で検討される。異なる要素を共存させることが重視され、四つの部分に分割された屋根は「構造カタログ」の様相を呈している。第1の部分は《ダンスシアター第1案》と同じく屋根上のアーチ梁からケーブルによって吊り下げられ、第2の部分は「プログラムで満たさ

[43] [Koolhaas-OMA], *Congrexpo in Lille,* in "El Croquis", 1992, No.53, p.168.

255

256

257

258

259

260

れたペアのトラス」、第3の部分は「中空トラス」、第4の部分は「トラス」と「コンクリートのマッシュルームコラム」によって支えられている。「トラス」と「マッシュルームコラム」のように各要素を自由に組み合わせることで、全体は多様な要素を収集した「選択肢の百科事典」となっている。柱の配置パターンは選択された屋根架構の形式に従い、たとえば「(剛な)トラス屋根の下では柱の位置は自由である」。構造スケッチの一枚では平行に並んだ一連の「リブ」と「無数のシェルの集合体」——楕円屋根を支える二つの方法——が示され、その横に飛行機の翼と船の艇体構造が描かれている。飛行機と船のスケッチは、「サイズの比較」のダイアグラムにおいて《グラン・パレ》が飛行機や船と比較された理由の一端を解き明かしている。さらにはOMAがロッテルダムに設計した中央駅バス停のシェルも思い起こされる。

　《グラン・パレ》の楕円形平面には平行に並ぶ帯に異なる機能を与えるというコールハース的な操作が施されている。平面全体はベルラーヘのアムステルダム証券取引所と同じく三つの部分に分割されている。第1の部分は「サル・ゼニット」と呼ばれる6,000人収容のコンサートホールで、第2の部分は三つのオーディトリアム、ミーティングルーム、カンファレンスルーム、オフィス、宴会場を収めた「会議宮殿」である。「展示宮殿」と呼ばれる第3の部分には「パリ」「ブリュッセル」「ロンドン」と名づけられた三つの大ホールとレストラン、カフェ、店舗、オフィスが収められている。会議宮殿は楕円屋根から突き出た直方体で、OMAのマニフェストに描かれた卵の殻を突き破るタワーに似ている。楕円形の建物輪郭には避難階段が割り込み、鉄道線路側の外壁は破線状に分割されている。このような操作はリールにあるヴォーバンの要塞群や割れた卵の殻を想起させる。円形劇場を収めた「サル・ゼニット」では楕円形の輪郭が平面計画と一致しており、コールハースがダリの手法について述べた次の一節が思い起こされる——「[…]偏執症者は世界全体を事実の磁場へと投げ入れ、自らが向かう方向へとすべてのものを差し向ける」[44]

　　主要動線は湾曲した外壁と直線的な内壁の間に収められている。展示宮殿から会議宮殿まで連続する直線的な内壁はガラス面と分厚い長方形の木製パネルを配列してつくられ、そのパターンは組石造壁のようである。この内壁の一部は《ダラヴァ邸》のように柱列の一部を覆い隠している。

---

[44] Koolhaas, *Delirious* cit., p.201.

《グラン・パレ》の三つの部分はそれぞれ異なる象徴性を帯びている。ロックコンサートなどの大規模なエンターテインメントに用いられる「サル・ゼニット」は音楽の工場(ファクトリー)である。壁は打ち放しか赤く塗装したコンクリートで、そこに長方形の音響パネルが剥き出しに取り付けられる。青い天井の中央部分は照明の設備スペースであり、トンネルのように切り欠かれて《ダクトパーク》のように皮膚(鉄骨フレームで支えられた鉄板)の背後にある内臓(設備)をさらけ出している。ステージ近傍の階段席は可動式で、鉄と木を用いた繊細な構造でつくられている。客席を折りたたんで低い湾曲壁に押し込めば黒色コンクリートの水平床は自由になる。またカーテンのようにスライドするパーティションを使ってホールのサイズを小さくすることもできる。バルコニー席にアクセスする鋼製階段はホールのコンクリート傾斜スラブからタイロッドによって吊り下げられている(《アイ広場の計画》のバルコニーと同じ手法である)。鋼製の非常階段は傾斜した円柱によって支えられている。この柱はアーキグラムの「ウォーキング・シティ」の可動柱に似て外開きになった動物の細長い脚のようである。

　会議宮殿(パレ・デ・コングレ)では2枚の巨大なコンクリートの傾斜スラブが仕切り壁で分割され、二つの部屋——「サル・ユーロトップ」と「サル・パストゥール」——がつくられている。二つの部屋の間にはヴォイドが設けられ、17〜18世紀のフランス建築を思わせるモニュメンタルな階段が挿入されている。中央のヴォイドを横切る階段を載せた斜路は2本の傾斜柱によって支えられている。

　傾斜スラブ上に載せられた階段の踏み板と踊り場は薄い木の板材でつくられている。この板材は絨毯のように被覆的で傾斜スラブ面から切り離されている。「サル・ユーロトップ」の壁と天井にはパイン材のパネルが斜めに割り付けられている。パイン材はコーナーで折り曲げたかのように壁から天井にかけて連続的に仕上げられ、伝統的な鏡板張り(ボワズリー)の部屋のように木の香りが強く立ちこめている。座席配置は楕円形の古代劇場(アンフィシアター)の平面の一部を切り取り、不整形な台形平面に挿入する操作によって決定されている。このように歴史的な事例の平面を参照し当該の場所に当てはめる操作は、敷地や建物のポテンシャルを検討する際のOMAの常套手段である。天井には空調やスポットライトその他の設備機器を収めた穴がパネルの長手積みパターンと無関係に穿たれているが、これもOMAの常套手段である。

　「サル・パストゥール」では、黒い壁面と空色の音響パネルで覆われた傾斜壁が好対照をなしている。後者はカルロ・モリーノやニーマイヤーの作品のように布張りの壁(カピトネ)特有のシュルレアルな効果を生み

261.《グラン・パレ》(1990〜94年)、「会議宮殿」の階段

出している。「サル・ヴォーバン」では天井全体と1枚の壁がポリカーボネート・パネルに覆われ背後の設備を垣間見せながら人工照明光を濾過させている。また別の壁は剥き出しのグラスウール・パネルで埋め尽くされている（但し観衆が直接手に触れる低い部分はグラスウールがポリカーボネート・パネルによってカバーされている）。

会議宮殿の最上階の一端を占める「サル・ジャンヌ・ド・フランドル」は広く統一感のある空間で眺望のよいテラスに開かれている。床は黄色と緑色が混じった人工塗料仕上げで、大理石のような模様を示している。圧迫と開放という二つの感覚を同時に与える傾斜天井は《ダンスシアター》のホワイエのパサージュや《ダラヴァ邸》に似ている（《ダラヴァ邸》では傾斜壁が同様の空間体験を生み出している）。

展示宮殿は可動パネルによって3列の帯に分割することが可能である。鉄骨柱は15m×24mのスパンで配置され、足元から2mまでは十字形断面、それより上部は円形断面である。柱は中空で内部は空調ダクトとして利用され、十字形断面の柱下部を包み込む円筒形グリルから、屋根上に設置された空調機器からの冷暖気が吹き出す。この柱はロックフェラーセンターの「RCAビル」のホールに並ぶ柱──溝を切ってダクトを納め、空調吹き出し口がビルトインされて

262. 同上、「会議宮殿」のサル・ユーロトップ内観

263. 同上、「会議宮殿」のサル・パストゥール内観

264. 同上、「会議宮殿」のサル・ヴォーバン内観

いる――を思い起こさせる。展示宮殿(パレ・デ・エクスポジシオン)の桁梁は1対のH形鋼からなる。2本の鉛直材と梁端部に緊結されたタイロッドによって下方から補強され押し上げられているが、これは主要な梁の成を抑えるための工夫である。オヴ・アラップ事務所はこの梁を施工図で「ロッド梁」と呼んでいる[45]。サブ構造は天井のデザインと一体化した組立梁で、細い丸鋼を溶接した鉄骨部分と幅の広い木の板材でつくられている。この梁を密に並べると面と隙間の帯が交互に現れる天井ができあがる。なお隙間には火災時に煙を滞留させる機能がある。構造ブレースは《クンストハル》と同じく分散的に配置されている。ブレースは鋼管で、片筋交とたすき掛けの筋交が入り交じり、ホール内部にも入り込んでいる。屋根を貫く柱の頂部からタイロッドが伸びてブレース鋼管と緊結されている。

　《クンストハル》と同様にOMAとアラップ事務所は構造システムの断片化と非対称性を追求し、複合的でハイブリッドな構法を模索している。バルモンドはこう述べている――「ブレースの一部は屋根

[45] Balmond, *Informal* cit., pp.294, 295.

265.《グラン・パレ》(1990〜94年)、「会議宮殿」のサル・ジャンヌ・ダルク内観

266. 同上、「展示宮殿」のホール内観

267. 同上、展示ホール内観

268

269

のパターンをもっと面白くするために省略されている。通常このような連続性の寸断は不可能である。ここでは軸力をずらすことができる程度に柱に強度があるという利点を生かしている。静定力は柱断面に生じる局部曲げを介して地上部と屋根の間に設けられたブレースへと伝わる。このブレースは主柱と同じサイズの大口径鋼管である」[46]

　外壁の湾曲部と傾斜部はポリカーボネート波板とアルミパネルの素材性を引き出したデザインで、有機的な —— あたかも震える肌のような —— 動きを示している。コールハースは圧力を受けて変形する柔軟で理想的な外装材をついに見いだしたと言えよう。巨大な螺旋階段の脇でこの外装材は階段を載せた斜路を真っ二つに分け、大階段が内部と外部に分断されている。《クンストハル》のオーディトリアムのカーテンと同様に、この外装材は螺旋階段に巻き付いているようにも見える。

　地下駐車場、会議宮殿（パレ・デ・コングレ）、サル・ゼニットの構造体は打ち放しコンク

[46] Ibid., p.301.

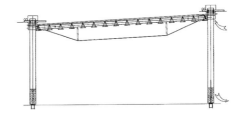

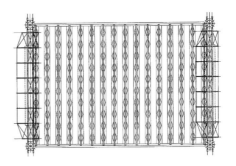

270

268. 同上、中空柱のディテール
269. 同上、組立梁のディテール
270. 同上、組立梁の断面図、平面図、アクソメ図

271

272

271-272.《グラン・パレ》(1990〜94年)、外観

リートである。ポリカーボネート波板の型枠にコンクリートを打設してつくられた巨大な螺旋階段はカーテンという隠喩を際立たせている。サル・ゼニットの湾曲スラブ下面は長方形型枠を大雑把に放射状に配置してコンクリートが打設されたために隙間が生じており、隙間を埋める様々な太さの目地がコンクリート表面にレリーフのように浮かび上がっている。半地下のコンクリート壁は一部が外部に露出し、この部分とサル・ゼニットの湾曲壁には石張りを模したダークグレーのセメント板が斜めに割り付けられている。これは《ダラヴァ邸》の基壇と同様に樹皮や殻にも似た有機的な印象を与えている。

会議宮殿(パレ・デ・コングレ)とサル・ゼニットのコンクリート床スラブは連続面を形成し、《クンストハル》の螺旋(スパイラル)と同様に異なる床レベルを結びつけている。床スラブ上には鉄骨フレームが載せられ木の板材で仕上げられた大小の階段がつくられているが、階段は古い家屋の板張り床やサーカスの仮設床のようにきしむ。コンクリート床スラブと板床の間には空調や照明の配管が通されている。

《グラン・パレ》では剥き出しの音響板や吸音材などの機能的な建材にも表現上のインパクトが与えられている。これらの建材はロッテルダムの《パティオ・ヴィラ》や《サン=クルーの住宅》で用いられた合板とプラスチックスクリーンに通底する存在であり、コールハースにとってはラ・デファンスやフロン・ド・セーヌやロッテルダムとベルリンのヴォイド、あるいは都市周縁部(ペリフェリー)と同じようにいまだ発見されず価値が認められていない世界の断片なのである。会議宮殿(パレ・デ・コングレ)のホールには黒い塩ビ管を束ねた帯が6本横切っているが、これは屋根に降った雨水を排出する縦樋である。無謀な建設業者やル・コルビュジエの後期の弟子以外には、このようなやり方をする神経をもち合わせないような代物である。こうした材料の使い方は後にコールハースが定式化するジャンクスペースのコンセプトと関係している。サル・ゼニットで

273. 同上、ファサードのディテール
274. 同上、ホール天井のディテール
275-276. 『与えられたとせよ』(マルセル・デュシャン、1946〜66年)

273

は合板天井に大きな円形の穴を開け、スラブから吊り下げられた設備の「内臓」を垣間見せ「インフラストラクチャーの潜在意識」[47]が明るみに出されている。これは木のドアに二つの小さな孔を開け、そこから「覗き見」するマルセル・デュシャンのコンセプチュアルなジオラマ作品——『与えられたとせよ』——を建設技術に翻案したものと言えそうだ。コールハースはエッセイ「ジャンクスペース」でこう述べている——「接合部の隙間から巨大な天井裏が見え(以前はアスベストの峡谷だった?)、無骨な梁、ダクト、ロープ、ケーブル、断熱材、耐火被覆、配線が露わになる。複雑にもつれた設備が突然白日の下にさらされる。ひどく汚れ、ねじ曲がり、入り組んでいるのは誰も本気で対処しないからである」[48]

会議宮殿(パレ・デ・コングレ)の大階段に面する傾斜壁には光沢のあるステンレス鋼板が張られ、ピラネージのドローイングのように歪んだ像を映し出す

[47] Koolhaas, *Delirious* cit., pp.234, 235.

[48] Koolhaas, *Junkspace* cit., p.20.

274

275

276

（ニーマイヤーのいくつかの作品も思わせる）。大小様々のガラスを組み合わせた会議宮殿(パレ・デ・コングレ)のカーテンウォールも同様の効果を生み出している。異なる角度で取り付けられたガラスに映り込んだ風景は《チャーチル広場オフィス・コンプレックス》の時よりも一層暴力的に粉砕されている。各ガラス面が風景の断片を映し出す様相は、ダリが描いた『処女マリアの昇天』における上方から降り注ぐ豆粒の小片に似ている。コールハースも引用しているダリの文章によれば、聖処女のイメージが投影されたそれぞれの小片は「全体像の小さな部分」を記録しているにすぎない[49]。「拡大が見込めるとなればどんな発明でも利用するし、方向感覚を狂わせる仕掛け（鏡・光沢・反響）は手当たり次第に採用する」とコールハースはジャンクスペースを描写している[50]。このような観点に立つと、透明ガラスでつくられた無数の面は境界を曖昧にして観念的な奥行きを生み出す装置であり、アルベルティ的な壁面操作(オプス・アフィクツム)の現代版と言えるだろう[51]。

　ベルラーヘのアムステルダム証券取引所と同じように《グラン・パレ》は誘惑的な表現を意図的に排した作品である。ベルラーヘ作品と同じく素材は象徴的な力によって選択され、ヴィオレ・ル・デュクやゴットフリート・ゼンパーの原理ではなく、むしろシュルレアリスムの偏執症的＝批判的方法に基づいている。《グラン・パレ》はいかなる建築や彫刻にも類似することなく、鉄道や高速道路が生み出した無定形なランドスケープの中に偶然に降り立ったかのように見える。それはまさに一つの驚異であり大亀かアーキグラムの巨大な機械仕掛けのように、次の瞬間にはゆっくりと動き出しそうである。

　バルモンドは1994年にリールの美術館を訪れた時にヒエロニムス・ボスの無名の弟子が描いた『卵の中のコンサート』という絵に目を留め、《グラン・パレ》は「リールに産み落とされたもうひとつの奇妙な卵である」と結論づけている[52]。

　《ユーラリール》とほぼ同時期に計画された同規模のプロジェクトにはOMAの隠喩的な言語の諸要素が再び登場している。それらは1977〜78年に「次世代の『能弁なディテール』」を宣言した後にコールハースが「次世代の都市マテリアル」[53]を探求し続けてきたことを示している。また『錯乱のニューヨーク』で素描した「隠喩的プランニン

[49] Koolhaas, *Delirious* cit., p.202.

[50] Koolhaas, *Junkspace* cit., p.17.

[51] Cf. Roberto Gargiani, *Principi e costruzione* nell'architettura italiana del Quattrocento, Rome, Bari, Laterza, 2003, pp.208-12.

[52] Balmond, *Informal* cit., pp.185-87.

バルモンドはボザール美術館で見た絵画の卵とリール城塞を築いたヴォーバンの築城術を比較している。これは注目に値する。「この絵は奇怪で魅力的で狂っている。人々は彼らの土地に産みつけられた卵の中で悠長にコンサートをしているのだろうか。それとも突如として完全な形をなした流動物の顕現、つまり卵がある種の祝祭へと変形する可能性を示しているのだろうか。1671年にヴォーバンが設計し

グ」の概念を実体化したプロジェクトと言える。

　1989年にアントワープで計画された《流れる都市》と呼ばれるコンペ案と、1991年にオランダの3カ所の敷地を対象として計画された《トランスフェリア》計画において、OMAは機能的な島々からなる群島(アーキペラゴ)のシステムや平行に並ぶ帯とストリップのシステムや《オフィス・シティ》のようなハイウェイ型の建築形態システムの実験を続けている。アントワープのコンペ案では「ドルフィン」と呼ばれるモニュメンタルで可塑的な押出形態が生み出されている。

　リールに近いコルトレイクの1区画——ホーフ・コルトレイク——を対象として1990年に開催された都市計画のコンペでは、OMAは広大な敷地の形状が彼らのシンボルすなわち卵形であることを発見する。彼らは《グラン・パレ》に類似した波打つ平面によって敷地の一部を覆い、そこからヴォリュームを突き出すという案を展開している。そこでは例外的要素として《エクソダス》や《ムラン・セナールの都市計画》のようなストリップも登場し、蛇のように身をくねらせてミース的建物が建ち並ぶ大学キャンパスを形成している。

　1991年に開催されたパリのラ・デファンスにおける都市計画コンペ《大都市軸計画》では、老朽化という自然のプロセスに従って建物を徐々に解体し、結果的にヴォイドを生み出す提案が行われている。この解体プロセスを約30年間続けることによって得られる広大なエリアは、ヒルベルザイマーの計画やマンハッタン・グリッドを直接引用したグリッド・モデルに従って計画される。解体が進むにつれてグリッドは拡張していくが、場所によって進み具合がランダムなために境界部分はノン・ストップ・シティのように破線状となる。OMAのプロジェクトは急激なル・コルビュジエ的タブラ・ラサを回避し《エクソダス》のストリップのようにゆっくりと成長する「新・ヴォアザン計画」とでも呼べるだろう。またウンガースがベルリンに適用し、後に「都市群島(シティ・アーキペラゴ)」という理論的な枠組みで定式化した方法——都市の機能不全部を解体していく仮説——の影響も認められる。長方形ブロックの内部には多種多様なビルディング・タイプの建物が寄せ集められ——これもコールハースがウンガース建築に見いだした性質の一つである——時に「優美な屍骸」の方法を応用しつつ互いに結びつけら

277.『卵の中のコンサート』(ヒエロニムス・ボスの弟子作、16世紀。リール・ボザール美術館所蔵)

たマスタープランとヒエロニムス・ボスの割れた卵は明らかに共鳴している」(ibid.)。OMAは《グラン・パレ》に関して以下のように述べている。「屋根の最頂部の層はほぼ完璧な楕円形で、中心に向かって低くなっている。遠近法的視点からは、天井面の表現によって全体を見なくても建物の形態が想像できるようになっている」(site www.oma.nl)

53 Rem Koolhaas, *City versus Periphery,* cit. in Daniel Guibert, *OMA dans la périphérie,* typewritten manuscript, Ministère de l'Equipement, du Logement, des Transport et de la Mer, undated, p.49.

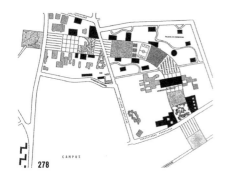
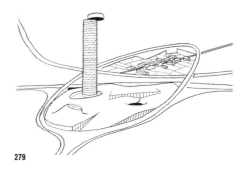

278-279.《コルトレイク都市計画コンペ案》(レム・コールハース／OMA、1990年)

280-281.《ラ・デファンスの大都市軸計画》(レム・コールハース／OMA、1991年)

れている[54]。さらにヴォアザン計画や《エクソダス》あるいはウンガースの「都市群島」と同じようにコールハースの新しいグリッドにも一過的な衰退を被りにくい都市的・領域的な存在が取り込まれている(ナンテール大学や公園など)。コールハースはこう述べている――「あらゆる近代的な建築物がきわめて不安定な存在であるという事実を受け入れると、近代的な存在そのものが不可視のタブラ・ラサの論理に従っていることが了解できる。ただ待ち続けるだけで――今日ではそのことがとても難しいのだが――存在の様態が正体を現すのである」[55]。

　グリッドと街区のサイズを決めるためにOMAはセルダのバルセロナ計画、マンハッタン、パリ近郊のニュータウン、ル・コルビュジエの「輝く都市」などを参照している。この比較作業は街区に挿入すべき住居とオフィスのタイプを選定する検討も兼ねていた(住居には「ヴィラ型」「ユニテ型」「帯状配置型」「タワー住宅型」が、オフィスには「バー型」「三

叉型」「中庭型」「タワー型」が検討された）。最終的にはヒルベルザイマーの都市計画やマンハッタン・グリッドに似た街区形状が選ばれているが、その後OMAは様々な類型グループを適用して各街区を個別に建設する可能性を検証している。コールハースはこう述べている──「グリッドの遍在性は均質な密度を意味するわけではない。むしろこのシステムはマッスとヴォイドの共存関係を調整するのである」。かくしてラ・デファンスはマンハッタンのモデルに基づくパリ開発の可能性の胎芽となるのである。

「根源的なパラドックス──先行するものを乗り越え続けるという社会的要請とゼロからのやり直しは不可能であるという事実──が調停可能であることを示すために私たちはこのコンペを利用した。そして近代都市計画の戦略という形をとりながらも都市更新の臨界量を想定することが十分に可能であることを示した。タブラ・ラサとユートピアの神話を乗り越え、ありのままの経済的現実を翻訳し、新しいコンセプトへと変容させるのである」[56]

1991年にコールハースは日本の港湾都市・福岡において《ネクサス・ワールド》という24戸からなる集合住宅を完成させている。プロジェクトは磯崎新のマスタープランに基づき福岡地所が進めた開発の一部で、コールハースには4方が道路によって隔絶された敷地が与えられた。建物は石山修武、オスカー・トゥスケ、クリスチアン・ド・ポルザンパルク、マーク・マック、スティーヴン・ホールらが設計した住棟と並んでいる。OMAはここでも《クンストハル》や《ゼーブルグの海上ターミナル》で用いた方法を繰り返している。つまり道路によって分割された二つの箱を設定し、そこに住戸を挿入したのである。湾曲した箱の側壁は隣接するスティーヴン・ホール棟とマーク・マック棟に連続し、磯崎が設計した高層タワーに至る道路の起点を際立たせている。外壁のつやのある黒いコンクリートの帯は当時建設中だった《グラン・パレ》の壁に似ており、目のように小さな孔が開いている。この外壁は宙に浮かんで高密度の住戸を包み込んでいる。各住戸は3層で、中庭を取り囲む2階は「寝室のゾーン」、3階は「昼間のエリア」──波打つ屋根の断面形状によって空に向かって開かれた空間──と呼ばれている。「住宅の軒線は浮遊し硬い壁から『脱出』してい

---

[54] 1992年にファン・ベルケル&ボス、クリスチャンセ、ノイトリングス、WEST8、ライトとともに進めたアムステルダムのアイ地区ウォーターフロントのマスタープランも「過密の文化」に基づいて建物ブロックを集中させる提案だった。3グループに分けられた建物ブロックの最大のものは彫刻的な量塊として捉えられ、この量塊を穿つことで、街路、中庭、突出部などがつくられている。

[55] Rem Koolhaas, *Paris La Défense,* in "Archis+", 1991, No.107, p.110.

[56] Ibid.

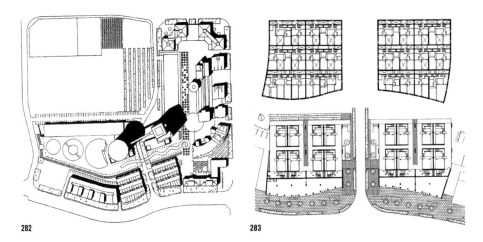

282.《ネクサス・ワールド集合住宅》(レム・コールハース/OMA、福岡、1991年)、配置図。施工は前田建設工業

283. 同上、1階と2階の平面図

る」[57]というコールハースの説明は《ボンピュの複合施設》の「脱走タワー」のシュルレアリスム的な運動を思い起こさせる。そしてこの運動は硬さと柔らかさのテクトニックな対比をも浮き彫りにしている。住戸のデザインはミースやヒルベルザイマーの中庭型住宅(パティオハウス)あるいはポンペイの住宅などコールハース好みの様々なモデルを組み合わせたものである[58]。

　二つの箱は各々6個の区画に分割され、1区画はサイズの異なる二つの住戸で占められている。箱の内部は直交グリッドに従っている。このグリッドは街区間の道路に並行する幅の等しい10本の帯と、直交する9本の帯(幅は2種類である)から構成され、後者はさらに動線・設備・換気・採光の機能をもつ二次的な帯へと分割されている。箱側面の波打つ外壁はこの厳格な幾何学的序列に変化を添えるアクセントである。二つの街区ともに湾曲する地上階は公共空間となり、アート・ギャラリーなどを収めている。住戸ユニットは地上階の大部分を動線とサービスの空間として用いるために持ち上げられている。また、各住戸は伝統的な禅庭のように小石を敷き詰めた庭をこの地上階に備えている。住人はそこから中庭(パティオ)を取り囲む2階の「夜間のエリア」に上り、さらに3階の「昼間のエリア」に達する。最上階は波打つ屋根の断面形状を利用して空に開放された2層吹き抜けの空間である。「昼間のエリア」よりも少し低い位置にはパヴィリオン的なゲストルームが

[57] Rem Koolhaas, *Case di abitazione a Fukuoka (Giappone)*, in "Domus", 1991, No.730, (pp.33-43, XXI, XXII), p.XXI.

[58] コールハースは1995年に以下のように述べている。「ベルリンの壁が影を落とす中でつくられた過去の提案と同様に、このプロジェクトではローマ性——たとえばポンペイのいくつかの地区は連続的なタペストリーをなし、家々はもはやオブジェクトではなくなっている——と、個々の中庭型住宅を合体させて街区をつく

284. 同上、外観

ある。このゲストルームの屋根は不定形で、テラコッタで仕上げられ緑化もされている——これは一種の理念的なランドスケープとしての小さな丘である。波打つ屋根の最頂部にはバルコニーが設けられ（上がるのは難儀だが窓を磨くには便利だろう）、その一部は室内に入り込んでいる。これはコールハースの彫刻的な趣味を示す一種の隠喩的な空飛ぶプラットフォームと言えよう。

仕上げ材料は多様な「空間状況」と「テクトニックな対比」を生み出すように選定されている。コールハースはこう述べている——「包囲vs突出、親密vs開放、公共性vs私性、高尚vs低俗、粗野vs洗練、暗さvs明るさ、具象vs抽象」[59]

横滑面のメタファー —— ホルテンのゲーリングス邸

背の高い松の樹に囲まれたゲーリングス邸はオランダでは珍しい丘陵地に建てられている。工事は1992〜93年で、施主はフローニンゲンの建物の設計をOMAに依頼した会社のオーナーである。この住宅はミースの「ファンズワース邸」やジョンソンの「ガラスの家」やル・コルビュジエの「サヴォア邸」の単なるヴァリエーションにとどまらず、いまだ開拓されていない現代の建築システムの可能性を模索した住宅であり、ドミノ・システムやガラス面などの要素がインターナショナル・スタイルの文脈における本来の意味を剥奪されて隠喩的な物語りだすというミース・ファン・デル・ローエの同種の実験を融合させることが模索されている。分散的な近代建築的物質を凝縮して都市形態を生み出すのであ

る」(OMA, Koolhaas, Mau, op. cit., p.86)

[59] Koolhaas, *Case di abitazione* cit., pp.XXI, XXII.

285. ホルテンの住宅（ゲーリングス邸、レム・コールハース／OMA、ホルテン、1992〜93年）、1階平面図。構造はオヴ・アラップ事務所と協働。ホルテベルフ通り1/aに建設された

286. 同上、2階平面図

287. 同上、オヴ・アラップ事務所による屋根の検討図

を紡ぎ出すために使われている。

　住宅は上下二つのユニットから構成されている。二つのユニットはともに矩形平面で、上部ユニットは両親用、一部が地下に埋まった下部ユニットは時折訪れる娘たちの空間である。当時コールハースはニューヨークの摩天楼研究を再開していたが、この住宅の矩形平面は彼の研究に登場する「基準階平面」に似ている。娘たちの不在時に閑散としないように設定された「二つに分割された住宅」というプログラムは《ダブリンの首相官邸》に似た発想であり、住宅の象徴的なテーマとなっている。ガラスで囲われた両親のユニットは風景に浮かび、ユニットの下は地面を掘り込んでつくられた円環状のアクセス道路である。一方娘たちのユニットは組石造の外壁で覆われ地面に埋まっている。二つのユニットの幅は同じだが地下室の上にガラス空間を載せるのではなく、両者は水平方向にずらされている。これによって単純な「重さと軽さのシークエンス」に回収されることなく二つのユニットの独立性が確保されている。

　娘たちのユニットはホルテンの地中に沈んだ《エクソダス》の断片と言えるだろう――コールハースはそれを「漂着した内向的な娘たちのモーテル」あるいは「梱包壁（ラッピング・ウォール）」と名づけている[60]。ユニットの内部空間は幅の異なる平行に並ぶ帯によって編成され、帯同士は長い壁によって隔てられている。寝室に面する中庭（パティオ）[61]の規模は都市修道院の中庭に似ており、石が敷き詰められているため歩行には向いていない。これは福岡の中庭と同じく東洋的な庭である。浴室の屋根は光を

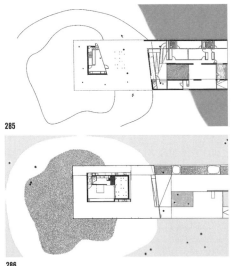
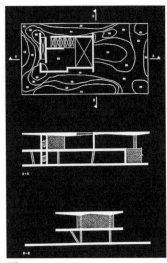

288. 同上、外観

289. ルナ・パーク（コニーアイランド）の「カエル跳び鉄道」、『錯乱のニューヨーク』より抜粋

290-291. ホルテンの住宅（ゲーリングス邸、1992〜93年）、内観

288

289

290

291

通す乳白色の薄いポリエステル板で、雨水を芝生に流すために湾曲している。居間には水平窓と大きなガラス面から光がもたらされる。水平窓は床面よりも持ち上げられた中庭に面し[62]、大きなガラス面は地面の一部を掘り込んでつくられた芝生の斜面に対して開かれている。一方キッチンの窓は外壁に直接開けられ、外部の芝生面と同じ高さに設定されている。娘たちのユニットのフラットルーフの一部には板材が張られ、丘に難破した船のようである。

布張りの傾斜壁に沿って斜路を上ると眺めの良い両親のユニットのプラットフォーム（カピトネ）に達する。斜路の床は板張りで《グラン・パレ》の大階段のように音を立ててきしむ。この動線は《ダラヴァ邸》に似た影から光への移行を生み出している[63]。両親のユニットは「ガラスの箱」あるいは「結晶化したコンテナ」[64]であり、さらに入れ子状に四方を壁に囲まれた自己完結的な箱が挿入されている。この内側の箱は「梱包壁（ラッピング・ウォール）」から展開した「壁の箱（ウォール・ボックス）」、あるいは「内なる私室（インナー・サンクタム）」[65]である。寝室・浴室・中庭を収めたこの閉じた箱の中にアプローチする唯一の経路は「跳橋」であり、「跳橋」はサービス階段をふさぐ「水平ドア」も兼ねている。内側の箱の壁には家具や設備配管などの機能要素が構造とともに内蔵され、アメリカ摩天楼の「基準階」のコアを思わせる。「ガラスの箱」の内側における閉じた箱の配置は、残余の空間が「自由空間」[66]となるように計算されている。閉じた箱の残余である連続空間は4本の帯となり、幅の狭い帯はキッチン、広い幅は居間といったように慣習的な部屋の大きさに対応している。「自由空間」のコンセプトとそこからから生まれた帯状の空間配置は、部屋を積み重ねるというアイデアの名残である。ゆえにコールハースの「ガラスの箱」は一見するとミースのガラスの家の系譜に連なるように見えるが、まったく別物なのである。加えて、外被の性格もミースのそれとは異なっている。ガラス面の幅が場の性格に応じて決められているので、各立面でサッシのリズムが異なるからである（たとえばキッチンではガラスの幅は狭く、居間

60 [Koolhaas-OMA], *A Dutch House*, in "El Croquis", No.53+79, p.286.
61 Ibid.
62 中庭の3本の木はコールハース自身によって植えられた。日本庭園の庭石と同様に、この木は象徴的な意味を帯びていると考えられる（ゲーリングスには3人の娘がおり、この庭園は彼女たちのユニットの一部をなし

ている）。
63 スロープは娘たちのユニットの外周部に配置された2本の帯（浴室とパティオを収めた帯とキッチンを収めた帯）の間に挿入され、二つのユニットにまたがっている。スロープは木造で、二つのユニットの構造とは異なっている。平面上、スロープ両側面は傾斜しているが、全体は左右対称である。スロープの輪

郭線を延長すると建物の外側の1点で交わり二等辺三角形をなしている。スロープの第1部分つまり折り返し地点の踊り場より下側の側辺も同様に傾斜し左右対称である。この側辺も延長すると二等辺三角形を成す、その頂点は二つのユニットを隔てる壁と外壁の交点と一致している。両親のユニットに達するスロープの第2部分の上方では、1

階の床スラブに穴が開いている。一方スロープの第1部分の上方では娘たちのユニットの屋根スラブが紙のようにめくれ上がっている。めくれ上がった屋根の傾斜ラインは、スロープの幾何形態と浴室とパティオを収めた帯から導かれる2点から決定されている。斜線とスロープの側辺が交差する点は、スロープの第1部分の末端部と一致している。また折

のエリアでは広くなる)。ダイニング・テーブル脇の2枚のガラス面は開閉可能である。キルトのような黒い模様が転写されたリキテンスタイン風のガラス面もあり、隣接する地面が盛り上がっているので、「ガラスの箱」はまるで打ち捨てられて漂着しているかのように見える。カーテンもまた室内(アンテリュール)の差異を際立たせる要素であり、キッチンのガラス面に掛けられた鮮やかなピンクのシルクは女性的なヴェールである。一方反対側のファサードには自動開閉装置を備えた金属製の外付けブラインドが設けられ日射を遮っている。

「ガラスの箱」の構造計画にはル・コルビュジエやミースのガラスの家に対するラディカルな批評が含まれている。主構造の「壁の箱(ウォール・ボックス)」と外周部に並ぶ鉄骨柱はロッテルダムの《パティオ・ヴィラ》に由来し、後にコールハースが定義する「基準平面」の構造的な特徴とも関係している。OMAとアラップ事務所は規則的なグリッドを一切用いることなく支柱の大きさと位置を決定し、たとえば初期案では鉛直支持材を「壁の箱(ウォール・ボックス)」と2列のピロティ柱に集中させることを試みている。この事実からもコールハースの住宅が外側に整然と柱が並ぶミースの「ガラスの家」と異なることは明らかである[67]。

「ガラスの箱」の床スラブと屋根スラブの小口には異なる仕上げ材が張られている。床スラブ小口の白い石板は「基礎」の概念を、屋根スラブ小口のノイトラの住宅を思わせるアカスギの板材は「木の屋根」を象徴している。

コールハースは両親のユニットの屋根からスチールのケーブルを伸ばし反対側に立つ鉄骨フレームに緊結することによって、両親のユニットが「係留」されているように見せかけている(鉄骨フレームは娘たちのユニットの側壁直上にある)。かくしてガラスのヴォリュームはハーグの《ダンスシアター》のように横滑りしているように見え始める。レオニドフもレーニン研究所の計画でオーディトリアムを収めた不安定なガラス球体をケーブルで地面につなぎとめているが、コールハー

り曲げられたスラブの角度はスロープの第1部分の側壁をなす革張りの傾斜壁の角度を決定づけている(傾斜壁と折れ曲がったスラブは直角をなしている)。スロープの側辺は2本のピロティ柱やサービスを収めたヴォリュームの斜線を律する幾何学の一部を成すと同時に、スロープそれ自体の幾何学を築き上げている。このように見ていくと、この住

宅のすべての部分は線のコンポジションとして相互関係していることがわかる。つまり様々な壁の角度やピロティ柱の位置や壁の突出などが、すべて単一の幾何学システムの部分なのである。但しこのシステムはいくつかの断片を通して垣間見えるだけであり、断片の配置と大きさは一見すると暗号でランダムに見える。このようなコールハースの不可

視の幾何学は、19〜20世紀のオランダ建築の再来として捉えられる。それはたとえばベルラーヘへのアムステルダム証券取引所のような律せられた線であり、ピクチャレスクな構成の中で恣意性を排しながら要素が配置されているのである。

64 Ibid.
65 *Building. Double vision: a villa by Rem Koolhaas*, in "Architecture Today", 1996, No.69, (pp.49-52), p.50.
66 [Koolhaas-OMA], *A Dutch House* cit., p.286.

292.

292.「コパン・ビルディング」(オスカー・ニーマイヤー、サンパウロ、1951〜53年)

293.《ザック・ダントン・オフィスタワー・コンペ案》(レム・コールハース／OMA、パリ、1991〜93年)、水平ブリーズ・ソレイユの詳細スケッチ。ラ・デファンスにおける高層ビルの計画

293

　スのケーブルはこのレオニドフのケーブルを参照しているのかもしれない。斜路がある中央部で唐突にめくれ上がる床スラブも運動の開始をほのめかす要素である。しかしスラブはすぐに「座礁」し両親のユニットは娘たちのユニットの上に乗り上げる。コールハースはこう述べている――「娘たちの不在を曖昧にするためにプログラムの断絶が利用されている。この断絶は一方の家に支えられ、他方の家を支えている1枚のスラブによって具現化されている」[68]。素材やパーティションによってすでに不純化されていた《ホルテンの住宅》の「ミース的な性格」は、上のような隠喩的なイメージによってさらに徹底的に侵略されているのである。
　隠喩的に横滑りする平面というアイデアはコニーアイランドの

67 車道沿いの傾斜柱列という解決策は、オヴ・アラップが地上階の構造を検討する中で生まれた。ピロティ柱(何本かは傾斜している)と様々な角度で傾いた壁(スラブが片持ちになった部分では傾斜部がトラス構造をなしている)を組み合わせた構造である。《クンストハル》同様、各柱列の任意の要素は、同じ列に並ぶ別の要素から逸脱するように配置されている。こ

れは規則的なグリッド幾何学に対する挑戦である。1992年10月にOMAが検討していた平面図では、同一の柱断面をもつピロティの柱列が線分からなる3本の帯が交差した部分に配置されている。そのうち2列の起点は2つの居住ユニットが重なる部分を支える2本のピロティ柱である。第3の柱列の起点は庭園内の一点である。ゲーリングス邸ではトラスを剥き出しにした水

平の構造も採用されている。屋根の構造としてオヴ・アラップはOMAにいくつかの異なる提案を示している。複数の直交リブでスラブ外周部を補強する案や、内側に向かって屈曲した竜骨(キール)的な格子梁を用いる案や、複数の支点を設定して描かれたモーメント図に従ってスラブを曲げる案などである。そのいくつかにはオヴ・アラップがリールの《グラン・パレ》の楕円

形屋根に用いた方法の影響が認められるが、その他はモーメント図に従って彫刻的にスラブを分節し、地面のようなカーブを描き出す提案である。後者は《アガディール・コンヴェンションセンター》と同様に、構造を自然の一断片に変形する提案である。最終的に採用された水平材のシステムは3種類あり、いずれの場合も主構造と直交する二次的な小梁は同一のパターンを

アトラクションの一つである「カエル跳び鉄道」にも関係しているように思われる。「カエル跳び鉄道」は乗客で満員になった2台の車両が1本の線路を向かい合って走り、正面衝突する寸前に——付加された2本目の線路によって——一方が他方を乗り越え激突を回避するというアトラクションである。コールハースはこの重なり合いを「動物の交尾」[69]とも呼んでいる。《ホルテンの住宅》のずれた2枚のフロアはこの「カエル跳び鉄道」と同じように「一つの注目すべき体験の中で死を目前にした人間の性のメカニズム」[70]を表している。

住宅の中に「ずれ」を持ち込み、漂流する筏や「浮遊するスイミングプール」的に両親のユニットを遠ざけることによってコールハースは不可視の建築という詩的な目標を達成している。さらにこの住宅はホルテンの森の中で発見されたポンペイのヴィラの考古学的な廃墟とも言える。《ホルテンの住宅》が設計され工事が開始した1993年に、コールハースは「ミースをつくった家」というテクストを書いている。それはミース・ファン・デル・ローエがワッセナーに設計したクレーラー邸の原寸大模型の写真にまつわる物語で、コールハースの家族の思い出で締めくくられている——「私の母が駆け回っていた地面はその16年前にミースが建て損ねた家が舞い降りた場所だった。あれがミースをつくった家だったのだろうか?」[71]。この物語は《ホルテンの住宅》の横滑りするヴォリュームの意味を解き明かしている。つまりワッセナーの模型が解体された時と同じように森の風景を再び解放する存在なのである[72]。

1991〜93年にOMAはパリのラ・デファンスの《ザック・ダントン・オフィスタワー》コンペに取り組み勝利する。カプリ・エンタープライズが主催したコンペのプログラムは、屋内駐車場、会議場、クラブ、オフィス、レストランなどだった。《ホルテンの住宅》と同様にOMAの提案では——あたかも横力を受けたかのように——1枚の

描いている。第1のシステムは「直交フレーム」あるいは「直交グリッド」と呼ばれ、互いに直交してトラスへと至る5本の外梁から構成されている。第2のシステムである「リング」は「壁の箱」を囲むように配置された水平材と——コアからもっとも離れ平面の先端部分に向かって突出した部分——2本のピロティ柱上に架けられた孤立した梁から構成されている。第3のシステムは

「斜めのバナナ」と呼ばれるアーチ状の2本の梁であり、1本は「壁の箱」の直上に配置され、他方は2本のピロティ柱の上に架けられている(cf. Cecil Balmond, *Informelles Konstruieren*, in "Archis +", 1993, No.117, (pp.59-63), p.61)。「ガラスの箱」の境界線上に配置された細い鉄の円柱は、以上の検討後に導入されている。この鉄柱が原計画に含ま

れていなかったという事実は、コールハースの住宅とミースの一連のガラスの家の隔たりをはっきりと示している。ミースのガラスの家は、まず第1に外部の完全な眺望を前にして境界線上に柱列を置くものとして捉えられるからである。

68 *Building. Double vision* cit., p.50.

69 Koolhaas, *Delirious* cit., p.49.

70 Ibid., p.50.

71 OMA, Koolhaas, Mau, op. cit., p.63.

72 黒塗りのポシェを用いた《ホルテンの住宅》の平面図表現には、観念的な二項対立を追求する態度がよく表れている。パティオと両親のユニットの連続的な空間が白で表現され、娘たちのユニットの部屋や浴室付きの両親の寝室がソリッドのように黒く表現されている。

294.《ザック・ダントン・オフィスタワー・コンペ案》、透視図
295. ピラネージ『牢獄』の分析（セルゲイ・エイゼンシュタイン、1947年頃）

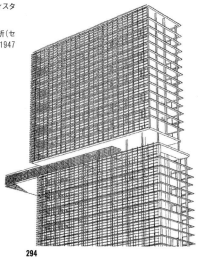

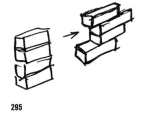

295

294

フロアを横にずらし構築主義的な力強いオーバーハングが生み出されている。あるいはこの操作によって抗いがたく大都市に引きつけられる「浮遊するスイミングプール」のもうひとつの旅がほのめかされていると言えるかもしれない。上層の14階分は別の方向、すなわちパリの中心部に向かってずれている。コールハースはこのプロジェクトが「パリに『近づこうと』している（中心からの絶え間ない引力によって?）」と述べたが、これは《ニュー・ウェルフェア島／観念的ランドスケープ》に登場した「引力」の再来である[73]。

《ザック・ダントン・オフィスタワー》の構造フレームはプレストレスト・コンクリート造である。矩形平面に配置された柱は3スパンあり、中央はサービスの帯で占められている。ジャン・ヌーヴェルが設計した「無限の塔」に正対するガラス・ファサードにはニーマイヤーの建築のようにランダムな形状の水平ルーバーが密に取り付けられ、下から見上げると岩盤の層理のように見える。自然の造形を思わせるこのルーバーについてコールハースは「ヌーヴェルの溶解するような完璧性に対峙する乱雑なバイタリティの主張である」[74]と述べている。

[73] OMA, Koolhaas, Mau, op. cit., p.1134.
エイゼンシュタインはピラネージの『牢獄』に関する独自の分析を行い、何枚かのスケッチを残している。四つの箱を積み重ねた絵が隣り合って二つ描かれ、一方では水平力を受けて間の二つの箱が横滑りしている（cf. Diana Agrest, *Design versus Non-Design,* in "Oppositions", 1976, No.6,

柔軟面のプロジェクト —— ジュシュー大学図書館、エデュカトリウム、カーディフ湾オペラハウス

《アガディール》の初期案にも似た厳格なモジュール上に打ち放しコンクリートの円柱が並び、屋根スラブを貫いて上方へのさらなる拡張をほのめかしている…。これはパリで1992年に計画されたジュシュー大学キャンパス内の二つの図書館——上下に重ねられた精密科学図書館と社会科学図書館——のコンペ案に現れる光景である。20世紀の教条的なスケルトンを示すコールハースのパースは、オーギュスト・ペレが描いた先駆的で概念的なシャンゼリゼ劇場のスケルトン図面——ル・コルビュジエのドミノ・システムの基礎となった——と密接に関係している。コールハースはこのような20世紀の教条的なスケルトンにあえて回帰することによって「自由な平面」や「フロアの積層」などの問題を再編し、連続的な上昇運動——「トラジェクトリー」——へ変容させている。《クンストハル》の螺旋を引き継ぐ「トラジェクトリー」の空間形態はパリの街路の新しい一断片となり人々を二つの図書館の中へ導いていく。

コールハースが構想した脚本は次の通りである——「来館者はボードレール風の遊歩者になり都市のシナリオに従って本と情報の世界を探検し誘惑される。一定のスケールと多様性を備えた平面の効果はほとんど街路と同じである。この大通りを介して超プログラム的な都市の要素のシステムが室内に構築される——広場・公園・モニュメンタルな階段・カフェ・店舗などである」[75]。

クリエは「変わろうとすればするほど同じままにとどまる」と名づけたダイアグラムにおいて、インターナショナル・スタイルやポストモダンの形態に身をやつしたドミノ・システムを描いている。《ジュシュー図書館コンペ案》はこのクリエの定式を乗り越える可能性を示している。

コールハースのプロジェクトにおいてフロアは「柔軟面」あるいは「社会的な魔法の絨毯」[76]に変容し、次々と連続する「トラジェクトリー」の一断片となっている。折れ曲がったスラブは《ダンスシアター》と同じく使用に適さない先細りの断面をつくり出すが、バロック的な空間効果をもたらしている。連続するプラットフォームはOMAに典型的な幾何学——平行に並ぶ帯や様々な角度の直線——

p.59)。スーパースタジオも1980年にエイゼンシュタイン的な「横滑り」をいかに生み出すか言及している(cf. "A+U", 1980, No.9, p.87)。

74　OMA, Koolhaas, Mau, op. cit., p.1134.

75　[Koolhaas-OMA], Two Libraries for Jussieu University, in "El Croquis", No.53+79, p.118.

76　Ibid., p.116.

296.《ジュシュー大学の二つの図書館コンペ案》(レム・コールハース／OMA、パリ、1992年)、模型。構造はオヴ・アラップ事務所と協働。パリ左岸サン・ベルナール通りにおける計画

297. 同上、紙を切り刻んでつくられたコンセプト模型

296

によって分割され、各部分に機能が割り当てられている(各断片はピラネージの『カンプス・マルティウス』の平面を思わせる)。OMAはすでに《クンストハル》や《グラン・パレ》においてこれに類似した連続曲面をつくりだしている。また1990年に計画されたハーグのヒルトン・ホテル・プロジェクトでは《ジュシュー大学図書館コンペ案》で用いたフロアを傾ける手法の萌芽が見いだされる。

　OMAは三つの手法を駆使して《ジュシュー大学図書館コンペ案》のコンセプトを表現している。一つ目は黒い背景上に描かれた白い線の軌跡である。模型写真をなぞったと思われるこの線は「トラジェクトリー」の動的な体験を表現している。「トラジェクトリー」だけを描いたドローイングはスケルトンだけを描いたペレやル・コル

77 Cf. Gilles Deleuze, *Le pli. Leibniz et le Baroque*, Paris, Editions de Minuit, 1988, Ital. transl., *La piega.* *Leibniz e il Barocco,* Turin, Einaudi, 2004, p.25.
78 Ibid., pp.24, 28.
79 「私にとってエリオ・オイチシカやリジア・クラークの作品は欠くことのできないものだ」とコールハースは1998年に語っている(Jean-François Chevrier,

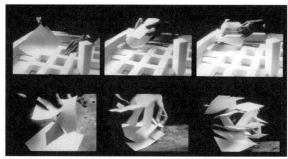

297

298. 同上、連続的トラジェクトリーのドローイング

299.『カミナンド（歩く）』（リジア・クラーク、1964〜66年）

300.《横浜中心部の計画》（レム・コールハース／OMA、1992年）。横浜都市デザインフォーラムにおける提案

ビュジエのドローイングに対抗するもので、ドゥルーズが『襞：ライプニッツとバロック』[77]で分析したクレーのドローイングの線のように、ドミノ・システムの厳格さをダイナミックなエネルギーに昇華させている。「ドミノのグリッド」と「湾曲スラブ」を両立させたコールハースのプロジェクトには、ドゥルーズがライプニッツやクレーの「バロック数学」に見いだした「直線と曲線の混合」を認めることができる[78]。

二つ目の表現ははさみで紙を切るコールハースの手を写した映画的な連続写真で、《ジュシュー図書館コンペ案》の設計プロセスを表している。エドゥアール・アルベール設計の大学校舎の前庭は一枚の紙となり、それを持ち上げ繰り返し切り込み折りたたむことによって図書館の「トラジェクトリー」がつくられるのである。この折り紙的な操作はリジア・クラークの作品にも似ている[79]。一連の写真は木と金属でつくられた模型よりも明確に規則的なドミノ・システムが導入された理由を物語っている——スケルトンに課せられた使命は、コールハースがヴォイド内を漂う存在として構想した「柔軟面」の無数の断片を支えることだけなのである。

三つ目の表現は「トラジェクトリー」の連続断面図である。ここで用いられた手法は《クンストハル》の螺旋を表現したドローイングと同じである。

《フランス国立図書館》の「メビウスの輪」の部屋。《オフィス・シティ》のねじれた連続体。直方体ヴォリュームを貫く《クンストハル》と《ジュシュー図書館》の連続的な通路。これらはOMA作品に現れ始めた新しく力強い象徴的・機能的な連続体の前奏曲である。1992年の

Entretien avec Rem Koolhaas. Changement de dimensions, in "L'architecture d'aujourd'hui", 2005, No.361, p.89）。

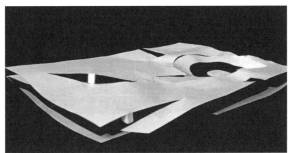

301.《エデュカトリウム》(レム・コールハース／OMA、ユトレヒト、1993〜97年)、検討時のスケッチ。構造は建築技術コンサルタントのスタジオABTと協働。《デ・オイトホフ》というキャンパス計画の一環としてルーヴェン通りに面して建設されている

302. 同上、1階平面図

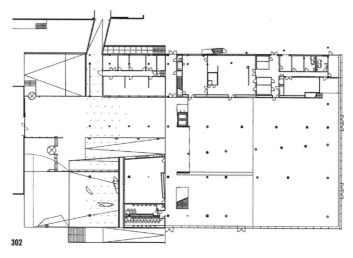

302

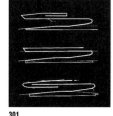

301

イベント「横浜都市デザインフォーラム」の一環として設計された波打つ屋根もその一つである。駐車場と市場を覆う横浜の大屋根は「プログラムの溶岩」あるいは「タペストリー」と隠喩的に定義されている——「私たちは建物を設計することを避けた。なぜなら建物は制約や分離と不可避的に結びついているからだ。連続的で無定形なプロジェクトはプログラムの溶岩となって敷地を呑み込んでいる」[80]

連続曲面の象徴的・機能的な性質はユトレヒト大学中心のリューフェン通り沿いに建設された《エデュカトリウム》でついに実現を果たす[81]。設計は1993年、建設は1995〜97年である。OMAは1985年にユトレヒト大学のマスタープラン《デ・オイトホフ2000》を計画し、キャンパス全体をオランダ建築の潮流を要約する複合体に変容させることを提案している。《エデュカトリウム》はこのマスタープランの最初の実現作品である。建物名称はすべての学科が利用するアクティビティの中心という役割を強調している。この建築はソヴィエトの労働者クラブのような学生たちの出会いと娯楽の場なのである。

《エデュカトリウム》の地下は駐輪場であり1階には大きなカフェテリアがある。他の階は大教室や試験室や会話・学習・休息のためのラウンジエリア、さらには「メガロン」「テアトロン」と呼ばれる二つのオーディトリアムで占められている。建物は「トランジトリウム1」

80 [Koolhaas-OMA], *Yokohama Urban Ring*, in "El Croquis", 1996, No.79, p.208.

81 構造はデルフト・フェルップの建築技術コンサルタント事務所スタジオABTのロブ・ネイセとステフェン・ラメーレ、アムステルダムのリンセン構造事務所(スタジオIBL)のヘンク・クニプスヘールとヘルマン・ベルグマンとの協働を通じて設計され

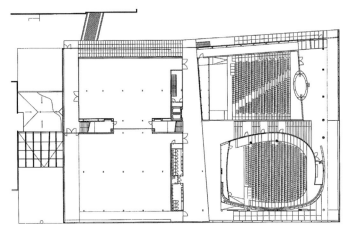

303. 同上、2階平面図

という細長い低層建物の末端部に接続し「ヴィレム・C・ファン・ユニック・ビル」というタワーにもつながっている。《エデュカトリウム》の一連の床スラブは地上階と屋根を切れ目なくつなげる理想的な連続スラブであり《ジュシュー大学図書館コンペ案》に由来している。そして、この連続スラブは「トランジトリウム1」から始まり、巻きつくように動き回る幅広で長大なトラジェクトリーの存在をほのめかしている。ねじ曲がったシンボリックな断面線は繰り返し折り曲げられてつくられたかのようであり、《エデュカトリウム》の内部には唯一枚の「フレキシブルな曲面」があるかのように見える。それはコールハースが《ジュシュー図書館》のコンセプトを説明する際に弄んだ1枚の紙に似ている。

　初期案はS字形に連続的に折れ曲がる形態だったが、「曲面」の下階と上階のギャップが大きくなりすぎるために却下された。次にOMAは1対のコの字形スラブをかみ合わせる方法を考案した。これは《ホルテンの住宅》の二つのユニットをずらすアイデアの展開と言えよう。この案は一方の端部に教室を、他方にオーディトリアムを収めるというプログラムの要請にふさわしい建物分割を成立させている。斜路とオーディトリアムを載せた傾斜床は建物端部で滑らかに湾曲してオーディトリアムを覆うフラットルーフとなり、直角に折れ曲

ている。環境制御に関しては、ロッテルダム郊外のゴーダに事務所を構える建設コンサルタントのスタジオW/Eのヒール・ボーンストラと協働している。初期案を展開したOMAのスタッフは、クリストフ・コーヌバート、ゲーリー・ベイツ、リュック・フェーハー、クレマン・ジレである。

255　驚異の時代

304.《エデュカトリウム》(1993〜97年)、外観

305. 同上。通路が二つのオーディトリアムを結びつけている

306. 同上。「メガロン」のプロジェクション・ブースの詳細

307.「スヴォボダ・クラブ」(メーリニコフ、モスクワ、1927年)、初期案のエントランス部分の透視図

308. コニーアイランドのルナ・パークに停泊する「サントス・デュモン飛行船9号」。『錯乱のニューヨーク』より抜粋

305

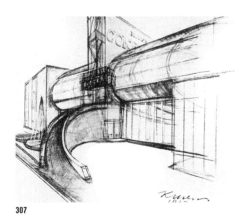

307

308

驚異の時代

309

310

311

309.《エデュカトリウム》(1993〜97年)、「テアトロン」内観

310. 同上、「メガロン」内観

311. 同上、「メガロン」の壁のディテール

312

312. 同上、大教室内観
313. 同上、「テアトロン」脇の通路

313

がったコの字形のスラブの間に深く突き刺さっている。このフラットルーフは上下に積み重ねられた教室を隔てる中間スラブとなり、直角に曲がる第2の「柔軟面」の屈曲部の手前で止まっている──1対のコの字形スラブをかみ合わせるアイデアはこのように可視化されている。スラブ小口の仕上げは「端部で折れ曲がる連続平面」の効果を強調しており、湾曲する第1の「柔軟面」の小口は打ち放しコンクリート仕上げで、直角に折れ曲がる第2の「曲面」の小口は左官で白く仕上げられている。

　プログラムが要請する機能は傾きながら連続する隠喩的な「曲面」によって整理されている[82]。《グラン・パレ》と同じく《エデュカトリウム》には二つのオーディトリアムが収められそれぞれ独立した外被によって覆われている。第1の「メガロン」は矩形の平面をもち、コンクリート打ち放しのソリッドな2枚の長い壁に挟まれた空間である。部屋の後方はガラス壁で、一部には卵形のシンボリックなプロジェクション・ブースが挿入されている。第2のオーディトリアム「テアトロン」は楕円形の平面をもち、《グラン・パレ》と同じく重なり合う2枚の湾曲壁によって仕切られている。2枚の壁が重なる部分は入口とプロジェクション・ブースとなっている。湾曲壁の一方は不透明な木製パネルで覆われ他方はガラス面である。後者は古代の屋外劇場のように自然の風景を垣間見せている（金色のカーテンによって閉じることもできる）。

　二つのオーディトリアムの壁の間は動線空間である。メガロンの直線的な打ち放しコンクリートの壁とテアトロンの光沢のある金属板で仕上げられた湾曲壁の間には木の踏板が挿入されているが、これは《グラン・パレ》の二つのオーディトリアムの間に挿入された劇的な階段のヴァリエーションと言えるだろう。「曲面」の湾曲部の内側はメーリニコフを思わせる寄せ木で仕上げられている[83]。この湾曲部は外側に突き出して階下のカフェテリアのガラス面を守る庇を兼ねている。なおカフェのガラス面は傾斜しており湾曲するスラブに直交している。さらにテアトロン背後の狭い通路を押し広げるために湾曲部の一部が切り欠かれ、水平のスラブが外側に飛び出している。この飛び出し部分には寄せ木仕上げは張られず湾曲部を支える鉄骨構造が

[82]「多様な環境を生み出すために、単一の空間や部屋をつくるのではなく、一続きの小さなホワイエやラウンジに分割しうる領域が構想されている」([Koolhaas-OMA], *Educatorium in Utrecht,* in "El Croquis", No.53+79, p.302)

[83]「柔軟面」の湾曲した末端部はメーリニコフ設計のモスクワ自由工場クラブ初期案（1927年）に類似している。

剥き出しにされている —— これはサル・ゼニットの切り欠かれた天井にすでに現れていたミケランジェロ的な「無仕上げ〔アンフィニッシュト〕」の趣向である。

　建物の南側境界部に設置された避難階段は外向きの運動を与える要素である。メガロン南側の1対の壁と建物中央の縦断通路の側壁の向きはこの階段の傾斜角度によって決められている。コールハースは彼なりに恣意性を排しながら矩形の平面に幾何学的な変化を与えているのである。似たような論理はメガロンの座席間に設けられた通路にも見いだされる（通路は建物の長方形の対角線上にある）。このように数々の要素が独特の幾何学に従って配置されているが、先例としては《クンストハル》と《グラン・パレ》の傾斜スラブに直交する柱列や、独特の構造的ロジックに従った《ホルテンの住宅》の柱配置が挙げられる。また避難階段の突出を《グラン・パレ》のポリカーボネート被覆と同じく有機的運動の隠喩として捉えることもできる。《エデュカトリウム》ではこの運動にひきずられて建物の先端部分が回転している。

　相異なる構造ロジックに基づくスラブの断片をつなげながら「曲面」の厚さを一様にするために、名人芸的な構造形態が考案されている。テアトロンの屋根では構造要素をスラブの厚みから解放しその上部に移動させる方法がとられているが、これは《クンストハル》と《グラン・パレ》で部分的に適用されたアイデアに基づいている。一方、屋根中央部の卵形部分では鉄筋コンクリート・スラブの下面に鉄骨の補強材が垂れ下がっている（材端部はコンクリート内に埋め込んだ金物に固定されている）。この補強材は懸垂線を描き短い圧縮材を介してスラブを下面から支えている。これは《グラン・パレ》の「ロッド梁」に似た手法と言えるだろう。

　3階には対になった二つの大教室があり階段を収めた吹き抜けによって隔てられている。これらの大教室はコールハースが「基準平面」というエッセイで描写したアメリカのオフィス空間に類似している —— たとえばグレーに塗装したH形鋼の柱や、照明と空調ダクトを収めた白いシステム天井などである。しかし屋根に覆われた最上階〔4階〕の大教室ではH形鋼柱が白い布張りの天井を貫き、空間は雲に覆われたようなシュルレアルな柔らかさに包まれている。これは他の作品で布張りの壁〔カピトネ〕の仕上げが生み出したような感覚である。

　オーディトリアムの傾斜床の真下は1階のカフェテリアである。ここでは大多数の柱は鉄筋コンクリート造だが、数本の円柱だけは鋼管で《グラン・パレ》と同様に柱脚部に空調ダクトを備えている。形の異なる二つのオーディトリアムを支えているので柱の配置パターンは不規則であり構造的な秩序はほとんどない。これはコールハースの

言う「『ランダム』柱」である[84]。この柱の配置パターンにはさらに変形が加えられ空間内に粗密が生み出されている。具体的には南側ゾーンで柱が多く北側で少なくなるが、これは南側の不透明壁から北側の透明ガラス面へ至る空間的シークエンスと一致している。ベルラーヘはアムステルダム証券取引所のメイン・ホールにおいて、柱の本数を減らして1階で最小限としたが、同様に《エデュカトリウム》でもコンクリート柱の上に架けられた鉄骨トラス梁によって数本の柱が取り除かれている。これは《ダラヴァ邸》で用いた方法の一種である。テアトロンのガラス面に隣接する構造体は圧縮材(コンクリートの支柱)と引張材(鉄骨のタイロッド)を組み合わせたシステムである。この構造も低層階の柱の本数を減らす工夫であり、梁を屋根上に配置するコールハース流の手法の応用と言える。教室の構造の一部も屋根上にまたがる梁から吊り下げられ、フィーレンディール梁を付加することによって、さらに数本の柱が1階から姿を消している。1階を横切る黄色の大理石で覆われた長い壁はベルリンの壁や《エクソダス》を想起させる。これは《グラン・パレ》や《ダラヴァ邸》の板張り壁を石に置き換えたものと言える[85]。

　コールハースは1994年の《カーディフ湾オペラハウス》のコンペ案でもコンクリート・スラブを「曲面として扱い」[86]、形態的な可能性を引き出している。《ホルテンの住宅》や《エデュカトリウム》のように、このプロジェクトでも部分間の運動が演出されている。但し《ホルテンの住宅》では二つの部分が横滑りし、《エデュカトリウム》では相互貫入していたが、《カーディフ湾オペラハウス》では二つの部分が

[84] [Koolhaas-OMA], *Educatorium in Utrecht* cit., p.302.
[85] この二つのオーディトリアムに関してOMAは「壁」という言葉を構造特性ではなく形・厚み・透明度を示すものとして用いている。このような現象学的概念から導かれた考え方は、コールハースが「ベルリンの壁」や「エクソダス」の「ストリップ」について考察していた時期にまで遡る(site www.oma.nl; cf. also *Educatorium in Utrecht* cit., p.302)。《エデュカトリウム》では人工照明が各空間に差異と特徴を与えている。構造と同じく人工照明にも様々な手法が組み合わされている。カフェテリアでは角度が可変のスポットライトが三つずつまとめられ、打ち放しコンクリートの傾斜スラブを照らし出している。これらは柱と鉄骨トラスに据え付けられ、高さは様々である。スラブが低い部分の照明はコンクリートスラブや天井に直接埋め込まれている。これらは黒の鉄板か石膏パネルの天井にランダムに配置されている。人々が集まる場所や動線空間では、角度が可変のスポットライトが天井から吊り下げられている(空間の高さによって、直接天井に固定されている場合と長いポールによって吊られている場合がある)。二つのオーディトリアム内部のように天井面のスラブに厳格な幾何学構造が与えられている部分では、照明システムは構造論理に従い《クンストハル》で用いられた透明ポリカーボネート波板の壁が再び採用され、内部に蛍光灯が収められている。但し《エデュカトリウム》では波板の背後に赤い壁が据えられている(これは「光の壁」と呼ばれる)。講義室ではパネル天井に埋め込まれた照明器具と天井から吊られた照明器具によって、拡散光に満ちたきわめて明るい空間が生まれている。カフェテリアとオーディトリアムに至る内部斜路の上方スラブには、太陽のように丸い演劇的な照明器具が据え付けられている。《エデュカトリウム》では二つの部分に異なるスラブ構造が採用され、設備の配管システムもそれぞれで異なっている。スラブが鉄筋コンクリート造の部分では配管は吊り下げられ、吊り天井のないところでは剥き出しにされている。ガラス壁面と階段に沿った部分では、電気と空調の配管は特殊なケースに収められて地上面を走り、しばしば金属製のグリルに覆われてパラペットとしても機能している。これらの配管は狭間の空間に収められるか、「メガロン」横の廊下に見られるように壁に固定されている。カフェテリアの空調ダクト

「衝突」している。《ダンスシアター》や《ネクサス・ワールド》にも似た「衝突」は、二つのヴォリュームの対照的な物質性——硬さと柔らかさの対比——を明らかにしている。ここでは『プールの物語』で描かれた鉄の「浮遊するスイミングプール」とプラスチックの「メデューズ号の筏」の対比や、ダリの絵画にしばしば現れるオブジェクトが思い起こされる。ダリは「偏執症的＝批判的活動」の究極的な本質を「偏執症は柔らかく、批判は硬い」[87]と説明しているが、この言葉は《カーディフ湾オペラハウス》を理解する上できわめて重要である。

《カーディフ湾オペラハウス》の三つの主要部分——劇場ホール、ホワイエ、作業場である「ファクトリー」——には異なる象徴的形態が与えられている。コールハースが述べた通り3者はあたかもガルニエのオペラハウスから形態的な仮面を剥ぎ取ったかのように配置され、通常は隠蔽される舞台裏の機能部分と客席部分のアンバランスさが露わになっている[88]。「ファクトリー」は独立した直方体だが、ホールとホワイエは連続スラブでつながっている。エントランスからホワイエへと続く床はホールの屋根となり、さらに折れ曲がってミース的なフラットルーフに変わりホワイエの空間を覆い込んでいる。各部分の関係をさらに詳しく説明すると次のようになるだろう——まずホワイエの床スラブとフラットルーフが「ファクトリー」の直方体に接近し、衝突直前に床スラブは折れ曲がってホールの屋根になる。スラブはさらに湾曲して今度はホワイエの硬いフラットルーフと衝突し、ホールのバルコニー席を生み出す。最後にバルコニー席の背面が2重の壁となってそこにコントロール・ブースが収められる。実際の設計は金属製の円筒で覆われた特別なY型柱の内部に収められている。ダクトの直径はコンクリート柱と同じで、カフェの内側とガラス壁面に沿った部分に配置されている。目には見えないが《エデュカトリウム》では他にも排気システムに関する重要な工夫がなされている。「可能な限り天井を設けないことでコンクリート構造体を蓄熱体として利用している。夏季には夜間換気を用いてコンクリートを冷却し、建物が昼間に再び熱をもつまでの間に長い時間差をつくりだす。よく吟味された構造体を夜間換気と結びつけることにより、機械冷房の必要性が減少するのである

[…]。室内気候は定期的に計測されているので、建物の使用者の人数に対応した措置をとることができ、換気によるロスが抑制される。このような方法に必要な設備は最大限建物に統合されている。《エデュカトリウム》ではサーマルホイールを用いて熱交換換気を行う中央空調システムが採用されている。換気された空気は強制空気システムによって機械的に排出される。新鮮空気は低速度で床や柱から導入されて汚染空気と置き換わり、汚染空気は上方から排出される。レストランには森のように鉄とコンクリートの柱が立ち並んでいるが、一部は給気の機能を担う足元に薄い金網が設けられている。それらは十字形のコンクリート柱に金属製の覆いをかぶせたもので、柱と覆いの狭間を新鮮空気が流れ、柱の足元部分からも吹き出している。暖房時にはユトレヒト大学の総合発電施設が熱供給を行っている。夏季には発電の一次プロセスにおいて発生した熱が地下に蓄えられ、冬季に大学全体で用いられる。《エデュカトリウム》には蓄えられた熱を直接利用する低温暖房システムが設けられている。《エデュカトリウム》の部屋は対流暖房・輻射暖房・換気熱暖房を利用することによって適切な温度に保たれている」

(*Ecological Model*, in Janny Rodermond, ed., *Educatorium. Office for Metropolitan Architecture. Synthetic Landscape*, Utrecht, Universiteit Utrecht, n.d., (pp.56-59), pp.58, 59)

86 Site www.oma.nl.
87 Dalí, op. cit., p.18.
88 [Koolhaas-OMA], *Cardiff Bay Opera House*, in "El Croquis", No.53+79, p.147.
89 Ibid., p.148.

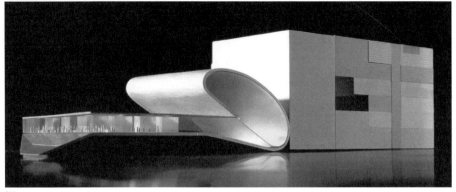

314.

314. 《カーディフ湾オペラハウスコンペ案》(レム・コールハース／OMA、ウェールズ、1994年)、模型。構造はオヴ・アラップ事務所と協働

315. 『記憶の固執』の一部分(サルバドール・ダリ、1931年。ニューヨーク近代美術館所蔵)

315.

プロセスとは異なるが、コールハースはこのコントロール・ブースを「ループの空洞部に穿たれた部屋」[89]と呼び、それが構造の厚みを取り除いてシェルだけを残した結果だと説明している――これはカーン的なポシェのコンセプトに通底している。

　湾曲した「柔軟面」は晩年のル・コルビュジエやニーマイヤーの作品の曲面に似た彫刻的な質を備えている。しかしコールハースの作品に表れる可塑的な効果はむしろシュルレアリスム的な衝突によって惹起された変形の結果なのである。

　ディプロマ・ユニット9の「テクトニック」と同じく「ファクトリー」は小部分のアサンブラージュである。但し各部分は突出することなく直方体の輪郭の内側に詰め込まれている。「ファクトリー」の直方体に穴を穿ちホールの柔軟なスラブを切り欠いてつくられた舞台は、劇作品の制作と観覧の象徴的な結節点であり、直方体と柔軟なスラブが「交接」[90]する場所である(その意味するところは《ホルテンの住宅》の斜路に似ている)。ホワイエの屋根は連続的な分厚い板であり、中には鉄骨梁が隠されている。この梁は四つの直方体によって支えられている(直方体の平面は正方形で、各頂点に1本ずつ鉄骨柱が配置されている)。境界部がガラスで覆われた中空の直方体は上方からの採光を確保すると同時に設備・階段・エスカレーターを内包し、カーンが設計したイェール大学アート・ギャラリーのコンクリートの円筒やジョンソンの「ガラスの家」のレンガの円筒にも似ている。しかしコールハース自身は彼の「柱(パイロン)」をミース的な光庭、つまり仕上げによって非物質化された存在として捉えている。「構造の実体(エビデンス)は最小化され――神秘は最大化

90　Ibid.
91　Ibid.
92　Jacques-François Blondel, *Cours d'Architecture*, Paris, Desaint, 1771, vol.I, p.422.
93　AMOMA, Rem Koolhaas, &&&, Simon Brown, Jon Link, *Content*,

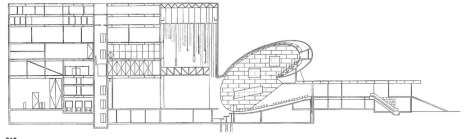

316.《カーディフ湾オペラハウス コンペ案》(1994年)、断面図
317.《ルクソール・シアター・コンペ案》(レム・コールハース／OMA、ロッテルダム、1996年)

される」[91]というコールハースの言葉は、18世紀にジャック=フランソワ・ブロンデルが示した「神秘的建築」の概念と無意識に共鳴している。ブロンデルの「神秘的建築」も同じように構造を包み隠すことによって生まれた建築だからである[92]。

《カーディフ湾オペラハウス》設計案は1996年にロッテルダムで開催された《ルクソール・シアター》のコンペで多少の変更を施して再提案されている。さらに「ファクトリー」の直方体は1995年の《チューリヒ劇場増築案》にも応用されている。チューリヒのプロジェクトではプログラムが要請する各機能が「ファクトリー」のような「密閉された箱」[93]の中に詰め込まれ、機能の狭間に生じた余白の空間が公共空間や展示空間となっている。

フロアラックの住宅、あるいは「浮遊する箱」の住宅

《ダンスシアター》、《ホルテンの住宅》、《カーディフ湾オペラハウス》、《サン=クルーの住宅》の浮遊する箱には「建物の一部分が横滑りする」という隠喩が込められている。ボルドー近郊の《フロアラックの住宅》の「神秘的に宙に浮かんだ箱」というアイデアはこの隠喩の連続線上にある。《フロアラックの住宅》はきわめて風変わりな建築で、ほとんど存在しないかのような支持体の上で横滑りしている箱である。フランスの地方新聞『シュッド・ウエスト』紙編集者のジャン=フランソワ・ルモワンヌ氏とその妻エレーヌ、3人の子どもたちのために計画され、設計は1994～96年、建設は1996～98年に実施されている[94]。《クンストハル》や《ホルテンの住宅》と同じように、ここでもコールハース

Taschen, 2004, p.530。2002年の《広州オペラハウス・コンペ案》においても《カーディフ湾オペラハウス》のように湾曲面と直方体を並置する手法が用いられている。ただし直方体は直交グリッドに基づくフレームへと変形している。

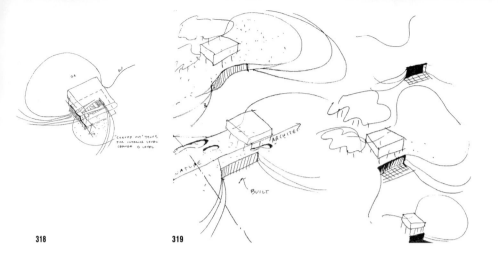

318

319

318-319.《フロアラックの住宅（ルモワンヌ邸）》（レム・コールハース／OMA、ボルドー郊外、1994〜98年）、初期案のスケッチ。構造はオヴ・アラップ事務所と協働

はバルモンドとの協働を通じて独自の隠喩的形態に基づく構造要素を編み出している。しかもこの住宅では隠喩的な形態とプログラムと構造を一つのシステムに統合する難事業が、「コラージュ」「テクトニック」「優美な屍骸」といった自由を生み出す発想に一切頼ることなく成し遂げられているのである。

《フロアラックの住宅》は眺望の良い丘の上に建っている。地上9m以上の高さの建物は禁止され、ボルドーの谷から視認される色彩の使用も規制された敷地である。この住宅は交通事故によって1991年から車椅子生活を余儀なくされている身体障害者の施主のために設計されたものである。

初期のドローイングではサヴォア邸のような正方形平面の直方体をピロティ柱上に置いた2通りの基本計画がスタディされている。一つ目は《サン゠クルーの住宅》や《ホルテンの住宅》のように異なるテクトニックの層を積み重ねる方法であり、二つ目は地面を掘り込んで長い斜路をつくり（「掘り込まれた傾斜」）車椅子の移動を円滑にする方法である。斜路によって住宅内の様々な高さを結びつける検討も行われ、《エデュカトリウム》に似た湾曲スラブも試されている。しかし次の案では《アガディール》の計画のように波打つ基壇をつくり、その上に箱を載せて箱と半地下の基壇の間のヴォイドを「二つの間」と定義している。ここから「水平な住宅を垂直に組織化する」という案が導かれ、斜路が巨大な可動プラットフォームに置き換わり《ダラヴァ邸》的

94 この新聞編集者は1998年にコールハースと伊東豊雄とゲーリーにコンタクトし、ボルドーの住宅のスケッチを描くよう依頼した。数年を経て彼は家を建てることを決意し、今度はコールハースだけに直接連絡をとった。エレーヌ・ルモワンヌはコールハースとヘルツォーグ＆ド・ムーロンの間で揺れ動いていたと述べている（これは2004年7月8日に著者に語ったことである）。この

320. 同上、初期案の透視図
321. 同上、下層平面図

な3層構成が登場する。

　最終案に近づくと地下部分は「不可視の台座」と呼ばれるようになる。さらに「台座」上空に浮かぶ箱は「浮遊する箱」、「台座」上に置かれる箱は「横たわる箱」と位置に応じて呼び分けられている。最終案は「パティオ・ハウス」とも呼ばれている。この名は住宅の主要部分と、守衛とゲストが利用するアネックスの双方が面している巨大な中庭の存在を強調する際に用いられる。

　《フロアラックの住宅》は三つの層から構成され、キッチンに始まり寝室に終わる伝統的な機能配置を踏襲しているように見える。しかし実際には3層は相異なる生活の質を備えている。地面に沈んだ第1層は人工的な洞窟であり、田園風景に連続する第2層は理想的な無限平面である。そして3層目は空飛ぶオブジェクトの内部である。三つの層は垂直方向にも二つに分割され、最上階に二つのユニットが置かれている。一方は両親用、他方は子ども用のユニットで、それぞれ独立したアクセスと浴室を備えている。《サン=クルーの住宅》では二つのユニットは「浮遊するスイミングプール」の両脇に配置されガラス張りの共有空間上に浮かぶ二つの箱として解釈されていた。一方《フロアラックの住宅》では全面ガラス張りの共有空間上に浮かんでいる点は同じだが、二つのユニットは単一の箱の中にまとめられている。このように類似したプログラムでありながら異なる構成がとられた背景には「浮遊するスイミングプール」の 変容(メタモルフォーシス) が認められる――《フ

住宅に関しては以下も参照。
Beatrice Lampariello, *Villa a Floirac. Rem Koolhaas/OMA 1994-1998*, thesis, Università degli Studi Roma Tre, Facoltà di Architettura, with Prof. Roberto Gargiani, 2005-06.

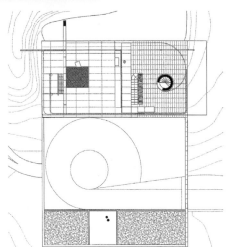

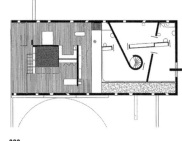

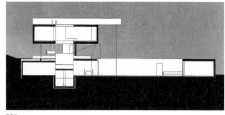

322.《フロアラックの住宅(ルモワンヌ邸)》(1994〜98年)、中間層平面図

323. 同上、上層平面図

324. 同上、断面図

ロアラックの住宅》ではプールは表に出ていないのである。

　住宅の最下層は壁に囲まれた矩形平面の空間で、一部が地中に埋まっている。平面全体は《サン=クルーの住宅》の敷地や《ホルテンの住宅》の基壇と同様に3本の帯に分割されている。もっとも幅が広い中央の帯は中庭で、次の帯は住宅の1層目すなわちキッチン、食堂、テレビ室、サービス室(ワードローブ・倉庫・機械室・パントリー・洗濯室)を収めている。そして第3の帯は二つの小さな平屋ユニットによって占められる。平屋ユニットは中央の中庭と接続する小さな中庭(パティオ)によって隔てられ、片方は浴室を備えたゲスト用寝室、もう片方は浴室・キッチン・ダイニングを備えた守衛用の寝室である。それぞれの帯の幅は単純なプロポーション規則に従って調整されている[95]。

　眺望を遮る住宅の境界壁は《エクソダスあるいは建築の自発的な囚人》の壁のようである[96]——ただし谷を望む部分には巨大な円形の回転窓が開けられている。車椅子を使用せざるをえない施主にとって

[95] 二つの住戸ユニットを収めた帯の奥行きは箱全体の奥行きの半分である。中央の中庭の対角線は箱全体の長さと一致し、住宅を囲い込む壁の短辺長さは箱の奥行きの2倍である。二つの上層階の長方形平面の奥行きは二つの住戸ユニットと中庭を収めた帯の2倍である。

[96] 以下を参照。
Jacques Lucan, *OMA/Rem Koolhaas, une maison à Bordeaux. Prisonniers volontaires de l'architecture*, in "Le moniteur architecture. AMC", 1998, No.91, pp.58-61.

[97] [Koolhaas-OMA], *Maison à Bordeaux* cit., p.134.

[98] 設計途中ではアクセス道路をまたがる鉄骨トラスから中庭の床スラブを吊り下げる案も検討されている。スラブ下部に横たわ

325-327. 同上、外観とディテール

325

326

327

「建築の囚人」というコンセプトはきわめて実質的な意味をもっている。後にコールハースは「私は複雑な家が欲しい。家が私の世界そのものだから」という施主の言葉を回想している[97]。境界壁の道路側の立面はボルドー産の長方形の石板で仕上げられているが、石は地域の伝統的な方法ではなくトラバーチンのように粗い表面になるように切り出されている。石板の寸法と割り付けは《エクソダス》や《マイアミの住宅》、《クンストハル》と同じく組積造壁を模倣している[98]。

　1層目を収めた帯は透明あるいは半透明のガラス面を通じて中庭(パティオ)に開かれている。ガラス面からわずかに離れて黒く塗装した鉄骨円柱が並び上階の床スラブを支えている(これは《ホルテンの住宅》ですでに用いられた手法である)。帯の反対側は地中に埋まり壁が出たり引っ込んだりしている。効果的に盛土を行い、地面を穿つことによって自然の洞窟に似た空間が生み出されているのである。キッチンではOMAが公共建築に用いた手法が住宅にも応用されている。すなわち上階の床ス

る巨大な岩には「浮遊する箱」の屋根上の梁から伸びるタイロッドが緊結され、何本かのピロティ柱も剝き出しになっている。アクセス道路が入り込む部分では住宅のヴォリューム全体が片持ちになり箱のように浮遊している。鉄骨トラスの隙間は石で埋められ、住宅を囲い込む壁のイメージと共振している。ここでは不揃いな自然素材が鉄骨材と結びついて詩的な混構造を生み出している(巨大な岩に緊結された梁のタイロッドも同様の効果を与える)。伝統的な構法ではモルタルが石と石を結びつけるが、これを鉄骨梁に置き換えることによって技術・素材・形態が対比されている。これはヘルツォーク&ド・ムーロンも関心を寄せたテーマである。

328.《フロアラックの住宅(ルモワンヌ邸)》(1994〜98年)、外観

ラブから設備配管と照明配線を吊り下げ、透明ポリカーボネート・パネルの傾斜天井で覆っているのである。

　子どもたちのユニットには螺旋階段を上ってアクセスする。両親のユニットには急勾配の直通階段か3m×3.5mの油圧式エレベーターによってアクセスする。車椅子の施主の移動を円滑にするプラットフォームは「動く書斎」であると同時にロッテルダムの《パティオ・ヴィラ》のようなヴォイドをつくりだしている。このようなプラットフォームをコールハースは《写真美術館》と《クンストハルⅠ》でも設計しているが、すべては『錯乱のニューヨーク』に登場するオーティス社の1853年製プラットフォームに由来する。さらに言えばラジオ・シティ・ミュージック・ホールの貨物用エレベーターも《フロアラックの住宅》と同様に「きらめく巨大なピストン」[99]によって駆動している。なお1959年に上映されたジョーゼフ・L・マンキーウィッツ監督の『去年の夏、突然に』では登場人物のヴァイオレット・ヴェナブルが車椅子に乗ったままプラットフォームで家の中を垂直移動するが、この映画のテーマはロボトミー手術である。プラットフォームのメカニズムについてはルーヴル美術館のピラミッドの中にあるバリアフリー用のピストン式の円形プラットフォームが参照されている。

　両親と子どもたちのユニットの間には1階と2階だけをつなぐ

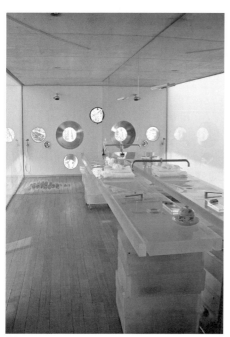

329. 同上、両親の浴室の内観

330. 同上、キッチン内観

331. 同上、エレーヌの寝室

332. 同上、居間の可動プラットフォーム

もうひとつの階段が挿入されている。ゆるやかに波打つ壁に沿って薄暗い「洞窟」から明るく眺望が開ける空間へと上っていく空間体験は《ホルテンの住宅》の斜路に似ている。多様な動線によって親子の独立性を確保する平面計画は《サン=クルーの住宅》にも特徴的に現れたモチーフである。

《フロアラックの住宅》の中間階は周辺の地盤とレベルが一致している。天井高2.4mの空間は2枚の長方形スラブに挟まれ、内外はガラスとアルミのパネルによって仕切られている。芝生の庭に面した2枚の大きなガラス面は床と天井のレールに沿って電動でスライドし全開することが可能である。《ダラヴァ邸》のコンクリート壁と同じように、このガラス面はアルミニウム製の低いキャビネット(暖房とスピーカーを収めている)やスタジオ空間のはめ殺し窓を切り裂いているように見えるが、実際には各要素はガラス引き戸の前後であらかじめ分割されている。スラブには他にも複数のレールが埋め込まれドレープ、タペストリー、カーテン、絵画、照明、ドアから鳩用の鳥籠に至るまで様々な要素を動かす複雑なシステムを構築している。

中間階の空間は一見するとミースの住宅のようである。しかしミースの住宅では白いスラブが繊細な柱で支えられているのに対し《フロアラックの住宅》では打ち放しコンクリートの巨大な箱の構造体が覆い被さっている。中間階はこの箱によって圧縮されているので、徹底的に開放的であるにもかかわらず階下の「洞窟」的性質をある程度引き継いでいる。《ダラヴァ邸》と同様にそこは住居的な質を備えた場所というよりも「　間　」(インビトゥイーン)の空間であり、風景に対して完全に開放された介在的な層である(ここでの生活は戸外の岩陰での暮らしにも似ている)。スタジオと居間の床は公共施設で用いられるようなアルミニウム板で仕上げられ、ガラス面を越えて芝生との境界線まで延びている。この床はスーパースタジオのドローイングや《エクソダス》の「菜園」のそれと同じく抽象的で理念的な性質を帯びた平面と言える。

最上階ではほぼ正方形平面をもつ二つのユニットが単一のコンクリートの箱に押し込められている。それぞれのユニットには複数の寝室と浴室が収められている。二つのユニットを隔てているのは床ス

---

[99] Koolhaas, *Delirious* cit., p.12.
OMAは平底貨物船の可動船室も参照している。運河に架かる低い橋梁をくぐる際に高さを下げる機構を備えた船室である。OMAによる以下の解説は「浮遊するスイミングプール」というコールハースのコンセプトの背景に平底貨物船の影響があることを指し示している。「オランダは水の国である。途方もない数の運河があり、国が北海に沈まぬよう永遠に水を排出し続けて

いる。運河は集中的な水上の物流も支えてきた。長きにわたり貨物船は低い橋梁の下をくぐるために船尾の船室から船首を操舵することを余儀なくされたが、これは大量の貨物をあきらめることを意味していた。この問題を

解決するために、船室は最終的に可動プラットフォーム上に載せられた。こうすることで制御タワーは高い位置から360度の視界を獲得し、貨物の積載量は最大化されたのである。低い橋梁の下をくぐる際には船室は貨

ラブと屋根を真っ二つに分けるコールハース好みの細長い中庭(パティオ)であり、自然光もそこから確保される。但し《フロアラックの住宅》では箱の側壁が連続しているので《サン゠クルーの住宅》のように完全に二つの箱に分断されることからは免れている。つまり一見すると単一の箱だが最上階の空間は予想に反して2枚のプラットフォームから構成されているのである。それぞれのプラットフォームは重心で支えられ釣り合っているが、これらも真ん中が一本足で支えられた正方形の可動プラットフォームと言えるだろう。

　構造デザインの狙いはソリッドで重厚なブロックが宙に浮かんでいるように見せることにある。空間の性質と平面計画はこの構造デザインから導かれている。バルモンドはOMAが要求した理念的な構成を次のようにまとめている――「基本のテクトニックは宙に浮かぶ箱でありその中に寝室が収められる。箱の下部はガラスで囲われた居間となる」。丘の上の敷地を訪れたバルモンドはこの要求を「魔法の絨毯」のような家を想像することだと理解した[100]。コニーアイランドは「空想世界のテクノロジー」によって「魔法の絨毯」に変えられていたが[101]、《フロアラックの住宅》では照明や空調や調香の効果ではなく構造体そのものが空想的で感性を刺激する存在となっている。

　この住宅には三つの基本的な構造要素がある。一つ目は鉄骨の門型フレーム、二つ目は鉄骨梁とタイロッドを組み合わせたコンクリートのピロティ柱、そして三つ目は宙に浮かぶ巨大なコンクリートの箱である。これらの構造の一部は《サン゠クルーの住宅》や《クンストハル》の構造に由来している。

　最初期のスケッチでは箱を岩から吊り下げる想定で案が作成されている。箱にタイロッドを取り付け、支柱を介しておもりと結びつける方法は構築主義のプロジェクトのようである。丘の形状を定め、箱を地面から支えることを決定した後には1本の巨大なピロティ柱の上に箱をバランスさせる案が検討された。ピロティ柱を箱の片側に寄せて配置し、X状の構造を介して箱の外壁と結びつけ、もう片側の端部では補強として1本の梁を屋根上に加えるのである。次の段階では支点の位置を箱の重心へ移動させる案が検討されたが、不安定感を

物の間に沈み込むことができる。時が経つにつれてこの原理は洗練され、今日では好ましい快適性と安全性を保ったまま部屋全体が上下できるようになった。この原理はボルドーの家にとって理想的に思われた。なぜなら

フロアのプログラム的要素として垂直的にも水平的にも機能する装置が求められたからである」(OMA, *Genesis of the elevator-as-room,* in Jacques, OMA Rem Koolhaas cit., p.92)。

2001年にジャン゠フランソワ・ルモワンヌが亡くなった後、住宅のプラットフォームはエレーヌの私室に改造された。

[100] Balmond, *Informal* cit., p.24.

[101] Koolhaas, *Delirious* cit., p.51.

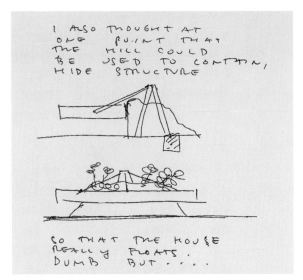

333.《フロアラックの住宅(ルモワヌ邸)》(1994〜98年)、初期の構造スケッチ

残すために支柱に逆くさび形と球形が採用されている。いずれの場合でも支柱が屋根を突き抜けて箱の一部と結びつき、ヴォリュームを吊り下げるという当初の構造的仮説がいくらか取り戻されている。くさび形の支柱で住宅を支える案は《ダンスシアター》でも参照したレオニドフのレーニン研究所の逆円錐に基づく構造と考えられる。またニーマイヤーは1970年代に中心の1点で支えた巨大な箱を設計し、箱の端部にケーブルを張っている。《フロアラックの住宅》の構造スケッチの中には、箱の下面をアーチ状に歪めて曲率の異なる二つの曲面が地面に接するというアイデアも現れているが、これは球を極端に変形させた案であり、《アガディール》の断面の影響が認められる[102]。

球という「地上的な台座を否定する」[103]形態を支柱にするアイデアはルドゥーの「耕作番人の家」以来の伝統に連なっている。ハンス・ゼードルマイアーは1948年にルドゥーの球について言及した直後にレオニドフのレーニン研究所について次のように述べている──「この球はもはや地面に接することなく宙に浮かんでいる。それはガラスと鉄でつくられたボールであり、一見すると何からも支えられていない。唯一の支えは球の下部にある蜘蛛の巣のように繊細な逆円錐形の鉄のスクリーンであり、先端だけが地面に接している」[104]。中心と

102 いくつかの検討案ではパティオを囲い込む壁が立ち上がり「浮遊する箱」を支持する構造になっている。これは《ダラヴァ邸》のコンクリート壁が娘たちのユニットの箱を支えているのと同じ手法である。

103 Hans Sedlmayr, *Verlust der Mitte,* Salzburg, O. Müller, 1948, Ital. transl., Perdita del centro, Rome, Borla, 1983, p.129.

334. 同上、構造のアクソメ図
335. 同上、構造のスケッチ

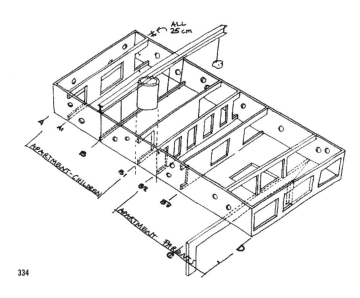

334

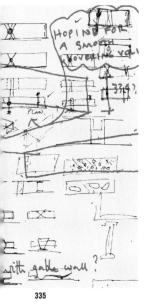

335

安定性という伝統的概念の喪失を議論する中でゼードルマイアーはサヴォア邸をルドゥーやレオニドフの作品と比較し、それが「宙に浮かぶ箱」であり「支柱に係留された気球」のように地上につなぎとめられているとも述べている[105]。コールハースとバルモンドはまさしくこの「宙に浮かぶ箱」こそが《フロアラックの住宅》の構造の目標だと明言している。それはレオニドフのプロジェクトに内在する空想的なプログラム——「身体の空中浮揚すなわち物理的にダイナミックな建築」とエル・リシツキーが呼ぶもの[106]——を遂行する試みである。

　様々な案を検討した後に、コールハースとバルモンドは形の異なるただ二つの支持体によって箱を支える方法を最終的に選択する。それらは鉄骨造の門型フレームと鉄筋コンクリート造の中空ピロティ柱である（内側に螺旋階段を収めた太い中空ピロティ柱は《アガディール》の円柱を思い起こさせる）。見た目の不安定感を一層際立たせるために、この二つの支持体は千鳥状に配置され、箱は片持ちで片方に大きく張り出している。箱をバランスさせるために、中空ピロティ柱の直上には——過去のコールハース作品と同様に——屋根上に露出する鉄骨梁が追加されている。箱と屋根上の梁は床スラブに達するスチールのタイロッドによって結びつけられているが、タイロッドは外壁内に仕

104　Ibid., p.136.
105　Ibid., p.139.
106　El Lissitzky, *Neues Bauen in der Welt:*
Russland, Vienna, 1930 (cit. in Sedlmayr, op. cit., p.137).

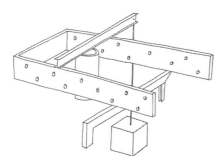

336. 《フロアラックの住宅（ルモワンヌ邸）》（1994〜98年）、構造概念図
337. 同上、門型フレームの施工現場写真

込まれているので外見には現れない。このため箱はまったく不可解にも屋根上の梁から吊り下げられているように見える。中空ピロティ柱は眺めの良い中間階のテラスを貫いているが、鏡面仕上げのステンレス板に覆われて非物質化されているので箱は完全に浮かんでいるように見える。このような視覚効果の先例としては、同じような鏡面仕上げを施したミースのバルセロナ・パヴィリオンの十字柱が挙げられる。大きく張り出した部分では、箱が下方に回転することを避けるために屋根上の梁の先端に1本のタイロッドが取り付けられ、中庭（パティオ）に埋まっているコンクリート塊にアンカーされている。この操作は「スカイバー」に似たダイナミックな平衡をもたらす。ここでは《ホルテンの住宅》のアイデア ──「ガラスの箱」をつなぎとめるように振る舞うケーブル ── が構築主義の指針に基づく構造システムに形を変えて再び姿を現しているのである。

門型フレームは非対称的な二つの部分に分解されている。第1の部分は空色に塗装したH形断面の柱で1階を貫いている。第2の部分は黒く塗装した正方形断面の中空梁である。後者はL字形に折れ曲がり、一端は中庭に沈み込み他端は第1の柱によって支えられている。L字梁の先端は柱の位置よりも少しだけ突き出して持ち送り（コーベル）の形になっている。彫塑性を備えた門型フレームの梁は1974年の『オポジションズ』誌に掲載されたモリスのL字形彫刻に似ている（同号にはコールハースとオールトイスによるレオニドフ論も掲載されている）[107]。

箱の境界を越えて突出するコールハース流の梁は庭に置かれた

[107] Cf. Rosalind Krauss, *The Fountainhead*, in "Oppositions", 1974, No.2, pp.61-69.
[108] ピロティ柱と門型フレームは、箱を吊り下げるだけではなく三つの階の空間を分割する要素になるように配置・デザインされている。つまり構造以外の機能もそこに統合されている。ピロティ柱は子どもたちのユニットに至る螺旋階段を内包し、門型フレームの横材にはガラス板で補強されたポリエステル製の棚が組み込まれている。後者はマールテン・ヴァン・セーヴェレンのデザインで「壁」と呼ばれている（cf. [Koolhaas-OMA], *Rem Koolhaas. Maison à Bordeaux*, in "Global

338. 『L字梁とその他の彫刻』(ロバート・モリス)。『オポジションズ』誌1974年第2号より抜粋

339. 『シングルトン邸』(リチャード・ノイトラ、ロサンゼルス、1959年)

340. 『ウィリアム・テルの謎』(サルバドール・ダリ、1933年。ストックホルム近代美術館所蔵)

彫刻作品であり、リートフェルトの断面構成や、建物境界を乗り越える(アイゼンマン好みの)テラーニのフレームや、「蜘蛛の足」と呼ばれるノイトラの構造体や、臓器を支えるダリの歪んだつっかい棒をミニマリズム的に再解釈したものと言えるだろう。なお《コロンブス・センターの卵》の「建築大学」にもこれと類似した梁が登場している。

　構造システムの最終案は《サン゠クルーの住宅》で庭に突出する両親のユニットをバランスさせるために適用した方法や《クンストハル》のパサージュの屋根架構をさらに進化させたものと解釈することができる。《フロアラックの住宅》の支持体と箱の静定的な相互関係は──他のコールハース作品よりも劇的に──均衡とは絶え間ない動的運動を一時停止させたものにすぎないという認識を表現している。ドミノ・システムの基本構造は力点と支点と回転の複雑なシステムへと変貌し、張りつめた動的均衡の中で互いを打ち消し合っている。それはダイナミズムを孕みながらも均衡する構造というエル・リシツキーの主張の具現化である[108]。「テーブルという概念は破壊された。代わってダイナミックな物体が発射されたのだ」とバルモンドは述べている[109]。

　鉄筋コンクリート造の箱の平面は矩形で、片側の短辺だけが開け放たれている。長辺方向には2本の外周梁が配置され、丘を見下ろすもう片側の短辺にも外周梁をつなぐ梁が渡されている。箱の上下面は2枚のスラブによって構成されている。外周部に配置された梁はOMAによる「壁／梁」の一種である。バルモンドは《フロアラックの住宅》

340

Houses", 1998, No.57, p.57)。この「壁」は《ダラヴァ邸》の壁の進化版と言えるだろう。「壁」は三つの階にまたがる連続的な仕切りであり、施主の希望に応じて本などを収める収納になっている。この脇を上下するプラットフォームに乗って施主は「壁」に収められたものを手にとることができる。なお「壁」の裏側には両親のユニットに達する階段が設けられている。

109 Balmond, Informal cit., p.27.

341.《フロアラックの住宅(ルモワンヌ邸)》(1994〜98年)、庭園内のプール

の箱を「コンクリートの角管(カルバート)」[110]と呼び、短辺をすべてオープンにしたいという欲求をほのめかしている。しかし2枚の長い「壁/梁」を補強するには直交する構造の存在が不可欠だった。検討段階では《クンストハルⅠ》のようにフィーレンディール梁が平行に並べられ「浮遊する箱」の内部を横切っていたほどである。後にコールハースが設計した《Y2K》の「トンネル」はフロアラックで実現できなかった「角管(カルバート)」の再来と言えるだろう。

　OMAが作成したアクソノメトリック図では、いくつかの構造体が省略されて描かれている。デ・ステイルの統合的な構造ダイアグラムやマウリッツ・コルネリス・エッシャーの不可解なドローイングと同じく構造の仕組みを謎にとどめるためだと思われる。

　2枚の長辺方向の「壁/梁」は室内の採光と眺望に影響を及ぼしている。2点だけで支えられた箱を成立させるには、応力分布を考慮しつつ窓をデザインする必要があるからである。船室の丸窓のような小さな孔をランダムに開ける案はこの構造の制約から導かれている。複数の丸窓を——いくつかは床の間近に——穿つアイデアは、《ホテル・スフィンクス》や《アイ広場の計画》といった過去のOMA作品にまで遡る。《フロアラックの住宅》の丸窓は基本的に三つの高さに設けられ、床に近い窓は景色を見下ろす視線に、他の二つはそれぞれ車

椅子に乗った人の視線と立った人の視線の高さに合わせられている。丸窓の数と位置は主要な動線の分析から導かれ、テーブルやデスクやベッドなどの固定家具の位置や布張りのソファ（金色や銀色の布で覆われている）の角度にも左右される。つまり特定の視線を考慮して配置されているので、一つの家具を動かすだけでもいくつかの丸窓の機能的意味が失われてしまう。

側壁に「壁／梁」がない両親のユニットでは、オープンなテラスと親子のユニットを隔てる中庭(パティオ)から光が射し込む。一方子どもたちのユニットにはU字形構造壁の制約がつきまとう。この問題を解決するために長辺方向の「壁／梁」に沿った一部分に細長い中庭(パティオ)を設け、二つの寝室に十分な採光を確保している。加えて、子どもたちのユニットの端部には巨大な丸い回転窓があり谷を見渡すことができる。第3の寝室と浴室では小さな丸窓に加え屋根を切り欠いて開けられた長方形の天窓からも光が得られる（天窓の下には服を収納する木製キャビネットが置かれている）。螺旋階段の踊り場付近にはほとんど自然光が届かないが、これは偏執症的＝批判的方法の適用が引き起こした一種の弊害である。

プログラムはそれぞれ異なるが、サン゠クルー、ホルテン、フロアラックの3住宅はコールハースの思想を示す3部作になっている。この3部作では「箱」による構成、異なるテクトニックの層の並置(ジャクスタポジション)、二つの独立ユニットを組み合わせた非対称的構造などのテーマが繰り返される隠喩の中で純化されている。特に《フロアラックの住宅》ではアヴァンギャルド的な反重力の詩学がもっとも劇的に表現されている。そこで宙に浮かんでいるのは、もはや繊細なガラス面ではなくマレーヴィチの「プラニッツ」やモリスの宙吊りの梁やスーパースタジオのキューブリック的な「ブラック・ストーン」のように重厚なコンクリートの箱なのである。錆色の外壁はこの視覚効果を一層高めているが、まさにこの色調こそ「箱」に込められた意味を明らかにしている。つまり《フロアラックの住宅》の「箱」は1976年にマンハッタンに着岸した構築主義者のプール——「くすんだ赤錆の色」[111]の「浮遊するスイミングプール」——の再現なのである。プールはいまやフロアラックの丘の上にまでやってきたのだ。プロジェクトの途中段階では外壁にコルテン鋼を用いることも検討されたが、そうなっていたら「浮遊する箱」は『プールの物語』に登場する「浮遊するスイミングプー

---

110 Ibid., p.36.
111 Koolhaas, *Delirious* cit., p.255.

ル」に一層近づいただろう。船室の丸窓に似た開口部も船のような建築という性格を裏づけている。

《ホルテンの住宅》では「ガラスの箱」が基壇から横滑りしていたが、《フロアラックの住宅》でも「浮遊する箱」が境界壁からはみ出している。壁から先には丘の斜面が広がり、それを乗り越える「箱」は谷間からの引力を表現している。また《ダラヴァ邸》と同じく「箱」の運動は「浮遊するスイミングプール」の差し迫る出航をほのめかしている——プールは新たな「漂流」を求めて 旅(オデッセイ) を続けているのだ。《フロアラックの住宅》は表面的にはプログラムの要求に正確に従っているように見えるが、「施主に内緒で」[112] 建てられたコールハースの物語の一挿話なのである。

2004年にコールハースは《フロアラックの住宅》の敷地内に剃刀のようなプール (2.5m×25m) をつくっている。半ば地中に埋まり土地特有の水生植物を浮かべたプールはまるで丘に乗り上げたかのようであり、眼下に広がる都市と対峙している。

マイアミ、ミュンヘン、アルメーレのプロジェクト

1990年代中期の一連のプロジェクトでコールハースは傾斜面を用いてヴォリュームを分節する手法を展開し、不規則な形態を生み出している。コールハースは直方体の箱から脱し、不定形なソリッド——2000年前後の多くの作品に現れる造形——を発見しつつあったのである。

1994年の《マイアミ・パフォーミングアートセンター・コンペ

342.《マイアミ・パフォーミングアートセンター・コンペ案》(レム・コールハース／OMA、マイアミ、1994年)、模型。構造はオヴ・アラップ事務所と協働。ビスケーン通りに面する計画

343. 同上、平面図

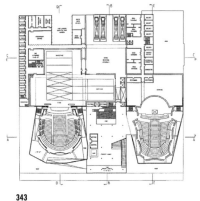

342

343

112 これはコールハースがフッドを評する際に用いた言葉である (Koolhaas, *Delirious* cit., p.141)。

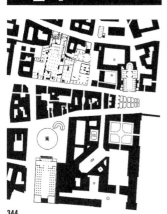
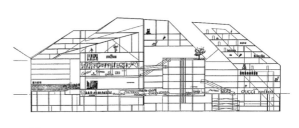

345

344

346

344.《ヒポ・テアティナー・センター計画案》(レム・コールハース／OMA、ミュンヘン、1994〜95年)、配置図

345. 同上、断面図

346.《アルメーレのマスタープラン計画》(レム・コールハース／OMA、1994〜98年)、検討案

案》ではオペラホールは「楕円形」、コンサートホールは「釣り鐘形」とホール形状が音響専門家によってあらかじめ定められ、コンペ要項に記載されている。そこでコールハースは様々な角度に傾いた面によってホールを包み込み、二つの結晶的なヴォリュームをつくりだしている。ホールは各層が独立した二重の被膜によって包まれ、第1の層は音響理論に従って形が定められているが、第2の層はより自由な彫刻的形態をもっている。2つの層の間は不定形のヴォイドでホールの副次的な機能によって占められる。二重被膜システムの可能性はポシェに基づくカーンの方法に類似しているが、コールハースは被膜と構造の統合が必要とは考えておらず、この点においてカーンとは決定的に異なっている。

　ミュンヘンの《ヒポ・テアティナー・センター計画案》(1994〜95年)ではコールハースはまず(フェリスに倣って)法規上の最大容積を同定し不定形なソリッドをつくりだしている。このソリッドは都市の断片あるいは歴史的都市の一部といった様相を呈している。つまりポ

ストモダニズム的なヨーロッパ都市の再開発手法に従い、街区を取り巻く道路と良好な関係を築き、周辺建物の高さと調和している。次にコールハースはソリッドの中にプログラムの各機能——展示室・店舗・住居・オフィス——を挿入している。軒線よりも上部は巨大な傾斜面となり洞窟のように空中庭園を穿つことによって換気と採光が確保される。軒高よりも上方へと成長する傾斜面からなるヴォリュームは水晶のような見慣れない形である。建物全体は『錯乱のニューヨーク』におけるフェリスの「理論的外形」の描写——「巨大なオランダ式切妻屋根家屋」[113]——に近づいている。歴史的な都市においてもコールハースのコンテクスチュアリズムはロウやクリエ的なコンテクスチュアリズムの範囲にとどまることなく、あえて屋根という伝統的主題に回帰することによって驚異を生み出しているのである[114]。

　断面図と平面図では建物部分が黒で塗りつぶされ、街路・広場・中庭・店舗など公共に開かれた空間が白で表現されている。これは「ノリの地図」のポシェの応用であり、《ハーグ市庁舎コンペ案》の市中心部を示す配置図に似ている。

　ミュンヘンのプロジェクトに関してコールハースは次のように述べている——「ノリは彼の有名なローマ地図において都市の平面をソリッドの連続体として表現している。教会、宮殿その他の公共建築はそこからえぐり取られた公有地の一部分である。私たちのプロジェクトはこの概念を断面的に拡張し、ソリッドの一部分を都市へと還元しているのである」[115]

　コールハースはピラネージの『カンプス・マルティウス』の平面図の一部を切り取り自身のプロジェクトの平面図に接合することによって、過密文化特有のカオス的な建築密度を暗示している。さらに私有化されたブロックをえぐり取ることによって公共都市空間を生み出した先例として「ノリの地図」を取り上げている。このようなポシェの解釈は——直接的にではなく「ノリの地図」という例を通じて示された解釈だが——操作の彫刻性を際立たせている。コールハースのポシェの概念はカーンやヴェンチューリよりもロウやクリエに接近しているのだ。但しコールハースは1990年代末までポシェとい

347.《アルメーレのマスタープラン計画》、ショッピングセンターの模型

113 Koolhaas, *Delirious* cit., p.92.
114 「最大の外被——あるいは形態やヴォリューム——は都市計画上の規則から導き出され、そこに都市に存在する様々な角度・輪郭・眺望・関係性を外挿的に反映させている。それは何かを模倣することなく新しい建物と都市の既存構築物の繊細な共存を可能とする要素である。第2の操作はプログラム・採光・アクセス・動線・眺望・静けさ・都市性・プライバシー・公共性を最適化するために最大の外被／形態を分析することである。このプロセスを通じて形態／ヴォリュームの内部が穿たれ、ソリッ

う用語とその彫刻的な含意について直接言及することはない。

　1994年OMAはアルメーレのマスタープランのコンペに参加している。1970年代に田園都市のモデルに従って開発されたアルメーレは、アムステルダムの衛星都市の一つであり両者は迷路のように入り組み渾然一体となっている。それゆえアルメーレは明快な都市像を結んでいない。OMAはここで再び「過密の文化」に立ち返り、あらゆる介入を二つのエリアに集中させる提案を行っている。その結果鉄道駅に隣接する矩形のエリアには連続的なプラットフォームから延びるタワー群(オフィス複合施設)が、ウェールワーテル湖に面する正方形のエリアには単一の低層建物(ショッピングセンター)が配置された。前者は《ハーグ市庁舎コンペ案》のモデルに従っている。一方後者は平行に並ぶ帯で構造化され《アガディール》の屋根に類似している。なお、ショッピングセンターは小さなユニットに分割され「浮遊するスイミングプール」に接近しているが、《アルメーレのマスタープラン》のドローイングにも「浮遊するスイミングプール」が再び姿を現している。

　1995年の検討案ではショッピングセンターの基本平面に様々な種類の都市組織が当てはめられている。《ムラン・セナールの新都市計画》のように間隔をとりながら直方体のヴォリュームをランダムに配置する案や、正方形のヴォリュームが斜めの道路によって貫かれた案があるかと思えば、まったく統一性のない案も認められる。いくつかの検討案ではポシェの革新的な応用も見られる。クリエ的な方法を踏襲しながらも、ポシェはあらゆる伝統的な概念から自由な都市組織を生み出す方法となり、しばしばフォンタナの『空間概念』に類似した造形を生み出している。

　OMAはこれら一連の検討案を体系的に並べている。歴史的な都市に近い長方形の街区パターンからロウとクリエのポシェの方法を応用した都市組織を経てランダムなヴォリューム配置に至るが、最後の検討案はあらゆる歴史的な都市組織からかけ離れている。

　OMAはこう述べている——「われわれの提案ではあらゆるインフラを集中させ、その上に歩行者道路と建物を重ね合わせることによって公共要素が高密度に存在する(新しい)中心がつくりだされて

ドとヴォイドの複雑な構成が生み出されている。水平と垂直のアトリウムに取り囲まれた複数のオブジェクトとして解釈することもできるし、プログラムの無数の『容器』を決定づける単一の触手的なヴォイド空間と捉えることもできる」([Koolhaas/OMA], *Hypo-Theatiner-Zentrum in the Gaglerhaus, Munich, Germany, 1994/1995,* in "El Croquis", 1996, No.79, (pp.200-07), pp.200, 204).
115　Ibid., p.204.

348.《スーテラン》(レム・コールハース／OMA、ハーグ、1994〜2004年)。SATエンジニアリングと協働。フローテ・マルクト通りとカルフェルマルクトの間に位置する地下構造物

いる。それはありふれた郊外とは対照的である。様々な都市街区のパターンの研究を通じてこの中心は密度・多様性・方向性といった点において既存都市とは『異なる』場所として定義されている。こうして人々の相互作用を最大化する場所が生み出されるのである」[116]

　OMAはハーグでは繁華街の地下——フローテ・マルクト通りとカルフェルマルクトの間——に埋められた駐車場用のトンネルをつくっている。1994年に設計し2004年に実現した《スーテラン》と呼ばれるプロジェクトである。トンネルは絡み合った三つの層から構成され一つは地下鉄駅である。コールハースの言葉によれば海や周辺都市や高速道路で囲われた「囚われの都市」[117]にとって唯一残された拡張可能性はこのような地下施設なのである。アーキグラムのインスタント・シティと同じく《スーテラン》のパースには気球が描かれているが、大都市の生活が凝縮されたトンネルはいわば「地下のインスタント・シティ」と言えよう。またトンネルは構造体であると同時に換気

[116] [Koolhaas/OMA, Almere Urban Redevelopment, in "El Croquis", No.53+79, p.389.
[117] [Koolhaas-OMA, Service Tunnel in The Hague, ibid., p.362.
[118] Site www.oma.nl.

用のダクトでもある。コールハースは後に複数の機能を技術的に統合した「トラジェクトリー」を設計するが、《スーテラン》のトンネルはその先例と言える。

OMAはこう述べている——「通常、駐車場の施設は技術的・経済的制約の犠牲であり、構造と設備のあらゆる問題を負担しなければならない。しかし今回は敷地のもつ直線性がこのような実務的な束縛から逃れる契機をもたらしている。換気に関して言えばトンネル自身がダクトとなっている。構造に関して言えばトンネルが壁となり梁となりスラブとなっている。駐車場は流動的な空間となり線路の勾配すら利用されている。非常に長大であるという与件から、見たこともない質が生み出されているのである」[118]

1994～95年にOMAはロンドンのテート・モダン美術館の増築コンペに参加し、セドリック・プライスが「シンクベルト計画」で示した産業施設の再利用モデルに基づき、空き家と化していたバンクサイド発電所に「展示装置」を挿入する提案を行っている。またセント・ポール大聖堂に正対するテムズ川に沿った建物の中央部分を大胆に取り除くことによって、既存の煙突を覆うレンガを隠喩的に剥ぎ取り、鉄骨フレームを露出している。これまでの住宅作品と同じく《テート・モダン美術館コンペ案》は三つの主要な層から構成され、各層は「ブロック」と呼ばれている。「ブロック」はそれぞれが異なる素材によって仕上げられた「箱」であり、異なる種類の展示によって占められる。「ブロック」はヴォイドの空間——「ジョイント」「間の領域」「連続的なイベント空間」などと呼ばれている——と交互に配置され、ヴォイドにはカフェ・レストラン・ビデオ鑑賞・読書・パフォーマンス・企画展示などの機能が割り当てられている。「ジョイント」で繰り広げられる多様なアクティビティは、またもや過密の文化の表現であり、ピラネージの『カンプス・マルティウス』が再び形態的モデルとして例示されている。交互に現れる「箱」と「間の領域」の関係はソリッドとヴォ

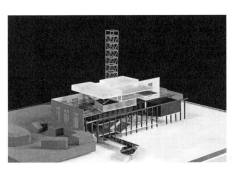

349.《テート・モダン美術館コンペ案》（レム・コールハース／OMA、ロンドン、1994～95年）、模型。構造はオヴ・アラップ事務所と協働

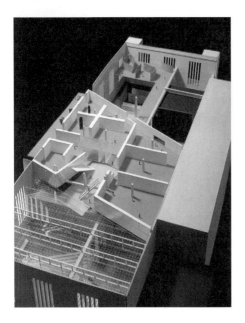

350.《テート・モダン美術館コンペ案》(1994〜95年)、模型

イドの弁証法を示している。これはコールハースにとっていまや基礎的な方法論なのである[119]。

　木の板材で仕上げられた低層部の箱にはドアをもつ正真正銘の「部屋」が挿入され、「部屋」相互は連続的なヴォイドによって隔てられている。一方アルミで覆われた箱の内部では展示室とヴォイドがミース的につながり、断片的な間仕切り壁は《エクソダス》の壁のように厚い。最上部の箱は「壁／梁」でつくられ、内部空間は一切分割されていない。この箱は《ルーズベルト島集合住宅コンペ案》のように片持ちで張り出し、パノラマ的な眺望を楽しむ場所である。一連の箱は空間概念と構造概念の進化過程を示している。すなわち部屋は断片化されてオープン・スペースとなり、壁は格子梁へと変容しているのである。人々は「トラジェクトリー」や「大通り（ブールヴァール）」と呼ばれる2種類の主要経路のいずれかを選択し異なるスピードで美術館を巡ることができるが、これは《1989年パリ万博案》でOMAが提案した多元的な見学方式に基づくアイデアである。

　1990年代後半にコールハースはオランダで二つの集合住宅の計画に取り組み、住宅設計というOMAの得意分野を継続している。その一つであるハーグ住宅建築展の集合住宅はキース・クリスチャンセ主導で1995年に設計され1998年に竣工している。もうひとつの《ブレダ・カレ》はブレダのシャッセ地区計画の一環としてデ・ヘイテル主導で1995年に設計され1996〜2002年に建設されている。ハーグの集合住宅は道路の向かいに建つ既存建物に倣って全体がピロティ柱で持ち上げられ、《ダラヴァ邸》同様に一部のピロティ柱にはトラスが設けられている。住戸のタイプと平面計画は様々だが、すべては単一のヴォリュームに統合され──ピロティ柱で持ち上げられた巨大な水平部分には中廊下に面する2列の住戸群が収められている──建物の全体は《エデュカトリウム》のスラブのように折れ曲がっている。

---

[119] [Koolhaas/OMA], *Extension to the Tate Gallery,* in "El Croquis", 1996, No.79, pp.184, 185.

351-352.《ブレダ・カレ集合住宅》(レム・コールハース／OMA、1995/96〜2004年)

353.《住宅建築展の集合住宅》(レム・コールハース／OMAとキース・クリスチャンセ、ハーグ、1995〜98年)。デーデムスファールト通りの計画

そびえ立つ建物の「頭部」は隣接する既存の高層ビルとともに道路の輪郭を枠取っている。なお外装デザインと素材の選択は初期のOMA作品において展開された原理に基づいている。たとえば持ち上げられたヴォリュームの低層部は金属の波板によって覆われ、別の部分は帯状に分割されて異なる素材で仕上げられている。

《ブレダ・カレ》はヒルベルザイマーやペレらが展開した20世紀の中庭型建築の系譜に属している。ヴォリューム配置はすべての住戸に採光をもたらすよう工夫されている。バルコニー状の片廊下は縦長のはめ殺し窓の帯で覆われ、各住戸のベランダにはシャッターのようにスライドするアルミの有孔パネルが設けられている。外壁の仕上げは木製パネルである。

『S, M, L, XL』── 建築理論を導く原理

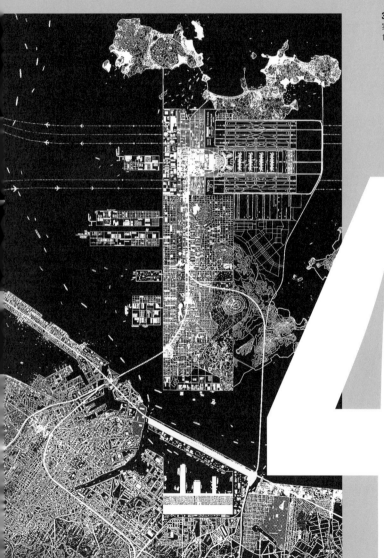

354.《新ソウル国際空港コンペ案》(レム・コールハース／OMA、1995年)

4

基準平面、あるいはニュートラルな矩形面

1995年にコールハースとブルース・マウは『S,M,L,XL』を出版する。これは1977年に『アーキテクチュラル・デザイン』誌に発表したOMAのテクストを下敷きにして、プロジェクトをサイズに従って分類した著作である。『S,M,L,XL』というタイトルは「小ｽﾓｰﾙ」「中ﾐﾃﾞｨｱﾑ」「大ﾗｰｼﾞ」「特 大ｴｸｽﾄﾗ･ﾗｰｼﾞ」の頭文字である。アルド・ロッシは1990年に「エットーレ・ソットサス　大ﾗｰｼﾞ、中ﾐﾃﾞｨｱﾑ、小ｽﾓｰﾙサイズの個人住宅」というタイトルの手紙を発表している[1]──さらにロッシのテクストも元をたどればアンドレア・ブランジが1973年に『カサベラ』誌に連載した「ラディカル・ノート」の一篇「スモール、ミディアム、ラージ」というテクストに由来している[2]。

《エクソダス》から始まる一連のOMA作品はサイズに従って「スモール」「ミディアム」「ラージ」「エクストラ・ラージ」のいずれかの章に分類されている。この分類法はあらゆる形態的・類型的な評価を宙吊りにしOMAのマニフェストに素描されていた「概念的・隠喩的プロジェクト」「理念化された建築」「現実的プロジェクト」の3分類に置き換わるものである。サイズに従う分類は『ハーグ・ポスト』誌の記者による主観を排した記述や、リチャード・セラの作品『動詞リスト』や、『アメリカン・アーキテクチャー・マガジン』誌に掲載されたニューヨーク摩天楼の収益性データ[3]にも似ている。『錯乱のニューヨーク』とは異なり文字だけをあしらった『S,M,L,XL』のアルミニウム調の硬質な表紙からはヴェンチューリ風のシンボリズムは影を潜めている。写真と設計案とテクストを詰め込んだ1,346ページの本は裏表紙において「マッシブな本」と謳われており、表紙と内容の関係はマンハッ

---

[1] Aldo Rossi, *Ettore Sottsass. Large, medium and small size private houses,* in "Terrazzo. Architecture. Design", 1990, No.4, p.29.

[2] Andrea Branzi, *Radical Notes 9. Piccolo medio grande,* in "Casabella", XXXVII, 1973, No.379, p.12.

[3] たとえば『アーキテクチュラル・フォーラム』誌に掲載された「二つの目的をもつタワー」(*Two-purpose tower,* in "Architectural Forum", vol. CXIII, 1960, No.2, pp.74-81)を参照。

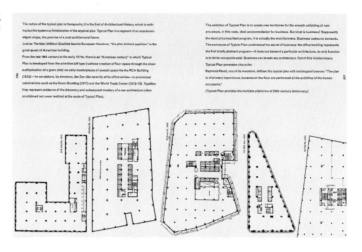

355. 「基準平面」が掲載された見開きページ。『S,M,L,XL』(1995年)より抜粋

タンの摩天楼や1989〜90年のコールハース作品に見られる建築の外被とコアの関係、あるいは積層するフロアの関係のようである。つまりこの本にもロボトミー手術が施されているのである。

『S,M,L,XL』に収められた「基準平面、黙想」(1993年)、「ビッグネスあるいは大きいことの問題、宣言」(1994年)、「最後の果実(ラスト・アップル)、構造と設備に関する考察」(1993年)、「ジェネリック・シティ、案内」(1994年)、という四つのエッセイでコールハースは平面の概念、プロジェクトの規模、構造の役割、現代のメガロポリスに関する理論について原理的な議論を行っている。

「基準平面」は1902年〜72年にニューヨークで建設されたオフィスビルが共通に備えている平面特性を素描したエッセイであり、『錯乱のニューヨーク』のもうひとつの章と言ってよい。「基準平面」(ティピカル・プラン)という言葉は建物の標準階の平面を指す「基準階」(ティピカル・フロア)あるいは「基準階平面」(ティピカル・フロア・プラン)という言葉に由来し「自由な平面」(プラン・リーブル)の対概念となる造語である。コールハースの基準平面は標準化されたフロアというよりも、むしろ連続的な平面を意味している。すなわち「ニュートラルで」「抽象的で」「簡素で」「無限と言えるほど大きく」「最も空虚な」存在であり、独自性・個性・自律性が際立つ「非基準平面」(アティピカル・プラン)とは対比的な存在である。エッセイ「基準平面」の一節においてコールハースはこの対比を以下のように描写している ——「基準平面の概念はセラピー的であり、非基準平面のヒステリックな物神化にすぎない『建築の歴史』に終焉を告げる」[4]。ここには正統な建築史に対する痛烈な批判が含まれており、バンハムの批評的な歴史観の影響もわずかに認められる。コールハースは基準平面の発明者である「抹消者としてのアヴァンギャルド建築家」とし

356. 3番街635番地／42丁目東200番地の摩天楼（エミリー・ロス&サンズ、ニューヨーク、1958年）

てレイモンド・フッド、ゴードン・バンシャフト、ウォレス・K・ハリソン&マックス・アブラモヴィッツ、エミリー・ロス&サンズの名前を挙げているが、この中には近代運動の巨匠として名を馳せた人物は一人もいない[5]。

　20世紀初頭にアメリカのオフィスビルは新しい建築構造モデルとしてヨーロッパの建築家に受容された。ル・コルビュジエの「自由な平面(プラン・リーブル)」はこの初期の受容の表れである。一方コールハースによるアメリカのオフィスビルの再評価は「自由な平面(プラン・リーブル)」がもたらした理論的帰結を乗り越える原理を築く試みである。コールハースは構造ではなく「ビジネス」というプログラムを分析することから始め、基準平面が何よりもまず「きわめて抽象的」で「ほとんど実体のない」存在であることを指摘する。「基準平面」の挿絵のオフィス平面図にはアメリカの基準階(ティピカル・フロア)の図面には必ず描かれるはずのもの――フロアを廊下やオフィスに分割するあらゆる間仕切り壁の痕跡――が消し去られているが、これは不確定性を図面上に表現するためである。「基準平面」の平面図はル・コルビュジエの「ドミノ・システム」の透視画に接近し、間仕切りが一切存在しない来るべき理想状態をほのめかしているのである。

　『錯乱のニューヨーク』ではグリッドが摩天楼の生成装置として賞賛されていたが、「基準平面」にはグリッドに関する言及は一切見当たらない。ページの空白(ヴォイド)に浮かびあがる平面図は街区と街路が消去された都市平面を暗示しているかのようである。コールハースは「基準平面は都市を認識不能で識別できないオブジェクトへと変えてしまう」と結論づけている。アメリカの高層オフィスビルの基準階(ティピカル・フロア)から生成された基準平面(ティピカル・プラン)という概念は、あらゆる形態的特徴が剥ぎ取られた建築であり、「ポスト建築的な未来の約束」であり、バルト的な「零度の建築」あるいはムージル的な「特性のない平面」の表れなのである。

　コールハースは基準平面の起源として「原始的ロフト型」を挙げている。それは一切分割されず柱だけがあるフロアのことで19世紀の倉庫・工場・オフィス・商業施設に見られる類型である。この時点で基準平面はすでに押出原理と矛盾している。フラットアイアン・ビルの三角形平面に代表される押出原理は「与えられた敷地を純粋に反復することによる仮借なきフロア・スペースの創造」である。しかし基準平面では平面の輪郭が敷地形状から切り離されているのである。

[4] Koolhaas, *Typical Plan* cit., p.336.
[5] Ibid., p.343.

ゆったりと柱が並ぶRCAビルの細長い矩形平面はコールハースの基準平面の概念を理解する上できわめて重要である——彼はドゥルーズ=ガタリの言葉を借用して、それが「平滑空間の傑作」だと評している[6]。このRCAビルは『錯乱のニューヨーク』と『現行犯』ではニューヨークの初期摩天楼に「罪」を犯した存在とされている。しかしこの「罪」は「基準平面」においては新たな平面配置を確立する行為として捉え直される。『錯乱のニューヨーク』では偏執症的=批判的方法を通じてル・コルビュジエの国連本部ビルに一種の結論的意味が与えられており、国連本部ビルはRCAビルに続く基準平面の次の一歩だったと言える。しかし「基準平面」の挿絵の一連の平面図には国連本部ビルは含まれておらず、そこから生じた二つの直方体的摩天楼——レバー・ハウスとシーグラム・ビル——の姿も見当たらない。

　「基準平面」で取り上げられている平面図は実は基準階(ティピカル・フロア)ではないのである。なぜならコールハースが選んだ事例のほとんどは基壇や塔屋をもちセットバックする摩天楼だからである。1916年のゾーニング法が覆された後の1950～60年代の事例ですらその例外ではない。具体的には1958年竣工の「3番街635番地」や1963年竣工の「パーク・アヴェニュー280番地」や1955年代竣工の「パーク・アヴェニュー300番地」などは基準階(ティピカル・フロア)を示していない。なおここに挙げたパーク・アヴェニューの二つの建物はレバー・ハウスとシーグラム・ビル——テクスト通りの基準平面の形態的特徴を備えたミニマリズム的タワー——の近くに位置している。テクストと図版のこのような乖離はコールハースの詩学の複雑な展開を明らかにしている。つまり偏執症的=批判的方法——マンハッタンのシュルレアリスム的ヴィジョンをもたらした方法——にいまだに基づきながらも彼の関心はあらゆる隠喩的な構築物を抹消することに移りつつあるのである。彼の揺れ動く心を象徴する事例は、1928年に建てられた「ブロード通り75番地」(挿絵のキャプションでは「67番地」と誤記されている)の国際電信ビルと1960年に建てられた「パイン通り80番地」のエミリー・ロス＆サンズ・ビルである。これら二つの建物の平面図は実のところ地上階の配置図にすぎない。コールハースはテクストの論理展開と矛盾するにもかかわらずヴォリュームが分節された20世紀前半の摩天楼を好

6 Cf. Gilles Deleuze, Félix Guattari, *Mille plateaux. Capitalisme et schizophrénie*, Paris, Editions du Seuil, 1980。ル・コルビュジエの「自由な平面」は「リブが一切現れない平滑な底部をもつ」スラブによってのみ得られるものだった (cit. in Giovanni Fanelli, Roberto Gargiani, *Storia dell'architettura contemporanea. Spazio, struttura, involucro*, Rome, Bari, Laterza, 1998, p.267)。

7 Cf. "Architectural Design", vol.XVII, 1977, No.5, p.352.

8 Banham, op. cit., p.183.

ジェンクスも摩天楼設計における技術とパラメーターについて議論しており、いくつかの論点は基準平面に関するコールハースの議論に接近している。「自然採光」を得るための「窓」と「コ

んで扱っており、パーク・アヴェニューの二つの建物が挿絵に用いられた事実はその証左と言える（「280番地」には基壇と塔屋が、「300番地」には基壇とセットバックが見られる）。どちらの事例でも挿絵の平面図は基壇階を表現しているにすぎない。

　コールハースは基準平面の幾何形態はもっともジェネリックな矩形であるべきだと主張し、間接的ながらすべての平面形状を受け入れる押出原理の終焉を宣言している。彼の記述によって矩形面は「プラグマティズム」と「単なる合理性と経済性」の表現から「神秘主義的な地位（ステータス）」へと高められたのである。すでに1977年にコールハースは三つの作品をまとめて「矩形のプロジェクト」と名づけているが、そこではこのような矩形面の意味がほのめかされていたと言える[7]。

　コールハースが基準平面と呼ぶ空間は第2次世界大戦後のニューヨークの高層オフィスビル——「階全体（フルフロア）」の平面計画が生まれた時代の産物——に端を発している。それは設備を中央に集約した矩形面で、外周壁を屈曲させて自然採光と換気を確保する従来型の平面を乗り越えたものである。バンハムは1969年に国連本部ビルやレバー・ハウスなどのタワーに表れている美学を「仮借なき矩形」と呼んでいる[8]。基準平面の発展に不可欠な技術としてコールハースは特に空調と人工照明を取り上げている。基準平面の特徴の一つに「奥行きが深い」ことが挙げられるが、「奥行きの深い平面（ディープ・プラン）」、空調と人工照明はその前提となる技術だからである。しかしコールハースが挿絵に選んだ摩天楼の中には自然採光と換気を得るために屈曲した建物（1931年竣工の「ブロード通り80番地」等）や比較的奥行きが浅い建物（RCAビル等）も含まれている。これらの摩天楼の平面計画では空調はまだ考慮されていない。

　バンハムによれば——彼は空調が平面にもたらした影響を論じた先駆者である——「階全体（フルフロア）」や「きわめて奥行きが深い平面」は「空調と低熱照明の恩恵を受けて初めて可能となる」存在である[9]。

　「基準平面」では矩形面とニューヨークの実利主義的な技術がヨーロッパ的「プラトン的中立性」[10]へと変容している。そしてオフィス平面は「不可視のコミュニティ」の創造を今一度促進する存在となり、スーパースタジオやアーキズームの空想的提案に見られる連続的

ア」の距離、設備機器の配管を収める「深い天井」によって可能となった「奥行きの深い平面」、「機械設備のためのフロア」、摩天楼が「反復の隠喩である」といったアイデアなどである。

Cf. Charles Jencks, *Skyscrapers-Skyprickers-Skycities,* London, Academy Editions, 1980.

[9] Banham, op. cit., p.182.

[10] ジェンクスの『建築の近代運動』にはアカデミズムに接近して形態主義的な抽象化へと向かう潮流を批判する本質的なカテゴリーとしてプラトン的といった用語が頻出する。コールハースはこのエッセイを読んでいたと思われる。ジェンクスの考えはプラトニズムの頂点がミース・ファン・デル・ローエであるという点でマンフォードに一致している。

357.「ノン・ストップ・シティ」(アーキズーム、1971年)
358.『S.カニンガム』(ブルース・ベラス、1966年)。『S,M,L,XL』より抜粋

でニュートラルな平面へと接近する(スーパースタジオやアーキズームの提案もオフィス平面を定式化したものである)。「基準平面」のテクストがアーキズームのノン・ストップ・シティに関する注釈によって締めくくられているのはきわめて恣意的である。「基準平面は知られざるユートピアの断片であり、ポスト建築的な未来の約束である」とコールハースは述べている。挿絵の最後に登場する摩天楼は正方形平面のワールドトレードセンターである。テクストでは「他の形はすべて——正方形でさえ——非基準的である」と述べられているが、ワールドトレードセンターの正方形平面は矩形面という前提と矛盾するものではない。なぜならそれは1960年代における構造技術の進化の達成であり、一切の柱から解放された「平滑な空間」という束の間のゴールを体現した建築だからである。

基準階(ティピカル・フロア)からアメリカ的な科学——「平面計画マニュアル」の暗号——を払拭することによって基準平面(ティピカル・プラン)はソル・ルウィットの立方体のような性質を帯び始め「大衆のためのミニマリズム」という芸術表現へと到達する。「コア」と「フロア」の関係は「シュプレマティスム的な緊張状態」の図像表現にまで還元され、平面の「反復」は一種のベンヤミン的な複製芸術となって非基準平面(アティピカル・プラン)のアウラを凋落させる——「それは第nの平面である。基準であるためには大量でなければならない」とコールハースは述べている。コールハースの「基準平面×n＝ビルディング」というポップな方程式を通じてフロアの反復はウォーホルの『200個のキャンベル・スープ缶』に似た芸術作品に変身するのである。この他にも20世紀には基準平面とテーマが接近した芸術運動や文化潮流が多々ある。たとえばウォーホルのシルクスクリーン作品に代表される「連作(シリアル)」やルウィットの「シリアル・プロジェクト」やジャン・デュビュッフェが提唱した「アール・ブリュット」——芸術教育を受けていない人々が生み出した芸術——などである。

『錯乱のニューヨーク』執筆時のコールハースはマンハッタンを構築主義やシュルレアリスム的な作品として捉えている。その約20年後にマンハッタンは戦後のアヴァンギャルド芸術を具現化する存在として再び姿を現したと言える。「基準平面」はマンハッタン島の第2世代のオフィスビルを描いた遡及的(レトロアクティブ)なマニフェストなのである。

「ヨーロッパに基準平面はない」という見出しのついたエッセイ末尾でコールハースはミース・ファン・デル・ローエの「フリードリヒ通りの摩天楼」の平面図を「究極の非基準平面(アティピカル・プラン)」とみなしている。またレオニドフの「工業の家」の平面は「社会主義的な基準平面として捉えられる存在」と呼ばれ、アーキズームの「ノン・ストップ・シティ」の

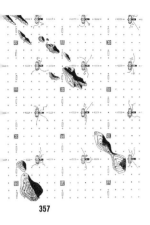

357

平面は「(西洋)文明の最終形態つまり標準化のユートピアとして基準平面を解釈したもの」として言及されている[11]。ここでアーキズームが1971年に発表した「ノン・ストップ・シティ、住宅的パーキングと気候的ユニバーサル・システム」の一部を引用しよう――「工場とスーパーマーケットは未来都市の真に規範的なモデルであり、無限の拡張可能性を孕んだ最適な都市構造である。微気候を制御し情報を最適化するシステムを通じて均質化された自由な平面の上に、機能が自然発生的に並べられていく。光と空気の『自然的・本能的』なバランスは事実上乗り越えられる。住宅は設備付きの駐車場となる。内部空間はヒエラルキーを失い空間構成を決定するものは一切存在しない。[…]建築は『個性的な鎧』から解放されオープンな構造にならざるをえない[…]。今日でも存在しうる唯一のユートピアは定量的な存在である」[12]

ビッグネスの理論

「ビッグネスあるいは大きいことの問題」はブルース・ベラスが1966年に撮影した1枚の写真から幕を開けるテクストである。コンクリートの直方体を持ち上げようとする男の写真は、当時の巨大サイズの建物に直面していたOMAを象徴するイメージと言える。マンハッタニズムと同様に「考案者の不在」「プログラムの不在」の中から登場した巨大スケールの概念――「ビッグネス」――はコールハースが言及し続けてきた「臨界量」の閾値を超える建築を受容し、ついには呑み込んでしまう建築のコンセプトである。

358

　基準平面が一定の「奥行き」に達すると「高さ」「深さ」「密度」「統合」を備え始め、必然的にビッグネスへと至る。そもそも「サイズ」は建築家の「意志」に矛盾し理論的な衝突をもたらす存在である。「複雑な制度」を生み出す契機はいまやヴェンチューリが主張したような歴史的な文脈ではなく、科学的・工学的・都市的・経済的な企ての積み重ねから生まれるが、これらすべてはビッグネスの意に適う事象と言え

11　Koolhaas, *Typical Plan* cit., p.348.

12　Archizoom Associates, *No-Stop City. Residential Parkings, Climatic Universal System*, in "Domus", 1971, No.496, (pp.40-55), p.52. エッセイの補遺として、コールハースはOMAのプロジェクト《モルガン銀行コンペ案》を掲載している。それはアメリカの基準平面に見いだされた特徴を要約し「ヨーロッパにおいて基準平面を試みる」稀有なプロジェクトであり「ロフトの建物」「シンプルで抽象的なオフィススペース」「並外れた奥行き」「平面全体を貫く均質な設備条件」などを備えている。しかし法規に基づく高さ制限や「『オフィスではない』プログラム」に対応するレオニドフの屋根やガラス階段(これをOMAは「唯一の『特徴』」と呼んでいる)などによって基準平面の完全な実現は阻まれている。「ここでは基準平面/非基準平面の比率それ自体が非基準的である。典型的なヨーロッパの建物はフィフティ・フィフティで分かれるからだ」とコールハースはアイロニカルに結論している。

る。コールハースは1900年代初頭のマンハッタンの建物をビッグネスの初期段階として捉え「ビガー」と名づけた。それらは「基準平面」で描かれた「原始的ロフト型」に対応している。

1991年にコールハースは『錯乱のニューヨーク』には四つの「テーマ」ないしは「特徴」があったと指摘している[13]。一方「ビッグネス」では『錯乱のニューヨーク』が潜在的に「ビッグネスの理論」[14]を含んでいたことを認めた上で、第5のテーマが付け加えられている──「もはやビッグネスは都市組織の構成要素ではない」[15]。「基準平面」において矩形が自らの起源である「押出」プロセスと矛盾したように、この第5のテーマも他の四つのテーマを統合した後に「究極的かつもっともラディカルな破壊」を引き起こす存在である。

基準平面の矩形とビッグネスという新たな次元によって、巨大建築は自らの出自であるマンハッタン・グリッドという制約から──あたかも「メデューズ号の筏」のように──解き放たれる。都市スケールにおけるビッグネスの決定的な帰結は都市計画の論理が消滅しビッグネスの集積プロセスによって置き換えられるということである。つまりビッグネスは大都市的な規模で広がる切れ目のないプラットフォーム──あるいはニュートラルな面の上に積み重ねられたピラネージ的な巨大建築の寄せ集め──であり、ロンドンを呑み込んで成長する《エクソダス》と同様に歴史的な都市組織の連続性を断ち切る存在なのである。

コールハースはこう述べている──「ビッグネスが建築を変えるとすれば、その集積物は新種の都市となるだろう。[…]。いまや街路は残余であり、組織化の装置あるいは連続的な大都市平面の一断片にすぎず、過去の遺物は新しい道具立てに直面して不安げに立ちすくんでいる。ビッグネスはその平面上のどこにでも存在しうる。[…]。ビッグネスはもはや都市を必要としない。それは都市と競合する。それは都市を表象し都市を占有する。言ってしまえばそれは都市そのものである。[…]。コンテクストから切り離されたビッグネスはタブラ・ラサ的な新しいグローバル条件下を生き抜き、そこにつけこむことができる唯一の建築である。ビッグネスは建築の最後の砦である──それは一つの縮約であり、超・建 築なのである」[16]
ハイパーアーキテクチャー

[13] Koolhaas in *Conferenza. Rice School of Architecture* cit., p.10.
[14] Rem Koolhaas, *Bigness or the problem of Large*, in OMA, Koolhaas, Mau, op. cit., p.499.
[15] Ibid., p.502.
[16] Koolhaas, *Bigness*.
[17] OMA, Koolhaas, Mau, op. cit., p.600.
[18] Ibid., p.675.
[19] Ibid., pp.663, 664。コールハースは1991年に《ZKM》について以下のように述べている。「この建物で興味深いのは構造がきわめて重要な役割を担っている点である。私たちは2

フィーレンディールのコンセプト

《ゼーブルグの海上ターミナル》の結論として掲載された「分岐点：構造の効果」というテクストの冒頭部分はエッセイ「最後の果実」の問題系を先取りしている——「《ゼーブルグの海上ターミナル》は一連の『巨大(ラージ)』建築物における構造の——そして構造ほどは目立たないが設備の——インパクトについて警鐘を鳴らした最初のプロジェクトである。《フランス国立図書館》、《ZKM》、《ジュシュー図書館》がこれに続く」[17]。「最後の果実(ラスト・アップル)」は「ビッグネス」の技術的帰結を論じたテクストで、コールハースはここで初めて巨大建築における構造と設備の役割と影響について批評的分析を行っている。『S,M,L,XL』の中でこのテクストは《フランス国立図書館》と《ZKM》の断章の間に挿入されているが、その理由はこの二つのプロジェクトを展開する中でOMAは構造が建築にもたらす「インパクト」について再考し「空想世界のテクノロジー」を進化させることを迫られたからであろう。

「最後の果実」の冒頭では巨大建築における円柱の断面サイズが分析され、建築の低層部に支持材が大量に集中することによって「自由度が規則的に縮退する」問題が提起されている。この問題に対する解決策として浮かび上がるのが《フランス国立図書館》と《ZKM》に関するコールハースの考察やバルモンドの手書きのメモに登場する「フィーレンディール梁」である。《クンストハル I》以来OMAが頻繁に用いてきたフィーレンディール梁は鉛直支持材が空間を占拠する問題を解決し、床スラブと設備と空間の積層を調停するシステムである。これをコールハースは「フィーレンディールのコンセプト」[18]という表現によって定式化している。

フィーレンディール梁は高い梁成の内部に設備要素を収めることができる。一般的に配管・配線・設備機器などの要素は二つの帯が交互に並ぶ断面すなわちコールハースのいう「白と黒が支配権を争う」「概念的な縞模様(コンセプチュアル・ゼブラ)」を生じさせる[19]。このように設備が建築を侵略する問題に対してゼンパー、ライト、ル・コルビュジエ、カーンらは内部に機械と設備空間を収める中空構造体によって対抗してきた。コールハースの理論も彼らが示した道に沿って展開しており、「人間が占有する自由ゾーンとコンクリートや配線やダクトに占拠された進入

枚の壁の間に架かる巨大なトラスを構想した。トラスの梁成は階全体を内包するほどに大きいので、一つのフロアを完全に自由にすることが可能である。さらに美学的な効果を得るためにト

ラス自体を変容させ操作することも可能である。これは建物の構造に関する一種の情感や共感を引き起こす (cit. in Kwinter, *Rem Koolhaas. Conversations with students* cit., pp.31,

32)。

禁止の帯が交互に現れる」というコールハースの考察はカーン的なメイン・スペースとサービス・スペースの区別に対応し、ポシェの技法で塗りつぶされた帯にも関係している。コールハースは「単一の大げさな方法によって構造と設備を統合することを放棄せよ」と他の建築家たちに迫る一方で、自分自身はカーンのソーク生物学研究所のような形態さえも応用しつつ両者を統合する可能性を模索したのであり、それがフィーレンディール梁なのである。「最後の果実」においてコールハースはこう自問自答している——「一つのフロアを占有可能なトラスにすることは可能か？ 一つのフロアを丸ごとフィーレンディール梁にすれば（《クンストハル I》を見よ）構造に支配された『偶数階』とあらゆる構造から完全に解放された『奇数階』が交互に現れる」[20]

フィーレンディール梁によって「柱が存在しない」基準平面の目標は達成されるが、この状態はポンピドゥー・センターの積層されたフロアに似ている。「ビッグネス」ではポンピドゥー・センターは「原始的ロフト型」の究極的な展開として捉えられ「プラトン的なロフト」[21]「『いかなること』も可能だった空間」[22]と呼ばれている。

『S,M,L,XL』に収録されたバルモンドのノートでは、フィーレンディール梁の形態的可能性と構造計算が示されている。バルモンドは

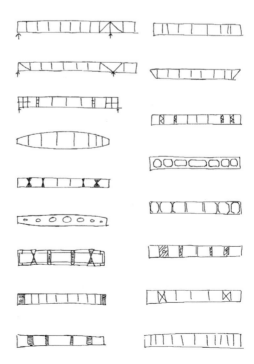

359. セシル・バルモンドによるフィーレンディール梁のスケッチ。『S,M,L,XL』より抜粋

建築家がフィーレンディール梁の空間的な特性を無視してきたと主張するが、カーンの作品を考えればこれは驚くべき言い草である。バルモンドの主張は20世紀における構造の根本的な進化を無視しており、カーンの作品を意図的に見落としているとさえ言えそうである。なおコールハースは『S,M,L,XL』の中でカーンを「怪物的に理想主義的な相貌である。二度とごめんだ…」という一文で片付けている[23]。

ジェネリック・シティ ── 連続平面のユートピア

「ジェネリック・シティ」は世界中に広がった人類の居留地に関する自伝的かつ総合的なヴィジョンである。『S,M,L,XL』に登場する「コンテクストなんぞ、くそ食らえ」「ビッグネス＝アーバニズム vs 建築」「ポスト建築的なランドスケープ」「連続的な大都市平面」といった概念はこの「ジェネリック・シティ」の前提をなしている。生涯の大部分を飛行機の中で費やす建築家の視点で書かれた「ジェネリック・シティ」では、人類の居留地と大陸が雲の上から観察されている。彼は空港を通り抜け、時差と地理的な境界を飛び越えながら想像の中でイメージをかき集めている。その中から生まれたジェネリック・シティという概念は地表面における人間の過密状態に関する総合的かつ詩的な解釈と言えるだろう。コールハースは自らをもって新しい精神生活（ネルフェンレーベン）のスポークスマンと称し、眼前で発展し続けるメガロポリス ── ジェネリック・シティ ──と「神経回路」が絡み合った新世紀のレイモンド・フッドにならんとしているのである。ここでコールハースはボードレール的な遊歩者（フラヌール）にかつてなく接近しているが、遊歩者と言っても20世紀末における地球的なスケールの遊歩者（フラヌール）である。ル・コルビュジエもまた旅行中に空の上から南アメリカの都市を一つまた一つと望み、大陸的なスケールで展開する新しい都市形態を発見していた。

「基準平面」と「ビッグネス」にはニューヨークの痕跡が残っている。しかし「ジェネリック・シティ」にはニューヨークに関する言及は一切見られない。代わってアジアが ── とりわけ中国やシンガポールなどの諸都市が ── 新しい都市形態を模索するコールハースの理論の焦点になっている（彼はシンガポールを「クリーンで人工的な平面、活動的であると同時に中性化された場」と描写している[24]）。さらにコールハースは群島（アーキペラゴ）のように彼の隠喩的な計画理論を補強するモデルを探し続けて

---

20 OMA, Koolhaas, Mau, op. cit., p.671.
21 Ibid., p.504.
22 Ibid., p.505.23

23 Ibid., p.216.
24 Rem Koolhaas, *Singapore Songlines. Portrait of a Potemkin Metropolis. … or*

Thirty Years of Tabula Rasa, 1995, in OMA, Koolhaas, Mau, op. cit., p.1039.

いる(槇文彦による「出来事のパターンとしての都市」に関する理論はその一例である[25])。

　基準平面とビッグネスとジェネリック・シティの3者に共通するのは『ハーグ・ポスト』誌の記者が追い求め、『錯乱のニューヨーク』が定義したような没個性化された芸術形態である。「基準平面」における基準平面と非基準平面の対立は、「ジェネリック・シティ」において「ジェネリックな存在」と「アイデンティティ」の対立として再構築されている。地球全体の人間居留地を一望するグローバルな視点に立つと、日々増加し続ける建設量に対して都市の歴史的な中心部——「アイデンティティ」——があまりに小さく不釣り合いであることが明らかになる。これはロウのコンテクスチュアリズムとクリエのポストモダニズムの都市理論に対する究極的かつ無慈悲な回答である。さらにコールハースはヨーロッパの都市が自らの歴史的アイデンティティにからめとられ永続性を強いられた存在であると主張し、「アイデンティティが強ければ強いほど束縛的であり、拡張・解釈・更新・矛盾に対して激しく抵抗する」と述べている[26]。

　歴史的な中心部と周縁の関係についての考察はニューヨークの摩天楼に見いだされた「臨界量」の概念とも関係している。その結論は中心によって都市の拡大を支配し続けることは不可能であるということである——「中心と周縁の距離が広がり、限界点を超える」[27]。「疲弊した中心が放つ最後の鼓動が周縁を臨界量として解釈することを妨げている」[28]という一節も都市現象に関するコールハースの建築的ヴィジョンを理解する上で重要である。

　コールハースはこう述べている——「ジェネリック・シティは中心という束縛とアイデンティティという拘束衣から解き放たれた都市である。ジェネリック・シティは依存という負の連鎖を断ち切る。それは現在の要求と能力の表れに他ならない。それは歴史をもたない都市である。それはあらゆる人々に十分なほど大きい。それは安易である。それはメンテナンスを必要としない。狭くなったらただ拡張すればよい。古くなったら自己破壊して更新すればよい。あらゆる場所は

25　Fumihiko Maki, ibid., p.1049.
26　Ibid., p.1248.
27　Ibid.
28　Ibid., p.1249.
29　Ibid., pp.1249, 1250.
30　コールハースはジェネリック・シティの表面という概念を説明するために意味深長な表現を用いている。たとえば「あらゆる仮説を『結びつけ』しかる後に消去する」石板は《囚われの地球の都市》に登場する装置に通底し、「汚れなきユークリッド平面」はスーパースタジオやアーキズームのプロジェクトにも認められる。「解放された土地」という表現はコールハースにとって重要なシチュアシオニストの『テラン・ヴァーグ』を思わせる。「タブラ・ラサ」はロッテルダムやベルリンで爆撃がつくりだしたヴォイドやフリードリヒ通り沿いのヒルベルザイマーのプロジェクト

同程度に刺激的であり同程度に退屈である。それはハリウッドの撮影スタジオのように『表層的』で、月曜日の朝が来るたびに新たなアイデンティティが生み出されている」[29]

ジェネリック・シティでは「ビッグネス」の予言が成就し、20世紀の大都市の形成要因である街区と街路グリッドが消滅している。この際立った特徴は「基準平面」や「最後の果実」、さらに両者の昇華である「フィーレンディールのコンセプト」において描かれた構造グリッドの進化にも関連している。つまりコールハースの理論において都市グリッドと構造グリッドは新プラトン主義的な価値体系の残滓とみなされているのである。基準平面は「フィーレンディールのコンセプト」によって支持材から解放されるが、ジェネリック・シティを生み出すものは国土的なスケールの連続平面である。コールハースはこう述べている――「あらゆるジェネリック・シティはタブラ・ラサから生じる。何もなかった場所にはいまやそれが存在する。何かがあった場所はそれによって置き換えられる。そうならざるをえないのだ。さもなければ歴史的な特徴を帯びてしまうからである」[30]。このようなジェネリック・シティの背景にはピラネージの「カンプス・マルティウス」、アーキズームのノン・ストップ・シティの「連続平面」、スーパースタジオの「スーパーサーフェス」、ウンガースの「都市群島(シティ・アーキペラゴ)」が透けて見える。彼らの構想と同じくジェネリック・シティは都市組織をもたない都市なのである。

コンスタンティノス・ドキシアディスが1970年に制作した「エキュメノポリス」というダイアグラムは人類の居住密度を世界地図上に表現したものである。ジェンクスは1971年にそれを「21世紀末に予想される[…]350億人の終わりなき線形都市」と評している[31]。エキュメノポリスはスプロール化するジェネリック・シティの規模を想定するための理論モデルとなる[32]。AAスクール以来、コールハースの中でコンティニュアス・モニュメントとノン・ストップ・シティが占めた位置にエキュメノポリスが入り込んだのである。

空港と摩天楼はジェネリック・シティの根本的な建築類型(タイポロジー)であ

を想起させる。「オープン・スペース」という言葉は都市スケールに拡張されたアメリカのオフィスの「オープン・プラン」を意味しているように思われる。
[31] Charles Jencks, *Architecture 2000, predications and methods,* London, Studio Vista, 1971, p.67.
[32] コールハースは2000年にドキシアディスのダイアグラムが「計画と建築におけるオープンで真に空想的な洞察の最後の瞬間」であると述べている(Rem Koolhaas, *Start Again,* lecture at the Berlage Institute, Rotterdam, 27 march 2000, Kwinter, Rainò, op. cit., p.49) ドキシアディスはコールハースが一連の研究を行ったシンガポールやラゴスの都市計画にも関わっている。

る。空港はジェネリック・シティの中心となる運命にある。空港同士が接続された地球規模の人間の居留地のモザイク模様は、単一の「グローバル・ジェネリック・シティ」という最終形態であり、見方によってはエキュメノポリスにも似ている。「極端な中立性」や「ラディカルな不確定性」といった空港の性質はジェネリック・シティと一致する。一方摩天楼は「究極的かつ決定的な類型(タイポロジー)」である――「それは他のすべてを呑み込み、どこにでも存在できる。田園だろうが都心だろうが摩天楼はいかなる差異も生み出さない。もはやタワーが集まることはなく一定の距離を置いて互いの干渉を避けて屹立している」。このような「ジェネリック・シティ」の帰結は構成的な秩序をもたない「輝く都市」と言えそうである。

　不安定かつ破壊的なジェネリック・シティの構成要素はクルト・シュヴィッタースのメルツバウからロバート・ラウシェンバーグの『消去されたデ・クーニングのドローイング』に至る20世紀芸術の展開過程にも関係している。長期に渡り持続するモニュメントをもたないジェネリック・シティでは、地表における構築物の絶え間ない変更を促す地下のインフラだけが固定的な部分である。この意味でジェネリック・シティは「プラグ・イン・シティ」「スーパーサーフェス」「ノン・ストップ・シティ」といった1960〜70年代のプロジェクトと同様の空想的性格を帯びている。ジェネリック・シティはエミリオ・アンバースが構想したインフラのアイデアを反映し、《ニュー・ウェルフェア島／観念的ランドスケープ》のインフラのドローイングを理論的に翻訳し、ロッテルダムとベルリンのヴォイドをモデルとした都市なのである。さらにジェネリック・シティを基準平面――ニュートラルな平面上に形成される「不可視のコミュニティ」――の拡張版として捉えることもできる。つまり技術に支えられた基準階(ティピカル・フロア)というアメリカ的モデルに基づく地球規模の基準平面(ティピカル・プラン)なのである。

　コールハースは1990年代末に『ラスベガスから学ぶこと』の方法と目的に基づいてアフリカの都市ラゴスを含む諸都市を研究している。シンガポール研究の時と同じく、彼はこの研究を通じてかつてのマンハッタン・グリッドとはまったく異なる形で地表を包み込む組織形態を発見し、ジェネリック・シティの表面についての想像を膨らませている。コールハースは西欧の大都市文明からかけ離れた都市に「いかなる形式的(フォーマル)構造にも依存せず当座しのぎの不定形性(インフォーマル)が助長された都市パターン」[33]を発見している。それらは複雑で活発な流れによって結びつけられており、ウンガースの群島(アーキペラゴ)やスミッソンのクラスター・シティやレトリスムの心理地理学的な都市図などの隠喩的な

都市モデルに似た存在である。

「ジェネリック・シティ」はコールハースの世代が経験した1960年代の文化状況の総合であり、その極端な達成だと言える。テクストは過密の文化をテーマとした真実の脚本によって締めくくられている。ここでも主人公は群衆である——。

「聖書を題材にしたハリウッド映画を想像してみよう。『聖なる国』のどこかにある都市。市場の場面。多彩色の布や毛皮、シルクのローブを身にまとったエキストラが左右に行き交う。画面(フレーム)の中で彼らは大声をあげ、ジェスチャーを交わし、目をギョロつかせ、喧嘩を始め、笑い、ヒゲをいじくる。カツラから糊がしたたる。振り回された杖、握り拳、ひっくり返った露店や飛び跳ねる動物たちが画面中央に押し寄せる…。彼らは叫んでいる。[…]。群衆は海のようにうねる。波は砕ける。ここで音声をオフにして——静寂は旱天の慈雨である——フィルムを巻き戻す。もう音はしないが興奮した男女が背後でうごめく姿がまだ認められる。私たちは人間の群れのみならず、彼らの間に横たわる空間にも気づき始める。中心は空っぽである。長方形の画面から最後の人影が立ち去る。不平をこぼしているのだろうが、ありがたいことにそれを聞くことはできない。いまや静寂が空虚によって高められる。画面には空っぽの露店や踏みつけられたがらくたが映し出される。安堵…すべては終わる。これが都市の物語である。都市は終わる。ここで私たちは劇場を出る…」[34]

この「ジェネリック・シティ」の結末は《ラ・ヴィレット公園コンペ案》における「建築なき高密度、『見えない』過密の文化」という予言と一致している。ジェネリック・シティの目に見える部分は硬い基礎から横滑りする《ホルテンの住宅》のヴォリュームと同じく不安定である。またワッセナーの草原に「建てられることのなかった」ミースの住宅模型と同様にいずれ取り壊される存在である。しかしジェネリック・シティの地下インフラは遺跡あるいは永続的な都市の地層であり、《ダクトパーク》やポンペイの遺跡とともにコールハースの詩学の意味を解き明かす鍵となる。コールハースは『S,M,L,XL』の執筆に並行して1994年から《フロアラックの住宅》を設計しているが、この住宅もジェネリック・シティの基礎的なアイデアを表現するものと言える。なぜなら住宅の地下の基壇は永続的な遺跡として捉えられる存在であり、その上にマッシブで重厚なヴォリュームが偶然座礁したか

---

33 Rem Koolhaas, *Bigness & Velocity*, in "A+U", 2000, (pp.196-209), p.198.

34 OMA, Koolhaas, Mau, op. cit., p.1264.

360

360.『LAWUN（現地利用型世界不可視ネットワーク）』（デヴィッド・グリーン／アーキグラム、1969年）。「一時的な非特定的環境」の提案である

361.《ポイント・シティとサウス・シティ》（レム・コールハース／OMA、1993年）。オランダの国土計画の提案

のように浮かび、不安定にバランスしているからである。《ホルテンの住宅》と同じく《フロアラックの住宅》は瞬間から瞬間へと飛び立とうとしているように見える。これは「ジェネリック・シティ」という脚本に登場する群衆――かすかな痕跡だけを残して地上を立ち去る群衆――に似ている。

　1969年にアーキグラムは年老いた釣人の写真を示しながら次のように述べている――「彼は座っている。傍らにはテレビと保冷箱、背後には彼の車が停められ、すべてはとてもクリーンで、あらゆる状況は彼のために整えられている。しかしそれらは次の瞬間には消えるかもしれない。一度消えてしまうと彼の存在を証明するものは押しつぶされた芝生やタイヤ跡あるいは足跡しかない。ある意味ですべては完全に不可視なのである」[35]

　「ビッグネス」に続くページに掲載されたゲルハルト・リヒターの『アブストラクト・ペインティング726』は不可解な色の痕跡によって「削り取られたもの」を表現していると考えられる。つまりこの絵は「固有性や特異性のあらゆる痕跡が剝ぎ取られた建築」という基準平面のコンセプトの比喩的な表現として解釈することが可能である。ここでル・コルビュジエによるニューヨークの国連本部ビルについて述べた『錯乱のニューヨーク』の一節を思い起こそう――「敷地の残余はまるであまりに徹底的に修復が行われた古い絵画のように表面をきれいにこすり落とされている」[36]。コールハースは2001年に《エクソダス》のテクストを書き直し「ストリップ」の美術館を「消去された古い絵画」や「中身のない額縁、真っ白なキャンバス、空っぽの台座」[37]を収める建物として描いているが、ここにも「基準平面」と「ジェネリック・シティ」の表面と同種の性格が認められる。

361

35 David Greene, *Projet Lawun. Une boterie expérimentale, 1969*, in *Archigram*, Paris, Centre Georges Pompidou, 1994, p.168.

36 Koolhaas, *Delirious*, cit., p.231.

37 Rem Koolhaas, Elia Zenghelis, Madelon Vriesendorp, Zoe Zenghelis, *Exodus, or the Voluntary Prisoners of Architecture, 1972*, in Jeffrey Kipnis, op. cit., p.26.

38 [Koolhaas-OMA],

Point City – South City, in "Arch+", 1996, No.132, (pp.36, 37), p.37.

39 [Koolhaas-OMA], *Airport City Seoul. Two in One – Airport City Seoul*, ibid., (pp.30-35), p.31.

1990年代半ばにコールハースは都市的なスケールや国土的なスケールのプロジェクトを通じて過密の文化に再び取り組んでいる。そこではマンハッタン・グリッドや群島(アーキペラゴ)や帯のシステムをさらに展開させ、『錯乱のニューヨーク』で描いた「隠喩的プランニング」に具体的なイメージが与えられている。

　1993年にオランダの国土計画の検討を委託されたOMAは、ル・コルビュジエ的な方法でマンハッタン、ラスベガス、オランダの都市居住密度を比較し、建設行為を国土中心に集中させた単一の巨大都市《ポイント・シティ》と、オランダ南部に集中させた《サウス・シティ》を提案し、いずれかを採用する必要性を訴えている。両者はともに過密の文化に基づいて国土内部に「空白——ヴォイドの貯蔵庫」[38]をつくりだす都市モデルであり、OMA特有のソリッドとヴォイドの弁証法を提唱している。

　1995年の《新ソウル国際空港コンペ案》ではジェネリック・シティの象徴である空港の傍らに新しい人類——「世界市民」[39]——を育む空想的な孵化装置としての都市の断片が提案されている。この新都市の平面は矩形で、マンハッタンの街区のようなグリッドの上にビジネス・研究・開発・教育・文化・居住の機能を収めた「帯」のシステムが重層されている。但し帯は《ラ・ヴィレット公園》のように平行ではな

362-363.《新ソウル国際空港コンペ案》(レム・コールハース/OMA、1995年)

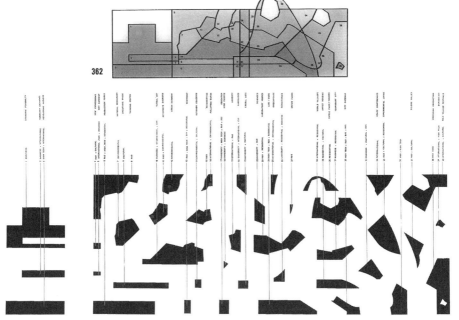

364.《スキポール空港計画》(レム・コールハース／OMA、アムステルダム、1999年)

く《ムラン・セナールの都市計画》の「漢字」のように自由なパターンを描いている。これらの帯はプログラムを解釈することから生まれた不定形で芸術的な平面パターンであり、シンガポールなどの東洋の都市の平面と同様に並列化している。建物はこのタペストリーの上にブロードエーカー・シティ的にちりばめられ、レオニドフの労働者クラブのような「ユートピア的な場」も用意されている。

　ヨンジョン島とムイ島の間の海上に配置されたこの都市をメタボリズムのヴィジョンの妥当性を検証するプロジェクトとして希望することもできる——「このプロジェクトは新都市を建設する楽観と信念を再創出し現代都市に雑種性と複雑性をもたらすメカニズムを構築しようする試みである」とOMAは述べている[40]。

　《新ソウル国際空港コンペ案》では「世界大学」のキャンパスを収める帯だけが《エクソダス》や《ムラン・セナールの都市計画》のように矩形である。その他の帯はすべて不規則的な形であり、ロウのコンテクスチュアリズムに対するコールハースの批判を再表明するものとなっている——「都市は『アクシデント』のタペストリーとなる。しかしそれは歴史から生じるのではなく人間によって制作されるのである。」[41]

　1999年にOMAはKLMオランダ航空と協働してスキポール空港をアムステルダムの市街地から円形の人工島へ移転させる計画案に取り組んでいる。この計画でも空港をジェネリック・シティの一断片に変容させるアイデアが採用され、人工島全体はテーマと機能の異なる島々のコラージュとして形成されている。また、空港移転後に残される土地は、高密度都市のためのヴォイドになっている。

「複合的安定性」と「キャラクテール」——タワーの計画理論

　コールハースが「基準平面」を執筆した時期にOMAは様々なタワーの計画に——主にアジアの都市において——取り組んでいる。これらのタワー案は摩天楼の批判的解釈の産物であり、「奥行きの深い平面」

や「矩形面」を乗り越えてチューブ構造やサービスコアなどの制約から解放された形式を模索する試みである。さらに、《ボンピュの複合施設》のように複数のタワーとプラットフォームを結合することによって摩天楼に内在するインターナショナル・スタイルのイメージを変容させるスタディも継続されている（摩天楼を集合化したロックフェラーセンターはいまだに重要性を失っていない）。『錯乱のニューヨーク』の時代に描かれた戯画的な摩天楼と同じく、コールハースが生み出す新しいタワーはキャラクター面における特性すなわち独自の「キャラクテール」を備えている。摩天楼という単位がタワーの束へと分解されるにつれてコールハースが用いる用語も変化し、プロジェクトは「摩天楼（スカイスクレイパー）」ではなく「タワー」と呼ばれるようになる。

2003年にコールハースはOMAの新しい設計手法を以下のように説明している――「1970年代以降、摩天楼に関する真の『発明』は一つもない。構造原理も停滞したままである――『チューブ型』のタワーでは高さと奥行きが増大するほど自然採光できるフロアが減少する。『ピラミッド型』のタワーでは高さが増大するほど基壇が広がり、床面積の大部分は暗い低層部となって頂部にエリート的小片が残されるのみである。［…］。細長い要素を組み合わせて生み出される『複合的安定性』は頂部が狭く足元が広いという明白な安定性に代わって構造と収容力を両立させる。それは肥満的な厚顔無恥に代わるスレンダーな相互支持である。この新しい構成では自明に思われてきた単一コアが分散コアへと置き換わる。そしてこの分散コアがタワー同士の交点を結節する」[42]

1995～99年にOMAはロサンゼルスの《ユニバーサル本社ビル》の計画に取り組んでいる。依頼者のエドガー・ブロンフマン・ジュニアはミース・ファン・デル・ローエにニューヨークの摩天楼の設計を依頼した酒造会社シーグラム社の創立者の末裔で、1995年にハリウッドのユニバーサル・スタジオを買収している。このプロジェクトでは「プラットフォーム」「プレイス」「タワー」と呼ばれる都市的要素を挿入することを通じて「基準平面」というオフィスの基本原理を再活性化し、「実験的アイデンティティ」と「理想のオフィス・ライフスタイル」[43]の両立を模索している。さらにプロジェクトは建築が象徴を生み出し続けることができるかという問いを投げかけている。

建物は規則的な構造をもつ長方形のプレートと構造的に自立し

---

[40] Ibid.
[41] Ibid.
[42] Content cit., p.443.
[43] Rem Koolhaas, Introduction, in OMa+uNIVERSAL, in "A+U", 2001, No.364, (special issue), pp.6, 7.

ている4本のタワーのコールハース的な交配の産物である。「オフィス・フロア」と呼ばれる長方形のプレートは自然採光を得るために南側の外装に凸凹があり、その部分は比喩的に「フィンガー」[44]と名づけられている。ここではヒュー・フェリスが「理論的外形」の検討の第2段階で「マッスに切れ目を入れて日照を通すこと」[45]を提唱していたことが思い起こされる。但しこの操作は人工照明に支えられた「奥行きの深い」基準平面の概念とは矛盾している。建物南面のガラス・ファサードは金属製の被膜（スキン）で覆われている。一方北面ファサードは開閉可能でロサンゼルスの気候にふさわしく自然換気が促されている。《マイアミの住宅》と同じくこのファサードを完全に消し去ることも可能である——「[…]北側外周部の全面のガラス窓を開け放つことによって一年間のうち52%は建物が『消え去る』。この結果『仕事（ワーク）』の文脈では想像すらされなかった使用者と自然の接近が成立するのである」[46]

「ジェネリックなフロア・プレート」[47]では1950年代ニューヨーク的なレイアウトやドイツ的なオフィス・ランドスケープなど4種類のオフィス・レイアウトが提案されている（後者は「叙情的（リリカル）」と呼ばれている[48]）。中でも重要なのは「取引役員会、異種部門会議、戦略策定活動の場となる市場」としてデザインされた「ユニバーサル・フロア」と呼ばれるレイアウトである。長方形のプレートは完全な無柱空間で「究極のミース的宮殿」[49]と呼ばれている。なおプレートの一部は大きく張り出しており、ラ・デファンスの《ザック・ダントン・オフィスタワー案》や《ホルテンの住宅》の「横滑り」を思わせる。

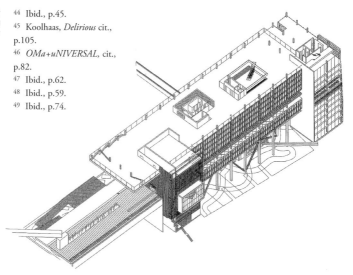

365.《ユニバーサル本社ビル計画》（レム・コールハース／OMA、ロサンゼルス、1995〜99年）、アクソメ図

44 Ibid., p.45.
45 Koolhaas, *Delirious* cit., p.105.
46 *OMa+uNIVERSAL*, cit., p.82.
47 Ibid., p.62.
48 Ibid., p.59.
49 Ibid., p.74.

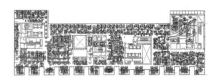

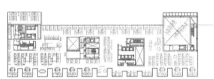

366

367

368

366. 同上、多様なオフィス平面の検討図
367. 同上、タワーのスタディ模型
368. 同上、「コレクティブ・タワー」

369.《ユニバーサル本社ビル計画》(1995〜99年)、「ヴァーチャル・タワー」と「サーキュレーション・タワー」の象徴的表現

370. ヴィニョーレのトスカナ式エンタブラチュア。ジャック=フランソワ・ブロンデル『建築教程』(パリ、1771年)より、第1巻図12

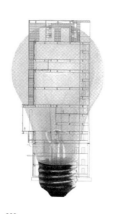

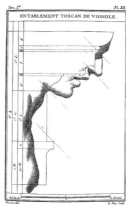

369   370

　4本のタワーはプレート上で繰り広げられる活動に生き生きとした大都市的な強度を与える存在であり、都市的なコンテクストに挿入された《エクソダス》や労働者クラブのようである。あるいは既存の建築にくさびのように打ち込まれた《アーネムの刑務所計画》のヴォリュームに似た性質を帯びている。加えてカーンのタワーと同様に構造的・技術的な役割も担っている。各タワーは独自のアイデンティティを表現している。シュプレマティスム的な「コレクティブ・タワー」には会議室を収め、ニューヨークの摩天楼に基づく「エグゼクティブ・タワー」には経営陣の執務空間を収め、アメリカ摩天楼のロビーをピラネージ的に解釈した「サーキュレーション・タワー」は「連続的な大理石のアトリウム」であり、《ZKM》で検討されたモデルに基づく「ヴァーチャル・タワー」には研究所や調査実験センターが収められている。

　4本のタワー各々にはキャラクテールを表現するイメージ——「電球」「1ドル紙幣」「手をつないで輪になった人々」「大都市の群衆からなる矢印」——が重ね合わされている。これは柱のオーダーを擬人化して表現する古典的な描画手法をヴェンチューリやジェンクス的にポップに解釈したものと言える[50]。建物のアイデンティティを模索するグラフィック的なリサーチからは、さらにもうひとつ象徴的なダイアグラムがつくられている。それはタワーとスラブ面という建築的な構成を「酒瓶」「映画のフィルム」「五線譜」の重ね合わせとして表現したコラージュである——「酒造会社と映画スタジオと音楽業界の

[50] Cf. Charles Jencks, George Baird, eds., *Meaning in Architecture,* London, Design Yearbook Limited, 1969.

[51] [Koolhaas/OMA], in *Content* cit., p.121.

巨人とインターネット会社の予定された大合併を建築は表現することができるか?」[51]

　OMAはこう述べている——「プログラムをオフィス・フロアとタワーに分けることによって建物の構成は固有性(ユニーク)と一般性(ジェネリック)を表現するダイアグラムそのものとなる。特殊なものは垂直方向に、ジェネリックなオフィス空間は水平方向に配置される。社内体制がいくら乱れたとしてもオフィス・フロアは柔軟に対応し、タワー要素は一貫性を保ち続ける。このような構成によって建築は都市計画に接近する。《ユニバーサル》はオフィスの計画というよりも都市計画あるいは地図のようなものであり、建物は様々な要素を共存させるインフラである。全体構成を示すダイアグラムは建築の図面というよりも地下鉄の

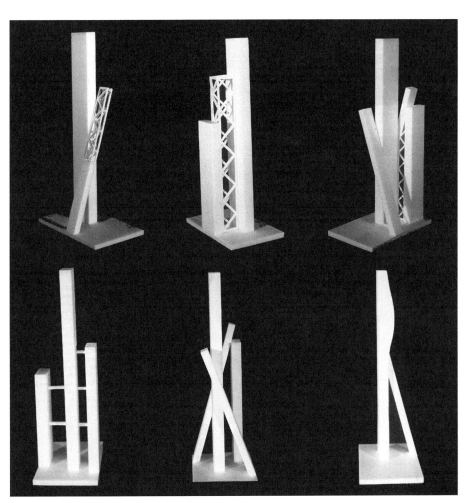

371.《ハイパービルディング》(レム・コールハース／OMA、1996年)、スタディ模型

372

372-373.《ハイパービルディング》(レム・コールハース／OMA、バンコク、1996年)

374.「雲の階梯」(エル・リシツキー、モスクワ、1924〜25年)

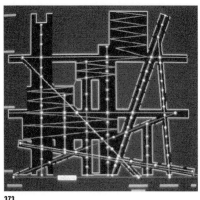

373

374

路線図に似ている」[52]

　1996年にOMAはアジアの都市で二つのプロジェクトに取り組み、タワーの類型的・構造的モデルをさらに展開させている。その一つはバンコク近郊の緑豊かなプラプラデーンの中州に計画された《ハイパービルディング》であり、もうひとつはサムスン電子の依頼で設計されたソウルの《トゴク・タワー》である。前者は日本政府のハイパービルディング研究会が主導した東京の将来像を検討するプロジェクトの一環である。二つのプロジェクトでは摩天楼のプログラムが機能ごとに細長いタワー群、直方体のブロック、傾斜構造体、薄いプラットフォームに分解されている。このような操作の先例としてはニューヨークのワールドトレードセンターやシカゴのシアーズ・タワー、スティーヴン・ホールによるニューヨークのパララックス・タワーなどのプロジェクトやレスリー・マーティンの都市類型の研究が挙げられる。しかし《ハイパービルディング》と《トゴク・タワー》ではコールハース独特の「臨界量（クリティカル・マッス）」が「細いタワーの集合（マッス）」に変容し[53]、各部分は多様なトラジェクトリーからなるシステムによって連結されている。つまり《ZKM》や《テート・モダン》の斜行する機械動線が組み合わせられ、摩天楼に導入されているのである。

　《ハイパービルディング》はビッグネスよりも大きい。それはラージとエクストラ・ラージの間、ビッグネスとジェネリック・シティの間という『S,M,L,XL』では言及されなかったサイズに属している。12万人を収容する500万m²の量塊（マッス）はコンスタントやメタボリズムの計画、あるいはフッドによるマンハッタン計画のように空想的な「摩天楼都市」の様相を呈している。また検討段階のドローイングにはピラネージのローマも登場している。《ハイパービルディング》では束ねられた垂直的なタワーを水平的なプラットフォームが横断し、《アガディール》のようなプラットフォームからぶら下がるブロックや、その上に載るブロックもある。《ハイパービルディング》では三つの異なる経路が組み合わされているが、これは《クンストハル》や《ジュシュー図書館コンペ案》や《テート・モダン》と同様に都市の動線システムを垂直に拡張したものだと言ってよい。スピードの異なるエレベーター群は

[52] *OMa+uNIVERSAL* cit., pp.45, 47.
壁・天井・床・家具と情報を結びつけるグラフィック・システムをブルース・マウがデザインしている。情報量は使用者がコントロールできるようになっている（「超存在状態」と「休眠状態」がシステムの両極端の状態である。Ibid., p.103を参照）。OMAはこのシステムの最大限のフレキシビリティを模索している。ブルース・マウはこう述べている。「誰もが適切な瞬間に適切な情報を得るユートピア的な環境を想像すること」(Ibid.)

[53] [Koolhaas-OMA], *Bangkok is a city on the edge of the tolerable...*, in Content cit., p.423.

六つのグループにまとめられて「街路」となる。「大量輸送用のケーブルカー、ゴンドラ、連結式エレベーター」[54]からなる四つの機械的動線はパリのオースマン通りのような斜行する「大通り(ブールヴァール)」を形成する。一方歩行者用「遊歩道(プロムナード)」——12kmにわたって建物に巻きつく斜路とプラットフォームの連続体——は公園の小道のようである。

コールハースによれば《ラ・ヴィレット公園コンペ案》は水平に引き延ばされた摩天楼の断面である。だとすれば《ハイパービルディング》は垂直に立ち上げられた都市組織の一部として捉えるべきだろう。OMAが指摘する建物の断面図と地下鉄路線図の類似はその証左と言える。OMAはこう述べている——「都市の多様性と複雑性を獲得するために、建物は都市の隠喩(メタファー)となるように構造化されている。タワーは街路を形成し、水平要素は公園であり、ヴォリュームは地区であり、斜行する動線は大通り(ブールヴァール)である」[55]

フィーレンディール梁の原理——構造体を拡大し機能を収める容器に変換する——から発想を得たアイデアも登場している。つっかい棒のように傾斜した巨大なトラス梁の内部に動線が収められ、二つのプラットフォームはH形鋼のような「タワー柱」によって支えられている。なお同時期に計画された《ユニバーサル本社ビル》でもコアを包み込む巨大なH形柱のヴォリュームが検討されている。斜めの支柱は構築主義的な《ボンピュ》のトラス柱やロッテルダムの《C3タワー》(ゲーリングス不動産のために1994年に計画された)などのOMA作品にも採用されたもので、エル・リシツキーがモスクワで構想した「雲の階梯」に匹敵する空想的な都市の構造体である。但しその実現可能性は「複合的安定性」というコールハースのアイデアに基づきオヴ・アラップとの協働を通じて技術的に検証されている。

《トゴク・タワー》でも摩天楼をタワーの束へと分解する方針が採

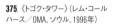

375.《トゴク・タワー》(レム・コールハース／OMA、ソウル、1996年)

用されている。ここでも内部に設備やエレベーターを収めた複数の傾斜タワーが高さ200mの細長いタワー群を支えている。ある検討案ではタワー同士がトラスの構造体で結びつけられているが、それらは鉄パイプでつくられた《クンストハル》の水平ブレースに似ている。

　OMAはこう述べる――「このプロジェクトの突破口(ブレイクスルー)は複数の建物をさらに大きな全体へと統合することである。様々な要素はもはやソリストではなく、あらゆる点で『建築的に』互いを支え合い、単一の複合体を形成している。『技術的』な観点から言えば、構造安定性・アクセス・動線・設備などの問題が集合化によって解決される。『都市的』な観点から言えば、建物全体が都市の新地区になる。これらの方策がすべて合体すると質的な量子飛躍(クォンタム・リープ)が生じる。摩天楼の複合体が分離に代わって連続性、多様性とプログラム的な豊かさを備えるようになるのである。もはや摩天楼は都市の巨大寄生体ではない。それは新たな都市状況であり、公衆を受容する新たな方法の再発明に貢献する」[56]

　ニューヨークのいくつかのプロジェクトではコールハースはピラミッド型の摩天楼というアイデアに回帰している。1995年に取得された土地(54番街の「ホテル・ドーセット」とMoMA本部に隣接する53番街の二つの建物)を対象に1997年に開催されたニューヨーク近代美術館(MoMA)増築コンペにおいて、コールハースはフェリスの構想を援用している。すなわち上部が水平な直方体ヴォリューム上に「トライアングル」と呼ばれるピラミッドを載せ、ホテルの敷地に許される法規上の最大容積を占有するのである。地上部ではテクトニックな運動が生じ、有名なアビー・アルドリッチ・ロックフェラー彫刻庭園は街路よりも低く沈んでいる。MoMAと都市の境界はもはや壁ではなく、美術館の敷地境界に沿った裂け目すなわち「庭園／堀」となり、内部空間に光を導く巨大な中庭(パティオ)としても機能している。地上階は『錯乱のニューヨーク』で描かれたマンハッタンの典型的な存在、つまり「大都市の島々」の一つとなる。一切の囲いがないので美術館は温暖な季節には完全に開放され「都市の表面」[57]の一部となる。来館者は直方体に挿入された傾斜構造体に沿って「オデッセイ」という機械仕掛けの水平プラットフォームに乗って移動する――「部屋が旅する」[58]わけだ。これ

54　Ibid., p.424.
55　[Koolhaas/OMA], *Hyperbuilding Bangkok, Thailand, 1996*, in "El Croquis", 2006, No.131-132, p.66.
56　*OMA, Studio per un grattacielo*, in "Domus", 1998, No.800, (pp.48-51), p.51.
57　Rem Koolhaas, *The Project(s)*, in Joanna Merwood, *Dieci progetti per il MoMA*, in "Lotus international", 1997, No.95, (pp.27-45), p.37.
58　[Koolhaas-OMA], *Extension of the MoMA. New York, New York, USA 1997*, in *OMA@work.a+u* cit., p.262.

は《フロアラックの住宅》のプラットフォームの一種であり《ハイパービルディング》の大通り(ブールヴァール)と同じような斜めの軌道(トラジェクトリー)を描いている。

「キュラトリアル・ブロック」と名づけられた部分には、多様な平面計画理論が適用され「スラブ」「コンテナ」「図と地」「断面」という4種類の空間構成が提案されている。各構成は20世紀に生まれた設計概念の一つに対応している。すなわち「スラブ」はノン・ストップ・シティ的な意味での「オープン・スペース」であり、「コンテナ」は複数の箱のシークエンスであり、「図と地」はロウとコッターの理論に通底する歴史主義的な筋書き(プロット)であり、「断面」はOMA特有の平行帯を用いた構造化の手法である。収蔵庫に収められた美術品は図書館の閉架図書のようにリクエストに応じて閲覧可能となる[59]。

1998～99年にはロッテルダムでロックフェラーセンターを原型とするヴァリエーションが再び計画されている。マース川沿いの短冊状の敷地に計画された《MABタワー》である(数千人の移民をアメリカに送った船を記念して後に《デ・ロッテルダム》と改名された[60])。このプロジェクトは《C3タワー》の設計案をさらに推し進めたもので、依頼者も同じゲーリングス不動産である。《MABタワー》は様々な機能を高密度に集めた12万5,750㎡の複合体で、コンヴェンションセンター・映画館・デパート・レストラン・オフィス・ホテル・住宅などが収められている。長方形の基壇上には細長いタワーが上下2段に束ねられ、各タワーは背骨のようなエレベーター群と階段によって結びつけられている。2段目のタワー群(14階より上部)は1段目と互い違いになっているので、タワー群が真っ二つに切断され上半分が横滑りしたように見える。この操作は巨大なテラスを生み出すと同時に各タワー内部の機能の違いを明示している。ヴォリューム全体を貫く斜行エレベーターは「機械的な『建築経路』」[61]である。

《ボンピュ》の時と同様に各タワーの胴体部(トルソー)は不規則的な間隔に配置され、窓からの眺望が確保されている。またいくつかのタワーは《デ・ブリンク》のように互い違いになった二つのヴォリュームから構成されている。カーテンウォールのデザインが異なるため、各タワーの内側に潜むオフィスと住居とホテルは外観からも識別可能である。ここでもキャラクテールの象徴的な記号操作と暗示が用いられているのである。

---

59 Ibid., p.265.
60 Cf. [Koolhaas/OMA], 'De Rotterdam' Building, Vertical City, Rotterdam, The Netherlands 1998-, in "El Croquis", 2006, No.131-132, p.117.
61 [Koolhaas-OMA], MAB Tower, Rotterdam, The Netherlands 2004, in OMA@work.a+u cit., p.67.

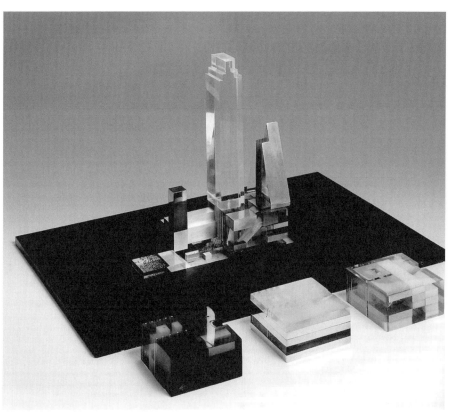

376

376.《ニューヨーク近代美術館（MoMA）増築コンペ案》（レム・コールハース／OMA、ニューヨーク、1997年）、模型

377. 同上、「オデッセイ」の透視図

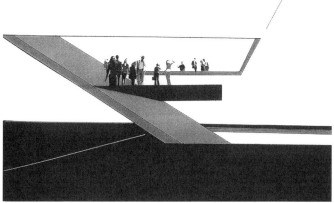

377

378.《MABタワー計画(デ・ロッテルダム)》(レム・コールハース/OMA、ロッテルダム、1998〜99年)、模型

《MABタワー》では「基準平面」の方法に基づいて正方形の柱が規則的に配列されている。基壇部分には斜めに傾いた柱が採用されているが、《グラン・パレ》の傾斜柱と同じようにその多くは鉛直柱の足元部分から分岐し、低層部の支持点の数を減らすことに貢献している（斜めの構造体は低層部の片持ち部分にも用いられている）。住居部分の平面計画はレイクショア・ドライブ・アパートメントなどのミースの作品に準拠しているが、各住戸はガラスで囲われた地中海風のベランダを備えている。これは1990年代のオランダ建築に広く見られる特徴である。このベランダはコルホフに由来するものとも考えられる。基壇には映画館を収めた7個の正方形が挿入されているが、これは1998年にOMAがアルメーレに設計した《ブロック6》のヴァリエーションだとも言える。

　《MABタワー》は運動によって生気を与えられたヴォリューム群である。コールハースはこのような提案を繰り返し行ってきた。この種の運動では常に《ザック・ダントン・オフィスタワー》や《ホルテンの住宅》のような「横滑り」が生じている。そしてヴォリュームは《フロアラックの住宅》のように浮遊し、コールハースが「ランダムな構成」と呼ぶ全体の外観が生み出される。OMAはこう述べている――「異なるプログラムは異なるブロックにまとめられ、外殻（シェル）か中核（コア）のいずれかを形成する。こうして個々人に最大限の中立性とフレキシビリティが与えられる。ブロックを機能的なアンサンブルにまとめ直すことによって生まれるコンポジションは一見するとランダムであり、コンテクストに溶け込みながらも際立った外観を生み出している」[62]

62　Ibid.

379. 同上、平面図

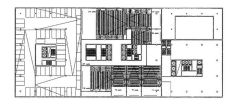
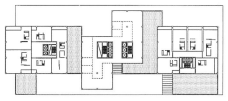

ジェネリックなヴォリュームと不定形な多面体

380.「スポンジ」(レム・コールハース／OMA、2002年)。プラダを象徴する材料として開発された

オースマン的なポシェと多孔体 ── マコーミック記念キャンパス・センター、プラダ・エピセンター

　1997年から98年にかけてOMAは2段階のコンペを経て《マコーミック記念キャンパス・センター》の設計者に選出される。これは都市的流動体の高密度なネットワークが張り巡らされた建物であり、ミース・ファン・デル・ローエの傑作の一つであるシカゴのイリノイ工科大学キャンパス内に2003年に竣工している。《キャンパス・センター》は大学キャンパスを学生居住区と教室棟地区に2分するステート通り沿いに建てられ、ミース設計の「コモンズ・ビルディング」に隣接し高架鉄道線グリーンラインをくぐり抜けるように配置されている。《キャンパス・センター》に与えられた使命は、社会的な衰退が顕著な郊外に立地するために1940年代に比べて学生数が半減した大学の再活性化である。このために食堂ホール・カフェテリア・講堂・集会室・レクリエーション施設・事務局・学生組織用オフィス・コンピューター室・店舗など多様なプログラムが用意されている。これらのプログラムは《エデュカトリウム》に似ているが、シカゴとユトレヒトの建物はまったく異なる。コールハースはコンテクスチュアリズムと寓意的挿話を詩的に総合することによって、たとえ同じプログラムからスタートしてもつねに新しい驚異を生み出すことができるのである。《キャンパス・センター》では「壁」「卵」「浮遊するスイミングプール」といった彼の神話的形態だけに頼ることもなくなっている。

　高架鉄道を「エクセロン・チューブ」と名付けた防音壁によって包み込み、その真下に《キャンパス・センター》を滑り込ませる操作は、コールハースにとっては象徴的な「間 の 空 間」（スペース・インビトゥイーン）と1950〜60年代に議論された「テラン・ヴァーグ」に生命を吹き込むことを意味している。コールハースは《キャンパス・センター》の敷地をコンスタントやレトリストの用語を用いて「高架鉄道の両側に広がるノーマンズ・ランド」[1]と定義している。コールハースの目にはこの敷地と以前サンパウロで見た土地の風景とが ── 2本の鉄道高架に挟まれて掘立小屋

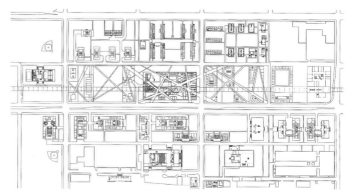

381.《マコーミック記念キャンパス・センター》(レム・コールハース／OMA、シカゴ、1997〜2003年)。構造はオヴ・アラップ事務所と協働。イリノイ工科大学のキャンパス内に建設された。ポンペイの一部分を挿入することで敷地の可能性を検証している

がひしめく風景をコールハースは写真に収めている ―― 似たものに映ったのである[2]。なお構築物の下にヴォリュームを滑り込ませる相互貫入的な操作は、建物のピロティ階に店舗のヴォリュームを挿入した《アイ広場の計画》や高架下にヴォリュームを滑り込ませた《ベルマミーア》など過去のいくつかの作品にも認められる[3]。

「課題:ヴォイドの再都市化」「再都市化:最大限の領域に最小限のマッスを投入することによって都市的な賑わいを創出すること」[4] ―― OMAはこのように過密の文化に基づく用語を駆使して自らの提案を説明している。案の検討過程ではパラダイムの異なる都市組織の一部を挿入し、敷地のポテンシャルを探るというお決まりの方法が採用されている。すなわちグリーンラインにまたがる帯状の敷地を中心にして描かれたキャンパスの全体図に、OMAはポンペイの考古学的平面図から切り取られた帯を挿入し「都市的な賑わい」の可能性を導く高密度の状態を表現している。これは《エクソダス》のストリップやレオニドフの労働者クラブやアーキグラムのインスタント・シティのような性質を帯びている。さらにこのポンペイ的なストリップの上には斜めの線が重ねられているが、アレグザンダーやスミッソン夫妻が用いた分析手法に倣って、これらの線は居住区と講義棟地区を行き交う学生たちの経路を示すダイアグラムに対応している。

OMAはこう述べている ――「東西を行き交う個人の運動の総和を捉えるために大学内のあらゆる拠点を線で結んだ網がつくられ

[1] OMA, *OMA Rem Koolhaas. The McCormick Tribune Campus Center, IIT. Chicago, Illinois, USA 2003*, in "Casabella", 2004, No.721, p.31.

[2] Cf. *Content* cit., pp.274-75.

[3] 《ニュー・ウェルフェア島／観念的ランドスケープ》においてもコールハースはクイーンズボロ橋の橋脚上に建物(「エントランス・コンヴェンションセンター」)を配置している。

[4] [Koolhaas-OMA], *Project*

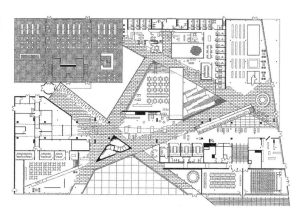

382. 同上、平面図（図中左が33番通り、上がウォバッシュ通り、下がステート通りである）

ている。《キャンパス・センター》内部にまで張り巡らされた網は多様な活動を『街路』『プラザ』『都市的な島々』へと編成する」[5]

　スタディの第2段階では、密実な量塊を斜めの「街路」によって切り裂く形態操作が施されている。これはアルメーレのプロジェクトと同じくポシェに由来する操作であり、シュルレアリスムの剃刀やフォンタナの『空間概念』へのコールハースのオマージュとも言える。結果として《キャンパス・センター》の平面図はパリの歴史的な都市組織を大通り（ブールヴァール）によって切り拓いたオースマン計画に接近している。OMAはこの形態操作をアヴァンギャルド版の「オースマン的なポシェ」[6]と呼んでいる。

　《マコーミック記念キャンパス・センター》は観念的には果てしなく続くポンペイ的「ストリップ」の一つの矩形である。それゆえプロジェクトの第1案ではポンペイの住居群や《テート・モダン》の壁のように分厚い壁が高密度に集まっている。この分厚い壁を斜めに横切る経路はガラスの壁によって囲われ、そこからは「廃墟」の幾何学的・組石造的な秩序が眺められるようになっている。《ムラン・セナールの都市計画》の「漢字」と同じく、斜めの線分はコンテクストから導かれた要素であり、建物全体を不定型な断片に切り分ける。ステート通り側では3本の斜線の交差部に不定形な四辺形の断片が生まれ、この部分を取り除くことによって矩形平面を横切る斜線のネットワークが外観にも表れている（第1案ではこの部分に透明壁で囲まれたバスケット・コー

for the IIT Student Center Competition, Chicago, Illinois, USA 2001, in "A+U", 1999, No.342, p.59.
5　Ibid., p.55.

6　OMAが《マコーミック記念キャンパス・センター》で開発した手法は「オースマン的」と呼ばれている（cf. Philipp Oswalt, Matthias Hollwich,

OMA at Work, in "Archis", 1998, No.7, pp.12-22）。

トが計画されていたが、後の案ではステート通り側に開かれた芝生庭に変更されている)。ステート通りから始まり33番通りを経てウォバッシュ通りへと回り込む建物の外周部は、ミース・ファン・デル・ローエの作品に捧げられたシークエンスを形成している。ステート通り側のメイン・エントランスに隣接する「ミース・センター」、33番通りに沿って連続する外被「ミース・ディスプレイ」——その一部はポンペイ的「ストリップ」内の歩行者通路である——そしてウォバッシュ通りに面する「ミース・リサーチ」と名づけられたホール空間である。ミース・ディスプレイの透明で分厚い外被は都市的なポシェではなくコールハース独自のポシェの定義に従った存在である——「『分厚い』ファサードはキャンパスに浸透したミース的な磁場と建物に内在する都市状況を調停している。このファサードは『ミース・センター』——クラウン・ホールと正対する建物北東部分——から始まる直線的なショーウインドウであり、二次元と三次元、フィジカルとヴァーチャルを駆使してミース的なるものを表現している。それはミースの介入を永続的に映し込むスクリーンであり、X線撮影されたポシェなのである」[7]

最終案では様々な厚みと素材をもつ壁によってオフィスやミーティングルームやオーディトリアムなどの諸室が仕切られている。これらの壁は互いに直交し、諸室も直交座標的なパターンに従ってグルーピングされている(建物管理部・キャンパス情報センター・学生用会議室・学生組織用オフィス・書店・会議センター・会議室等)。一方斜めに走る経路のネットワークは建物の平面全体を切り分け、動線・休息・娯楽のエリアをつくりだしている。具体的に言えば「センター・コート」「座れる斜路(ランプ・シーティング)」「ミース・ブリッジ」「ラウンジ」「レクリエーション室」「ウェルカム・センター」などである。斜線の交差部にヴォリュームがつくられることもあり、三角形平面を押し出してつくられたトイレのヴォリューム(「アメーバ・トイレット」)はその一例である。このように機能を平面上に分配する方法を、OMAは「プログラムが織りなすフラットなポンペイ風カーペット」[8]という象徴的なイメージを用いて説明している。

初期案では斜めの経路をコモンズ・ビルディングの内部にまで拡張し侵食することが検討されている。しかし最終案ではコモンズ・ビルディングは取り込まれておらず、《キャンパス・センター》はコモン

[7] [Koolhaas-OMA], *Project for the IIT Student Center Competition* cit., p.59. コールハースは以下のように述べている。「ポストモダニズムはウイルス性のポシェに感染したしわくちゃのゾーンをつくりだし、ディスプレイの無限の前線を断片化し増幅させた。それはあらゆる商業活動に決定的影響を与える蠕動し伸び縮みする覆いである」(Rem Koolhaas,

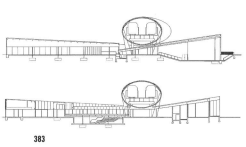

383

384

385

383.《マコーミック記念キャンパス・センター》(1997〜2003年)、断面図
384. 同上、外観
385. 同上、「エクセロン・チューブ」のディテール

ズ・ビルディングに接近し複数の点で接するのみである。コモンズ・ビルディングは観賞用の遺構のように扱われ、そのコーナー部を取り囲むように「ミース・コートヤード」という芝生で覆われた中庭が配置されている。「ミース・コートヤード」を横切る「ミース・ブリッジ」からのガラス越しの眺めは、まるで18世紀のピクチャレスクな「コーナービュー」のようである。斜面状に掘り込まれた「ミース・コートヤード」は《キャンパス・センター》でもっとも天井が低い「センター・コート」に光をもたらしている。「センター・コート」のレベルには階段とスロープを組み合わせた動線によって容易にアプローチ可能である。

　ミースのコモンズ・ビルディングを起点として末広がりに延びる2本の直線は《キャンパス・センター》を斜めに横切り、伝説的なクラウン・ホールへと至る軸線となっている。エクセロン・チューブの端部と33番通り側のファサードはあたかもこの軸線にひきずられるかのように屈折している(《エデュカトリウム》も何かを見つめるように首をかしげていた)。この機能的かつ詩的な軸は建物のヴォリュームにかすかな「ね

Junkspace, in "*A+U*", May 2000, *OMA@work.a+u*, special issue, p.21)
8 ［Koolhaas-OMA］, *Project for the IIT Student Center Competition* cit., p.59.

じれ」を生じさせ、コールハースが公言して憚らないミースへの愛[9]をほのめかしているのである。この建物もかつてフリーゼンドープとコールハースが描き出したような寓意劇の俳優に仕立て上げられていると言える。

「カンファレンス・センター」「ウェルカム・センター」「ミース・コートヤード」「センター・コート」などの天井が高い空間は地上に横たわる「フラットなポンペイ風カーペット」をくりぬく操作によってつくられている。外部の舗装と室内の床はパッチワーク的なパターンを示しており、ポーチ空間はストライプ状のラフなコンクリート面、「センター・コート」と「ブロードバンド」は滑らかなカラーコンクリートで仕上げられ、他にもアルミパネル、スチールグレーチング、ゴムカーペット、木の板材など様々な材料が各所で用いられている。床材はしばしば斜線を際立たせるように張られ、全体の平面計画を反映している。樹脂系の塗料を用いた床は平滑な光沢面となって斜めに射し込む光をスクリーンのように反射するが、これはジャンクスペースに典型的な視覚効果である。人々が集まり行き交う主要空間の天井には素地の石膏ボードが張られ、セメントを塗り固めたボードの継ぎ目すら剥き出しにされている。これは他のOMA作品にも現れる「無仕上げ(ノン・フィニッシュ)」の手法であり、その先行者としてはフランク・ゲーリーを挙げることができる。「アメーバ・トイレット」の天井ではサル・ゼニットと同じく吸音パネルが剥き出しになっている。

《キャンパス・センター》のH形鋼の柱はコモンズ・ビルディングの柱と同一形状で、黒く塗装されている点も同じである。しかしその配列はミースの絶対的な幾何学的秩序からは逸脱して斜線上に並び、建物を貫く経路の形態と一致している。グリーンラインの高架を支えている鉄骨トラス柱は打ち放しコンクリートによって被覆され、正方形断面のマッシブな柱に姿を変えている。さらにエクセロン・チューブを支えるために7対のコンクリート壁柱が追加されているが、これらは黒く塗装され足元に向かってすぼまった形をしている。エクセロン・チューブは卵形の断面の被覆で、ミース建築を思わせる光沢のある金属波板で覆われている。チューブ底部の波板は保護コンクリート打設時の捨て型枠を兼ねており、《グラン・パレ》のポリカーボネート・

[9] Cf. Rem Koolhaas, *Miestakes,* in Phyllis Lambert, ed., *Mies in America,* Montreal, New York, Abrams, 2001, pp.717-41.

[10] カンファレンス・センターの二つのホール（ダンス室とオーディトリアム）と正対して急傾斜の長い階段が配置されている。この階段は鉄筋コンクリート造で、一連の鉄の手すりがアクセントになっている。階段はステート通りの歩道から下り始め、ミースの系譜に属するヴォキャブラリーを反転させたモニュメンタルなエントランスを形づくる。様々な角度に傾いた輪郭線は《クンスト

パネルの型枠を想起させる。

　《キャンパス・センター》の鉄骨屋根はデザインの異なる3枚の分厚い面に分割されている。それぞれは建物の断面の分節に対応すると同時に固有の象徴的な表現を備えている。第1の部分は連続的な傾斜面で、エクセロン・チューブ底部からステート通りに向かって徐々に高くなり、片側では「カンファレンス・センター」の大空間を収め[10]、もう片側では通路とホワイエ空間を圧縮している。《ダンスシアター》と同じくこの傾斜面は天井が低く、使用に適さない広大な空間を生み出している（高さと奥行きのある木製棚が天井の低い部分への立ち入りを制限している）。この無駄の多い「　間　」（インビトゥイーン）の空間は機能主義の論理を超えた操作によって生まれる典型的なコールハース的な場所と言ってよい。但しこの屋根の傾斜面の端部に沿って「ブロードバンド」と名づけられたスペースへ下りる斜路が配置されている。「フラットなポンペイ風カーペット」に掘り込まれた「ブロードバンド」は屋根に圧縮された空間の少なくとも一部を使用するための工夫と言える。「ブロードバンド」と「圧縮空間」と天井の高い「カンファレンス・センター」と「屋根の連続面」の複雑な関係は、コールハースの創作プロセスにおける本質的な方法論を示している。それはプログラムの各部を一つの基本的な象徴的要素が要請する表現に従わせる方法であり、《キャンパス・センター》の場合の象徴的な要素はエクセロン・チューブの下に滑り込む屋根面である。第2の屋根面はエクセロン・チューブに向かって下降する面と水平の天井面から構成されている。屋根裏の空間の高さは徐々に変化しウォバッシュ通り側のもっとも分厚くなった部分には部屋が挿入されている──これは《グラン・パレ》や《カーディフ湾オペラハウス》のホール屋根裏に設けられた制御室を思わせる。傾斜の異なる第1と第2の屋根面がエクセロン・チューブの下に滑り込むことによって、建物全体は高架下に無理矢理押し込まれたような印象を与え、猫のようにしなやかに身体を曲げて高架鉄道から逃げ出そうとしているようにも見える[11]。

　ウォバッシュ通り側の屋根の妻面には正方形パターンのグレーチングが取り付けられ、光を採り入れると同時に部屋の窓を覆い隠している。グレーチングの格子の間にはオレンジ色の円筒形ピースがお

ハル》の公園へ向かう斜路と同じく建物の壁を延長した線から導き出されている。この構成的な接続を際立たせるために、階段の一部はオーディトリアムの低いコンクリート壁に達し使用不能な空間が生まれている。ただし建物の他の部分ではこのような無駄は避けられている。

[11] 同様の形状は2001～02年にかけてニューヨークの西26丁目の540番地に建てられたレーマン・モーピン・ギャラリーでも繰り返されている。そこでコールハースはもともとガレージとしてつくられた構造体の中に展示用の淡い色のコンテナを挿入している。

386.《マコーミック記念キャンパス・センター》(1997〜2003年)、ウォバッシュ通り側の外観

387. 同上、ファサードのディテール

　もちゃのように差し込まれ「マコーミック記念キャンパス・センター (McCormick Tribune Campus Center)」という建物名を表示している。一方反対側の小口と《コモンズ・ビルディング》に隣接する外壁には長方形のプラスチックシートが張られている。その表面はひだ状でステンシルの技法を用いて暗褐色と黒の縦縞が施されている。OMAはこのモチーフを「木目」から着想したものと説明しているが[12]、縞状に錆びついた鋼板のようでもあり「浮遊するスイミングプール」が漂流の末シカゴの高架鉄道下に着岸したようにも見える。要するにコールハースは大学のコンテクストをシュルレアリスム的に捉えているのである——「孤独なミースの箱とロケットのように駆け抜ける電車の出会いは、ロートレアモン的なミシンとコウモリ傘の出会いのように不条理である——これはシュルレアリスム的な常套句(パスティーシュ)である」[13]

　カーテンウォールのガラス面は透明のままか装飾が施されるか、あるいはオレンジ色のハニカム板と組み合わされている。ハニカム板はステート通り側にだけ配置され室内を鮮やかな色彩で満たすとともに、真向かいにあるミースの建物を曖昧に見せるフィルターにもなっている。この映画的なフェードアウトとフラッシュバックの効果によって、黄ばんだ引き伸ばし写真を見るかのようにミースの建物との間に時間的な距離が生まれている。「ミース・ラッピング」と呼ばれるこのカーテンウォールは「X線撮影されたポシェ」の一種と言えるだろう。講義の合間に《キャンパス・センター》に立ち寄る学生たちは彼らが普段使っている建物の歴史的価値とオーラを、このスクリーンを通してX線撮影のように透視するわけである。

　「アメーバ・トイレット」の壁や、テーブルと棚の材料として用いられている分厚いプラスチック・パネルも「X線撮影されたポシェ」に由来する要素であり、「ミース・ラッピング」と同じく光を透過するハニカム板である。このようなハニカム板の使用は、後にプラダのプロ

388. 同上、ステート通り側のエントランス

ジェクトにおけるプラスチック材を用いた半透明壁の開発へと展開する。《キャンパス・センター》のハニカム板はポリカーボネート板を二重張りにした《ダラヴァ邸》のキッチンから始まる半透明壁の技術的な進化の一部であり、OMAにとっては神秘の光を照射し実体の知覚をかき消す存在である。

　カンファレンス・センターでは1枚の壁が「エグゼクティブ・カンファレンスルーム」と「ダンスホール」と「オーディトリアム」を貫いて連続している。この壁は立体的なビニール・フィルムで覆われ、動きながら見ると黄色とオレンジの縞が振動しているように見える。このように平面に幻覚的な奥行きを与える壁はコールハースが追求し続けている「方向感覚を失わせる装置」としての被覆である(《エデュカトリウム》では黄色い大理石で覆われた同様の壁が見られた)。この壁面には「イリノイ工科大学(Illinois Institute of Technology)」という黒文字のレリーフが掲げられている。文字は三つの部屋に分割されているが、ステート通りからガラス越しに見ると大学名の全体を読むことができる。レリーフは建築の身体に刻印されたサインであり、イリノイ工科大学のミース建築が湛えている図像的な沈黙への敬意を表している。初期案ではこの《キャンパス・センター》内部の壁が「X線撮影されたポシェ」に由来する分厚い境界壁と連続している。OMAはこの壁を「オレンジ色の水晶体(レンチキュラー)、オレンジ色のミース・ラッピングに連続する存在」と呼び、各要素の背後に横たわる物語的次元を暗示している。

　ステート通り側のエントランスのガラス面には無数のピクトグラムが描かれている(デザイン事務所「2×4」のマイケル・ロックによる作品)。リキテンシュタインのアメリカン・コミック風の絵画のように、ピク

12　[Koolhaas-OMA], *OMA.McCormick Tribune Center*, in "GA Document", 2003, No.76, p.14.

13　*Content* cit., p.182.

389-390.《マコーミック記念キャンパス・センター》(1997〜2003年)、内観

389

390

391. 同上、オーディトリアム

392. 同上、「ブロードバンド」斜路起点部の床のディテール

393. 同上、天井のディテール

394. 同上、「アメーバ・トイレット」

391

392

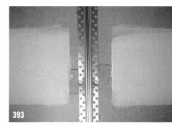

393

394

ジェネリックなヴォリュームと不定形な多面体

トグラムの全体からはミース・ファン・デル・ローエの晩年の肖像が浮かび上がっている。ミースの口は自動ドアの中心にあり、ドアが開くごとに学生が呑み込まれたり吐き出されたりするが、ローマのフェデリコ・ツッカリ邸の怪物の口を模した門に似ていなくもない。エントランス空間にはミース的な薄いガラス壁が斜めに挿入され、イリノイ工科大学の創立に関わった7人の指導者の肖像が掲げられている。これらの肖像画も先述したミースの肖像と同様に写真を複製しピクセル化して描かれている。壁は「創立者の壁」と呼ばれ、一連の冒頭を飾るのは若きミースの肖像である[14]。

《キャンパス・センター》にはガラスに囲まれた四つの中庭(パティオ)があり採光が確保されている。すべての中庭(パティオ)は何らかの形でミース・ファン・デル・ローエの作品と結びついている。「反射のプール」と呼ばれる中庭(パティオ)はコルベの彫刻が置かれたバルセロナ・パヴィリオンのプールへのオマージュである。建物の中心部の「ミース・コートヤード」は重要な採光要素であると同時にコモンズ・ビルディングを眺める格好の場所になっている。オフィスに自然光をもたらす「コートヤード」はミースの中庭型住宅(パティオハウス)のモデルに基づいており、日本庭園の影響も見られる。最後の一つは「センター・コート」と「座れる斜路(ランプ・シーティング)」の上にまたがった「空中庭園」である。これはコールハースの自伝的な断片であり《クンストハル》の空中庭園に似ているが、《ホルテンの住宅》の娘たちのユニットの中庭(パティオ)と同じく中に入ることはできない。この細長い矩形の中庭(パティオ)はあたかも見捨てられ漂流を続ける「浮遊するスイミングプール」のようであり、プール底面がひび割れて海草が生えたかのようにも見える。

《キャンパス・センター》は視線が複雑に交錯する建築であり、階層的シークエンスや決め手となるような透視図的な焦点をもっていない。まぶしく光り輝く床面と壁面も方向感覚の喪失を助長している。《キャンパス・センター》の空間体験は、オースマン大通りによって切り裂かれたパリの街角あるいはピラネージの『牢獄』をさまようかのようである。角を曲がるごとに多様な視線によって切り刻まれる量塊はパリと同様にレトリスム的「漂流」にはもってこいの場所である。《グラン・パレ》の大階段などの実験的な断片を経て、ジャンクスペースの迷宮性がついに古典的な空間概念を解体したわけである。

[14] ミースへのオマージュとしては、他にも「リリー・ライヒにインスパイアされた様々な色」([Koolhaas-OMA], *OMA.* *McCormick Tribune Center* cit., p.14) を用いた三つのカンファレンス・ルームが挙げられる。またダンス室のカーテンにはミースのIITのドローイングの複製画がプリントされている。

[15] Koolhaas, *Junkspace* cit., pp.19, 20.

コールハースは強調する——「ジャンクスペースはしばしば流れ(フロー)の空間として説明されるが、これは誤りである。流れ(フロー)とは足並みを揃えて動く個体の集合体に他ならない。一方ジャンクスペースは量塊の建築だが、個々の軌道(トラジェクトリー)はてんでばらばらである。主のいない蜘蛛の巣のようなものだ。この無秩序状態は自由を推し量るために残された最後の具体的な尺度の一つである。それは衝突する空間粒子の容器である。賑やかだが密度はない。ジャンクスペース内の移動にはコツがある。あてもなく漫然と、しかしきっぱりと目的をもつこと。それは学習すべき文化である」[15]

　1999年にOMAはプラダから依頼を受けて1990年代以降のプラダの変容——家族経営のファッション・ブランドから世界企業への転身——に形を与える仕事に着手する。ほぼ同時期にコールハースは大都市財団(グロスシュタット・ファウンデーション)の機能を引き継ぐ「建築メディア組織体(アーキテクチャー・メディア・オーガニゼーション)」略して「AMO」という組織をつくりだしている。この名称は「OMAを逆さまにした言葉遊び」でありOMAの「ヴァーチャルな鏡像」でもある[16]。レニエ・デ・グラーフが指揮するAMOの目的は、OMAのプロジェクトに必要な情報を収集しリサーチすることであり、彼らの仕事には市場調査やコンサルティングはもちろんのこと「アンビルトの工学」——あるいは破壊行為[17]——や「大都市の中心に開かれた無(ナッシング)の性質を想像すること」[18]などが含まれている。OMA／AMOはサンフランシスコ、ロサンゼルス、ニューヨーク、東京の4都市でプラダの店舗のあり方を研究し、それらを「震源地(エピセンター)」と名づけて「店舗が周辺にもたらす変化」[19]を強調している(東京のエピセンターの設計はヘルツォーク＆ド・ムーロンが担当している)。なお「エピセンター」は《コロンブス・センターの卵》においてアパートメントの個性を生成する場所を指して用いられていた名称である。OMAが設計した三つのエピセンターはプラダの新しいアイデンティティを定義する点で共通しており、《サンフランシスコ・エピセンター》で最高潮に達する。これらのプロジェクトでは多様な機能(アーカイブやライブラリーや「多様なアクティビティ・スペース」等)を挿入することを通じてショッピングという行為自体を再定義している。什器の材料と色に関して言えば、ミラノのプラダ1号店の家具デザインを尊重する一方で新エピセンターを象徴するような新素材も模索され、「スポ

---

[16] *What Comes After Prada? An Interview with Ole Scheeren of OMA*, in "Detail", 2004, No.3, (pp.138-46), p.145.

[17] Cf. Gary Wolf, *Exploring the Unmaterial World*, in "Wired", 2000, 8.06, pp.306-19.

[18] これは「アーバニズム：無を想像すること」の結論である。

[19] *What Comes* cit., p.143.

395-396.《サンフランシスコのプラダ・エピセンター計画》(レム・コールハース／OMA、2000〜02年)。サンフランシスコのポスト通りとグラント通りのコーナーに計画された

397-398.《ニューヨークのプラダ・エピセンター》(レム・コールハース／OMA、2000〜01年)。L.E.ロバートソン・アソシエイツとオヴ・アラップ事務所との協働作品。ニューヨークのブロードウェイ575番地に建設された

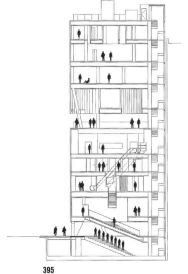
395

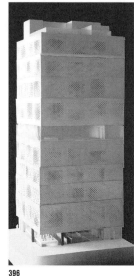
396

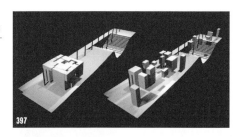
397

398

ンジ」と呼ばれる合成物——「ポリカーボネートと樹脂とガラス繊維で補強した石膏の混合体」[20]——が生み出されている。これはいわばOMAのアイコン的材料カタログに新たに付け加えられる素材である。当時OMAのパートナーだったオレ・シェーレンは「『スポンジ』はきわめて多孔的(ポーラス)な物質で、光を透過させ、服を掛けることもできる」と述べている[21]。

　2000年に設計が始まった《サンフランシスコ・エピセンター》は敷地から押し出されたアメリカ的摩天楼の一種である（プロジェクトは2002年夏に中止された）。建物は規則的なフレーム構造——「摩天楼のマニフェストである基本的な垂直構造」[22]——からつくられているが、いつもの通り要素同士の象徴作用で満たされている。つまり直方体は二つの部分に分割され「店舗のキューブとショールーム／オフィスのキューブ」[23]といった具合に異なる機能が与えられている。建物外皮は複数の層から構成され、もっとも外側の層は大小様々な丸孔が無数に穿たれた鋼板である。この鋼板は水平力に抵抗するよう計算され、採光に関する諸要求も満足させている。OMAはこう説明している——「ファサードはガラス、スチール、石、白色ないしは透明のポリカーボネート板、樹脂板などの色や素材の異なる層から形成されている」[24]

　2000〜04年に相次いで建設されたニューヨークとロサンゼルスのプラダ・エピセンターは、異なる高さをつなぐ「スーパーウェーブ」というアイデアを共有している。さらに二つのプロジェクトにはOMA特有の素材や装置が再登場している。たとえばレールに沿ってスライドする《ニューヨーク・エピセンター》の展示ケースは《アガディール》の「宙吊りの部屋」の変形版であり、可動プラットフォームは《フロアラックの住宅》のようである。前者の吊り下げ式展示ケースは単一の立方体のヴォリュームを細かく分割したもので、すべてを1カ所に集めるとショッピング空間が解放されパブリック・イベントの場所に変容する。この展示ケースは《カーディフ湾オペラハウス》の「ファクトリー」以来コールハースが繰り返し試みてきた造形手法の実現と言える。ヨナ・フリードマンの空中都市をも思わせるこの展示ケースをOMAは「宙吊り都市(ハンギング・シティ)」[25]と呼んでいる。

　《ロサンゼルス・エピセンター》では空調によって不可視のスク

[20] [Koolhaas-OMA], OMA/Rem Koolhaas. Prada San Francisco Epicenter, in "A+U", 2002, No.383, p.122.
[21] What Comes cit., p.145.
[22] [Koolhaas-OMA], OMA/Rem Koolhaas. Prada San Francisco Epicenter cit., p.122.
[23] Ibid.
[24] [Koolhaas-OMA], Prada San Francisco Epicenter, San Francisco, USA, 2000, in "El Croquis", 2006, No.131-132, p.195.
[25] Site www.oma.nl.

リーンが生み出され、地上階の開口部が「消失」している。これは1972年にスーパースタジオが以下のように予告していた操作である──「内外を隔てる膜はどんどん薄くなる。次の段階は膜の消失であり、環境をエネルギーによって制御することだろう（エアクッション、人工気流、冷暖気バリア、熱放射プレート、輻射表面などによって）」[26]

《サンフランシスコ・エピセンター》の設計テーマをコールハースは「超-泡のポシェ_{スーパーフォーム}」と表現している。この言葉は内部がくりぬかれた量塊を表現している。

「私が言いたいのは、いまやあらゆる建物は石膏ボードによってつくられているということである[…]。これは誰からも相手にされなかった建築の革命の一つである──もしかしたらヴェンチューリだけは別だが、私の知る限り建築家は誰もこのことを問題にしなかった。いまや建築の中にはソリッドでもヴォイドでもなくその中間ですらない空間が多数存在している。あらゆるものがどんどん空疎になり、多くの計画や建築状況が『詰め物』のようになってしまった現実を前にして、建築状況となりうる『詰め物』を開発することは可能だろうか。私たちの試みはこの問いの検証であり、ある種の『泡』の設計であり発明なのである」[27]

OMAとラスベガスの対決 ── 二つのグッゲンハイム美術館

2000年9月、ラスベガスの「ヴェネチアン・リゾートホテル・カジノ」──ヴェネチアの忠実な部分的複製──の複合施設内に異物を混入する工事が始まる。OMAが設計し2001年7月にオープンしたグッゲンハイム財団の二つのギャラリーである。一つは現代美術を展示する《グッゲンハイム・ラスベガス美術館》であり、もうひとつはかの有名なロシアのエルミタージュ美術館の所蔵品を展示する《グッゲンハイム・エルミタージュ美術館》である。

《グッゲンハイム・ラスベガス美術館》はホテルの残余の敷地を埋めるように建てられている。構造体は工業的なスカイブルーの鉄骨フレームとライトグレーのH形鋼の柱で、ミースの作品やニューヨークにあったウォーホルの「ファクトリー」の影響を示している。《ニューヨーク・エピセンター》と同じくフロア中央には大きな矩形の中庭_{パティオ}が

---

[26] Superstudio, *Description cit.*, p.244.

[27] *Branding-Signs, Symbols or Something Else? Charles Jencks in conversation with Rem Koolhaas*, in "Architectural Design", 2000, No.6, (pp.34-41), p.39.

ジェンクスは述べている。「君の泡のようなポシェはソリッドでありヴォイドであり空気のようでもある。──これら三つが結びついたものだ」(ibid.).

399-400.《グッゲンハイム・ラスベガス美術館》（レム・コールハース／OMA、ラスベガス、2000～01年）。マーティン＆マーティン、オヴ・アラップ事務所、MSAエンジニアリングとの協働作品。ヴェネチアン・リゾートホテル・カジノの一部に建設された

切り開かれ、トップライトから射し込む光がこの中庭（パティオ）を通過して下階の展示空間とオフィスと倉庫にまで届いている。ギャラリーのメイン・エントランスでは、様々な種類の鋼板の仕上げ材がヴェネチアン・リゾートホテルのスタッコ壁や色鮮やかな大理石床やアンティーク風の天井と衝突している。ギャラリーの裏口は天井高一杯の回転式の門扉で、巨大なアート作品の搬出入に用いられる（アポロ・ロケットが出てくるNASA格納庫の巨大ドアに似ている）。この門扉には道路標識のような山形のシェブロン柄（V形模様）が描かれ「装飾された小屋」の様相を呈している。下階と上階を結びつけるライムグリーンの大階段と1対

399

400

ジェネリックなヴォリュームと不定形な多面体

401
402

401-402.《グッゲンハイム・エルミタージュ美術館》(レム・コールハース／OMA、ラスベガス、2000〜01年)。マーティン&マーティン、オヴ・アラップ、MSAエンジニアリングとの協働作品。ヴェネチアン・リゾートホテル・カジノの一部に建設された

のエスカレーターは《グラン・パレ》の動線のヴァリエーションである。大階段はエアコンのダクトなどの設備を収めた2枚の分厚い中空壁に挟まれ、片側の仕上げは鏡面仕上げの鋼板、もう片側は半透明のアクリル板である。さらにこれらの壁と呼応するように中庭(パティオ)の1辺には背の高い透明な直方体が配置されている。直方体の3面と床面はガラスで覆われ、全体は空色に塗装された鉄骨材によって支えられている。トップライトから降り注ぐ折々の光は階段と直方体というコールハース的な装置を照らしながら反射・閃光・透過などの様々な効果を生み出し、シュルレアリスム的な水のゆらぎをも思わせる。これらの全体をフェルメールの絵画から着想を得た発光装置と解釈することも可能である。いずれにせよラスベガスの公共空間においてはきわめて珍しい自然光賛歌的なデザインである。

　ヴェネチアン・リゾートホテルには既存のモニュメンタルな天井がある。それはヴェネチアのパラッツォ・ドゥカーレの回廊を覆う天井画のレプリカで、金メッキの格子で細かく区分けされている。《グッゲンハイム・ラスベガス美術館》においてコールハースはこの天井に対抗すべく晩年のウォーホルの方法──ボッチチェリの『ヴィーナスの誕生』やダ・ヴィンチの『最後の晩餐』等の傑作の細部や全体を複製している──を応用した創作手法を展開している。つまり、《グッゲンハイム・ラスベガス》の光天井では、鉄骨梁の格子の背後にシスティーナ礼拝堂の『アダムの創造』の巨大複製が映し込まれているのである。ウォーホルが『最後の晩餐』の複製画に色を重ね合わせたように、コールハースは複製画に鉄骨梁を重ね合わせている。

28　OMAは以下のように述べている。「高さ6インチの連続的なガラス土台が地面と展示面を鋭利に切り分けている」(site www.oma.nl)

29　内部にある3枚の「壁」の面には5枚のパネルが割り付けられ(上部に2枚、下部に3枚)目地が絵画を吊り下げる基準線になっている。床から約1.8mの高さの水平目地に沿って支持ブラケットが設置され、3本の垂直目地は絵画を配置する理想的な場所を定めている(1本は上方に、2本は下方にある)。それゆえ

《グッゲンハイム・エルミタージュ美術館》は分厚い「壁」によって仕切られた矩形平面のギャラリーである。ギャラリー全体はヴェネチアン・リゾートホテルの地上階にくさびのように挿入され、既存のファサードの一部分を覆い込んでいる。ファサード側では既存の建物の構造体である3本の柱が残され、ギャラリーを仕切る回転式の「壁」の中心軸(ピボット)になっている(これは《写真美術館》の可動間仕切りに似ている)。外壁と内部の間仕切り壁は鉄骨のトラス構造でつくられ、表面にはコルテン鋼板が張られている。ギャラリーの長辺をなす2枚の外壁は接地せず壁の端から端まで架け渡された大スパンの梁である。これはコールハースの記号的な衝動から生まれたトリッキーな構造である[28]。コルテン鋼板のパネルには化学処理によって表面を錆びさせた上で、錆が脱落しないように透明のシートが貼られている。ギャラリー内のパネルは巨大で——1枚が約4m×2mでモニュメンタルと言っても差し支えない——絵画の展示システムに対応している[29]。一方、外壁の鋼板のプロポーションと割り付けは長手積みの組石造壁のようであり、コルテン鋼の腐食具合を調整することによって表面に「エルミタージュ・グッゲンハイム(HERMITAGE GUGGENHEIM)」の文字がグラフィティ的に浮かび上がっている。室内天井は様々な角度に傾いた木製の長方形パネルで仕上げられている。パネルは被膜として扱われ、長手方向の壁から切り離されている(これはサル・ヴォーバンの天井から派生したデザインと言える)。

コルテン鋼の壁と木製フローリングと木パネルの天井という組み合わせは、ラスベガスの他の場所では見られないほど調和的で、優雅とさえ言える場所を生み出している。ここでは目地の線が唯一の装飾要素である。コルテン鋼板の目地が絵画の配置を規定するため、壁面には限られた数の作品しか展示できず、もっとも適切な位置からですら鑑賞しにくいこともある(デザインの検討時において、美術館のプログラムの要請を満たすことはコールハースにとっては一つのパラメーターにすぎないのである)。またいくつかのパネル目地は「ジャンクスペース」の描写に接近している。すなわち構造と技術の「臓器」を収めた薄暗い空洞を垣間見せる幅広の裂け目なのである。

《グッゲンハイム・ラスベガス》と《グッゲンハイム・エルミター

内部の「壁」の各面には基本的に3枚の絵画しか飾ることができない(オープニング・イベントの際や2004年7月から2005年1月にかけて開催された「喜びの探求」という第5回の展覧会では、まさにこのような展示が行われた)。この方法は絵画の寸法を慎重に選ぶことを要求する。しかし水平目地に依存する固定システムのため、大きな絵画を吊り下げるには低すぎることもある。ギャラリー境界部の壁では絵画の配置はより自由で、基本的に垂直目地の位置は無視される。

ジュ》の「壁」は、《エクソダス》やマイアミの《スピアー邸》に始まり、いまだに発展を続ける「中空壁」の系譜に属し、コールハースの壁が象徴と構法と機能を統合する複雑な有機体であることを示している。多くの場合コールハースの壁はミースの《バルセロナ・パヴィリオン》の壁のように内蔵するフレームによって支えられているが、古代の壁のように分厚く、被膜のように華奢ではない。壁の表面仕上げは石、大理石、光沢のある鋼板、ガラス、アクリル板、ポリカーボネート板、木の板材、コルテン鋼など実に様々である。石が用いられる場合には1枚の板は小さく長手積みのパターンで張られることが多い。その他の場合は1枚のパネルやシートは大きめで《グッゲンハイム・エルミタージュ》のコルテン鋼板のように巨大な時もある。《フロアラックの住宅》や《グッゲンハイム・エルミタージュ》の外壁に見られるように、コールハースの壁はしばしば地面から切り離されているが、これは実際は組石造ではないという本性を明らかにするためかもしれない。また多くの場合コールハースの壁は単に空間を編成するだけではなく、シュルレアリスムの剃刀のような暴力によって空間を切り刻む。象徴的な衝動から生み出された壁の内側に配線などの「内臓」や副次的な部屋が収められ、カーンの壁に接近するケースもある。但しカーンの壁は空間の階層化と構造と技術的機能を統合する試みの結果として生まれたものであり、コールハースの壁とは異なるけれども。

　コールハースの二つのギャラリーは相反する要素を包摂している。たとえば《グッゲンハイム・ラスベガス》の場合、門扉の道路標識のようなグラフィックと光天井の高貴なシスティーナ聖堂のイメージが対照をなしている。さらに二つのギャラリーの間にも対比が見られる。すなわち、一方は工場の倉庫に似て、他方は高価な宝箱のようである。また一方は完全に閉ざされた空間で、他方は自然光を賛美する空間である。しかしもっとも著しい二項対立は二つのギャラリーの用途の違いではなく意味の相違にある。《グッゲンハイム・ラスベガス》はあえて特性を欠落させた建物というコールハースの問題系に属し、

30 Clifford A. Pearson, Rem Koolhaas plugs the Guggenheim and Hermitage Museums into the high-voltage setting of the Las Vegas strip, in "Architectural Record", 2002, No.1, (pp.100-07), p.103.
31 トニー・イリアによる「明るい光の都市:コールハースのベガスのグッゲンハイム」(Tony Illia, Bright light city: Koolhaas' Vegas Guggenheim, in "Architectural Record", 2000, No.12, p.33) という記事に現れるこのフレーズはコールハース自身のものと思われる。
32 《グッゲンハイム・エルミタージュ》の壁の色に関する言及は、美術館のオープン日に配布された資料に見いだされる。2001年10月7日に配布されたPR資料から抜粋しよう。「美術館の外壁と内壁はともにコルテン鋼である。ビロードのようになめらかな錆びついた壁は、エルミタージュ美術館の18世紀の古典的な

不定形のヴォイドによってあらゆる外見的な特徴を放棄した「押出」ヴォリュームの一種である。他方《グッゲンハイム・エルミタージュ》は隠喩的・詩的な強迫観念から生み出されたコールハースの自伝的な断片の一つであり、革張りの宝石箱と見まごうばかりの高価なオブジェクトに巧みに偽装し、ロシアのエルミタージュ美術館の18世紀的な室内の色彩を模倣している[30]。《グッゲンハイム・エルミタージュ》におけるコールハースの狙いは「錆びついた」色と「偽物のベルベット」[31]によって「宝石箱」あるいは「コルテン鋼の金庫」のような印象をつくることである。そうすることによって「美術館は自律性を獲得し、アートはオーラを獲得する」[32]とコールハースは考えている。

　《グッゲンハイム・エルミタージュ》はコールハースの自伝的断片である。鉄の「浮遊するスイミングプール」が生まれ変わり、ここでは「メデューズ号の筏」ではなくヴェネチアン・リゾートホテルを暴力的に切り裂いている。外周の「壁」の足元に設けられた連続的なスリットは既存の建物の間に座礁した難破船を暗示している。文字が刻み込まれたコルテン鋼のパネルは、建築と都市を切り裂きサインやグラフィティの平面となるベルリンの壁の最新版である——ベルリンの壁は《エクソダス》の「ストリップ」となり、構築主義者のスイミングプールに変身し、今度はラスベガスに現れたのである。さらに、《フロアラックの住宅》の浮遊する箱の仕上げに《グッゲンハイム・エルミタージュ》と同じコルテン鋼が検討されたという事実からは、二つの作品の隠れた共通点が浮かび上がる。それは錆だらけの姿で1976年にマンハッタンに到達した鋼鉄の「浮遊するスイミングプール」である。繰り返し登場するスイミングプールはコールハースの詩的原理であり、常に新しい驚きをもたらすとともに個々の作品間に強固な相互関係を築き上げている——まるでシーンが連続する映画のように。一連のスイミングプールを、ミレーの『晩鐘』に端を発するダリの作品群と同じような偏執症的＝批判的方法が生み出した強迫的で錯乱した連作と捉えることも可能である。ここで私たちは《囚われの地球の都市》

ギャラリーにあるビロードで覆われた壁を思い起こさせる。鋼鉄のファサードの厳格さと静謐さは——ラスベガスのストリップから眺めることができる——、近くに建つ大きなホテルやカジノの独創性を欠いた見せかけの建築との間に劇的な対照を生み出している」（Rem Koolhaas /OMA. *Guggenheim Hermitage Museum, Las Vegas, USA 2001*, in "A+U", 2001, No.376, (pp.16-27) p.22) また、以下のテクストも参照のこと。Clifford A. Pearson, *Rem Koolhaas plugs the Guggenheim and Hermitage Museums into the high-voltage setting of the Las Vegas strip*, in "Architectural Record", 2002, No.1, (pp.100-07), p.103; Mark Irving, *Un'altra lezione da Las Vegas*, in "Domus", 2001, No.843, pp.106-19.

における「O.M.ウンガースの建築の無意識の肖像」という一節を思い起こす必要があるだろう。コールハースはウンガースの作品の特質は「変形、再解釈、再生産の絶え間ない反復衝動」[33]から生まれていると述べたが、これはまさしく彼自身の作品にも当てはまる。「シュルレアリスムに身を捧げた者がシュルレアリスムを見放すことは許されない」とブルトンは警告している[34]。

　二つのギャラリーのオープン日にはヴェンチューリによるレクチャーが行われた。そこで彼はラスベガスに関する自身の歴史的解釈の究極的な展開として、サインが光り輝く都市を予見している（東京はその一つのモデルである[35]）。一方コールハースは同じ2001年10月にAAスクールで開催されたレクチャーにおいて『ラスベガスから学ぶ』の出版とコンコルドの初飛行とワールドトレードセンターの完成が同時期であることを指摘している。後2者はともに破局に至ったが[36]、ラスベガスに到達した「浮遊するスイミングプール」はそれらに劣らず悲劇的である。なぜなら『プールの物語』においてニューヨークに到達した構築主義のプールの挿話を文字通り反復してしまったからである。ヴェネチアン・リゾートホテルを「仮借なき単純性（シンプリシティ）」[37]で切り裂くコールハースの「壁」がもつヨーロッパ的で概念的な暴力は見過ごされてしまう。人々を魅了するのは容易に理解できるヨーロッパのシンボルとアイコンだけだったのである（ローマの円柱や彫刻、エッフェル塔、ヴェネチアの水路や有名建築やゴンドラなど）。二つのグッゲンハイム・ギャラリーはラスベガスの中心部において唯一機能しない代物になってしまう。《グッゲンハイム・ラスベガス》はヴェネチアン・リゾートのスタッフ用の搬入室や一時倉庫に成り下がり、《グッゲンハイム・エルミタージュ》の「壁」は展覧会広告のプラスチック板で覆われ、外観が大きく損なわれてしまう。こうして最新の「浮遊するスイミングプール」——「退廃（デカダンス）」の「温度」を測るべく都市に挿入された「温度計」[38]——はラスベガスのサインの一つに堕してしまったのである。二つのギャラリーの失敗は、ラスベガスの空間的な連続性から逸脱し、異物として孤立してしまったことにも起因するだろう。この空間的な連続性をコールハースはラスベガスの革新性として認めて「ショッピングのタペストリー」「かつてない驚くべき都市的な連続性」と呼んでおり、さらに言えばかつて横浜の中心部に同様の連続性を生み出すことすら試みているのだが（ラスベガスの連続性とOMAの《横浜都市デザインフォーラム案》は「溶岩」というまったく同じ言葉を用いて描写されている）。

　「ジャンクスペース」のある版でコールハースはこう述べている——「1970年代初めにヴェンチューリがストリップ調査を行った時

点では、ラスベガスには形態的な一貫性と類型と一定のルールを見いだすことができた。しかしラスベガスはあらゆるメディアとあらゆるプログラムを呑み込むショッピングの完全無欠なタペストリーに変容してしまった。もはや全体を識別可能な部分に分割することは不可能である。部分と全体は個々のアクティビティが織りなす傷一つないパッチワークへと姿を変え、建築的に前代未聞の驚くべき都市的な連続体に変身したのである。いくらかの古い類型と考え方は依然として残り、たとえばホテルはいまだにホテルとして識別可能である。しかし現在私たちはさらに捉えどころのない状況にも直面している。ホテルがホテルとして識別できるのは、そこにエレベーターが集中しているからにすぎない。実際のところこれは一種の兆候にすぎないのだ。ホテルであることを示す他の証拠は存在せず、要素同士のシームレスな構成と不定形な連続性が見られるばかりである。典型的なラスベガス的存在においては、オブジェクトの輪郭はすっかりぼやけてしまい拡散し否定される。ただの一撃で建築的な場の全体も否定される。その後に残るのは都市全体を呑み込むプログラムの溶岩だけである。ここではあらゆるものは別のあらゆるものに結びつけられているのである」[39]

トラジェクトリーが貫くジェネリックなヴォリュームと傾斜面をもつ直方体
―― アルメーレ・ブロック6、在ベルリン・オランダ大使館、援助の家

「オランダ建築はいかにモダンか?」という問いを立てた10年後に、コールハースは新しい問題提起を行っている――「いかにしてノスタルジアのない建築をつくるか。近代建築に対してすらノスタルジアをもたない建築を?」[40]。このような意識を背景としてコールハース作品はさらなる局面へと向かう。《グラン・パレ》や《ゼーブルグの海上ターミナル》や一連の住宅作品――《サン=クルーの住宅》、《ホルテンの住宅》、《フロアラックの住宅》――では、建物のアイデンティティの象徴が「卵」や「浮遊するスイミングプール」といったOMA固有の根源的な像から選び出されていた。しかし1990年代末の作品になると類型的な性格が欠如したプログラムから出発して「ソリッド」と「ヴォイド」を対比的に表現する可能性が追求され始め、「ソリッド」と「ヴォイド」

33 The City of the Captive Globe/1972 cit., p.332.
34 Breton, op. cit., p.39.
35 Cf. Irving, op. cit., p.112.
36 Ibid., p.110.
37 Koolhaas, Delirious cit., p.255.
38 Ibid.
39 Rem Koolhaas, Junk Space, in "Domus", 2001, No.833, (pp.33-39), p.37.
40 [Koolhaas-OMA], Casa da Música. Porto, Portugal 2001, in OMA@work.a+u cit., p.127.

という異なる存在の様相を際立たせる形態がつくられるようになる。

このような文脈でコールハースは「箱」のミニマリズム的本質を再発見する。彼は「箱」を抽象的なシュプレマリズム的ソリッドに変換し、ジェネリック・シティと同じ形容詞を用いて「ジェネリックなヴォリューム」[41]と呼んでいる。ジェネリックなヴォリュームとはつまるところ規則的な「ソリッド」のことであり、不規則的な「ヴォイド」によって貫かれる存在である。この「ヴォイド」は《在ベルリン・オランダ大使館》のプロジェクトにおいて《クンストハル》の螺旋の究極的な変形として表れる（なお《クンストハル》の螺旋は既に一度《ジュシュー図書館》の「トラジェクトリー」に変身している）。

「ソリッド」と「ヴォイド」の弁証法を物質化するもうひとつの表現は多面体の造形である。ソリッドは形の異なる切子面を組み合わせた不定形な多面体となり、フェリスのソリッドや《マイアミ・パフォーミングアートセンター》や《ヒポ・テアティナー・センター》の多面体に接近する。その不規則性と特異な造形はシュルレアリスム的な一連の「驚異」に類似し、巨大化した卵の極致のようでもある。この不定形な多面体のソリッドが石垣のように雑然と積み重ねられ1個のマッスを形成しているプロジェクトもあるが、この場合でも全体はジェネリックなヴォリュームの表現であり、「ヴォイド」となった「トラジェクトリー」——ヴォリューム内部の本質的な内臓——によって貫かれている。OMAのスタディ模型ではしばしば「ヴォイド」が「ソリッド」に反転され表現されるが、それも故なきことではない。

1998年のコンペ案に基づいて1999〜2004年に建設された《在ベルリン・オランダ大使館》は、不定形な連続するヴォイドが貫入したジェネリックなヴォリュームの一例である。

コールハースは大使館のプログラムを「基壇（ポディウム）」と呼ばれるプラットフォーム（OMAの常套手段である）と、立方体とL字形という二つの異なるヴォリュームの中に配置している。二つのヴォリュームは爆撃によって生まれた空地を表象するヴォイドによって隔てられ、敷地角の立方体のヴォリュームには大使館の機能が、隣地の既存建物に接するL字形のヴォリュームには職員宿舎が収められている。後者のソリッドは薄く、コールハースが述べる通り明らかに「壁」に接近している[42]。コールハースの詩学を踏まえれば、この壁からベルリンの壁を想

---

[41] Cf. www.oma.nl.

[42] *OMA, Berlin Ambassade de Hollande,* in "Le moniteur architecture. AMC", 2000, No.109, pp.84-86.

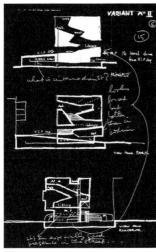

403.《オランダ大使館》(レム・コールハース／OMA、ベルリン、1998〜2004年)、スケッチ。構造はオヴ・アラップ事務所およびロイヤル・ハスコニング社と協働。クロスター通りとロランドゥーファー通りのコーナーに建設された

404-405. 同上、「トラジェクトリー」を示すスタディ模型

起せずにはいられないだろう。

　立方体ヴォリュームの内部には屋根面まで連続する経路が通り抜けている。これはコールハースが常々「トラジェクトリー」と呼んでいるもので、幅の異なる斜路・ひな壇・階段・廊下・踊り場を結びつけた連続体である。経路の側壁は必ずしも平行ではなく、立方体の輪郭からはみ出している部分もある(そこでは床はガラス張りである)。経路に沿って進んでいくと20世紀のベルリンを象徴する建物が次々と視界に入ってくる。《ジュシュー大学図書館》と同じくこのトラジェクトリーは折りたたまれた大通り(ブールヴァール)として構想され、幅広の部分や広場や袋小路を備え、建物の胴体(ボディ)を貫きながらOMA建築の「大都市」的な性格を表現しているのである。巨大な回転ドアや引き戸を介してトラジェクトリーは隣接する部屋の中にも拡張され、最後には部屋全体がキャンチレバーとなったVIPルームへと到達する。立方体ヴォリュームはインターナショナル・スタイルを思わせる抽象的で均質なカーテンウォールによって覆われている。しかしトラジェクトリーが表面に現れる部分と、立方体の輪郭からはみ出した部分では、このファサードのマリオンは中断されカーテンウォールの反復が妨げられている。このような操作は正方形グリッドのカーテンウォールを斜路によって切断したメーリニコフの処女作(「パリのガレージ」)との類似を示している。

　《オランダ大使館》の「トラジェクトリー」はパノラマ的な眺望を生み出している点で《クンストハル》の螺旋に類似しており、《ジュシュー大学図書館》の「トラジェクトリー」にも接近している。しか

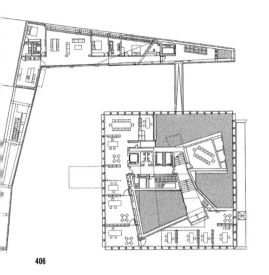
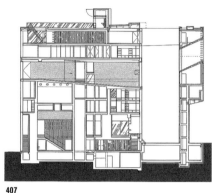

406.《オランダ大使館》、平面図
407. 同上、断面図

しそれは立方体に穿たれた不定形のトンネルの一種であり、《ZKM》設計時のスケッチや《フランス国立図書館》に現れたヴォリュームにも似ている。どちらかと言えば建築的プロムナードというよりも、透明な容器の中の液体に浸された臓器に近い。コールハースはそれが「ジェネリックなオフィスとワークプレイスを積層してつくられた立方体の内部に穿たれた螺旋空間である」と述べている[43]。トラジェクトリーとカーテンウォールは換気システムの基本要素にもなっており、特に前者はハーグのトンネル《スーテラン》で展開された構造と換気の原理の発展版と言える。

　《オランダ大使館》では「トラジェクトリー」を表現する2種類の模型——作品の「コンセプチュアルなイメージ」——がつくられている。第1の模型の「トラジェクトリー」は乳白色のプラスチックでつくられたモレッティ風のソリッドであり、透明な立方体の中に浮かんでいる。一方第2の模型では5枚の層を積み重ねてつくられた白い立方体のマスにヴォイドを穿つことによって「トラジェクトリー」が表現されている。これらの模型は初期作品のポシェの図に代わり、「ソリッド」と「ヴォイド」の対比を表現している。ここでは「ジャンクスペースは液体のようにいかなる形にも凝結しうる」というコールハースの言葉が思い起こされる[44]。

　そもそも「トラジェクトリー」はドミノ・システムがもたらした構造的な自由を前提に生まれたものである。しかし《オランダ大使館》では立方体の量塊をくりぬく複雑な操作を成立させるために、ドミノ・システムの産物である「自由な平面」「オープン・スペース」「基準平面」

408-409. 同上、外観

から脱却する必要が生じている。《ジュシュー大学図書館》と同じくコールハースの目的は複数のフロア間の連続性を確保することだが、ここではドミノ・システムを応用した《ジュシュー大学図書館》とは正反対の空間的・構造的な方法が用いられている。すなわちスラブを曲げる操作がスラブを切り抜く操作で置き換えられ、積層するフロアがソリッドな量塊として扱われているのである。これは《ZKM》検討時のスケッチを思い起こさせる。さらに《オランダ大使館》ではスケルトンを用いる代わりに鉄筋コンクリート造の壁が用いられている。これらの壁は家具や設備配管を内蔵し、伝統的な建築のような分厚い壁となり、表面がアルミや板材やトラバーチンの巨大な化粧パネルで覆われている。つまり壁は機能的な器官、空間の仕切りという本来の姿に回帰しているのだが、それによってフロアごとに独立した空間構成を確保するというスケルトンの本質的な構造特性が失われているわけではない。それゆえ《オランダ大使館》のコンクリート壁のシステムは現代におけるスケルトンの進化の新たな段階として捉えられる。それはスケルトンの構造的な本質を保ちながら、片持ち部分の応力計算が許す範囲内でデザインされた「自由な壁」——コールハースがロッテルダムの《パティオ・ヴィラ》の間仕切り壁を指して用いた言葉——なのである。

　OMAはこう述べている——「(かすかに気圧が高い)トラジェ

43　Ibid., p.85.
44　Koolhaas, *Junkspace* cit., p.19.

410-411.《オランダ大使館》、内観

クトリーは新鮮空気をオフィスに運ぶエアダクトとなり、空気は(閉空間の)ダブルスキンに吸い込まれて排気される。この換気のコンセプトは一つの要素に多数の機能を統合する戦略の一部である。こうした統合化は構造計画にも適用されている。トラジェクトリー周りの壁は耐力梁となって、下階に荷重を伝達するのに必要なだけ張り巡らされている。これによって低層階に広いオープン・スペースをとることが可能になる。ガラスの方立も耐力要素であり、トラジェクトリーがファサードに現れる部分では床スラブを支えている。この方立は火災時には脱落する設計になっているが、その場合でも上部構造が損なわれることはない」[45]

　立方体から飛び出しているVIPルームは、トラジェクトリーと同様にOMA建築のアイコン的な造形と言える。類例には枚挙にいとまがない——VIPルームに与えられた「スカイボックス」[46]というニックネームは《ダンスシアター》の「スカイバー」を彷彿とさせるし、外側に突き出した造形はディプロマ・ユニット9の「テクトニック」の課題の成果に類似している。あるいは「浮遊するスイミングプール」に端を発する一連の空飛ぶヴォリュームの一種とも言える。VIPルームは「中庭上空の演説台(トリビューン)」[47]とも呼ばれているが、この事実はリシツキー的な性格を明るみに出している。「壁」に向かって突出する姿は物体間に生じるシュルレアリスム的な引力も想起させる。

　1998年の《MABタワー》の設計と同時期にOMAはもうひとつのジェネリックなヴォリュームに取り組んでいる。2005年に実現した映画館と商業施設を収める《アルメーレ・ブロック6》——現在で

は「ユートポリス」と呼ばれている──である。《オランダ大使館》の模型と同じく、《アルメーレ・ブロック6》の模型は樹脂を固めてつくられ、透明で黄みがかった直方体のヴォリュームに埋め込まれた不定形な赤い内臓として「ヴォイド」が表現されている。ここではノリのローマ地図やモレッティのソリッドのようなポシェの方法が再び応用され、建物を通り抜ける経路──一種のトラジェクトリー──が物質化されているのである。模型に与えられた「マスvsヴォイド」というタイトルは示唆に富んでいる[48]。

ヴォイドの境界面には光と映像が投射される。これは「空想世界のテクノロジー」の応用であり、『ラスベガスに学ぶ』で礼賛された現代都市のロードサイドの看板やポップ広告やサインの代替物である。このスクリーンの存在によって《アルメーレ・ブロック6》のヴォイドはハーバード大学デザイン大学院のゼミを通じてコールハースが研究した19世紀都市のパサージュやギャラリーに接近している。

過去のプロジェクトと同じく、《ブロック6》の都市的ヴォイドは開放的なガラス張りの開口部から建物の低層部に侵入している。圧縮されながらも量塊(マス)の隙間を縫って上方に拡張していくヴォイドは、巨大な建物の間で圧迫された大通り(ブールヴァール)だと言ってよい。このヴォイドの一部は《オランダ大使館》の「スカイボックス」のように暴力的に突出したボリュームとなる。さらにヴォイドは空に向かって開かれ、建物中央部にはガラス屋根で覆われた中庭(パティオ)が生まれている。

《ブロック6》の内臓的な「ヴォイド」は《オランダ大使館》の「トラジェクトリー」に似ているが、両者は異なる方法によって生成されている。《オランダ大使館》の「トラジェクトリー」は量塊(マス)に穿たれているが、《ブロック6》の「ヴォイド」は上層部に詰め込まれた八つの映画館のヴォリュームをジェネリックなヴォリュームから取り除いた残余であり、「間の空間(スペース・インビトゥイーン)」の不定形なネットワークすなわち「インフォバブルのヴォリューム」なのである[49]。ゆえに《ブロック6》のヴォイドは二つのオーディトリアムに挟まれた《エデュカトリウム》のヴォイドや、展示室に挟まれた《テート・モダン》の「ジョイント」に接近しており、サル・ゼニットの床スラブの型枠を外した際に現れた不定形

---

[45] OMA, *Berlin Ambassade de Hollande* cit., pp.85, 86. Cf. Rem Koolhaas/OMA. *Netherlands Embassy in Berlin*, in "A+U", 2004, No.401, p.14.

[46] [Koolhaas-OMA], *The Dutch Embassy in Berlin by OMA/Rem Koolhaas, With a text by François Chaslin*, Rotterdam, Nai, 2004, p.136, fig. 108-109.

[47] OMA, *Berlin Ambassade de Hollande* cit., p.85.

[48] [Koolhaas-OMA], *Almere Urban Redevelopment/Block 6*, in *OMA@work.a+u cit.*, p.166.

[49] Ibid., p.164.

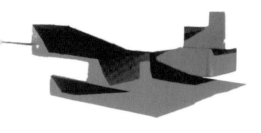
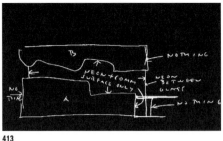

412 **413**

412.《ブロック6》(レム・コールハース／OMA、アルメーレ、1998〜2005年)、ヴォイド。現在は「ユートポリス」と呼ばれている

413. 同上、スケッチ

な隙間に似ているとさえ言える(但しサル・ゼニットの隙間にはコンクリートが充填されているが)。コールハースは《ムラン・セナールの都市計画》に関して、ヴォイドとは「確かさが存在しうる最後の場所である」と述べているが、同じことは建築にも当てはまる[50]。

《ブロック6》に関してコールハースは以下のように述べている——「[…]ヴォイドがマスの不在としてつくられているため、アイデンティティはヴォイドの表面によって決定される。グラフィックと情報を柔軟に投影することによって、表面は移ろいやすいショッピング環境にうまく対応できる——それは壁紙のようなインフォバブル(情報の泡沫)である」[51]。

八つの映画館は片持ちで張り出したトラス構造によってつくられ、すべて中央部で接続している。鉄骨フレームは緑色に塗装され、ライトグレーのパンチングメタル板の背後に透けて見える。「ソリッドな量塊内の連続的ヴォイド」という造形上の目標を達成するために、防火法規に対応する既成の設備手法がラディカルな変身を遂げている。

OMAはこう述べている——「空中に持ち上げられた映画館の壁は鉄骨のラチス梁から構成されている。すべての映画館はこのラチス梁を介して構造体の中心部で連結し、そこから片持ちで張り出している。構造体の中心部がそれより上部の全荷重を負担しているのでヴォイドの空間には他の構造が一切現れることなく、最大限のフレキシビ

[50] Cit. in Lucan, *OMA. Rem Koolhaas* cit., p.114.

[51] *Almere Urban Redevelopment/Block 6* cit., p.164。OMAは以下のように述べている。「この建物のアイデンティティ(「付加価値」)は類型的にコンセプト化されることではなく、むしろ組織そのものに由来する。商業的プログラムで満たされたジェネリックなヴォリュームはマスとヴォイドに分けられている——マスには建築家のコントロールが及ばないプログラムが収められ、ヴォイドでは一貫したアイデンティティが奏でられる。低層部のマスは店舗を収め、各店舗のアイデンティティに即し、ブランドやプロダクトに基づく空間になる。店舗はインテリア・デザイナーやショーウインドウ・デザイナーや装飾家やマーケッターによって再構築され続ける。上部のマスは映画館の閉じたヴォリュームを収める——それは映像の空間であり、コンテンツの変化は店舗よりさらに早い。ヴォイドは様々なプログラムが織りなすシナジーを利用して新しいアイデンティティを創造し、ブロック全体の性格を定め、魅力を定義する場となる。この空間はあらゆる歩行者動線と映画館を

414. 同上、外観

リティと明快な空間が確保されている。防火に関してはファン・ホーフト事務所との協働を通じてスプリンクラーを採用する方針が決定された。スプリンクラーには以下のような利点がある。まず防火区画を設置する必要がなくなり建物の開放性とフレキシビリティが守られる。次に映画館の鉄骨構造の防火被覆が軽減される。さらに避難階段を小さくしてファサード面からセットバックさせることができる」[52]

OMAは1996年に提案した《ソウル大学美術館》の再設計を2002年に行っている。2005年に実現した最終案では、初期案の箱形が鉄骨梁からなるくさび形のヴォリュームに姿を変え、コンクリート造の中空タワーによって支えられている（タワー内部には階段がある）。このタワーの壁面は本によって覆われる予定である[53]。ずれた床スラブを貫通する本のタワーは《ユニバーサル本社ビル》の設計案と関係しており、エティエンヌ=ルイ・ブレーが提示した啓蒙主義的なシンボリズムも認められる（ブレーの王立図書館では上層階の柱列が本で一杯になった棚に支えられているように見える）。

結びつけている。ショッピングのマッスの上に動線を確保するよう構成が調整されている。ヴォイドは床やバルコニーなどを一切付け加えることなく自らの役目を果たす——つまり、空間的存在感を最大化するのである。ヴォイドは頂部のバルコニーから歩行者のレベルを経て駐車場まで空間的に連続し、そのアクティビティは広場に対して開かれている。店舗やレストランはもちろん、数時間の不可視のアクティビティと、人の出入りするピークを繰り返す映画館の不規則的なアクティビティをもさらけ出している。ヴォイドはマッスの不在としてつくられているので、アイデンティティはヴォイドの境界面において決定される。グラフィックと情報のフレキシビリティによってヴォイドの境界面はショッピング環境の急速な移り変わりに対応可能になる。それは壁紙のようなインフォバブル（情報の泡沫）である」(Ibid.)

[52] Site www.oma.nl.
[53] Cf. *OMA. Seoul National University Museum, 2005*, in "A+U", 2006, No.432, pp.40-53.

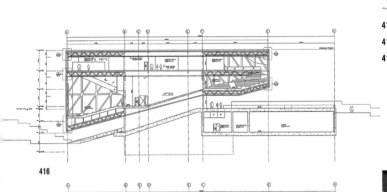

415.《ソウル大学美術館》(レム・コールハース／OMA、ソウル、1996〜2005年)、外観
416. 同上、断面図
417. 同上、平面図
418. 同上、内観

419-420.《援助の家計画》(レム・コールハース／OMA、ベルリン、1998年)、模型。デ・ヴェガー・グループとの協働作品。ベルリンのクロスター通りとシュトラウラウアー通りに面する計画

421.「オランダの砂丘の住宅」(ヤコブス・ヴォルムセル、1923年)

419

　《ソウル大学美術館》はOMAの作品展開における構造主義的な要素の重要性を証明する作品である。《ブロック6》と同様に地上面の支持点の数は抑えられ、「浮遊する鉄骨構造」というテーマが強調されている。木の内装パネルとガラスの外装パネルは構造材から分離してはめ込まれ、鉄骨の架構が可視化されている。これはヴィオレ・ル・デュクやミース・ファン・デル・ローエの後期の作品に見られるような知的な操作である。くさび形のヴォリュームを基壇上に浮かべる操作は《アガディール》や《フロアラックの住宅》などのプロジェクトでコールハースが繰り返し用いてきた手法である。この操作によって地上階は公共動線の空間になる(地上面の解放はル・コルビュジエの近代建築五原則の一つである)。

　1998年にOMAは《オランダ大使館》と同一の街区内における《援助の家》——ルドルフ・シュタイナーが創立した人智学運動のベルリン本部——の設計コンペに勝利している。《オランダ大使館》の分厚い壁に隣接して計画された《援助の家》では、屋根の傾斜面がファ

420

421

サードにまで達し、結晶のようにカットされた不定形のソリッドがつくられている。この造形はミケル・デ・クラーク、コーネリス・ヤウケ・ブラーウ、ヤコブス・ヴォルムセル、フレデリック・スタールらの建築作品やOMA自身の《ヒポ・テアティナー・センター》あるいはヘルツォーク&ド・ムーロンの作品群を思わせる。積層する床スラブは「基準平面」的だが、《ZKM》と同様にスラブは外周部のみで支えられており中間部に構造体はない。《フロアラックの住宅》もこのような構造システムの先例と言えるだろう。

　OMAはこう述べている——「上層部はオフィス・幼稚園・医療施設・住居によって占められ最上階はアトリエである。これらの機能はトラスによって宙に浮かんでいる。高さが複数階に及ぶ巨大な2本のトラスが外壁間に架け渡され、地上面が柱から解放されている（螺旋階段の円筒だけは例外である）。トラスは2枚の『厚い壁』によって支えられている」[54]

不定形な多面体 ── Y2K住宅、カサ・ダ・ムジカ、シアトル公立図書館

OMAは1999年2月にロッテルダムの個人住宅の設計を依頼される（その設計期間は《援助の家》と重なっている）。このロッテルダムの新しい住宅は箱から不定形な多面体のソリッドへの決定的な転換を示している。施主は眺望に優れ、家族が集まる空間と個人のプライバシーが確保される空間を併せもった住宅を希望し、さらに2000年以前には建ててはならないという条件を付け加えた。なぜなら彼はいわゆるミレニアム・バグ——Y2K問題（2000年問題）——と呼ばれるデータ演算システムの誤動作を恐れていたからである。このような経緯でプロジェクトは《Y2K》と呼ばれることになった。

　プロジェクトの第1案はコールハースによる一連の箱形住宅の一つと言える。これは平面が長方形で断面が正方形の巨大な箱であり、短辺側の立面が完全に開放され「好きな時に家族が集まれる場所」[55]になっている。長手側の立面と屋根には設備空間が付加されているが、この部分は設計が進むにつれて数が増大し、ディプロマ・ユニット9の「テクトニック」のように肥大化していった。さらに設備と配管はマイケル・ウェッブの「内臓露出主義（ボウェリズム）」のプロジェクトのように露出され可視化されている。「〔ヴォイド以外の〕残りはすべて外的な要素で

[54] Ibid.
[55] Koolhaas, *Transformations,* in *OMA@work.a+u* cit., p.107.
[56] Ibid.
[57] Ibid.
[58] Reyner Banham, *A Home is not a House,* in Charles Jencks, George Baird, ed., *Meaning in Architecture,* London, Barrie & Jenkins, 1966, (pp.109-

あり、内臓が全部外に飛び出し皮膚が内側に張られた肉体のようなものである」とコールハースは述べている[56]。この段階では《サン゠クルーの住宅》や《ホルテンの住宅》や《フロアラックの住宅》の隠喩的な箱が1960年代的な「技術カプセル」に姿を変えていると言えるだろう。

　コールハースはこう述べている――「私たちは身体障害者の施主のためにボルドーで住宅を完成させたばかりだった。その住宅の場合は繊細な要素がちりばめられ、いくぶん複雑で凝ったつくりになっていた。直感的にひらめいたのだが、ボルドーの住宅に至る一連のプロジェクトからいったん身を引くのも悪くない気がした。[…]つまり何か『間抜けで単純』なものに回帰するのも一つの手ではないかと思い立ったのだ。オランダ的なコンテクストも突き抜けて間抜けなことをすれば、それ自体が挑発的なコンテクストになるのではないかと考えたわけである」[57]

　しかしカプセルのアイデアは設計の一段階にすぎない。バンハムはカーン設計のリチャーズ医学研究棟やソーク生物学研究所のタワーを指して「数々のチューブを隠蔽している」[58]と批判したが、《Y2K》はまさにそのような方向へと展開していく。つまりコールハースは次なる操作として箱から露出した突起を包み込み、カーンのタワーのように「内臓」と「空間」を覆い隠したのである。このコールハースの「梱包（ラッパー）」は卵の殻に似ているが肉塊（ブロブ）のように柔らかい。それは圧力を受けて歪んだ「柔軟な被覆」であり、変形可能な閉空間である。

　設計の初期段階でコールハースは箱の上に傾斜面を導入している。《ヒポ・テアティナー・センター》や《援助の家》と同様に、これは勾配屋根のイメージの再生産である。「この時点では家に切妻屋根を載せるというアイデアも残されていた――うまい手立てさえ見つかれば、それはそれで愉快な案になっただろう[…]」とコールハースは述懐している[59]。続いてつくられた模型では、箱に付着したヴォリュームと設備を「厚い層」[60]が包み込み、デ・クラークやクラメルの作品――屋根瓦が壁まで葺かれ壁自体も傾斜している――を思わせる不定形な量塊（インフォーマル・マッス）がつくられている。結果として結晶的な外被と諸室のヴォリュームの間には「間の空間」が生まれ、その内部は技術と機能の「内臓」によって満たされている。《Y2K》では設計当初から《援助の家》のようにスラブを反復する方法は採用されず、ヴォリュームを寄

18), p.109.
59 Koolhaas, *Transformations* cit., p.108.
60 Ibid. Cf. OMA, Y2K *Private Residence Rotterdam, Rotterdam, The Netherlands, Design 1999*, in "GA Houses", 2000, No.63, pp.16-21.

422.《Y2K住宅》(レム・コールハース／OMA、ロッテルダム、1999年)。コールハースが第1案の模型の説明をする連続写真

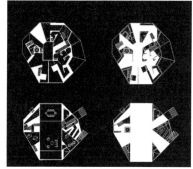

423.《Y2K住宅》(1999年)、模型
424. 同上、ポシェの技法で描かれた平面図

せ集めるという方法が選択されている。それゆえ不定形な多面体幾何学をもつに至ったと考えられる。コールハースは第1案の「技術カプセル」と比較して「この形はより『私たちらしい』ものだった」と述べている[61]。この言葉は「厚い層」を応用することによって生まれた造形がOMAの過去作品——特に《マイアミ・パフォーミングアートセンター》の結晶的なホール——やフェリスの「理論的外形」、あるいはメーリニコフやスターリングの作品の構築主義的で結晶的なヴォリュームに接近していることを考えれば容易に理解できる。

「厚い層」の導入以後、初期案の箱形は不可視となり、不定形な多面体ソリッドに穿たれた開口部に姿を変えている。コールハースは「厚い層」を導入する以前の初期案においても、端部が開放された箱は「トンネルのような単一空間である」と述べている[62]。「トンネル」という言葉はそれが岩のような量塊(ソリッド)からくりぬかれた存在であることを明快に示しており、住宅の屋根を「山頂」[63]に見立てる言及もこの解釈を傍証している。「箱」に代わって「トンネル」を用い始めたコールハースの用語の変化には、空間構成の違いが反映されている。第1の場合、空間は箱の中に詰め込まれているが、第2の場合、空間はトンネルの周りを取り巻いているのである。このような変化を鑑みると「今回の箱は内側にある」[64]というコールハースのぶっきらぼうな言葉の真意が理解できる。

《Y2K住宅》後期案のトンネルは数学者ブノワ・マンデルブロの穴(トレマ)[65]のように完全無欠で、コンセプチュアルかつ統合的な空間である。流れを集める「たまり」のようなヴォイドは——《フロアラックの

61 Koolhhaas, *Transformations* cit., p.108.
62 Ibid., p.107.
63 Ibid., p.110.
64 [Koolhaas-OMA], *Y2K. Rotterdam, The Netherlands*, ibid., p.124.
65 Mandelbrot, op. cit., p.157.

住宅》の箱は「コンクリートの角管(カルバート)」と呼ばれていた——住宅のオーラが流れ込み、溶け入る場所である。ヴォイドは景色を眺めるために空間ごとに調整された望遠鏡であり、コールハース作品にしばしば登場する極端に肥大化した断面の産物と言える。ヴォイドの天井面を傾斜させ、外壁に穿たれた主開口部の正方形の輪郭と一致させることによってこれらの視覚効果は高められている。

　「厚い層」の導入以後、《Y2K住宅》の設計プロセスは箱の周囲にヴォリュームを寄せ集める方法から不定形な量塊(インフォーマル・マッス)に彫刻的操作を加える方向に移行したと考えられる。後者の操作をコールハースは「掘削(エクスカベーション)」や「穿孔(パーフォレーション)」と呼んでいる[66]。ここでは《コロンブス・センターの卵》のアパートメントの「2層分の空間」をOMAが「ブロックに穿たれた穴」[67]と呼んでいたことが思い起こされる。

　さらに「厚い層」導入直後の段階から、個室の形態は傾斜ファサードの幾何学に従って定められるようになる。各個室は全体の量塊(マッス)と同じく不定形であり、技術的・機能的な「内臓」の隙間にぴったりと入り込んでいる。部屋を押し込むごとに様々な圧力が加わり、外被は蜘蛛の巣のようにしなやかに伸び縮みしてさらに形状を変化させる。トンネルに変身した箱だけが不変の要素である。一連の模型を見比べるとトンネル側方に付加されたヴォリュームは徐々に大きくなっている。ヴォイドと直交する付加的なヴォリュームの主要機能はスタジオとライブラリーである。「厚い層」の傾斜壁はトンネルに緊結された圧縮材や引張材として働き、ヴォリューム全体を構造的に支えている。

　不定形な多面体というイメージを完成させるために、コールハースはトンネル下部にも「厚い層」を導入し、多面体を地面から切り離している。さらにコールハースは住宅全体を可動式にすることも検討している——《ホテル・スフィンクス》の機械仕掛けの「頭部」のように回転できれば、トンネルは様々な景色に照準を合わせる望遠鏡にもなるからである。《Y2K住宅》の最終案ではルドゥーの球形住宅、ファン・ドゥースブルフとファン・エーステレンの「芸術家の家」、バックミンスター・フラーのダイマキシオン・ハウス、レオニドフのレーニン研究所等で予告されていた「反重力」が達成され、コールハースが初期の

---

66 Koolhaas, *Transformations* cit., p.108.
67 *The Egg of Columbus Center/1973*, in "Architectural Design" cit., p.337.
68 Koolhaas, *Transformations* cit., p.108.
69 [Koolhaas-OMA], OMA. Y2K. Private residence, Rotterdam. Rotterdam, The Netherlands. Design: 1999, in "GA Houses", 2000, No.63, (pp.16-21), p.18.
70 Ibid., p.17.
71 Ibid., p.19.

425.《Y2K住宅》(1999年)、壁を透明にした模型
426. 同上、最終案のスタイロ模型

住宅作品から模索し続けてきた不安定性が表現されている。壁は透き通ったパネルとなって「汚れた下着や本といった諸々の日常生活の痕跡」[68]をさらけ出し、ヴォイド以外のすべては初期案で箱を取り巻いていた「内臓」のように可視化される。コールハースはこの最終案を「壁のない家」と呼んでいる[69]。

1999年6月25日にアントワープで開催されたレクチャーにおいて、コールハースは《Y2K住宅》の空間が「クリーンな空間」(居間・夫婦寝室・キッチン)と「残余の空間」(家具・設備・構造)の二つに分類されると述べ[70]、前者を「空っぽで抽象的な空間」、後者を「ソリッドで謎めいた空間」と呼んでいる[71]。ここではカーン的な「主要空間」と「副次空間」の構成が「ヴォイド」と「ソリッド」の弁証法に変換されている。但し

425

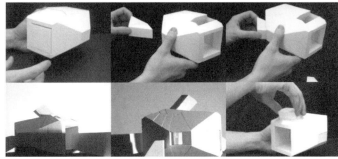
426

「残余の空間」はガラクタの寄せ集めであり(「ジャンク」という言葉が象徴的に用いられている[72])ボザールやカーン的な構成法——主要空間や構造との相互関係によってサービス空間を有機的に調整するシステム——とは根本的に異なる創作プロセスの結果である。コールハース作品においては、「ソリッド」と「ヴォイド」の関係を調整する役割が構造体には与えられていないが、この事実は特筆に値する。構造体は「残余の空間」にうずたかく積まれたガラクタの一つにすぎないのである。

「ソリッドとコネクション」と名づけられた2枚の平面図にはヴェンチューリやロウ的なポシェの技法が適用されている。「ソリッド」と名づけられた平面図では、黒い背景の上に分厚い壁と造り付けの家具が白で表現され、「コネクション」では連続的なヴォイドが白く描かれている。コールハースはこう説明している——「一方では空間が、他方では障壁が白で示されている。このような類いの美学をとことん展開させていくことも試みとしてはなかなか刺激的である。しかも建築的にも面白い経験ができた。というのはいわゆるポシェなるものを初めて使うことになったからである」[73]

スタイロフォームの塊からソリッドを抜き出しヴォイドをつくりだす操作を表現した連続写真は(この操作を行っているのはコールハース自身である)、箱を取り巻くヴォリュームという初期案のコンセプトが放棄されたことを明白に示している。連続写真のキャプションには「各要素はヴォリュームからくりぬかれる」[74]と記されている。最終的なヴォリュームは造形的な違いを除けばコンティニュアス・モニュメントの直方体の量塊にも似ている。コールハースは「貫通できない」マレーヴィチのテクトニックやフェリスの「理論的な外形」のモデルに基づいて不定形な多面体ソリッドから設計を始める術を身につけたのである。ソリッドをくりぬけば機能が収まり、ソリッドのプロポーションを伸び縮みさせるだけで多様なプログラムにも対応できる。住宅をモニュメントに変換するマグリット的なサイズの跳躍すら可能である。《コロンブス・センターの卵》の「卵」と同じく巨大化しようがこの驚異の彫刻的でシュルレアリスム的性質は一貫して保たれるからである。

《Y2K住宅》以降、《ハーグ市庁舎コンペ案》以来用いられてきた

72 Ibid.

73 Koolhaas, *Transformations* cit., p.110.

74 [Koolhaas-OMA], *Y2K. Rotterdam, The Netherlands* cit., p.120.

75 Fenna Haakma Wagenaar, *Astrology. Protect us from what we want*, in *Content* cit., (pp.204-07), p.205.

76 Koolhaas, *Delirious* cit., p.92.

77 [Koolhaas-OMA], *Casa da Música* cit., p.147.

427.《カサ・ダ・ムジカ》(レム・コールハース／OMA、ポルト、1999〜2005年)、模型。構造はオヴ・アラップ事務所と協働。ポルトのボアヴィスタ広場に建設された

428. 同上、断面図

429. 同上、平面図

スタイロフォームがコールハースの作品制作に欠かせない模型材料となる。つまりスタイロフォームの模型が創作プロセスの重要な一部を担い始めたのである。ポシェがスタイロフォームに置き換わることによって、設計行為は工房における切断・彫塑・変形などの操作に接近する。

「スタイロフォームがあれば何だってできる。ナイフで切ることも、スプレー剤で溶かすことも、糊付けすることも、ヒートガンでねじ曲げることも、タバコで孔を焼き入れることもできるし飛行機で運ぶのも安い。この材料ならば仕事は簡単でスピーディだ。スタイロなしではOMAは成り立たない」[75]

《Y2K住宅》の不定形な多面体ソリッドはマグリット的なスケールの跳躍——「超巨大化」[76]——を経てポルトガル・ポルトの《カサ・ダ・ムジカ》に変身する。これは1999年のコンペで選出され、2001〜05年に建設されたコンサートホールのプロジェクトである。《カサ・ダ・ムジカ》の構成は《マイアミ・パフォーミングアートセンター》の二つのホールに類似している。プログラムが要請する各機能は《Y2K》と同様にホール・ホワイエ・公共スペースからなる「共同空間」とオフィス・トイレ・楽屋・機械室からなる「副次的サービス空間」の二つに分類されている[77]。「共同空間」を白で表現し「副次的サービス空間」(エレベーター・階段・エスカレーターも含む)を黒で表現した「くりぬかれた空

427

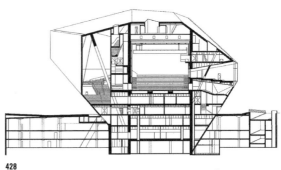

428

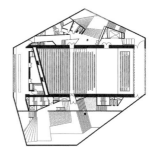

429

430.《カサ・ダ・ムジカ》(1999〜2005年)、外観
431. 同上、出隅部のディテール
432-433. 同上、外観

432

433

ジェネリックなヴォリュームと不定形な多面体

434.『モーペルテュイの耕作番人住居』（クロード・ニコラ・ルドゥー、1804年頃）
435.『発明の牢獄』（ジョヴァンニ・ピラネージ、1761年）

434

435

間を示すダイアグラム」[78]はソリッドとヴォイドの弁証法を表現すると同時に、コールハース独特の新たなるポシェの地平を示している。コールハースはこのダイアグラムによって不定形な多面体の量塊（マッス）をくりぬいて「共同空間」をつくり、残余を「サービス空間」にするという彫刻的な創作プロセスを明らかにしている。

　組石造に由来するカーンのポシェとは異なり、コールハースのポシェは建物の量塊全体の表現である。それゆえOMAは「ソリッド／ビルディング」という言葉遣いをするのである[79]。2種類の空間を編成し配置する上で、もはや構造は決定因子ではない。つまり構造は後々の段階に検討され、各部の寸法と位置の細かな修正を求める存在にすぎない。初期の模型では構造設計時に登場する一連の支柱は表現されていないが、これは単に模型作業を簡略化したわけではなく、《カサ・ダ・ムジカ》がスケルトンではなくソリッドから生み出された作品であるからに他ならない。

　《カサ・ダ・ムジカ》でも不定形な多面体ソリッドからヴォリュームをくりぬく操作が連続的な模型写真によって表現されている。《Y2K住宅》同様、写真にはコールハースの手が写っている。彼はこう述べている——「建物をソリッドな量塊（マッス）として捉え二つのコンサートホールとその他公共機能を取り除く。くりぬかれたブロックは外からも中からも人々を楽しませる」[80]。

　コールハースがこのように主張する一方で、《カサ・ダ・ムジカ》の不定形な多面体ソリッドを並置（ジャクスタポジション）と梱包（ラッピング）という操作の結果として捉えることもできる。つまり、ホールを収めた箱を並置し、巨大な傾斜面となった伸縮する被膜によって包み込むという《Y2K住宅》同様の

78　Ibid.
79　Ibid., p.133.
80　Ibid., p.131.

操作の結果として《カサ・ダ・ムジカ》が生まれたと解釈することも可能である。並置(ジャクスタポジション)と梱包(ラッピング)という二つの操作は「ソリッドな量塊」や「くりぬかれた空間」というコンセプトからは導くことはできない。

《カサ・ダ・ムジカ》の不定形なソリッドの背景には、外被に内在する意味とコールハース特有の「容器(コンテナ)」のコンセプトが認められる。《クンストハル》、《ゼーブルグの海上ターミナル》、《グラン・パレ》と《フロアラックの住宅》でも容器(コンテナ)の内部に多様な機能が詰め込まれていたが、その形態自体に疑問符がつけられることはなかった。なぜならこれらのプロジェクトの容器(コンテナ)は独自の象徴性を備えていたからであり、多くの場合コールハース特有の隠喩に基づいていたからである。隠喩的な容器(コンテナ)の概念は20世紀初頭のオランダの建築文化に浸透していた

436.《カサ・ダ・ムジカ》(1999〜2005年)、エントランスとホワイエ

437

438

「被覆の原理」の究極的な表現であり、象徴的かつ不変の層である建築外被として理解される。しかし《カサ・ダ・ムジカ》の外被はあらゆる象徴的な役割から解放されて超然と伸び縮みするカーテンウォールであり、並置された内部ヴォリュームに順応し、ランダムな傾斜面に挟まれた「間の空間」をつくりだしながら多様な機能の多様な関係性を築き上げる。このような観点から捉えれば、《カサ・ダ・ムジカ》の不定形なソリッドはOMAの初期作品からシュルレアリスム的な隠喩が溶融した後の残滓と言えるだろう。それは意味を失った「驚異」であり、それゆえにミースの直方体にも似て謎めいた不可思議な存在なのである。

　コールハースの詩学の内的論理から生み出された不定形なソリッドは敷地形状とは無関係であり、敷地が隣接するボアヴィスタ広場の曲線とも調和していない。孤立した《カサ・ダ・ムジカ》は広場や大通りや路地から眺められる「自律的な物体」[81]なのである。コンテクスチュアリズムの新概念を生み出す彫刻的作品という意味ではスペイン・ビルバオのグッゲンハイム美術館にも似ている。

　不定形なソリッドは地下駐車場を収めた巨大基壇にめりこんでいる。基壇を支えるスケルトンはソリッド内部まで伸び、一連の水平面を支えている。ソリッドの傾斜面とスケルトンはコンクリート打ち放しで基壇内では灰色、ソリッド内部では白色である。エキスパンション・ジョイントは用いられていない。大ホール上部の床スラブは部分的にソリッドの傾斜面を支える筋交いとして働いている。所々で剥き出しになっている支柱も傾斜面を補強する要素であり、1980年のビエンナーレのためにOMAが制作したインスタレーションにおけるカーテンを貫通するポールにも似ている。支柱とタイロッドはヴィオレ・ル・デュクの鉄骨構造の基本要素であり、彼もまた結晶的な幾何学をもつ多面体の円蓋を設計していた。しかしコールハースの多面体と構造は19～20世紀の建築に見られる幾何学的な調和や規則性や体系性を破壊する存在である。

　不定形なソリッドの低層階はリハーサル室・録音室・機械室・オ

---

81 Ibid.

437-440.《カサ・ダ・ムジカ》(1999〜2005年)、トラジェクトリー内観

439

440

フィスで占められている。《マコーミック記念キャンパス・センター》のように、そこでは目地を剥き出しにした石膏ボードが用いられている。楽屋とステージを接続する長い直階段はソリッドを貫通し、モニュメンタルな透視図的効果を生み出している。それはまるで古代ローマ建築の地下空間から上昇するような経験である。あるいはポルト名物の急坂や階段を上るような感覚と言えるかもしれない。メイン・エントランスとホワイエを通り過ぎると内部動線は2本に枝分かれし、一方は大ホールに達し他方は大ホール下のトンネルをくぐり抜けて突き当たりで小ホールに上る階段にぶつかる。メイン・エントランスとホワイエはソリッドの傾斜面と大ホールの直立面に挟まれた「裂け目」の空間であり、小ホールのヴォリュームが浮遊し、傾斜面を支える細い支柱や階段やエスカレーターが貫いている。これらの要素の配置には予定調和やあからさまな幾何学的秩序は一切見られず、コールハース好みの目眩がするようなピラネージ的な視覚体験があるのみである。このメイン・エントランスとホワイエの直接的な先例としては《グラン・パレ》の動線空間が挙げられる。《グラン・パレ》の主動線も湾曲した外被（卵形シェル）と巨大な直交面（展示空間の壁）に挟まれた空間である。

　　スケルトン内部には大ホールを支える鉄筋コンクリート構造が挿入され、さらにホールの内部には鉄骨の構造体が入れ子状に挿入されている。鉄骨構造の接合部は音響を考慮してゴム継手によって絶縁されている。小ホールの片側は大ホールの側壁に接し、反対側はソリッドの傾斜外壁面に接している。但し小ホール上方の構造体は大ホールの反対側に緊結されている。これは《フロアラックの住宅》の浮遊する箱にも似た非対称的な構造システムである。

　　大ホールの形と規模はボストンのシンフォニーホールやアムステルダムのコンセルトヘボウやウィーンの楽友協会とほぼ同じである（これらはすべて《Y2K》のトンネルを音楽ホールに転換する妥当性を検証するためにOMAが収集した事例である）。

　　OMAは述べている——「今世紀は名高い『シューボックス型』の支配から逃れるために気も狂わんばかりに数々の建築的な試みがなされてきた。しかし専門家（私たち自身も含まれる）にとって『シューボックス型』はいまだに完璧な音響を約束する最良の形であ

82　Ibid., p.134。バルコニーの位置と角度も音響を考慮して検討されている。「［…］突出するバルコニーは観衆に向けて音を側方から反射させるようにデザインされている」（TNO/Renz van Luxemburg, *Acoustics*, ibid., p.135）

83　Ibid., p.131.

84　コールハースは作品が「ポルトガルの人々に理解されるように」するため地元産の典型的な

る。この形状の大きな利点は音響のコントロールに優れていることである」[82]。大ホールの正面と背面は完全にガラスで覆われている。このガラス面は《クンストハル》のオーディトリアムに設けられた開口部をさらに拡大したものであり「かつてないやり方で都市の姿を垣間見せる」[83]。ここから観衆が眺める都市のスペクタクルは『現行犯』の部屋の窓一杯に広がる景色にも似ている。この大ホールの開口部は二重の波形ガラスでつくられ、音響的な理由から正面と背面で波の形状が異なっている。一方大ホール側壁は木製パネルで仕上げられて一部は金メッキされている（ヴィオレ・ル・デュクならばこの装飾的な試みを素材の特性の表現として承認しただろう）。

　建物には多様な経路からなる動線システムが浸透している。それは大ホールに巻きつき、《在ベルリン・オランダ大使館》の「トラジェクトリー」のように時に突出しながら様々な部屋を取り込んで拡張していく。たとえば棘状の音響パネルで壁と天井を仕上げた部屋やポルトの伝統的な磁器タイルで覆い尽くされた部屋（ともにキッチュとシュルレアリスムの中間的な趣味を示している）は、時に動線になり時に楽器練習室にもなるハイブリッド空間である[84]。二つの巨大な空洞が穿たれたソリッドな量塊という外観にこだわるあまり、「裂け目」には窓をもたない空間も存在する。それゆえ設計段階においてコールハースは外被に「半透明セメント」を用いる可能性を検討している[85]。建物上部の巨大な不定形の隙間は設備スペースである。しかし連続動線はこの設備スペースをも貫き、大ホールに架かる大梁の間に挿入されたレストランに達している。大小二つのホールの箱を不定形な被膜で包み込むことによって生じた一連のランダムな隙間空間をOMAは「残余の空間」

441.《カサ・ダ・ムジカ》（1999〜2005年）、大ホール内観

タイル——アズレージョ——を用いたと述べている。さらにダシアノ・ダ・コスタによるキッチュな家具も使用されている。「彼はポストモダニズムという言葉が生まれる以前から一種のポストモダニズムを実践していた」とコールハースは語っている（Interview with Rem Koolhaas. Interviewer: Hilde Bouchez, in "A+U", 2005, No.419, p.90）．

[85] Cf. Ken Shulman, *X-Ray architecture*, in "Metropolis", 2002, April, (pp.73-75, 98), p.73.

442.《カサ・ダ・ムジカ》(1999〜2005年)、大ホール手前の通路

と呼んでいるが、この言葉は空間の性格を実に適切に表現している[86]。大ホールの片側の開口部の手前にはカフェが設けられている。梁の上に載せられてヴォイドの中を漂うこのカフェは偏執症的＝批判的方法から生じたコールハースの強迫観念的な造形の一つであり、「スカイバー」や「メデューズ号の筏」に通底している。

　不定形なソリッドの傾斜面は厚み約40cmのコンクリートである。表面は内外ともに打ち放しで、長方形の型枠を用いて打設されている。型枠の痕跡を示す目地線は平行に並び、多面体のすべての面で連続するようにデザインされている。これは《グラン・パレ》のサル・ユーロトップやゲーリー作品の壁と同様の表現である。面と面が合わさる入隅部分が鋭角な場合には、十分にコンクリートがまわるように細い見切り線が設けられている。この見切り線は型枠目地の緻密な連続性を断ち切る要素であり、ソリッドを面へと分解している。なお型枠目地には水平線も交差しているが、これは複数回に分けて傾斜面にコンクリートを打設した際の仮設足場の痕跡である。傾斜屋根面は防水が施されたスラブの上に大判のプレファブ・コンクリート板を並べてつくられ、巨大な屋根瓦のように見える。屋根のコンクリート板の目地も外壁の型枠目地に連続している。

　傾斜面に挟まれた「裂け目」の部屋では、コンクリートの打設前に電線と円筒形の電線取り出し口（スイッチやコンセント用）が型枠内に鉄筋とともに埋設されている。ソリッドを穿つという方法を追求するあまり、「オープン・スペース」のあらゆる可能性が排除されるのみな

らず、場所によっては設備と構造が一体化して関係が永遠に固定化され、二度と変更がきかなくなっているのである。これは伝統的な組積造建築のような柔軟性を欠いた状態への逆行と言える。天井がスケルトンを覆う部分では、以前のプロジェクトと同様のやり方で設備機器がスラブから吊り下げられている。一方、打ち放しコンクリートのソリッド面に挟まれたホワイエ（バーが併設されている）の設備は床下に配置されている。アルミ床やスチールグレーチング床やパンチングメタルの壁と天井──「内臓」を可視化する光のスクリーン──はすでにOMAの定番となった内装仕上げ材である。

　大ホールの床スラブの水平面と座席の傾斜面の間は空調用ダクトスペースになっている。冷暖気は傾斜面に設けられた孔から吹き出してホールの隅々まで広がり（《グラン・パレ》のオーディトリアムで使用された方法の発展版である）、オーケストラ上部の屋根面に設けられた大開口から排出される。なおこの大開口には照明器具も設置されている。一方、小ホールの座席はフラットな可動床の上に設置されており、空調された冷暖気は壁から吹き出す。小ホールでは可動床を組み合わせてオーケストラと聴衆の間に多様な関係を構築することができる。

　巨大な波打つプラットフォームは石板によって仕上げられている。レストランやバス停などの機能を覆うプラットフォームは柔軟な可塑材料でつくられたマントのようである。コルトレイクや横浜のプロジェクトと同じく《カサ・ダ・ムジカ》のプラットフォームも「柔軟面」の一種である。あたかも不定形なソリッドの重みでひしゃげたかのような彫刻的な造形は《ダンスシアター》や《ネクサス福岡》や《カーディフ湾オペラハウス》における直方体ソリッドと湾曲面のテクトニックな対比の再来と言えよう。《アガディール》のアーバン・スクエアのように波打つ面は、急な坂の多いポルトの風景も思わせる（ここでは若者たちはスケートボードを楽しんでいる）。

　実現しなかった《ゼーブルグの海上ターミナル》の卵形の驚異は、あらゆる象徴的表現（シンボリズム）が取り除かれた後にグローブ・タワーのような「巨大な隕石」に変身し、ついにポルトの高台に降り立ったわけである。コールハースとゼンゲリスはディプロマ・ユニット9の研究についてこう述べている──「テクトニックはプログラムをもたない惑星（プラネット）として扱われる（マレーヴィチもそれらを『星（プラネット）』と呼んでいた）。重厚なテクトニックは大都市の空地に落下した隕石のようである」[87]

86　[Koolhaas/OMA], OMA. Casa da Música, Rotonda da Boavista, Porto, Portugal. Design 1999 (competition) –2000. Construction: - 2005, in "GA Document", 2005, No.84, p.14.

1999年にOMAは《シアトル公立図書館》のコンペに勝利する。設計はコンペ案に基づいて2001年に完了し、建設は2002〜04年に実施されている。プロジェクトの敷地は5番街・マディソン通り・4番街・スプリング通りに囲まれ、合衆国裁判所に正対し、シアトル港に向かって下降する長方形の街区である。ここは伝統建築と摩天楼が接し合う場所と言える。《Y2K》と《カサ・ダ・ムジカ》を「ソリッドな量塊をくりぬいたもの」と捉えるコールハース自身の解釈を無視すれば、両者の不定形なソリッドと《シアトル公立図書館》はきわめて類似している。

　プログラムが要請する機能は下階から上階へ向かう論理的なシークエンス——駐車場に始まり管理部門に至る——に従って配分されている。OMAはフロアを摩天楼のように積み上げた1枚のダイアグラムによってこのシークエンスを表現し、別のダイアグラムで類似したアクティビティをグループにまとめ、その一部を横方向にずらしている。まるで《ダンスシアター》、《ホルテンの住宅》、《ザック・ダントン・オフィスタワー》、《ユニバーサル本社》と同じく、見えない力を受けて横滑りしたかのようである。この第2のダイアグラムはプログラムが要請する機能を表現しているだけでなくフーコーやドゥルーズのダイアグラム理論に基づいた抽象的な装置としても機能している。この形態ダイアグラムを機械的に翻訳することによって——ファン・ベルケル＆ボスやMVRDVのプロジェクトのように——建物の形態が導かれているのである。恣意的かつ象徴的な「フロアの横滑り」という操作はプログラムの論理によって正当化されている。ベンサムのパノプティコン——監視機能の完全なるダイアグラムとしての監獄——と同様に《シアトル公立図書館》はマルチメディア時代の図書館の理念的なダイアグラムを提示する試みなのである。

　フロアが横滑りする部分は眺望と敷地特有の都市的な特徴を考慮して決められている。5番街側から眺めると図書館上層部は道路面まで張り出し中層部のフロア群は引っ込んでおり、合衆国裁判所とその庭園に遠慮して後ずさりしているように見える。反対側の4番街沿いでは様式建築が建ち並ぶ隣地境界線まで中層部が突出している。スプリング通り側でもフロア群が片持ちで突き出しファサードは道路境界線に接している。その反対側のマディソン通り側では「横滑り」の操作の結果「くぼみ」が生じ、摩天楼と対峙するテラス空間がつくられている。「フロアの横滑り」は都市計画的な戦略でもある。たとえば建物のフレームの一部は5番街側においてメイン・エントランスに至る歩行者通路をつくりだしている（この部分はガラスで覆われていない半屋外

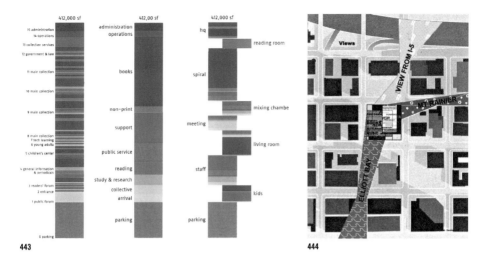

443.《シアトル公立図書館》(レム・コールハース／OMA、シアトル、1999〜2004年)。プログラムの分析ダイアグラム

444. 同上、建物からの眺望を示すダイアグラム

空間である)。またスプリング通り側と4番街側では突出したフロアの集合体が巨大なキャノピーになっている。このキャノピー下部には初期の作品《アイルランド首相官邸コンペ案》の庭園を思わせる帯状の植栽が配置され、サブ・エントランスとサービス用の出入口が設置されている。

　　OMAはこう述べている——「アメリカの高層ビルに典型的に見られるフロアの　重　層　を遺伝子組み換えして繊細で(傾斜面は必要な場所に並々ならぬ量の自然光をもたらす)、文脈的で(各立面は相異なる都市状況に対応している)同時にアイコン的な建物が生まれている」[88]

　《シアトル公立図書館》は土地の最大限利用という論理から解き放たれたマンハッタン摩天楼の究極形態と言えるだろう。機能的かつ寓喩的にプログラムを編成し、新たな眺望と都市的な文脈を追求し、象徴的な衝動に突き動かされることによって、階段状の基壇と中央タワーは単一の身体に統合されている。《グラン・パレ》と同じくこの建物は突如暴力的に脈動を始めた生物のように見える。それはフリーゼンドープが描いた摩天楼と同じく生命を吹き込まれた身体であり、ヴォリュームの構成はOMAが言うところの「プログラムとメディアの止めることのできない拡散」[89]を隠喩的に表現している。

　　コールハースは《シアトル公立図書館》においてドミノ・システムに回帰している。隠喩的に横滑りするフロア群を積み重ねること

[87] Koolhaas, Zenghelis, *Architettura della metropoli planetaria* cit., p.13.

[88] [Koolhaas-OMA], Seattle Public Library, Seattle, Washington, USA 2003, in *OMA@work.a+u* cit., p.90.

[89] Ibid.

445.《シアトル公立図書館》
(1999〜2004年)、断面図

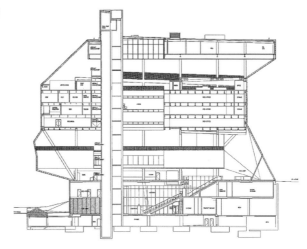

によって、すでに《ジュシュー図書館》で活用していたドミノ・システムの新境地をめざしているのである。つまり設計のコンセプトはスケルトンと外被の関係ではなく横滑りしたフロアをまとめて積層するというアイデアに基づいており、インターナショナル・スタイルの基本的な構築要素を再利用し、その新たな可能性を切り拓いている。理論的に言えば、規則的なスケルトンを利用することによって「自由な平面(プラン・リーブル)」と「オープン・スペース」の原理が解体され「プラットフォーム」と「間の空間」のコンセプトへと置き換えられているのである。

　構造設計はOMAが制作した模型に基づいて進められている。大まかな設計が完了しそれなりの精度に達した段階で、アラップとともに構造を担当したマグヌッソン・クレメンチッチ・アソシエイツ(MKA)がバルサ材の模型を制作している。これは「構造家としてはきわめて珍しいアプローチ」である。MKAはこう述べている――「テクノロジーの発展に伴って模型よりもコンピューターの使用が多くなり、手作業による模型制作というプロセスは稀になっている。しかし模型のおかげでOMAとデザイン・チーム全員がこれからつくろうとする空間の感覚を即座に摑むことができた」[90]

　地下から5番街の道路レベルまでは鉄筋コンクリート造のフレームで、それより上は鉄骨フレームと傾斜柱でつくられている。後者の構造が上層階フロアをまとめてずらす操作を可能にしている。《Y2K》の「厚い層」と同じく《シアトル公立図書館》のカーテンウォールは網のように伸縮し、横滑りするフロアの圧力を受けて歪んでいる[91]。カーテンウォールは構造システムの一部として若干の水平

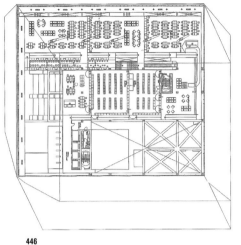
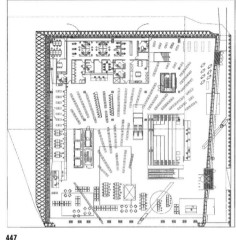

446-447. 同上、平面図

力も負担している。これはコールハースの用語に従えば「柔軟面」の一種だが、1950年代後期の膜構造建築や外被が湾曲した建築にも類似している。あるいはコールハースがジャンクスペースの理想的なモデルとみなした「テント」に接近していると言えるかもしれない。OMAはジャンクスペースを「室内のヴォリュームに合わせて様々に形を変える外被(エンベロープ)」[92]と呼んでいる。

《シアトル公立図書館》の傾斜カーテンウォールはスラブに固定された菱形の鉄骨フレームによって支えられている。垂直面には鉄骨フレームは用いられず、サッシ枠が直接導入されている。大きな傾斜面では菱形フレームを補強する必要が生じて《カサ・ダ・ムジカ》のような傾斜支柱が挿入されているが、この支柱の数を最小限に抑えるためにフレームの一部を二重にして剛性を高めている部分もある。《カサ・ダ・ムジカ》とは異なり、あらゆる「間の空間」には自然光──彫りの深い鉄骨フレームの外被によって濾過された光──が降り注いでいる。直射日光が当たる面ではフィルムを挟み込んだ合わせガラスや庇(傾斜外被の張り出し部分)によって日射量が調整されている[93]。夜になりすべての照明が点灯されると《シアトル公立図書館》は幻想的に煌

---

[90] MKA, *The Seattle Central Library Structure: A Study in Intuitive Negotiation*, in *OMA/LMN, Seattle Central Library, Seattle, USA 2004*, in "A+U", 2005, No.412, p.165.

[91] 蜘蛛の巣のような理想的に伸び縮みする外被はマイク・ウェッブが1961〜63年に構想した「シン・センター計画」に見いだされる。OMAの図書館の外被は「『網のように』建物全体を覆い込み、互い違いになった鉄骨のスーパーストラクチャーのプラットフォームを結びつけている」(MKA, The Seattle Central Library Structure cit., p.165)。

[92] Koolhaas, *Junkspace* cit., p.19.

めくランタンに姿を変える。

　コンクリートフレームによって支えられた低層部には駐車場・設備スペース・書庫・オーディトリアム・子ども用閲覧室と職員オフィスの一部が収められ、鉄骨造の上層部にはそれ以外の機能が配置されている。《テート・モダン》の「ブロック」のコンセプトと同じく、OMAは上層階の全機能を交互に現れる「間の空間_{スペース・インビトゥイーン}」と「プラットフォーム」のいずれかに割り当てている。「間の空間」は複数のフロアを包み込んだ三つの箱であり、ミーティングルームを集めた箱は「アセンブリー」、書庫を収めた箱は「ブック・スパイラル」、オフィスを収めた箱は「ヘッドクウォーター」と名づけられている。一方「プラットフォーム」は書庫や閲覧室やコンピューター室が配置された「間の空間」の上部のスラブを指している。3枚の「プラットフォーム」は下から「リビング・ルーム」「ミキシング・チャンバー」「リーディング・ルーム」と呼ばれている。

　フロアの集合体を「間の空間」と呼ぶのは一般的な意味から言えば不適当に思われる（「間_{インビトゥイーン}」にあるヴォイドすなわち「プラットフォーム」の方が「間の空間_{スペース・インビトゥイーン}」という言葉にふさわしく思われる）。OMAは都市広場のように前向きで活気あふれる「プラットフォーム」を強調するためにこのような用語を用いたに違いない（マレーヴィチのソリッドのプラットフォームとも共鳴している）。多様な「ソリッド」と「ヴォイド」の重層は《フロアラックの住宅》や《ZKM》も思わせる（コールハースは《ZKM》を「研究所の上には劇場が、劇場の上には美術館が」と描写している）[94]。外被を変形することによって生じた先細りの隙間は使用することはできないが、遠近法を伸縮させる劇的な視覚効果をもたらす。これはコールハースの初期作品に繰り返し現れていた特徴である。

　フレキシビリティは図書館全体に均質に行き渡るのではなく「空間区画」の内部に確保されている。そこは「垂直分裂」の方法に基づいて限られた範囲内での拡張を認める空間である。つまり「区画_{コンパートメント}」とは自由な平面の概念に由来する抽象的な連続平面の代わりに、プログラムに基づいて限界が定められた存在なのである。「空間区画」の原理

---

[93] 人工照明のデザインは場所ごとに異なっている。サブ・エントランスの地下部分と子ども用閲覧室では巨大な白色電球が列をなして鉄筋コンクリート天井から吊り下げられている。「ミキシング・チャンバー」では黒い円筒形のスポットライトが天井から吊られている。同じ天井が拡張された「リビングルーム」の一部も同様である。「ブック・スパイラル」の様々なレベルではエンボス加工されたポリカーボネート天井パネルの裏に蛍光灯が仕込まれている。「ヘッドクウォーター」ではテキスタイル・パネルの中心部にスポットライトが埋め込まれている。

[94] OMA, Koolhaas, Mau, op. cit., p.675.

[95] ［Koolhaas-OMA］, *Seattle Public Library* cit., p.88.

448.《シアトル公立図書館》
(1999〜2004年)、外観

は機能ごとに細分化された建物をデザインする基礎となり、各部分にはあらかじめ設定された限りでの拡張が許される。OMAはこう述べている――「フレキシビリティは部門ごとに確保されているので、他の区画には迷惑をかけない…」[95]

　機能の拡張は理念的に無限なフロア上で生じるものではない。それゆえ限界を超えた拡張は区画の崩壊すら招きかねない。一方機能をどんどん圧縮していくと区画自体が空っぽになり無用化してしまう。これらは「都市群島」に見いだされる原理である。OMAにとって大量の本を単一の区画に収蔵することは、セザールの圧縮彫刻やマイクロチップのように情報を圧縮することに等しいのである。

　「プラットフォーム」と「間の空間」には目がくらむような垂直アトリウムが貫通し、頂部はトップライトによって覆われている。アトリウム脇のコンクリートの中空塔には階段とエレベーターが収められている。このアトリウムは数々のOMA作品に共通するピラネージ的な空間であり、コールハース的な中庭(パティオ)や可動プラットフォームが浮かぶ《フロアラックの住宅》の吹き抜けなどを連想させる。アトリウム脇の白いソリッドな壁面はアーティストによる映像作品を投影するためのスクリーンである(《ゼーブルグの海上ターミナル》のヴォイドにも映像スクリーンの設置が検討されている)。内部動線の一部はアトリウムに浮かぶバルコニーで行き止まりになるが、このようなバルコニーは《ダンスシアター》のスカイバーや《クンストハル》の螺旋の切断部にも似たジャンクスペース特有の空間と言える。

　「プラットフォーム」と「間の空間」は1本の経路によって結びつけられている。まず1階からエスカレーターで「ブック・スパイラル」

449.《シアトル公立図書館》外観

450. 同上、5番街側の歩行者通路（ギャラリー）

451. 同上、カーテンウォールのディテール

449

450

451

に上る。「ブック・スパイラル」内部では《ジュシュー図書館》の連続スラブと同じく一連の傾斜床が螺旋状に連続し「リーディング・ルーム」にまで達している。なお「ブック・スパイラル」をショートカットする鉄骨階段もあるが、これは「スピードが異なる経路」というコールハース的な装置の好例である。「ブック・スパイラル」から「ミキシング・チャンバー」へ下降する部分では経路は中断されている。これら二つの「プラットフォーム」をつなぐエスカレーターは「上り」だけなので、下りる時にはエレベーターか避難階段を使うことを余儀なくされるのである。

　コールハースにとって色彩はつねに重要な要素である。色彩は各部の造形と特徴を定め、象徴性をもたらし、多様な材料の異なる性質

を調停している。

外被のサッシを内側から支える鉄骨部材は水色に塗装され、背景の空に溶け込んでいる。「リビング・ルーム」の上空に浮かぶ「アセンブリー」内の会議室は灰色である[96]。「アセンブリー」に達する動線空間の表面は湾曲しており、《フロアラックの住宅》の下階から中間階に至る階段のように有機的な造形を示しているが、その廊下と階段の壁・床・天井はすべて血のように赤くつやのある色で仕上げられている[97]。

「ミキシング・チャンバー」では柱・梁・天井スラブが真っ黒に塗られている。スラブから吊り下げられた設備配管も同様である。黒い色は複雑にもつれた剥き出しの構造と設備を目立たなくする（ニューヨークの地下鉄やエンパイア・ステート・ビルの天井と配管も黒く塗装されている）。耐火被覆が吹き付けられた鉄骨部材も剥き出しだが、これはコールハース好みの「無仕上げ」の趣向を示し「内臓」を可視化する表現の一種として捉えられる。なお耐火被覆も黒く塗装されている。天井パネルによって隠蔽されず剥き出しになっている鉄骨部材は構成上の意図を一切欠如しており、接合部のフランジの一部は歪んでいる。これは不定形な彫刻のようであり、「ハイテック」の技術的洗練に対するコールハースの批判的立場を鮮明に示している。コールハースはウォーホルの「ファクトリー」のような19〜20世紀のニューヨークのロフト建築に見られる建設ロジックに回帰することによって、「ハイテック」に対抗しているのである。柱の足元部分は白く塗装した箱形の覆いで包まれている。この白く塗装した部分の高さは情報端末台として使われるシステム家具の高さと揃えられており、両者は視覚的に連続して「プラットフォーム」の空間を上下に分割する観念的な水平線を形成している。水平線より下には家具が配置され、《フロアラックの住宅》に似たつや消しのアルミ床の上で人々が流動する。一方水平線より上の構造体は演劇的な「夜のシーン」に昇華されている。この観念的な水平線は構造設計と設備設計の論理から独立した要素であり、「非デ・ステイル的」に塗り分けられた剥き出しの配管と配線が――天井面は黒で傾斜外壁側は空色――その効果を助長している。

「ブック・スパイラル」を貫き「リーディング・ルーム」に達するエスカレーターと長い鉄骨階段は黄色く塗装され視認性が高められている。「ミキシング・チャンバー」に現れるエスカレーターは夜空を切

---

[96] コールハースが発見した「基準平面」の中立性を確かめるように、OMAは管理職員用オフィスの家具と仕上げの主な色としてグレーを採用している。なお個々の座席は低いパネルによって仕切られている。

[97] 多くのデザイナーがインテリア・デザインに参加しているが、特にインサイド／アウトサイドとマールテン・ヴァン・セーヴェレンの協働が顕著である。

452

453

452.《シアトル公立図書館》（1999〜2004年）、4番街側エントランス内観。図書貸し出しスペースが設けられている

453. 同上、「リビング・ルーム」

454. 同上、「ブック・スパイラル」を貫く階段

455. 同上、「ブック・スパイラル」

456-457. 同上、「リーディング・ルーム」

454

455

ジェネリックなヴォリュームと不定形な多面体

り裂く日差しのように見える。

　エレベーターのヴォリュームと地下階の構造体は荒々しいコンクリート打ち放しであり、「ミキシング・チャンバー」の剥き出しの鉄骨と同じくヨーロッパの構築的・芸術的な趣味を示している。アメリカではこのような仕上げが《シアトル公立図書館》のようなモニュメンタルな公共建築に用いられることは稀である。

　外壁側には角度調整が可能な半球型の空調吹き出し口が配置されているが、これらはホールや空港などの大空間に典型的に見られるものである。アラップ事務所はこう説明している——「アトリウムの消費エネルギーを抑えるために空気循環システムが考案された。建物内の空気はすべてアトリウム頂部に引き込まれ外部に排出される。排気から取り出した熱エネルギーをガラス表面の冷暖房に再利用し、アトリウム空間のベース空調としている」[98]。

　二つの主要なプラットフォームすなわち「リビング・ルーム」と「リーディング・ルーム」の床は植物柄の色彩豊かなカーペットで、その上に都市公園のベンチのように閲覧席が配置されており、アンリ・ラブルーストの閲覧室のような空間性を示している。木製フローリングで仕上げられた4番街側のサブ・エントランスは世界中の多様な文化を代表する本を集めたパサージュであり、著述家の名が無数に刻み込まれたラブルーストのサント=ジュヌヴィエーヴ図書館のファサードを思い起こさせる。

　ランダムな放射線状に並べられた「リビング・ルーム」の本棚は《エクソダス》の「レセプション・エリア」にある細長い家具の配置を連想させる。実際「リビング・ルーム」は「レセプション・エリア」的な象徴性を帯びている。つまり、そこはシアトル市民を再活性化させる場所であり「ラグジュアリーで幸福な」雰囲気の中で「思考が感覚を呑み込む」「教化プログラム」の空間なのである(引用部はすべて2001年に書き改められた《エクソダス》の「レセプション・エリア」の描写である[99])。

　図書館利用者はシアトルの広場を往来するように「リビング・ルーム」の中を歩き回る——本棚に囲まれ、観念的な庭園を表現しているカラフルなカーペットを踏みしめながら。その場にとどまり議論や読書をする人々の姿はブレーの王立図書館のニュートラルで茫漠としたフロアにたたずむ人々にも似ている[100]。ブレーの王立図書館と

[98] [Arup], *Where information has no boundaries. Linking Engineering and Sustainability, in OMA/ LMN, Seattle Central Library, Seattle, USA 2004*, in "A+U", 2005, No.412, (pp.150-67), p.162.

[99] Rem Koolhaas, Elia Zenghelis, Madelon Vriesendorp, Zoe Zenghelis,

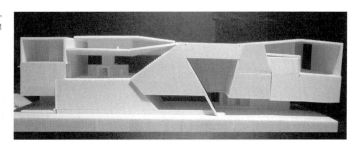

458.《フリック邸計画》(レム・コールハース／OMA、チューリヒ、2001年)、模型

同じく《シアトル公立図書館》も図書館の新しいあり方を示す先駆的建築なのである。

　2001年に計画されたチューリヒの《フリック邸》は不定形な多面体を部屋スケールで展開させた作品である。各部屋は互いに結びつき、全体は宝石のようにカットされた直方体となっている(エリオ・オイチシカの『メタエスケーマ』のような構成である)。施主のフリードリヒ・クリスチャン・フリックは20世紀後半のアート作品のコレクターであり、計画には彼の収集物を展示する美術館も含まれている。各部屋の壁は《グラン・パレ》の大階段のように傾き、鋭角の断面や逆円錐形の空間がスラブの積層をかき乱しているが、この操作は「優美な屍骸」やアドルフ・ロースの「ラウムプラン」に接近し「スケルトン」や「自由な平面」(プラン・リーブル)の原理からは逸脱している。コールハース作品の詩的な展開の中に位置づけるならば、この傾いた壁は《ダンスシアター》の多様なヴォリュームをさらに圧縮しセザールの彫刻作品のようにあらゆる面を一緒くたにしたものとして捉えられるだろう。唯一の規則的なヴォリュームは十字形の部屋——ブルース・ナウマンの作品『我が魂が疎外された部屋』——である。この作品はハワード・ヒントンの正八胞体(四次元立方体の三次元展開)や《コロンブス・センターの卵》の建物奥深くに収められたクラブにも似ている。様々な傾斜面からなる外壁と屋根は《グラン・パレ》のサル・ヴォーバンや《グッゲンハイム・エルミタージュ》の天井を思わせる。すべての傾斜面は圧縮され単一の歪んだソリッドが生まれているが、《Y2K》や《カサ・ダ・ムジカ》や《シアトル公立図書館》とは異なり全体の形態が彫刻的に強調されることはない。

　《Y2K》と同様に《フリック邸》には新しい状況に適合させるため

Exodus, or the voluntary prisoners of architecture. 1972, in Jeffrey, op. cit., p.20.

100　《シアトル公立図書館》のプレゼンテーションにはブレーの透視図が含まれている([Koolhaas-OMA], *Seattle Public Library* cit., p.90)

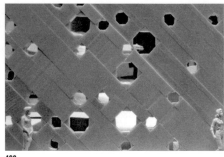

459-460. 《コルドバ・コングレスセンター》(レム・コールハース／OMA、2001〜08年)、第1案の模型

の変形操作が加えられている。2002年12月に敷地が変わり、《援助の家》の用地だったベルリンの土地に第2案が作成されたのである。OMAは当初案の細長いヴォリュームを二つに分割し、一方の上に他方を載せる提案を行っている[101]。

2001年にOMAは《コルドバ・コングレスセンター》コンペに招待されている。旅行者用のウェルカム・センター——バスを下車した旅行者が都市観光の起点とする施設——を含む計画で、敷地はスペイン・コルドバのグアダルキビール河岸のミラフローレス地区内にある長方形の土地である。コールハースはコンペ要項で定められた敷地を無視し、ピロティで持ち上げた全長360mの建物を提案している。川が描く曲線を弓とすれば彼が提案した建物はそこに張られた弦であり、ミラフローレス地区と旧市街地を結ぶ新設橋に正対する「浮遊する梁」[102]とも言える。旅行者用の内部動線はヴァザーリの回廊やルーヴル美術館の大ギャラリー——ともに河岸の建築である——のようなモニュメンタルな展望プロムナードとなっており、《ニュー・ウェルフェア島》の「加速された建築的プロムナード」やピロティで持ち上げられた《アイ広場の計画》の長大な建物にも類似している。

オーディトリアムを収めた二つの不定形なヴォリュームはOMA特有の多面体ソリッドの一種であり、細長い建物の背面から大きく張り出している。また《エデュカトリウム》と同じく二つのヴォリュームは湾曲スラブと合体し、ニーマイヤーのプロジェクトを思わせる連続曲面が生み出されている(この床スラブは規則的なスケルトンに

[101] 「複合的安定性」を模索する中で生まれた部分断片化原理は、2000年の《ウェナー邸》——「保留の家」「分散の家」とも呼ばれている——にも登場している。バハマのハーバー島の丘に計画されたこの住宅では各部屋が緑の中で孤立したパヴィリオンとなり、ピクチャレスクな18世紀の庭園やフィリップ・ジョンソンの《ガラスの家》のような佇まいを見せている(「ガラスの家」は建設から数十年の歳月を経て、現在では庭園内に散在するパヴィリオン群のメインルームになっている)。

[102] [Koolhaas/OMA], *Córdoba Congress Center, Córdoba, Spain, 2002 -*, in "El Croquis", 2006, No.131-132, p.213.

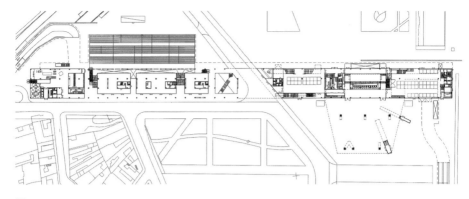

461

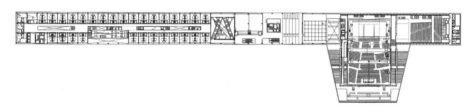

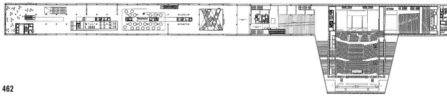

462

461-463. 同上、最終案の平面図と模型

463

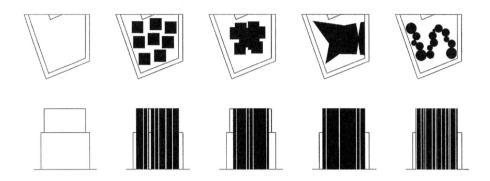

464.《アスター・プレイス・ホテル》(レム・コールハース／OMA、ニューヨーク、2001年)、初期の検討図。ヘルツォーク&ド・ムーロンとの協働作品

よって支えられている)。各機能はスラブ上に配置されているが、川と旧市街地に面する一部は展望用の動線として取り置かれている。帯状のソリッドに穿たれた大小様々の多角形の開口部はイスラムの伝統的なモチーフを参照している。展望用動線の水平連続窓は二つのオーディトリアムに接続する部分で大きく広がり、都市を睥睨するシュルレアルな眼となっている。

2002年から2008年にかけて計画された最終案では、細長い建物に接ぎ木されたメイン・オーディトリアムのヴォリュームが傾斜柱によって支えられている。細長い建物はプラダの「スポンジ」を変形したようなガラスパネルによって覆われ、複雑な構造パターンが可視化されている――「ファサードには特注の溝形ガラスが用いられている。気泡の入った緑色ガラスは南面からの強烈な日射を拡散し、ぼんやりとした光の満ちた室内をつくりだす」[103]

マンハッタニズムの変異体

《シアトル公立図書館》の不定形な多面体は単純な直方体を仮定し、そこに内側から圧力をかけて得られた形状である。このような操作はニューヨークの第2世代の摩天楼――『錯乱のニューヨーク』で言及された「学ばれざるマンハッタニズム」の典型――を変容させる方法にコールハースが関心を抱き続けてきた証左である。彼は摩天楼の英雄的な草創期への並外れたノスタルジアに駆り立てられ、レバー・ハウスやシーグラム・ビルなどの「直方体」以前のタワー形態に回帰する理論を模索したのである。その結果、2000年代初頭の一連のOMA作

---

[103] Ibid., p.228.

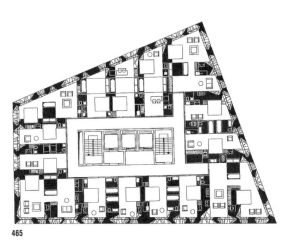

465. 同上、基準階平面図
466. 同上、模型
467.《UnCity（国連都市）コンペ案》（レム・コールハース／OMA、ニューヨーク、2001年）、模型

品には頂部が切り欠かれたピラミッド型ヴォリュームが復活している――これは1950年代にSOMやハリソンやミースによって追放され、ニューヨークの建築基準法においても禁じられた形状である。SOMのジョン・ハンコック・センターとは異なり、OMAは構造合理性という理由づけに頼ることなくこの形状を再生させている。

2001年にOMAはイアン・シュレーガー・ホテルチェーンに属する《アスター・プレイス・ホテル》の計画に取り組んでいる。これはニューヨークの摩天楼の起源を再考するという文脈にぴったり沿ったプロジェクトである。設計はコールハースとヘルツォーク＆ド・ムーロン事務所の協働で進められ、芸術家同士の隠喩的な衝突が生じた。彼らは共通のクライアントのもとで仕事を分担した経験があり、《テート・モダン》のコンペでOMAがヘルツォーク＆ド・ムーロンに共同参加をもちかけたこともある（これはロックフェラーセンター建築家連合を念頭に置いた「コーベットの一手（ムーヴ）」ならぬ「コールハースの一手（ムーヴ）」である）。このような接近を経てついに《アスター・プレイス・ホテル》で両者の協働が開始されたのである。

OMAとヘルツォーク＆ド・ムーロンが作成した第1案では、プロジェクト全体が複数のタワーに細分化されている。箱を積み重ねたタワーでは客室を収めた各々の箱にエレベーターから直接アクセス可能である。繊細なミニチュア版「ツインタワー」の反復も見られる。硬い岩石を積層したような幾何学的なタワーからはバロック都市の噴水のように水が噴き出し、水盤から立ち上がっているタワーもある。底の深い水盤はスイミングプールを兼ね、タワーから延びる数本のエスカレーターがその中に飛び込んでいる。この水盤はダウンタウン・アスレチック・クラブのプールやロックフェラーセンターの掘り

468.《レ・アール地区再開発コンペ案》(レム・コールハース／OMA、パリ、2003〜04年)

込まれた水盤と噴水を思わせるスペクタクルである。

　OMAとヘルツォーク＆ド・ムーロンが作成した第2案は1916年のゾーニング法に基づくピラミッド型摩天楼の復活である。提案は角錐台 (頂部が切断された角錐) のソリッドであり、ディプロマ・ユニット9の成果物やヘルツォーク＆ド・ムーロンの作品のように一部がねじれている。最終案はモノリシックな角錐台で、タバコの火を押しつけたようなランダムな開口部が無数に穿たれスポンジのようである。OMAの作品展開の流れの中ではこの開口部は《フロアラックの住宅》の丸窓の進化版として捉えられるが、このように機能主義と構造の論理を排した造形手法はヘルツォーク＆ド・ムーロンの同時期の作品に特徴的なアプローチでもある。

　歪んだ台形の平面は敷地形状から導かれている。長方形のコアには垂直動線が収められ、コアの残余部分には奥行きの異なる2種類の帯が交互に配置されている。狭い帯はサービスと構造と設備のスペース、幅の広い帯は客室やリビング・エリアである。地上階にはローマの公衆浴場のような壁龕 (エクセドラ) をもつ空間が挿入されているが、これは意外なポストモダニズム的な操作と言える。

　OMAは2001年にマンハッタンの《UnCity (国連都市)》コンペにも取り組んでいる。彼らの提案はロックフェラーセンターの英雄的精神と1950年代における進化を4本のタワーの設計を通じて再現する試みである。4本のタワーとはイーストリバー対岸の42番街と34番街の間に計画された「インターナショナル・タワー」「サポート・タワー」「ウォーター・タワー」「ライフ／ワーク・タワー」であり、さらに隣接する敷地には第5番目の「ガーデン・タワー」が追加されている。OMAの摩天楼は大量かつ多様な機能を収め、「もっともラディカルなプログラムの混合」を追求し、「ニューヨーク開発の新しいあり方を再考すること」をめざしているが、これらの目標は「過密の文化」に基づいている[104]。レオニドフの重工業省や《ユニバーサル本社ビル》のタワー群のように各タワーの形は異なっている。さらに「インクライネーター」と呼ばれるスロープ状の動線システムが計画されているが、これはアジアで計画された《ハイパービルディング》に由来する。「ウォーター・タワー」では機能を「パブリック」と「プライベート」に分類するダイアグラムから傾斜したカーテンウォールが生成されているが、この手法は《シアトル公立図書館》を思わせる。

[104] [Koolhaas/OMA, *UnCity, Manhattan, New York, USA, 2001*, in "El Croquis", 2006, No.131-132, p.127.

ジェネリックなヴォリュームと不定形な多面体

469.「タワー都市」(レイモンド・フッド、1927年)。『錯乱のニューヨーク』より抜粋

470.《欧州中央銀行本社屋コンペ案》(レム・コールハース/OMA、フランクフルト、2003年)

　OMAは「基準平面」の考察とノン・ストップ・シティの連続平面の可能性を推し進めて以下のように述べている ――「ライフ／ワーク・タワーは高層開発の新しいコンセプトを示している。フロアは無柱で、天井は従来的な住宅よりも高いが、これは小規模オフィスに適しており在宅勤務者たちのラグジュアリーな住環境をつくりだす理想的な条件である。各階に導入される二重床システムはハイエンドな商業開発から借用したデザイン手法で、究極のフレキシビリティをもたらす。商業スペースでは配線が容易になり、住居のフロアでは浴室やキッチンの配置が自由になる。私たちはこのコンセプトを『いかようにも(ホワットエヴァー)』と呼んでいる」[105]

　マンハッタンの隠喩は2003～04年にパリで計画された《レ・アール地区再開発コンペ案》にも見いだされる。それは多様な局地的介入を行うことによって未知なる統一体を生み出す提案である。《ラ・ヴィレット公園コンペ案》では帯のシステムが地表全体を覆っていたが、《レ・アール》では大小様々の円をちりばめたカーペットが広げられ、異なるテーマをもち異なる植栽が施された庭園が集まって群島(アーキペラゴ)が形成されている。なおカーペットのアイデアは2001年にマウ、アレソン・ワーランド、インサイド／アウトサイドとの協働を通じて計画されたトロントの《ツリー・シティ》のプロジェクトに基づくもので、そこでも円のシステムによって「植栽エリアのフレキシブルなモザイク」が形成されている[106]。

　《レ・アール》ではデザインが少しずつ異なる21本のタワーがランダムに配置され、あらかじめ地下に埋設された諸機能を表出している。これらのタワーは近隣の建物よりわずかに高く、《アスター・プレイス・ホテル》と似た四角錐台の形状をもつ。OMAは1916年のゾーニング法に規定されたヴォリュームに立ち戻り、マンハッタニズムのアイコン的イメージに昇華させたと言えるだろう。タワー群は『錯乱

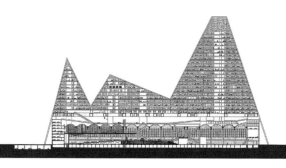

のニューヨーク』に登場するいくつかの作品をも思い起こさせる。フレデリック・トンプソンがコニーアイランドのルナ・パークに計画した無数の「針」あるいは「タワーの森」はその一例である（コールハースはルナ・パークに立ち並ぶ尖塔を「初めてのタワー都市」「そこが異世界であるという決定的な証拠」と呼んでいる[107]）。またフッドが構想した「タワー都市」も「互いが自由に競い合う針の森」[108]である。《ユニバーサル本社ビル》同様に《レ・アール》のタワー群も各々が異なるアイデンティティを備えている。OMAはこう述べている ── 「タワー群は同一空間内で扱われ突出と分割の作法を共有しているが、互いに異なるアイデンティティを備えている。香水の瓶が様々であるのと同様に各タワーは慎重にデザインされ、固有のアイデンティティが与えられている」[109]

フェリス的な尖塔状タワーの造形は2003年に制作されたフランクフルトの《欧州中央銀行本社屋コンペ案》にも見いだされる。大市場（グロースマルクトハレ）の真上に覆い被さるように計画された建物は、高さの異なる三つのピラミッドから構成され、それぞれが「エグゼクティブ」「セキュア」「ビジネス」のいずれかのプログラムに対応している。OMAがニューヨークの《MoMA》で「三角形（トライアングル）」を提案したことを踏まえれば、この三つのピラミッドがマンハッタンに由来することは明らかである。フランクフルトの《欧州中央銀行本社屋コンペ案》の目的はいかなる図像も暗示しないモニュメント ── 事実上は「自動モニュメント」だが ── をつくりだすことであり、OMAはその予期せぬ造形こそが「伝統をもたない銀行」である欧州中央銀行のシンボルになりうると考えたのである。

OMAはこう述べている ── 「欧州中央銀行の建物を想像することは目隠しして空を飛ぶようなものである。はっきりとした参照物を何一つもたずに新たな領域を開拓するのだから。加速し続ける欧州

---

[105] Ibid., p.133.

[106] [Koolhaas-OMA], *Rem Koolhaas, Bruce Mau, Oleson Worland, Inside/Outside. Downsview Park, Toronto – Tree City*, in "Lotus international", 2002, No.109, (pp.41-46), p.46 円形のパティオは《テート・モダン》ですでに試みられていた。

[107] Koolhaas, *Delirious* cit., pp.33, 34.

[108] Ibid., p.137.

[109] [Koolhaas/OMA], *Reinvent a modern cityscape for Paris*, in *Concours 2004. Paris – Les Halles, Paris*, Paris, Le Moniteur, 2004, p.118.

《レ・アール》計画の原理はマレーシアの《ペナン・トロピカル・シティ》（2006年）のマスタープランの基礎となっている。2003年には北京の第3環状道路と長安通りに挟まれた巨大な長方形の土地に中心業務地区（CBD）が立案されたが、そこではバンコクの《ハイパービルディング》に似た建物が計画されている。全体はモニュメンタルな高い基壇上で不安定にバランスする直方体群から構成され、二つの道路にまたがる二重の凱旋門が形成されている。主要な街区形態はベルラーへのアムステルダム計画のような低層中庭型建物から構成され、「基準平面」で言及されたサービスコアが中間の共有空間内に散在している。

統合を表現するためにヨーロッパ特有の様式や図像を用いることはビジネスの世界ではお決まりの慣習である。たとえばベージュの大理石と茶色の鏡面ガラスで覆われた高層ビルがそれである。しかし『ユーロタワー』という建物名を与える他には『統合したヨーロッパ』のシンボルとなる銀行を表現する努力は一切なされてこなかったのである」[110]

形態かプログラムか ── ニューホイットニー美術館とロサンゼルス・カウンティ美術館

コールハースとOMAが2000年代初頭に取り組んだリサーチは大きく二つに分類される。一つ目は《Y2K》で生まれた不定形な多面体ソリッドの機能的な可能性を模索する方向であり、コールハース作品のシュルレアリスム性を限界にまで推し進め純粋形態の極致に達している。これは「形態に戻る12の理由」(2003年)[111]というエッセイで描かれたパラダイムである。二つ目は創作プロセスにおけるプログラムの論理を加速させ、理想の「図式的な大都市的建築」を追求する方向性である。これはAMOが創設され活動を始めた理由の一つである。コールハースは1993年に以下のように宣言している――「［…］一方にはいまだに形態を信奉する者たちがいる(ピーター・アイゼンマン、バーラム・シャーデル、ザハ・ハディドなど)。他方もはや形を信じず情報だけを信じる者たちがいる(ベルナール・チュミ、ジャン・ヌーヴェル、OMAが含まれる)」[112]。

2001年にOMAは二つの美術館の増築計画に着手する。アメリカの近現代作品を収めるニューヨークのホイットニー美術館と諸大陸の芸術作品を集めるロサンゼルス・カウンティ美術館(LACMA)で

471.《ホイットニー美術館増築計画(ニューホイットニー)》(レム・コールハース／OMA、ニューヨーク、2001〜02年)、スタディ模型。構造はオヴ・アラップ事務所と協働。マディソン通り945番地における計画

に挿入され各室が配置されている。一方オフィスは中央ブロックにランダムに接ぎ木された様々な形態のブロックの中に収められ《コーニンギン・ユリアナ広場》の断片のようである。「心臓」からはスイミングプールが現れ「公園内部まで拡張して風景の一部になっている」([Koolhaas/OMA], *Nato Headquarters, Brussels, Belgium, 2002*, ibid., p.319)同年の2002年にAMOは統一ヨーロッパのシンボルとして「バーコード」をデザインしている

(2001年に依頼された仕事である)。AMO/OMAはこう解説している。「ここでの狙いは異なる国民国家の共同的努力としてのヨーロッパ像を提示することであり、ヨーロッパというプロジェクトの本質を表現することである。各国独特の文化的アイデンティティを確保しながら、行動をともにすることの利点を分かち合うのである。現在の欧州連合旗は星の数が固定されているが、バーコードは新しいメンバーがEUに加盟した時に拡張が可能である」([Koolhaas/AMO/

OMA], *AMO Europe, Babel Bypassed*, 2002, ibid., p.334)

[111] Robert E. Somol, *12 Reasons to Get Back into Shape*, in *Content* cit., pp.86, 87.

[112] *Die Entfaltung der Architektur. Rem Koolhaas in Gesprächen mit Nikolaus Kuhnert, Philipp Oswalt und Alejandro Zaera Polo*, in "Arch+", 1993, No.117, (pp.22-33), p.27.

[110] [Koolhaas/OMA], *European Central Bank Headquarters, Frankfurt am Main, Germany, 2003*, in "El Croquis", 2006, No.131-132, p.405. 2002年に計画されたブリュッセルのNATO本部のコンペ提出案にもOMAが繰り返し用いる象徴的イメージが登場する。「心臓」を表現する正方形の中央ブロックは《アガディール・コンヴェンションセンター》の変種であり、《TGB》の「小石」のような楕円形ヴォリュームが屋根の下

395 ジェネリックなヴォリュームと不定形な多面体

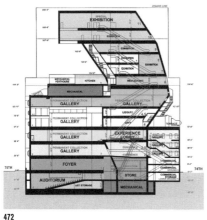
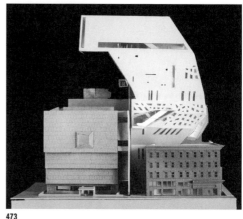

472.《ホイットニー美術館増築計画(ニューホイットニー)》(2001〜02年)、断面図

473. 同上、模型

ある。二つのプロジェクトの背景には、1997年にオープンしセンセーショナルな彫刻的造形によって大成功を収めたゲーリーのビルバオ・グッゲンハイム美術館に対するコールハースとOMAの批判的な姿勢が認められる。ニューヨークとロサンゼルスの2作品は形態とプログラムのどちらを優先すべきかという問いに対する正反対の解答である。前者は《Y2K》を《カサ・ダ・ムジカ》に変身させたアイデアの再解釈であり、「形態を探求し」「プログラムをその形態に適合させるプロセス」を通じて設計されている[113]。一方後者はプログラムの要請に従い形を消去してダイアグラムで置き換える可能性を提示している。それは《シアトル公立図書館》のプログラムの設定時に用いられた設計手法に通底している。

　《Y2K》と《カサ・ダ・ムジカ》を経たコールハースはシュルレアリスムの作品よりもさらに奇異な造形にさえ親しむようになる。《ニューホイットニー(NeWhitney)》と名づけられたホイットニー美術館の拡張計画はその一例で、その形態はコールハースをして「グロテスクすぎる」[114]と言わしめた。設計開始時点のホイットニー美術館はマルセル・ブロイヤー設計の既存の建物と、それに隣接する二つのブラウンストーンを占めていた。コールハースによる初期スケッチではブロイヤーの美術館の上に直方体のヴォリュームが載せられ、垂直動線がブラウンストーンの隙間に押し込まれている。次に彼のスタッフたちが数々の模型を制作したが、ここでは再びディプロマ・ユニット9の「テクトニック」の課題と同じようなアプローチがとられている。コールハースは模型の一部や全体を取り出して「逆さにしたり、いくつかを組み合わせたり、もぎとったり、接ぎ木したり」[115]といった修正を繰り返したのである。その結果《フロアラックの住宅》のような「浮

遊する箱」を歪ませてブロイヤーの建物の上に覆い被せる案に至る。箱を支える多面体の狭い台座はエル・リシツキーのレーニン演説台のトラスのように傾斜し、不定形なソリッドを寄せ集めたものである。あるいはソリッドがすべて合体しているので、単純に一つの不定形な台座と言ってもよい。角柱と結晶と屈曲したソリッドを複合した建物は彫刻作品のようであり、ブロイヤーの建物を脇から攻撃しながらブラウンストーンの破壊をも訴えているように見える。

　最終的にOMAが選択した形態は「原型(プロトタイプ)」あるいは「OMAアネックス」と呼ばれている。ブラウンストーンとブロイヤーの建物の隙間から伸びる不定形な台座上にファサードが傾いた「浮遊する箱」を載せる提案は、多面体ソリッドの一種である。法規上の最大容積を検討して仮想的なヴォリュームを生み出すフェリス的な操作が行われ、このヴォリュームが「原型(プロトタイプ)」の各部分を構成する際の基礎となっている。つまり「原型(プロトタイプ)」は芸術的造形と建築法規という二つのまったく異なる要請の産物なのである。

　続く設計段階では不定形な造形を保ちながら「原型(プロトタイプ)」にプログラムを挿入する可能性が模索されている。たとえば必要なヴォリュームの縮小を施主に提案することやAMOのリサーチに基づいてブラウンストーンの保存を正当化することなどが試みられている(ブラウンストーンは多面体ソリッドという造形の根拠の一つだったからである)。不定形なヴォリュームをあらかじめ設定し、そこに美術館のプログラムを組み込むというプロセスゆえに、コールハースは「原型(プロトタイプ)」が「OMA史上初のフォルマリズム的なプロジェクトである」[116]と述べている。彼はOMAの創作プロセスがビルバオのグッゲンハイム美術館によって象徴される彫刻的形態の世界に足を踏み入れたことを認めたのである。

　《ニューホイットニー》はまったく異なる三つの要素から構成され、それらが展示機能を組織する基礎をなしている。第1の要素であるブラウンストーンでは第2次世界大戦以前の美術品が適切な大きさの部屋の中で展示される(サー・ジョン・ソーン美術館を参照している)。第2のブロイヤーの美術館では巨大なオープン・スペースの中に総じて大型の戦後美術が展示される。第3の「OMAアネックス」は商業的機能を取り込んだ「エクスペリエンス©」という展示空間であり、店舗・レストラン・カフェ・本屋・新設展示室で占められている。「OMAアネッ

113　Koolhaas, *Transformations* cit., p.107.
114　Koolhaas, cit. in Shohei Shigematsu-OMA, *New Whitney*, in *OMA/Experience©*, in "A+U", 2003, No.398, (special issue), p.16.
115　Ibid., p.10.
116　Ibid., p.16.

クス」は街区の間で成長し斜めに拡張してブラウンストーンを乗り越え、さらに鋭角に伸びてブロイヤーの美術館の直上に達し、最終的には巨大なキャンチレバーとなって突出している。

オヴ・アラップ事務所と協働で設計された「OMAアネックス」の構造はブロイヤーの美術館と同じくコンクリート打ち放しである。不定形な多面体ソリッドの表面に沿って配置された構造体は《ゼーブルグの海上ターミナル》に似た「壁／外皮の構造」あるいは「チューブ構造」である[117]。《カサ・ダ・ムジカ》と同じく床スラブがブレースとなって外皮の構造体を補強し、《フロアラックの住宅》の箱と同じく構造上必要な帯状の部分を避けて開口部が穿たれている。応力分布から導かれた開口部は部分的に曲がりくねり、内観と眺望に影響を及ぼしている。コールハースとOMAスタッフはこの「OMAアネックス」を怪物に見立て、最上部の「浮遊する箱」を「頭部」と呼んでいる。「頭部」には床から2mまで立ち上がった二つの水平連続窓が切り込まれ、建物が実現したあかつきにはそこから「錯乱のニューヨーク」──2001年9月11日にツインタワーが崩壊した後の姿──を眺めることができたはずである。しかし9・11は設計終盤の《ニューホイットニー》に暗い影を落とすことになる。

オヴ・アラップ事務所のレポートから引用しよう──「タワーは孔が穿たれた鉄筋コンクリート打ち放しの壁によるソリッドな要素として計画されている。コンクリート造の連続的な外皮(スキン)ではフレーム構造に比べて開口部の配置が比較的自由である。[…]外皮(スキン)には二つの異なるタイプの開口部がある。第1は隣接する建物内のギャラリーや階段、エレベーターにアプローチするための巨大な開口部である。これらの位置は比較的限定されている。応力が集中する箇所を避けるように可能な限り調整が行われたが、すべてが解決したわけではなく、いくつかの開口部の大きさと位置は外皮(スキン)全体の応力分布に影響を与えている。第2は窓タイプの開口部である。これらは比較的小さく位置もフレキシブルである。その多くはカフェとレストランが位置するタワー中央部に設けられており、意匠的な狙いは孔が穿たれた『ヴェールのような』構造をつくりだすことである。局部での応力集中を最小化するため、これらの開口部は外皮(スキン)全体の応力分布に基づいてモデル化されサイズと位置が決められている。自荷重と積載荷重を想定し外皮(スキン)に生じる主要応力をベクトルにプロットすることによって、開口部はおおよそ主要な力の流れに沿って並べられ、開口部の相対的な大きさは応力の大小から導かれている」[118]。

「OMAアネックス」の計画は2002年に頓挫している。ワールド

トレードセンターのツインタワーが崩壊した後に、それは単なる不定形の驚異という以上の意味を帯びてしまったからである。つまり「不安定に見えた」[119]のである。これを受けてOMAは「計画B」と呼ばれる代案を展開している。それはブラウンストーンを残す代わりに単純な直方体を積み重ねた構成のタワーである。アイデアの一部はOMAが同時期に計画していた《サンフランシスコのプラダ・エピセンター》——この計画も実現しなかった——から借用したものである。

　「計画B」の設計に関わったスタッフは大量の模型を作成して多様な案を展開したが、これらはOMA特有の実験的なアプローチの線に沿って分類することができる。つまり各案はOMAの初期作品や進行中の作品のデザイン手法と関連しているのである。たとえば箱をずらしながら積み重ねる手法や箱とプラットフォームを互い違いにする構成は《シアトル公立図書館》のようであり、先の尖った透明なタワー群は《MoMA》で提案された「トライアングル」に基づいている。泡のようなポシェの量塊に様々な箱を挿入する案は《ピノー財団美術館コンペ案》に似ている。《Y2K》的な不定形な多面体からシンプルなトンネルの代わりに巨大な断片を取り除く案もあり「C形」と呼ばれている。塔状直方体の低層部が崖に生じた亀裂のように斜めにカットされた案は同時期に設計されていたハーグの複合施設《コーニンギン・ユリアナ広場》を思わせる。面を繰り返し折りたたんで床とプラットフォームをつくりだす案は《エデュカトリウム》で適用された方法の拡張と言える。連続的な外被によって基壇・側面・屋根を一挙に包み込む案は当時設計中の北京のプロジェクト《TVCC》に類似している。

　これらの可能性の中からOMAは形状の異なる三つの案を取り出し、それぞれを「C案」「タワー案」「ボックス案」と名づけている。「スリー・ボックス案」とも呼ばれる3番目の案は、隙間を空けながら形の異なる三つのソリッドを積み重ねたもので、切断されたタワーを暗示している。次にこの案が単純化されて二つだけの箱になり、ブラウンストーンと高さが揃った下の箱は緑色ガラスで包まれ、真上に不透明なコンクリートの箱が載せられている。ここにはヘルツォーク＆ド・ムーロンが試みたようなテクトニックなテーマへの回帰が認められる。不透明な箱の中には4枚の可動床が挿入されているが、これはコールハースが《クンストハルⅠ》で考案した仕掛けに似ている。床を動か

---

117 Ove Arup & Partners, *Concept Design - Engineering Report, December 2001*, in *OMA/ Experience*©, in "A+U", 2003, No.11, p.66.

118 Ibid., pp.67, 73.

119 Shohei Shigematsu- OMA, op. cit., p.18.

474.《ホイットニー美術館増築計画(ニューホイットニー)》(2001〜02年)、「計画B」の模型

して巨大なヴォイドをつくれば巨大な「フレキシブルな空間」が確保され、ボーイング747の前方部分を収めることができるほどだった。しかし最終案では可動床は1枚だけになり、二つの箱は再びヴォイドによって分割されている。この可動床を傾けるとブロイヤーの美術館と合体してオーディトリアムになるが、この方法もすでに《クンストハルI》で開発されたものである。なお最終案の上層部の箱は《サンフランシスコのプラダ・エピセンター》の計画で開発した外装によって覆われているが、これはプラダがプロジェクトの中止を決定したことを受けての判断である。「[…]実現できない計画の断片が他のプロジェクトで日の目を見ることもある」とOMAは述べている[120]。しかし2003年2月にホイットニー美術館の管理部は美術館の拡張計画を一時的に凍結すると発表した。

《ニューホイットニー》はプログラムから独立した形態を生成し、その機能的可能性を検証するプロジェクトである。一方《LACMA》ではプログラム分析の重要性が今一度確認され、専門家やキュレーターとの議論を通じて美術館の機能が決定されている。プログラムはこの機能を反映させながら図面やダイアグラムに落としこまれている。その結果生まれた「インフラ的なコンセプト」[121]は《ニューホイットニー》やビルバオ・グッゲンハイム美術館のフォルマリズムに対する挑戦である。

《LACMA》の設計は当時OMAの中心的メンバーだったオレ・シェーレンが指揮している。彼は2003年にこう述べている――「実際のところ[ゲーリーのビルバオ]美術館の中に何があるのか、どんな作品を収蔵しているのかを語る人間などおらず、それがそこにありどのように見えるかということだけが語られてきた。これは一種の現象学的な変化である――形態と外観が中身の座を奪い、事実上中身に取って代わったのだから。私たちの《LACMA》の提案は半ば意識的半ば無意識的にこのような状況の対極となる立場を明示する試みである。《LACMA》の提案は形態をコンセプトの中心に据えることをやめ、プログラムの布置(コンステレーション)に立ち返り、美術館の内容をアクチュアルな問題として認めている。私たちは《LACMA》を実際の建物というよりも一種の『インフラストラクチャー』として捉えて議論を重ねた。私たちはインフラという言葉に強く興味を惹かれた。形態をつくるのではなく内部で次々と出来事を引き寄せる特徴的な空間をつくることをはっきりと訴える言葉だからである」[122]

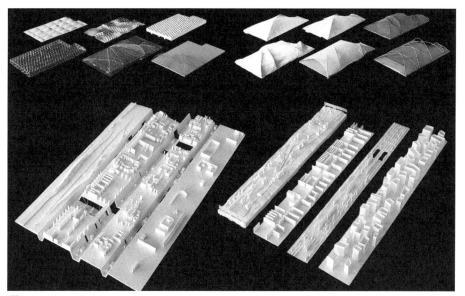

475

475-476.《ロサンゼルス・カウンティ美術館増築計画(LACMA)》(レム・コールハース／OMA、ロサンゼルス、2001～02年)、模型。構造はオヴ・アラップ事務所と協働。ハンコック公園における計画

476

　コンペ要項では予算の35％を新築部分に、65％を1965～88年に建てられた一連の展示館の改修に充てることが指示されていた。しかしOMAはこの条件に逆らい基礎だけを残して既存展示館を解体し、予算の33％を使って残存部分を再構築した基壇をつくり、基壇上の二つの新しい層の建設に67％を投資する提案を行っている。OMAは既存展示館のシステムを有効利用せよというコンペの意図を無視して、「分離」「改造」「消耗的(エグゾースティング)」とは対照的な「合併」「再建」「網羅的(エグゾースティヴ)」というキーワードを挙げ、秩序ある複合体の建設を擁護している。そこは快適で論理的な「展示の旅」に捧げられた場所となるのである。

　OMAはプロジェクトのコンセプト・イメージとして2枚の世界地図を提示している。1枚目では海によって分割された大陸が示されているが、これは孤立した展示館のシステムに対応している。もう1枚の地図では唯一の海に囲まれた原始の大陸統一体──「パンゲア」──がOMAの計画を表現している。OMAはこう述べている──「ほとんどユートピア的とも言える状況を想像してみよう。そこでは諸芸術の歴史が同期して単一の物語として語られ、歴史的な偶然と自律・影響・収斂の瞬間が浮かび上がるのである」[123]

　OMAは展示館の解体後に残った部分を「基礎の層」に変形し、そ

120　*OMA/Experience©*, in "A+U", 2003, No.398, p.6.
121　Ken Tadashi Oshima, *Interview with Ole Scheeren*, partner at OMA, Rotterdam, ibid., p.104.
122　Ibid., pp.102, 104.
123　Cf. [Koolhaas-OMA], *Pangea*, ibid., p.110.

の上に単一の建物を建設することを提案している。そして《ラ・ヴィレット公園コンペ案》において展開された層状化の手法の実効性を再検証している。

再構築された展示館の残存部分は考古学的地層、すなわち「ポンペイ的な基壇」となり、その上に「ミース的な中庭」と「百科事典的平面〈エンサイクロペディック・プラトー〉」の二つの層が重なり、最後に「有機的屋根〈オーガニック・ルーフ〉」という1枚の大屋根が覆い被さっている。全体の形状は《マコーミック記念キャンパス・センター》と同じように一部が取り除かれたコンパクトな矩形平面である。切除された部分には「日本館」が継ぎ足されるが、これは既存展示館の中で唯一保存される建物である。

三つの層は各々異なる空間構成に対応している。「ポンペイ的な基壇」には収蔵庫・作業室・オフィス・設備機械室がまとめられている。柱が規則的に並ぶ「ミース的な中庭」は典型的な「オープン・スペース」であり、オーディトリアム・展示ギャラリー・軽食堂を収めた直方体の箱が挿入されている。「百科事典的平面〈エンサイクロペディック・プラトー〉」は一切の支持構造から解放された空間であり「有機的屋根〈オーガニック・ルーフ〉」で覆われ、平面全体は4本の平行に並ぶ帯に分割されている。4本の帯の間にはさらに細い帯が設けられ、階下の「ミース的な中庭」に光を落とす役割を担っている。このような帯の階層構造は《アガディール》の上層ヴォリュームの分割を思い起こさせる。

「平面〈プラトー〉」では4本の帯に沿って芸術作品が分類されている。3本の帯は三つの大陸——アジア、ヨーロッパ、アメリカ——に対応し、「近代と現代」と名づけられた第4の帯には地理的なルーツが異なる20世紀の作品が陳列されている。人々は上りと下りが1対になったコールハース的なエスカレーターによって「ミース的な中庭」から「オリエンテーション・ギャラリー」に移動する。そこは平面〈プラトー〉の4本の帯を横断する空間である。来館者はここで「旅行計画」を立て、再び1対のエスカレーターに乗って上階に進んでいく。

《LACMA》のダイアグラムや図面には1970〜80年代のOMA作品に特有の平行に並ぶ帯が現れている。しかし模型を見ると、それはフロアを積層した摩天楼の横倒しではなく、都市の街路や街区が織りなす組織〈ファブリック〉に近いことがわかる。《マコーミック記念キャンパス・センター》の着想源となったポンペイの都市組織と同じく《LACMA》は「結合組織〈コネクティブ・ティシュー〉」[124]なのである。

「平面〈プラトー〉」の4本の帯のインテリアは4種類の異なる造形文化——

---

[124] Ken Tadashi Oshima, op. cit., p.106.

[125] 3枚のフィルターが日射量を制御し展示物に対応した光環境をつくりだしている。3枚のフィルターとは、膜に組み込まれたフィルター、アーチ足元部分に配置された水平の「技術層」、作品ごとに設けられるフィルター

各展示部門を代表するものとしてOMAが選び出した──に基づいてデザインされている。これは展示設計と展示物の間に感情移入(アインフュールング)を生じさせるアイデアである。「アジア」の帯には架空の地形がつくられ、曲線を描く等高線の上に直方体の展示ケースが禅庭の石や植栽のようにちりばめられている。「ヨーロッパ」の帯は部屋が連続する構成である。壁の厚みは様々で、各室は古代宮殿のようにモニュメンタルなドアを介して接続されている。「アメリカ」の帯はミース的なパーティションと直方体の展示ケースによって構成された連続空間である。「近現代」の帯にはいびつな平面の箱がランダムに詰め込まれ、住宅(玄関・廊下・部屋)や都市(街路・広場・建物)に似た空間パターンを示している。これは住宅や都市をフラクタル幾何学によって再解釈したもの──マンデルブロによる肺の樹形ダイアグラムの気ままな変形版──と言えるかもしれない。

OMAは年代別、テーマ別の来館者用「旅行計画」を提案している。平行に並ぶ4本の帯では展示物が時系列に従って配置されているので、1本の帯をはじめから終わりまで追うと一つの大陸における美術史を学ぶことができる。あるいはあらかじめ設定された横断通路を通って別の帯に移動し、同時期に他の大陸で起きていたことを知ることもできる。

オヴ・アラップ事務所と協働して設計された「有機的屋根(オーガニック・ルーフ)」は建物境界部から立ち上るスチールアーチによって支えられた張力膜構造である。かごのように編み込まれたアーチは帯に対して斜めに架かっており、「平面(プラトー)」の4本の帯を自由に横断する展示空間の体験を暗示している。屋根を覆う膜は遮熱や採光などの機能が割り当てられた層を重ねてつくられている[125]。張力を与えるために膜屋根の中央部は下方に引っ張られ、そのアンカー部周辺の床には穴が開けられている。この穴は下階に光をもたらし《サー・ジョン・ソーン美術館》のようなトップライト効果を生み出す仕掛けである。

驚異の到達点 ── コーニンギン・ユリアナ広場、中国中央電視台、ハンブルク・ポートシティ

形態かプログラムか──《ニューホイットニー》と《LACMA》で提起されたこのジレンマには議論の余地が残されており、どちらかの方向にOMAの作品を収斂させる決定的な答えは見いだされていない。い

である。第3のフィルターは様々で、紙や布などの作品に対しては閉じた「ブラックボックス」になり、彫刻の場合は完全に取り除かれる。

ずれにせよOMAの目的は作品群に造形的な一貫性を与えることではない。これから論じるハーグ、北京、ローザンヌ、ハンブルクで計画された一連のモニュメンタルな作品はまったく異なる造形を示し、形を生み出すためにコールハースが多様な手法と参照を駆使していることは明白である。しかしこれらのプロジェクトは形の暴力と強制力によって風景の中で際立つという点において一致し、プログラムが──集合住宅から国営テレビ局本社屋に至るまで様々である──もはやS, M, L, XLのいずれにも分類できない巨大な形態を生み出す口実になっている点でも共通している。

OMAは2002年にハーグ市の依頼を受けて駐車場・店舗・オフィス・集合住宅・サービス施設を複合した《コーニンギン・ユリアナ広場》を設計している。敷地は旧市街地と近代地区(中央駅周辺)と公園の三者が合流する場所である。既存街路の配置から導かれたY字形平面にはアントワープの《ドルフィン》の直接的な影響が認められる。レイン通りとベザイデンハウツェ通りの交差点部分から延びる2本の「腕」は駅前広場の輪郭を形成し、第3の「腕」はベザイデンハウツェ通りを飛び越えて(これは市が設けた設計条件に違反している)公園に沿って延びていく。湾曲し枝分かれする壮大な壁はミース的なカーテンウォールによって覆われている。そこに貫通する巨大な「通路」は《ハーグ市庁舎コンペ案》や《ボンピュの複合施設》と同様の操作であり、結果として建物全体は巨大な「高架橋」のように見える。足元に向かって先細りする「柱」部分にはオフィスや住宅などの多様な機能が収められ、複合施設の上層部には《ヒポ・テアティナー・センター》と同じくヴォイドが穿たれて、スポーツ施設や屋上庭園が配置されている。

コールハースはここでも偏執症的＝批判的方法による創作プロ

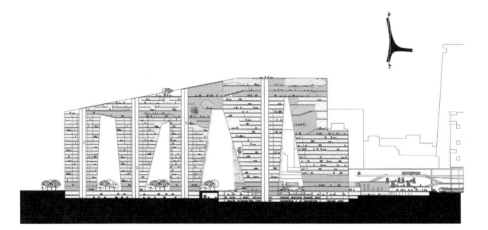

477.《コーニンギン・ユリアナ広場の複合施設計画》(レム・コールハース／OMA、ハーグ、2002年)、断面図。構造はオヴ・アラップ事務所と協働。集合住宅と商業施設のコンプレックスであり、コーニングス通りとベザイデンハウツェ通りに面して計画された

セスを実践している。《コーニンギン・ユリアナ広場》の造形はダウンタウン・アスレチック・クラブの断面図を複製し並置したものとして解釈されているのだ。但し地面との接触部分を小さくするためにダウンタウン・アスレチック・クラブの断面図は上下逆さまになり、最上部では隣と合体して連続的なロビー空間が生まれている。OMAが作成したダイアグラムでは、この連続ロビーの上にさらにタワー群を載せてシステムを拡張する可能性も示唆されている。

　公園沿いの「腕」の建設は許可されなかった。しかしOMAは「腕」が切断されたとみなしてプロジェクトを続行し、《コーニンギン・ユリアナ広場》を彫刻的トルソーへと変容させている。OMAは腕を失ったミロのヴィーナス像と《コーニンギン・ユリアナ広場》の模型写真のコラージュを並置することによって、コールハース好みの未完成状態を表現している。「腕」があろうがなかろうが、それはあくまで公園に向かって延びているのである。

　OMAとアラップ事務所は屋上庭園と縦シャフトと開閉可能窓によって自然換気と自然採光を促進し、《コーニンギン・ユリアナ広場》に「建築生態学」をつくりだしている。空想世界のテクノロジーは『錯乱のニューヨーク』や「基準平面」を経た後に《コーニンギン・ユリアナ広場》と《ユニバーサル本社ビル》において新たな局面に達している。これらのプロジェクトはマンハッタニズムの第２世代の摩天楼の技術的・文化的な前提を揺るがした環境の危機を象徴しているのである[126]。

　2002年にOMAは北京の中心業務地区 (CBD) に計画された《中

---

[126] オヴ・アラップは以下のように述べている。「これは地上階と空中庭園と公共的プログラムを収めた層に社交空間をつくりだそうとする提案である。水や植栽を含む社交空間は外部が内部に入り込む場である。庭園はオフィスと居住部分全体に自然換気と採光をもたらすために利用され、風を除けるために園芸用のメッシュ・スクリーンで覆われている。スクリーンが気候的バッファーとして働き、極端な日射や寒気から守られた微気候が生まれる。建物と都市を隔てる障壁を解体するこのスクリーンによって、人・空気・光は敷地内外を自由に動き回ることができる。建物形態は敷地への環境インパクトを最小限にし、可能な限り改善するようにデザインされている。建材にはプロジェクトへの適合性を考慮しながら、生産時のエネルギー消費が少なく、将来のリサイクルが可能なものが選ばれている。不要な掘削を避け、建材をリサイクルし、建設プロセスを緻密に計画することによって建設時の廃棄物を最小化される。敷地に伏流する地下水を縦穴からくみ上げ、ヒートポンプを利用して冷暖房に利用する。太陽光発電パネルを外部スクリーンと組み合わせることも検討している。これは風を防ぎ、日除けとなり、発電し、自然採光と自然換気を促すスマート・スキンになるだろう。自然採光をもたらすファサードのガラス面には外付けスクリーンの日除けが加えられている。庭園は平面奥深くまで自然光を導くように配置されている。新鮮空気はファサードの一部をなすスライディング・パネルから取り入れられる。さらに外付けスクリーンによって開口部に達する風圧は軽減される。平面の奥深くでは階段コアが換気塔として働いている。ファサードから取り入れられた外気はフロア・プレートの中を流れ、換気塔を介して屋根レベルまで引き出される。建物は地下水を利用したヒートポンプ・システムとファサード面に設けられた低温度熱放射器によって暖房される。オーバーヒートを避けるために空間全体は外付けの日除けで覆われている。部屋内に剥き出しになったコンクリート構造体は輻射熱と対流熱の交換に寄与する。これらの方法を自然換気と植栽と結びつけることで、ほぼ年間を通じて快適な室内環境が生み出される。照明負荷が大きいエリアや自然換気ができないエリアには天井冷却システムと床給気システムが設けられ冷房される」(Ove Arup, *Environmental Strategy*, in *OMA/Experience©*, in "*A+U*", 2003, No.398, p.174)

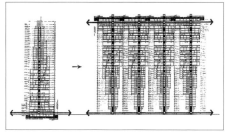

478
479

478.《コーニンギン・ユリアナ広場の複合施設計画》(2002年)、模型

479. 同上、「ダウンタウン・アスレチック・クラブ」を倒立させたダイアグラム

国中央電視台(CCTV)》のコンペに勝利する。提案は道路で隔てられた二つの建物から構成されている（道路は2008年に完成し建物の竣工も同年に予定されていた）。高さ約230mの《CCTV》は同地区に計画された約300本のタワーの一つであり、40万5,000㎡のフロアにスタジオ・録音施設・制作施設・オフィスなどを収めている。第2の建物《テレビジョン・カルチュラル・センター(TVCC)》は劇場・オーディトリアム・展示スペース・ウェルカムセンター・ホテルを収め、延床面積は11万6,000㎡である。

　《CCTV》の形態は1990年代末に始まったOMAの摩天楼研究の到達点であり、様々な角度に傾いた細長い建物を束ね合わせて「複合的安定性」が生み出されている。あるいはシュルレアリスム的な擬人化の手法が革新的な構造形態に昇華されていると捉えることもできる（コールハースの目に映ったマンハッタンの摩天楼は謎めいた心理的な引力に導かれて『晩鐘』の農民のようにうなだれている）。但し1970年代のコールハースの問題系であるシュルレアリスム的な衝動の痕跡を《CCTV》の設計プロセスの中に見いだすことはできない。むしろOMAは《CCTV》の形態が数値計算的な操作の結果であると主張している。

　《CCTV》のタワーの形態は角錐台状のスタイロフォームの塊から「メビウスの輪」やエッシャーの不可能絵画にも似た連続的なソリッドを取り出したものとして説明されている。コールハースはそれが「水平と垂直の部分からなる一続きのループであり、空に向かう針ではなく都市的な場所である」と述べている[127]。エスカレーターやプラットフォームによってタワー群を結びつけるアイデアをOMAは他のアジア都市において展開してきた。《CCTV》はこのアイデアの

[127] OMA, cit. in K.L, J.E.C, *Koolhaas designs 80-story skyscraper for Beijing,* in "Architectural Record", 2003, No.3, p.34.

[128] [Koolhaas/OMA], *Structure,* in *CCTV by OMA,* in "A+U", July 2005, special issue, p.56.

[129] 「[…]プログラムが求めるすべての機能は、ゆるやかで一見するとランダムなやり方で組み立てられている。つまり互いと結びつきながら積み重ねられるヴォリュームがゆるやかで浸透可

進化版であり複数の傾斜ヴォリュームを組み合わせて彫刻的な連続性を獲得した単一のタワーと言える。クラスターから単一のタワーに発想を転換させた背景には、単一の量塊を彫り込む操作によって部分を集合させる方法を乗り越えたことが指摘できる。これはいわゆる「超-泡のポシェ」の方法である。
 〈スーパーフォーム〉

　《CCTV》の2本の「幹」部分は異なる機能に対応し、第1の部分にはサービス・研究・教育機能が、第2の部分には放送機能が収められている。ヴォイドの真上に浮かび2本の「幹」を結びつける水平部分は管理部門によって占められ、一部では勾配屋根を切り欠いて屋上庭園がつくられている。地上階の正方形プラットフォームと地下階には録音スタジオ・食堂ホール・ジムなどのサービス機能が配置されている。

　《CCTV》の2本の「幹」の平面計画にはアメリカの摩天楼の基準階の影響が見いだされる。トイレとエレベーターは中央のコア
  〈ティピカル・フロア〉
にまとめられ、従来的なチューブ構造を応用することによって多様な階高が生まれている。しかし外周部の構造体は斜線で埋め尽くされた複雑なパターンを示し、応力分布に従って粗密が変化し耐震要素になるように設計されている。これは《ニューホイットニー》でも試みられた不定形かつ論理的なデザインである。《CCTV》の最終案はコアと
〈インフォーマル〉
外周部に構造をまとめた「メガ・チューブ」[128]であり、ワールドトレードセンターのツインタワー──「基準平面」における一連の摩天楼の帰結──の系譜に連なる。但し傾斜した2本のタワーを結びつける水平部分には斜めの構造体が様々な角度で突き刺さっている。

　《TVCC》は地上から立ち上がり建物側面に沿って最上階に達する1枚の屋根に覆われている。1枚のシートのように折れ曲がるこの屋根はコールハース的な「柔軟面」の一種である[129]。屋根の下の低層部のヴォリュームと基壇部分には劇場・大宴会場・レセプションを収めた箱が配置されている（箱の上にはスイミングプールがある）。一方長い首の内部は巨大なホール空間で、ホテルの客室の箱が詰め込まれている。箱の一部は外に向かって突出しランダム性のある操作を際立たせているが、これは《アスター・プレイス・ホテル》の検討案やエリオ・オイチシカの『メタエスケーマ』に通底する表現である。OMAはこう述べている──「タワー南面では客室のヴォリュームが出たり引っ

な公共プログラムの集合体を形成するのである。アッサンブラージュを包み込む外皮がシルエットを描き出し、根本的には不定形の建物の実際の形状を定める──それは外見的な不安定性を一時的に凍結させるフレームである」（[Koolhaas/OMA], *TVCC(Television Cultural Center)*, in *CCTV by OMA*, in "A+U", July 2005, special issue, p.120）

480

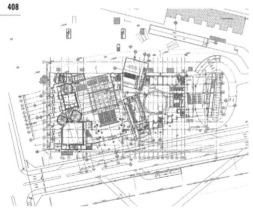

481

482

480.《中国中央電視台(CCTV)》と《テレビジョン・カルチュラル・センター(TVCC)》(レム・コールハース／OMA、北京、2002〜08年)。構造はオヴ・アラップ事務所と協働。二つの建築を表現したレンダリング

481.《テレビジョン・カルチュラル・センター(TVCC)》(2002〜08年)、平面図

482. 同上、模型

483.《中国中央電視台 (CCTV)》
2002〜08年)、平面図

込んだりして建物の有機的な性質が強調されている。個々の寝室の集合体は《CCTV》と中心業務地区の両方と向き合うピクセル化したレリーフをつくりだしている」[130]

一見すると「柔軟面」が《TVCC》の作品の本質であるように思われるが、むしろひしめき合うコンテナを包み込む「厚い層」こそが核心である。「厚い層」がなければ《TVCC》は1960年代の建築作品やオランダ構造主義建築に見られる「箱の集合化」の焼き直しにすぎない(但し、OMAはアーキグラムのプラグ・イン・シティに取り付くセルを参照していると思われる)。

《TVCC》は《ユーラリール》でOMAが計画したタワー群や《ホテル・スフィンクス》に類似している。一方《CCTV》はエル・リシツキー、アイゼンマン、スティーヴン・ホールのプロジェクトやソル・ルウィットの彫刻作品と同じ系譜に属すると考えられる。しかしOMAの手にかかればきわめて抽象的な形態さえも「驚異」に変身する。二つの建物は神話上の幻獣——曼荼羅に配された亀と竜あるいは蛇——のように北京の風景の中で際立つ「新しいアイコン」であり、「全国民を象徴的に抱擁し」「中国の信用が新たな段階に達したことを宣言する」試みである[131]。それは中国的な摩天楼が繰り広げる新しいスペクタクルの幕開けである。コールハースは英雄時代のマンハッタンの摩天楼のように自身のプロジェクトが「集団的無意識」の「象徴」となることを願っているのである。

《CCTV》と《TVCC》の地上部は《メディア・パーク》と呼ばれている。OMAはここで歴史的な平面図を再生産する実験を行っているが、これは彼らが繰り返し用いてきた設計手法の応用と言える。OMAはピラネージが描いたローマ地図を無数の円を用いてピクセル化し考古学的な公園をつくりだしている。直径120cmの円は建築的要素や造園的要素やアーバン・ファーニチャーになっている[132]。

《オフィス・シティ》や《CCTV》の設計時に生まれた断片は2004年にローザンヌに降り立ちスイス連邦工科大学キャンパスの《ラーニングセンター・コンペ案》にまとめられている。提案された建物は細長い隠喩的な「ストリップ」であり、《シアトル公立図書館》と同じくプログラムが要請する機能リストに対応している。この「ストリップ」は地面に横たわり敷地形状に合わせて蛇のように身をくねらせ(コルトレイクの帯状大学も屈曲した造形をもつ計画だった)、一端はめくれ上がり先が

130 [Koolhaas/OMA], *TVCC (Television Cultural Center)*, in *CCTV by OMA*, in "A+U", July 2005, special issue, p.149.

131 [Koolhaas-OMA], *Loop*, in *Content* cit., p.489.

尖った橋になって歩道の交差点にまたがっている。この橋は急傾斜の「タワー」部分とゆるやかな傾斜の「梁」部分から構成されているが[133]、ともに鉄骨トラスでつくられ内部に主要機能が挿入されている。ひな壇状のプラットフォーム群に断片化された「梁」の内部の読書室からは眼下に湖を眺めることができる。各プラットフォームは細い長方形で、「梁」頂部から下降するに従ってその幅は少しずつ広がっている。そして、階段やエレベーターやベルトコンベアーやスキー場リフト風の装置などの多様な動線システムによって結びつけられている。ローザンヌの風景に置かれた橋＝突起はSOM設計のロバート・R・マクマス太陽望遠鏡に似ている。突起部分から下ると、「ストリップ」は今度は既存の理工学部棟の正面を這うように延びてゆく。この部分ではフラットルーフ上にスポーツ施設が、地下に駐車場が配置されている。フラットルーフに切り込まれた三つの開口部が地下階に光を導いているが、その造形はフォンタナの『空間概念』を直接的に引用したものと言える。突起部分の反対側の末端部で「ストリップ」は再びわずかに立ち上がり、内部に階段教室を収め、さらに人文社会学部棟に向かって延び、隣接するローザンヌ大学図書館と「対話」する。《ラーニングセンター》ではOMAの初期作品に見られる建物間に働くフロイト的な引力——「建築的メロドラマの不文律」——が再び作動しているように思われる。

OMAはこう述べている——「スイス連邦工科大学ローザンヌ校ラーニングセンターは山のような構成をもっている。階段状テラスは大学キャンパスだけでなくレマン湖にも向けられている。[…]。既存キャンパスを律する7.2m角モジュールを踏襲して構成上のフレキシビリティが確保されている。ジェネリックなプログラム要素はこの

[132] Cf. *Inside-Outside - Petra Blaise, Tappeti dentro e fuori*, in "Lotus international", 2006, No.128, pp.111-13. 《CCTV》と《TVCC》の足元には《メディア・パーク》と道路をまたがる《サービス・ビルディング》(2002〜08年)という複合施設が計画されている。後者はリング状の形態でカーテンウォールによって包まれ、設備を収める非作家的「押出」ヴォリュームと緊結している。1990年代にOMAが定式化した数々の本質的なテーマは、アジアにおける作品で結実したと言えるだろう。たとえば、2002〜04年に建設された《サムスン・チャイルド・エデュケーション&カルチュラル・センター》には「トラジェクトリー」「斜路」「押出」に加えて《ホルテンの住宅》のモデルに従ったような「フロアの横滑り」が認められる。これらの手法は不規則的な外形の建物を生成し、その内部に長方形平面の箱が挿入されている。箱は展示の空間であり《シアトル公立図書館》のように「間の空間」と「プラットフォーム」をつくりだしている。なお《サムスン・チャイルド・エデュケーション&カルチュラル・センター》はソウルのサムスン美術館の複合施設の一部をなす建物で、複合施設全体のマスタープランはOMAによって1997年に制定されたものである。

[133] Arup, *Structural Statement*, in OMA, *EPFLC. Learning Center. Parallel Study Commission*, competition statement, 2004.

[134] Ibid., n.p.

484

484-485.《スイス連邦工科大学ローザンヌ校ラーニングセンター・コンペ案》(レム・コールハース／OMA、ローザンヌ、2004年)

モジュール内に収めることができる。[…]。結び目のような部分の南面と周辺外構には太陽電池のカーペットが敷かれている。これは建物に電力を供給すると同時に日除けにもなっている。太陽発電面から副次的に生じる熱は冬季には建物内に閉じこめられ夏季には排気される。このシステムを高効率機器と自然換気と組み合わせることによってスイス連邦工科大学ラーニングセンターに必要なエネルギーを生み出すことが期待できる」[134]

　OMAの「驚異」はオブジェクトの風変わりな「置き方」から生まれることもある。2003年にロンドン近傍のブラックネルの森に計画された《アスコット・レジデンス》はその一例である。プロジェクトの第1案では正方形平面の直方体の中に中庭(パティオ)を取り囲んで個室が集積されている。中庭(パティオ)は不定形でスタイロフォームにタバコの火で焼き込んだ孔のようである。しかし水平に広がる伝統的なヴィラの構成は程なくして中止され、同じヴォリュームを正方形の一辺が下になるようにして垂直に立て、すべての個室に遮るもののない眺望を与える案が展開される。その際、不定形な中庭(パティオ)は様々な高さにプラットフォームをもつ空洞に変身し、住宅の共有空間になっている。建物を卵へ変え、《Y2K》を《カサ・ダ・ムジカ》に変えたようなコールハース独特の驚くべき建築操作がここには典型的に表れている。

　OMAはこう述べている——「慣例的にカントリーハウスはスプロールして水平に広がり、あらゆる空間は画一的に地表・眺望・風景に接近する。私たちは第1案を90度回転させることによって各空間が風景と個別の関係を築き上げる新しい可能性を切り拓いた。月並み

ジェネリックなヴォリュームと不定形な多面体

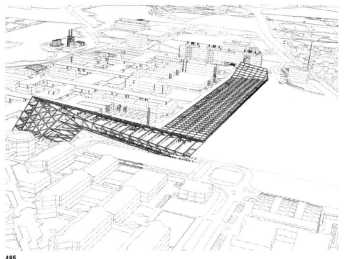

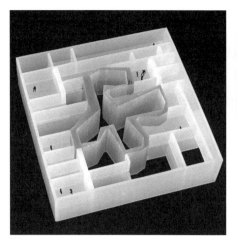
486

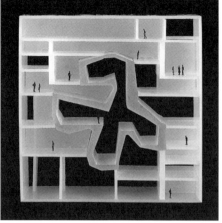
487

486-487.《アスコット・レジデンス計画》(レム・コールハース／OMA、ロンドン近郊、2003年)。ロンドン近傍のブラックネルの森における計画

な中庭は建物中心に配され複数階にまたがるリビング・スペースに変貌し、居住者にかつてない特別な体験を与えるとともに、仔細なプログラムの要請をも満足させる」[135]

　2004年に計画された《ハンブルク・ハーフェン・シティ》も数々の「驚異」を生み出してきた偏執症的＝批判的方法の産物であり、加えてニーマイヤーの作品に対するコールハースの敬意が表現されている。それはハンブルクの都市域に落下した「隕石」あるいは「小惑星」であり、この意味ではポルトの《カサ・ダ・ムジカ》に似ているが、形態はまったく異なる。《ハンブルク・ハーフェン・シティ》では丸みを帯びたソリッドが火山岩のように内部から侵食され、さらに真っ二つに切断されて、一方が水平にもう一方が垂直に置かれている。ニーマイヤー設計のブラジリアの二つの半球——議事堂と議員会館——と同様に、本来は一つであったことがほのめかされているのである。水平に置かれたオブジェクトはハリソンが1975年に設計した「エッグ」と呼ばれるサウス・モールのパフォーミングアート・センターにも似ている。二つの彫刻的オブジェクトの内部はプログラムが要請する機能によって占められている（水平のオブジェクトにはクルーズ船ターミナル・ホテル・オフィス・会議場が、他方には劇場・水族館・サイエンスセンターが収められている）。両者ともに幅広の平坦な台座の上に据えられ、台座下が駐車場として用いられているのは《カサ・ダ・ムジカ》と同じである。中央の空洞はオブジェクトが水平に置かれた場合にはホテルの大ホールに、垂

[135] [Koolhaas/OMA], *Ascot Residence, Ascot, United Kingdom, 2003*. *Competition*, in "El Croquis", 2007, No.134-135, p.23.

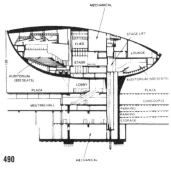

488.《ハンブルク・ハーフェン・シティ計画》(レム・コールハース／OMA、ハンブルク、2004年)、第1案

489. 同上、第2案

490.「パフォーミングアート・センター」(ウォレス・ハリソン、サウス・モール、1975年)

491.「ブラジリアの議事堂と議員会館」(オスカー・ニーマイヤー、1956〜63年)

直に置かれた場合には劇場の内部空間になる。これは水平と垂直という二つの配置法の可能性を検討した《アスコット・レジデンス》と同じ手法である。ホテルを収めたオブジェクトの機能構成は《ゼーブルグの海上ターミナル》に似ており、《ハンブルク・ハーフェン・シティ》にも水面を望む眺望テラスが計画されている。

　二つのオブジェクトの外被には星座のようにランダムな孔が開けられている。これは《ラ・ヴィレット公園》に降り注いだ「紙吹雪のようなテクトニック」のもうひとつの表現と言えるだろう。また応力分布から導かれた《ニューホイットニー》の開口部にも似ている。

　2005年にメッカ郊外で計画された《新ジェッダ国際空港》もプログラムに適合する例外的な形態を追求する試みであり、「柔軟面」の新たなヴァリエーションを生み出すに至っている。ここでは中心がずれた二つのリングを重ね合わせて幅の変化する帯がつくられ、その中に空港の多様な機能が収められている。さらに中央の円形ヴォイドには——この中心も他のリングから外れている——緑あふれるオアシスが配置されている。ゆるやかに湾曲する屋根面は変化のある天井を生み出し、《ダンスシアター》のホワイエに見られたような透視図的な効果が生じている。屋根面と地上面の間には円柱とガラスのコア(エレベーターとエスカレーターを収めている)が林立しているが、これは《アガディール・コンヴェンションセンター》や《エデュカトリウム》を彷彿

492

492-494.《新ジェッダ国際空港計画》(レム・コールハース／OMA、メッカ、2005年)

493

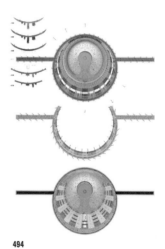

494

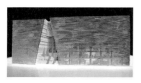

495.《新華書店本社ビル・コンペ案》(レム・コールハース／OMA、北京、2003年)。構造はオヴ・アラップ事務所と協働

とさせる空間である。さらにいくつかの柱は《ダラヴァ邸》や《グラン・パレ》のように傾き、オアシスの椰子を思わせる。湾曲面のデザインは巧みに造形されたブラジル建築の曲面に接近している。空港と同じような操作によって構成されている「ロイヤル・パヴィリオン」はきわめて繊細な多孔質の曲面によって覆われ、アラブ建築特有の光の効果を再現している。

驚異の造形を生み出すことに並行してOMAはアルメーレの《ブロック6》のようなニュートラルな「ジェネリックなヴォリューム」の形態もつくり続けている。この種のヴォリュームの展開例としては2003年の北京のプロジェクト《新華書店本社ビル・コンペ案》が挙げられる。OMAは文化広場と長安通りの角地を占める長方形の敷地に「巨大なヴォリューム」[136]を配置し、その内部に規則的に並ぶ柱によって支えられたスラブを積層している。スラブの集合体には《Y2K住宅》同様のソリッドを切り裂く操作が施され、2本のトンネルが貫通している（「十字形のヴォイド空間を穿つ」[137]）。入口と十字の交差部分に設けられたトップライトから光が射し込むトンネルは19世紀のヨーロッパ都市に見られる都市的なショッピング空間のようである。巨大なメイン・エントランスには丘陵に築かれた円形劇場やローマのバロック的大階段を思わせるステップが設けられ、《グラン・パレ》や《マコーミック記念キャンパス・センター》と同じく複数の機能が与えられている（座る部分、階段、エスカレーター等）。建物の外被は樹脂製の本棚によって覆われている（各々の棚はガラスで閉じられている）。ハニカム状の本棚の外被はブロンデル的な啓蒙主義的な象徴あるいはポップな象徴であり、南米建築のブリーズ・ソレイユにも似ている。

2004〜06年に計画されたダラスの《ディー・アンド・チャールズ・ワイリー・シアター》では、OMAは過密の文化やビッグネスの要請に従って垂直的な形態に回帰し、《ZKM》や《TGB》を思わせる直方体をつくりだしている。但し《ZKM》ではフィーレンディール梁を用いて機能が積層されていたが、ここでは《カーディフ湾オペラハウス》の「ファクトリー」で展開されたテクトニック的な手法を通じて機能が単一の「ジェネリックなヴォリューム」の中に詰め込まれている。ランダムな襞をもつ外壁は《グラン・パレ》のポリカーボネート外装材と同じくテントという隠喩を極端に表現したものと言えよう。劇場の主要部分（客席ホール・バルコニー席・ステージ照明等）は機械仕掛けで

---

[136] [Koolhaas/OMA], OMA. Beijing Books Building. Beijing, China. Design: 2003 (competition), in "GA Document", 2004, No.79, p.85.

[137] Ibid.

496.

496. 《ディー・アンド・チャールズ・ワイリー・シアター計画》(レム・コールハース／OMA、ダラス、2004～06年)

497. 《ミルスタイン・ホール計画》(レム・コールハース／OMA、ニューヨーク、2006年)。ニューヨーク州イサカのコーネル大学建築芸術学部の建物である

形を変えるが、これは《トロイの木馬》というハーグのコンサートホール (1995～2003年) で試みたアイデアの展開である。外被の透明性は調整可能であり完全に開放してダラスの街並みのスペクタクルを堪能できるが、この操作は《カサ・ダ・ムジカ》に由来する。斜面状の広場が穿たれた「石のプラットフォーム」上に軽やかな「ジェネリックなヴォリューム」を載せる全体の構成はコールハース好みのテクトニックな対比を示している。但しテントで覆われたダラスのジェネリック・ヴォリュームは「軽い」ので、ポルトとは異なりプラットフォームは歪んでいない。

「連続的で不定形な」構造が「プログラムの溶岩となって敷地を呑み込む」[138]。これは横浜のプロジェクトに関するコールハースの説明だが、2006年に計画されたニューヨーク州イサカのコーネル大学建築芸術学部《ミルスタイン・ホール》にもぴったりと当てはまる (建物の建設は2007年から2009年に予定されている)。

《ミルスタイン・ホール》は「シブリー・ホール」「ランド・ホール」「ファンドリー (鋳造工場)」という三つの既存建物に囲まれたエリアを埋め尽くす「プログラムの溶岩」であり、既存建物を「『公共空間』によって固く結びつける」建築である[139]。《エデュカトリウム》や《マコーミック記念キャンパス・センター》と同じく、ここでは多様なサービスが学生に提供される (美術図書室・講義室・オフィス・展示スペース・会議室等)。あらゆるイベントに対応できる「不定形のオブジェクト」という特性を説明するに当たってコールハースは「奇跡の箱」[140]というル・コルビュジエの言葉を引用している。この「箱」は「下のプレート」「上のプレート」と両者に挟まれる「地上面」という3枚の層から構成されてい

497.

[138] [Koolhaas-OMA], *Yokohama Urban Ring*, in "El Croquis", 1996, No.79, p.208.

[139] Koolhaas/AMO, *The Gulf* cit., n.p.

[140] Rem Koolhaas, cit. in Milstein Hall design unveiled, chronicle online (www.news.cornell.edu/stories/Sept06).

[141] Rem Koolhaas, in www.earchitect.co.uk/riga/ltaviamuseumbuilding.htm. リガでOMAは港湾のマスター

る。「下のプレート」のスラブを隆起させることによってエントランスとコンピューター室の空間がつくられているが、これは《アガディールのコンヴェンションセンター》で試みていた手法である。またスラブの一部が上部のスラブとかみ合っているが、これはニューヨークとロサンゼルスの《プラダ・エピセンター》の「波(ウェーブ)」と同様の操作である。ガラス・ファサードで覆われた「上のプレート」はノン・ストップ・シティの平面のように連続的でニュートラルであり、一部がピロティで持ち上げられている。ロビーとオーディトリアムは二つのスラブの間に配置され、「下のプレート」のくぼんだ部分は床面が傾斜した階段教室になっている。

　2006年に計画され2011年のオープンが予定されている《リガ現代美術館》もイサカの《ミルスタイン・ホール》と同様に既存建物を覆い込んで敷地全体を占有する提案である。ここでは「プログラムの溶岩」というアイデアが均質なミース的構造体でつくられた連続的な量塊(マッス)に姿を変え、既存の建物群はそこから突き出している。プラットフォームから突出するヴォリュームという構成は《オランダ建築家協会》、《ユーラリール》、《コルトレイクの大学キャンパス計画》、《クンストハル》など一連のプロジェクトに通底している。以下のコールハースの言葉には依然として《エクソダス》に由来する概念的なメカニズムが認められる――「私たちは古い建築を新しい建築の中に埋め込み、新しい建築に公共のプログラムを配置した。かくして古い部分はつねに現前するが、アートがそれに囚われることはない」[141]

　これら一連のプロジェクトにおいてOMAの「プログラムの溶岩」はジャンクスペースの一断片に変化している。つまりごみ溜め同然の「空間構成の最低形態」になったのである。これは「ダンプ・スペース:秩序からの自由」の一節に現れる表現である「ダンプ・スペース」はヘリコプターでラゴス上空を飛行し「巨大な都市のダンプ(ゴミ溜め)」を見た後にコールハースが著したテクストである。

　「ダンプ・スペース」は「形がないこと(フォームレス)」に関する20世紀の芸術理論の一断章と言えるだろう。シュヴィッタースのガラクタな「メルツバウ」から始まり、ローレンス・アロウェイの「ジャンクカルチャー」を経て、アーキズームのごみの山に至り(彼らもそれが新しい都市形態である

プランも計画している。2006年のOMAのプロジェクトでは他にも二つの計画が特筆に値する。一つは《ピンクホースト・マスタープラン》であり、トンネルとウェイドフェルトのユートピア的計画のようなタワーによる点的介入によってロッテルダムとハーグをつなぐ計画である。もうひとつはコペンハーゲンの《デンマーク建築センター》のデザインである。

と考えた）、最終的に「大都市建築」を貫き通すジャンクスペースが浮かび上がるのである。

コールハースはダンプについて以下のように述べている——「純粋な堆積。形をもたず境界も位置も不確定である。ダンプの表面は内容の一部を表現しているにすぎない。ダンプは本質的に気まぐれで予測不能である。［…］ダンプは制約や取捨選択、スタイルの暴力からも自由である」[142]

ジャンクスペース

「フロア・スペース」と「基準平面」を定義した後にコールハースは「ジャンクスペース」という言葉を造りだしている。この造語は1961年にニューヨークで開催された「アサンブラージュの芸術」展における「ジャンクカルチャー」という用語を元にしていると考えられる（展覧会は消費社会が生み出したごみをアサンブラージュするネオダダイズムの創作プロセスに焦点を当てたものである）。コールハースは《Y2K》のサービス空間を描写する際にも「ジャンク」という言葉を用いているが[143]、ここにも1961年にローレンス・アロウェイが発表した「ジャンクカルチャー」の影響が認められる。アロウェイのテクストは「引き出しや戸棚、屋根裏部屋、ごみ箱、側溝、ゴミ置き場、都市のダンプ」[144]に集積された役立たずのオブジェクトについて書かれたものである。

2000年にコールハースが発表した「ジャンクスペース」の第1版は、彼自身にとってもまだ漠然としていた空間の質を定義する試みである。すなわち「基準平面」「ビッグネス」「ジェネリック・シティ」そしてとりわけ「ショッピング」の本質を表現する空間についての考察である[145]。ジャンクスペースは建築的な構成という基本的な方法論を無効化する概念である。戦後の前衛芸術に典型的なプロセスに基づき、ジャンクスペースでは一切の「古典的な空間」が消去され「序列は累積に、構成は加算にとって代わられる」。ジャンクスペースはデザインされるのではなく「協働」によって生まれ「創造的な増殖」によって命が吹き込まれる空間であり、「間の空間」の総和であり、「地球全体を包み込む巨大なセキュリティ・ブランケット」をつくりだす。ショッピング・センターや空港やラスベガスの「ストリップ」と同じくジャンクス

142 Rem Koolhaas, *DUMP SPACE: Freedom From Order* (2003), in www.wired.com.
143 Cf. *OMA. Y2K. Private residence, Rotterdam. Rotterdam, The Netherlands. Design: 1999,* in "GA Houses", 2000, No.63, p.19.
144 Lawrence Alloway, *Junk Culture,* in "Architectural Design", vol.XXXI, 1961, No.3, p.122。建築分野における「ジャンク」という用語の使用

ペースは拡散的であらゆる建物のアイデンティティを侵食する存在である。

「連続性」はジャンクスペースの「エッセンス」である。「壁」が「パーティション」に変わり、「透明性」が氾濫し、「構造」と「境界」が曖昧になり、照明パネルがその場しのぎのモザイク模様を描き出すことによってジャンクスペースの「連続性」は生まれる。ジャンクスペースが成立する基本条件は「基準平面」と「奥行きの深い平面」に関する考察でも言及されたエアコン技術である。エアコンこそが「終わりのない建物を世に送り出した」のである。

「個々の建物を分離させるのが建築だとすれば、エアコンはそれらをつなぎ合わせる。エアコンは新しい組織編成と共存をもたらす突然変異的な体制を築き上げる。こうなるともはや建築はついてくることができない。中世の建築がそうであったように一つのショッピング・センターは幾世代もの人々が建設する存在になった。エアコンが私たちの聖堂を築き、あるいは解体する。維持に費用がかかるため空間はもはやタダではないからだ。空調された空間は必然的に条件付きの空間（コンディショナル・スペース）となる。そしてすべての条件付きの空間は早晩ジャンクスペースと化すだろう」[146]

ジャンクスペースにおいて「ヴォールトやドーム」が好まれる傾向にあるという指摘は、クリスタル・パレスやグローブ・タワーに見られる球の象徴性を念頭に置けば理解できる。『錯乱のニューヨーク』において球は啓蒙主義的な「世界の似姿」として捉えられ、充填されるべき「空洞」であり、「物・人・図像・象徴」を共存させる器として描かれていた[147]。

ジャンクスペースをつくる材料の製造と組み立てに関する記述は、素材の取り合いや接合の意味に関するオランダの批判の伝統を汲んでいる（ゼンパーとヴィオレ・ル・デュクの理論に基づいてベルラーヘが創始した伝統である）。コールハースはこのような考察と現代美術の創作プロセスの理論——たとえばリチャード・セラの『動詞リスト』——を結びつけたと言える。接合部（ジョイント）は文化と社会の不安定性という一般概念を建築の技術によって物質化した存在であるという「ジャンクスペース」の一節はきわめて重要である。

に関しては、以下も参照のこと。
Peter Blake, *God's Own Junkyard: The Planned Deterioration of America's Landscape,* New York, Holt, Rinehart & Winston, 1964。 pp.59, 20.

[145] Koolhaas, *Junkspace* cit., pp.17-24.

[146] Ibid., pp.17, 18.

[147] Koolhaas, *Delirious* cit.,

「あらゆる具体的な存在はその場しのぎでしかない。裁断、曲げ、引き裂き、コーティング。建設工事はそれこそ裁縫のようなしなやかさを新たに身につけている。接合部(ジョイント)はもはや問題にはならない。一時的な接合にはステイプラーやテープで十分であり、しわくちゃの茶色いガムテープがかろうじて表面をつなぎとめている。締め付ける、貼り付ける、折りたたむ、投げ出す、接着する、重ねる、溶かすといった通常の建築史には登場しない動詞がいまや不可欠である。各要素は決められた持ち場を孤独に守りながら各々の役割を演じている。かつてディテールの処理とは、異質な素材相互を可能ならば永遠につなぎとめることだった。しかしいまやそれは解体を待つ仮止めにすぎず、ネジを外せばいつでも分解できる。部材のどれ一つとして永らえることのない臨時採用のようなものだ。異なる材が対面した時には、もはやハーモニーどころではなく手詰まりとなってシステムは急停止する」[148]

典型的なジャンクスペースを描写する中でコールハースは「軌道(トラジェクトリー)」という言葉を用いている。その特徴は彼の建築作品のトラジェクトリーに類似している。突然の方向転換を行うトラジェクトリーは空間内部における一種の「優美な死骸」であり、あるシークエンスを次のシークエンスに結びつけるのはわずかな細部にすぎない。ジャンクスペースのトラジェクトリーをコニーアイランドの目が回るような体験と比較することもできる（たとえば『錯乱のニューヨーク』の「トラジェクトリー」と題された断章では「ループ・ザ・ループ」が描かれている。1883年に発明されたこのアトラクションはジェット・コースターの原型である）。「ジャンクスペース」のトラジェクトリーを念頭に置くと過去のコールハースの作品に込められた隠喩的な含意が初めて完全に理解できる。たとえば《在ベルリン・オランダ大使館》のトラジェクトリーが張り出した部分のガラス床。《ニューホイットニー》の「プロトタイプ」の突出した先端部分。《ダンスシアター》の「スカイバー」の浮遊するプラットフォーム。《ダラヴァ邸》のプールサイドの歩廊。《ユーラリール駅》、《ゼーブルグの海上ターミナル》、《シアトル公立図書館》の目眩を引き起こすピラネージ的な空間。サン＝クルーとフロアラックの住宅の危うくバランスした非対称な構造。アルミニウム、ポリカーボネート、光沢コンクリート仕上げ面の反射と透過効果…。ボードレールはパリの大通りの人混みで現代の深淵を見下ろす目眩を感じたが、ジャンクスペースはそれがいまや「室内」にも侵入したことを物語っている。「室内」もまた「大都市的建築」となったのである。

「ジャンクスペース」から引用しよう──「トラジェクトリーは斜路として出発し、にわかに水平になると交差し、折り返し、広い吹

き抜けに張り出したバルコニーにひょっこりと現れる。[…]。御影石の重厚な階段を上りつめ、いきなり行き止まりにぶつかると、エスカレーターでどこか知られざる行き先に連れていかれる。目の前にはプラスター仕上げのかりそめの眺めが続くが、それらが何をもとにしてつくられたのかは誰も覚えていない」[149]

　「理論上、あらゆるメガストラクチャーでは親和性の高い粒子が結びついて固有のサブシステムが大量に生まれ、すさまじく凝縮された一つの宇宙が創造されている。ところがジャンクスペースでは形勢は逆転する。そこにあるのはコンセプト不在のサブシステムだけである。粒子はプランやパターンを求めて孤独にさまよっている。従来の類型は物事の境界を定める存在であり、単一のモデルを定義し解釈の余地を一切与えない。一方ジャンクスペースは類型を反転させる。それは累積的で気まぐれなアイデンティティを備え、質的というよりも量的な存在である。[…]。ジャンクスペースはすっかり混沌としているか、さもなければ恐ろしいくらいに無菌状態と完璧さを保ち曖昧であると同時に頑なに凝り固まっている。ジャンクスペースはどんな形にも凝結できる液体に似ている。ある瞬間の形は雪の結晶と同じく偶然の産物である。空間のパターンは反復的か、きわめて単純なルールによってつくられているが、ジャンクスペースはジオメトリーもパターンも超越している。捉えどころがないのでジャンクスペースは記憶にも残らない。派手なわりにはすぐに忘れ去られる。静止を拒むことによって一時的な記憶喪失状態を生み出す点でスクリーンセーバーに似ている」[150]

普遍的近代化特許

コールハースは設計操作を説明するために数々の図解的なダイアグラムや模型や連続写真を作成し、創作手法に普遍性を与える才能を発揮してきた。2003年に発表された「普遍的近代化特許」(ユニバーサル・モダニゼーション・パテント)はこの一連の流れを汲んだ試みであり[151]、《ラ・ヴィレット公園コンペ案》の帯のシステムを皮切りにOMAが編み出してきた建築構成の手法をダイアグラムと短い記述によって15件の「特許」にまとめあげたものである。一つの特許は一つの発明に対応し、一つの発明は要素に分解されてそれぞれに番号が割り振られている。これは建築設計手法を要約す

---

148 Koolhaas, *Junkspace* cit., pp.18, 19.
149 Ibid., p.21.
150 Ibid., p.19.

151 [Koolhaas-OMA], *Patent Office,* in *Content* cit., pp.73-83, 510-13.

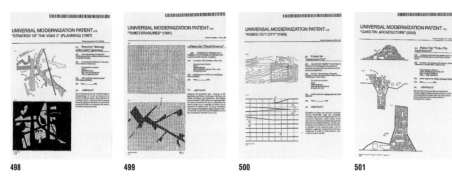

498-501.「普遍的近代化特許」(レム・コールハース／OMA、2003年)より「ヴォイドの戦略、都市計画(1987年)」「時限消去(1991年)」「インサイド・アウト・シティ(1993年)」「鋳型建築(2002年)」

るシステムと言える。一連の特許は二つのグループに分類され、数の多い第1のグループには1980〜90年代に生み出された発明が集められている。第2のグループは一つの例外をのぞいて2000年代初期の発明を取り扱っている。なお例外は第2のグループの内容を予告的に含んでいる1996年の発明《ハイパービルディング》である。断面図・平面図・見取図のダイアグラムは特許に典型的な描画法で描かれ、時に矢印を用いて各発明の建築的な操作が解説されている(回転・掘削・圧縮・折曲・包装・隆起・貫通・並置・歪曲・充填・分離・累積など)。特許の主要テーマにはヴォイドやフロアの積層や摩天楼の構造なども含まれている。

冒頭に挙げられているのは都市計画的なスケールの特許群である。「社会の圧縮器」(ソーシャル・コンデンサー)(構築主義に由来する言葉である)は《ラ・ヴィレット公園コンペ案》で開発された発明でテラン・ヴァーグ的な敷地に応用されるという。この発明に必要な操作は以下のように記述されている――「まず典型的な摩天楼の断面を横倒しにする。次にそれぞれのフロアに異なるプログラムを与える。さらに一定頻度で必要とされる機能を需要に応じて間隔をとりながら敷地全体に数学的に分散させる。一つ(ないしはそれ以上の)象徴的な要素を設計し『永遠の』人間的な価値を認識させること」

「ヴォイドの戦略Ⅰ、都市計画」「時限消去」「ヴォイドの戦略Ⅱ、建築」の三つはそれぞれ《ムラン・セナールの都市計画》、ラ・デファンスの《大都市軸計画》、《フランス国立図書館コンペ案》に由来する発明である。これらは都市計画、地域計画、公共建築の設計におけるヴォイドの次元の可能性を示している――コールハースは「建てられていない」空間が「崇高性の究極的な源泉」であると信じてやまない。「ヴォイドの戦略Ⅱ、建築」は積層するフロアから物質を取り除くことによってヴォイドすなわち「建物の不在」をつくりだす方法を説明している。解説の末尾に登場するアイスクリームの比喩は、マンデルブロによる一連のフラクタル図形に付け加えうるイメージである――「建てるこ

とは取り除くことよりも難しい。ゆえにもっとも重要な空間は加算ではなく減算によってつくりだされる——アイスクリームのようにソリッドな塊から形をくりぬくのだ」。コールハースは建物を「スイス・チーズ」にも喩えているが、ここにも同様の意味が込められている。

　「ループ・トリック」「積層された自由」「インサイド・アウト・シティ」と命名された三つの特許は床スラブの積層を乗り越える発明である。《クンストハル》に適用された「ループ・トリック」は2枚のスラブをX字に交差させて「フロアの孤立状態を打破する連続平面」をつくりだし、メビウスの輪のように「上下の観念」を消し去る操作である。《ZKM》に由来する「積層された自由」では従来のスケルトンからフィーレンディール梁に至るまでの「積層するスラブ」を支える構造の進化がダイアグラムで示されている。「インサイド・アウト・シティ」は「ループ・トリック」の方法を拡張し、一般的なスケルトンによって支えられる大量のスラブに適用する発明である。《ジュシュー図書館》の断面図に基づくダイアグラムでは一連のスラブを連続させる方法が示され、「建築を抑圧してきた空間の直交性という支配体制(レジーム)に［…］終わりを告げる」と述べられている。この特許名は建物の室内が連続的な都市経路に変容したことを物語っている——「『街路(ストリート)』を折りたたみ室内に垂直的な大通り(ブールヴァール)をつくりだす。そこではあらゆるプログラムが単一のシークエンスの中で関連づけられる」

　二つの特許はエレベーター・可動床・エスカレーターなどの機械装置に関係している。スラブに関する特許と同じくこれらの装置はありふれた「フロアの積層」に対する認識を変えうる存在であり、それゆえコールハースの興味を惹き続けてきた。「遍在と不在(エヴリウェア・ノーウェア)」と名づけられた《フロアラックの住宅》の可動床は「住宅建築の安定性」を「リアルな不安定性」に変容させる。《テート・モダン》に由来する「多様な速度の美術館」という特許は複数の機械装置を同時に組み合わせて「運動のレパートリー」を増大させる発明である。「不活性の更新」という特許は《ユニバーサル本社ビル》に基づくもので、固有のアクティビティを割り当てたタワーを集合させて「積層するフロア」に一定の自由度を与える発明である。「不接続」は《カーディフ湾オペラハウス》で用いられた操作すなわち劇場の多様な「要素」を分離する発明である。

　第2のグループの特許群は21世紀の摩天楼の構造的な基礎を築く試みである。冒頭を飾る「高く細い」はバンコクの《ハイパービルディング》に由来するシステムで、摩天楼をスレンダーなタワーの束に分解する操作を示している。中央の背の高いタワーに低いタワーが寄り添って安定し、ピラミッド状のマッシブな基壇は不要になる。そ

の他の三つの特許は北京のプロジェクトに由来している。「スカイスクレイパー・ループ」――「曲がった摩天楼」とも呼ばれている――は《CCTV》で用いられたシステムで、複数のタワーを孤立させず連結させることによってリング状の摩天楼をつくりだし、そこに連続的なトラジェクトリーを――メビウスの輪のように――貫通させる発明である。「鋳型建築」という特許は複数の箱を一続きの帯で包み込むという《TVCC》の手法に基づく発明で、ケーキの焼型のように恣意的な形状をもつ「型」の中に大小様々の立方体を入れ込んで接着し、ランダムに積み上げる操作を示す。普遍的近代化特許の最後を飾る「道の終点」はサービスコア分散型とサービスコア集中型という2種類の建物についての特許であり、北京の《中心業務地区》の計画に由来する。

　普遍的近代化特許のアイデアはこれまでのOMAのアヴァンギャルド的な実験にシステムとしての形を与えるもので、次世代の建築家たちに向けて発せられたメッセージであると考えられる。

　コールハースは1983年のフランコ・ラッジによるインタビューの中で次のように述べている――「今日有名な建築家たちはアヴァンギャルドではない。消化できないことがアヴァンギャルドの一つの本質なのだから[…]。私は受容されがたい立場を選ぶこと、つまり物事のあり方に対立する姿勢をとり続けることがアヴァンギャルドにとって重要であり、アヴァンギャルドにはそれが可能だと今でも信じている。そうでなければ、なぜ誰もが建築家になりたがるのか私には理解できない。何もかもが完璧ならば何かを付け足す必要があるだろうか?」[152]

アイコンの時代

2005年頃にOMAはフィクトール・ファン・デル・ヘイスを経営責任者として迎え入れて組織を再編し、コールハースは世界中でプロジェクトが増え続ける「創造機械」の運営方針を一任される立場ではなくなる。これに伴いOMAの主要な作品の特徴を成してきた物語的な強度は影を潜め始め、時には機械的とも言えるようなプロセスに移行していく。ことによるとこの変化は筋書きに沿った選択だったのかもしれない。このような事態は『錯乱のニューヨーク』の「プロセス」と「オートマティスム」によって――あるいは基本的な建築操作を表現するダイアグラム群によって――予告されていたからである。

　アラビア半島の砂漠であろうが、ペルシア湾岸であろうが、ロシアや中国の風景の中であろうが、OMA作品はいかなるコンテクスト

においてもつねに際立つ驚異的な存在であり続けている。なぜなら彼らの作品は新しい構成手法を極端に展開した結果だからである。それは単純なユニットから形態を生み出す自動的なプロセスであり、その都度のプログラムに対応しながら偏執症的＝批判的方法の創造的な操作を合理的な定式に還元する新奇な「建築的ヒストグラム」である。

OMA作品は実験的な形式を手がかりに新しい計画を生み出す従来のシステムからは逸脱している。コールハースにとって建築とは一種の物語である。新しい驚異をつくり続けるためには、個別のプロジェクトに囚われることなく「書く」経験を深める時間が必要なのである。

OMAのプロジェクトでは数々の生成ルールが凝縮され、きわめて多様な組み合わせが自動的に生み出されている。それゆえ彼らの作品の多くは、きわめて複雑な形をしたものですら昨今の建築の流行からは外れ、巷に氾濫する彫刻的なオブジェクトの圏外にある。このような生成ルールは建築の古典的な構成の枠組みや従来の都市組織のデザイン手法に置き換わるものであり、特に巨大で自律的な複合施設を設計する際に威力を発揮する。単一のユニットを変化に富んだシークエンスの中で反復するエッシャーの絵画をOMAが参照している事実はこの意味で実に示唆的である[153]。自動的なプロセスを実践に応用することによってOMAは多様な設計依頼に迅速に対応できるようになったが、それは『ハーグ・ポスト』誌の記者時代にコールハースが活字組みから学び取ったプロセスにも似ている。

ジェネリック・シティを象徴する存在である摩天楼は、新しいアイコンを追求するという新たな文脈においても――OMAが1975年に定義した「大都市的な生活様式（ライフスタイル）」の「建築的なシナリオ」の理想型として――存在感を放ち続けている。21世紀以降もOMAはマンハッタンの初期のタワーに見られるピラミッド状の構成や、高く細長いヴォリュームをアサンブラージュする「複合的安定性」のロジックに基づいており、彼らの摩天楼設計の基本方針に変化は見られない。しかし偏執症的＝批判的方法を介して1980〜90年代のコールハース的な操作が付け加わり類い稀な形態が生み出されている。

2004年に計画された東京の《新宿垂直キャンパス・コンペ案》の最大の特徴は《TVCC》的なタワーのデザインである。《TVCC》では個室（セル）が単一の独立外被の中にランダムに詰め込まれていたが、《新宿

152 Franco Raggi, *Colloquio con Rem Koolhaas sulla pornografia, la congestione urbana, l'anno 1931 e il futuro dell'architettura dopo un 'crazy party'*, in "Modo", 1983, No.58, (pp.26-28), p.28.

153 Site www.oma.nl.

502.《新宿垂直キャンパス・コンペ案》(レム・コールハース／OMA、東京、2004年)、スタディ模型

垂直キャンパス》では不可視で観念的な直方体の輪郭に沿ってセルが寄せ集められ、ミース的なタワーが暴力的に侵食されたかのように見える。カーテンウォールの断片は本来の直方体の輪郭を暗示している。この「侵食」の操作は摩天楼の目的が変容したことにも関係している。もはや摩天楼はオフィスではなく、セルと学生コミュニティのライフスタイルを支える空間──ミーティング室・シネマ・劇場・展示スペースなど──を組み合わせた存在なのである。

コールハースはこのタワーをミケランジェロの『瀕死の奴隷』と比較し、その芸術的な「未完成」の質を強調している。なお『瀕死の奴隷』は《ハーグ市庁舎コンペ案》の設計時にも参照されており、ハーグのプロジェクトも未完成の形態を示した先例と言える。もし《新宿垂直キャンパス》の侵食された直方体が実現していたら、ジョルジュ・ヴァントンゲルローの『球の中の構築』に似た彫刻となり、伝説の「テクトニック」として東京の風景の中に姿を現しただろう。あるいは黒川紀章の中銀タワーのカプセルなどのメタボリズム作品のコールハース的な再解釈になったのかもしれない。

2006年に計画されたルイビルの《ミュージアム・プラザ・タワー》も1990年代に検討された「複合的安定性」に基づいており、複数のタワーとプラットフォームを組み合わせた摩天楼という実験の延長線上にある(プログラムはオフィス・ホテル・アパートメント・ロフト・現代美術館

154 *OMA, Museum Plaza*, in "Area", 2006, No.98, (pp.134-43), p.136
献辞として書かれた以下の短文はマンハッタンの摩天楼の「秘められた生活」に関するOMAの主要な考察を喚起する。「これは理想主義を真っ向から受け止めた建物であり、都市的・公共的責任から建築コンセプトが生み出されている。利益は経済と公共性の双方から測られるものとして捉えられ、芸術と文化は周縁ではなくあえて中心に配置されている。プロジェクト

503.《深圳証券取引所》(レム・コールハース／OMA、深圳、2006年)

504.《ファーストストリート111》(レム・コールハース／OMA、ジャージー、2006年)。アテナ・グループとBLDGマネージメント社のために立案された

503　　　　　　　　　504

の複合施設である)。訪問者を「アイランド」と呼ばれるプラットフォームまで運ぶ斜行エレベーターはあらゆるOMAのタワーの原型とも言うべき《ボンピュの複合施設》のトラス状の展望タワーに由来する。「アイランド」はプラットフォームより上の高層部に向かうためのホール空間、すなわち「スカイロビー」として機能している[154]。各タワーの構造は垂直動線を収めた中央コアと外周部のスケルトンから構成され、タワーを包み込むカーテンウォールはミース的である。

　同種のテーマは形を変えて2006年の中国の《深圳証券取引所》コンペ勝利案にも登場している。高さ約250mのミース的なタワーから基壇をなす箱が大きく張り出して浮かび上がり、屋根で覆われた広場がつくりだされているが、このような操作の先例としてはレバー・ハウスにおけるヴォリュームの交接が挙げられるだろう。「[…]建物は証券取引所を物理的に収容するだけでなく、証券取引所であることを表現しなければならない」とコールハースは述べている[155]。

　2006年にOMAはロンドンのキャノン・ストリート駅前で《ロスチャイルド銀行本社ビル》(2009年建設予定)に取り組み、アメリカのジャージーではアテナ・グループとBLDGマネージメント社の依頼を受けて《ファーストストリート111》を設計している。また2007年にはロッテルダムのウィレミナ橋に隣接するオフィスビル《ボンピュ60-68》を計画している。これら三つのプロジェクトはコールハースが過去に設計したタワーのモデルに基づいており、特に《MABタワー》や1980年代に計画されたプロジェクトに接近している。三つの直方体から構成されるジャージーの複合施設《ファーストストリート111》は《ホイットニー美術館》の「計画B」で現れた「三つの箱」のアイデアを彷彿とさせる。但し、三つの直方体は90度ずつ回転しな

はルイビルの生活を向上させるために捧げられているのである」(OMANY. Museum Plaza, Louisville, Kentucky, USA 2006-, in "A+U", 2006, No.427, (pp.112-19), p.115)

[155] Rem Koolhaas, cit. in www.dezeen.com/2006/12/22/oma-wins-in-shenzhen.

がら積み重ねられ、多様な眺望とアンバランスな外観を生じさせている。この操作は《ロックフェラーセンター》のような展望テラスも生み出している。《MABタワー》と同じく、それぞれの直方体にはプログラムの要請に即した多様な機能が挿入されている[156]。

中央の構造コアは三つの直方体を貫き全体を安定させる。《ファーストストリート111》は基本的にはミース的な幾何学に従っているが、三つの断片に分解されたタワーは依然として生物のように見え、壮大な大都市を眺めるため上体をひねり首を回すスフィンクスにも似ている。

シンガポールの投資会社ファー・イースト・オーガニゼーションの依頼で2006年に設計された《スコット・タワー》案は《ユニバーサル本社ビル》検討時に考案された「巨大な梁」のアイデアと類似している。OMAはミース的な十字柱をモニュメンタルな構造体に変換し、そこに住戸のセルが縦に並んだ要素を四つ取り付けている。各要素は高さが異なり縦方向にずれながら地上から浮かび上がり、全体は緑に囲まれたポスト・メタボリズム的な摩天楼の様相を呈している。また1960〜70年代に多く見られた中心に構造をもつ摩天楼──ゴールドバーグ設計のシカゴのマリーナタワー等──にも類似している。

2006年OMAはドバイのビジネスベイ地区に立方体のオフィスと円筒形の集合住宅も設計している。クライアントはドバイ・プロパティとポルシェで、2009年の竣工予定だった。

OMAは述べている──「オフィスタワーの袖壁と庇はフレームをなして日陰をつくりだしている。それゆえタワーは直射日光から守られ空調負荷が抑えられる。中央部分の外壁は反射ガラスだが、これもドバイの気候に対する工夫の一つである。オフィスタワーに隣接する居住タワーは円筒形である。タワーを縦に貫く室内アトリウムが自然換気を促し、補助的な採光をもたらしている」[157]

同じ2006年にはドバイで剃刀のような摩天楼《ドバイ・ルネサンス》が計画されている。これはキューブリック、ミース、スーパースタジオ、アーキズームを彷彿とさせるモニュメントである──「エレベーターコアのようなモノリス的なヴォリュームがただ一つの連続的な操作を通じて構築される。幅は200m高さは300mである」[158]。このタワーはニューヨークを初めて訪問した時からコールハースを魅

---

[156] OMAは以下のように説明している。「プログラムの諸要素は独立したブロックの内部に集められている。キューブにはアーティストの作品やスタジオやギャラリーが収められ、スラブはホテルの部屋とアパートメントを結びつけている。幅の広いスラブには奥行きの深いアパートメントが収められる。この結果、垂直に積み重ねられた52階建てのヴォリュームが生まれている。段を積

505.

了してやまない国連ビルの建築家ハリソンへのオマージュと考えられる。あるいは専門家による集合的実践――『錯乱のニューヨーク』において礼賛されたマンハッタンの摩天楼の原動力――を体現するモニュメントと再解釈することもできる。コールハースはこのような実務家肌（プロフェッショナリズム）の単純幾何形態を利用して彫刻的な形態を偏重する風潮への抵抗を試みているのである――但し一方ではOMA自身もアイコンデザインの潮流に荷担しているのだが。

　OMAはこう述べている――「このプロジェクトが孕む野心は昨今の建築的な偶像崇拝――『アイコンの時代』――に終止符を打つことである。都市建設に必要不可欠な集団的な努力を払うことよりも個人の才能に取り憑かれてしまった時代に終わりを告げるのだ…。形態やイメージ先行の建築に代わって私たちは建築とエンジニアリングを再統合する。知性は効率性一辺倒ではなく新しい性能と機能を生み出す構造的で概念的な論理の構築に用いられる。これまでのところ21世紀の都市建築のトレンドはテーマ・極端さ・エゴ・浪費の倒錯的で無意味な氾濫（オーバードーズ）を導いてしまっている」[159]

　《チャーチル広場オフィス・コンプレックス》は合同な二つの角錐台の一方を倒立させて並置するプロジェクトである。一方2007年にメキシコ・シティで計画されたオフィスタワー《トーレ・ビセンテナリオ》では高さの異なる二つの角錐台が縦に積み重ねられている。このような操作は《コーニンギン・ユリアナ広場》の増築可能性を示したダイアグラムにおいてほのめかされている。あるいは絶壁の縁に建てられたニーマイヤーのカラカス近代美術館の逆ピラミッドを彷彿とさせる。《トーレ・ビセンテナリオ》の外被のデザインも一種のミース的なカーテンウォールである。二つのピラミッドの底面が合わさり膨ら

506.　　　　　　　　　　507.

505. 《スコット・タワー》（レム・コールハース／OMA、シンガポール、2006年）。ファー・イースト・オーガニゼーション社の本社屋計画

506. 《ドバイ・プロパティとポルシェのタワー計画》（レム・コールハース／OMA、ドバイ、2006年）

507. 《摩天楼計画（ドバイ・ルネサンス）》（レム・コールハース／OMA、ドバイ、2006年）

み重ねる操作は各ブロックの独立性とこの敷地で得られる最大限の眺望を確保し、建物と周辺のダイナミックな関係性を生み出す。これは型破りのスペクタクルである。」（[Rem Koolhaas/OMA], *Mixeduse Tower for Jersey City, 2006*, in site www.oma.nl）

157　Site www.oma.nl.
158　Ibid.
159　Ibid.

508.《トーレ・ビセンテナリオ》(レム・コールハース／OMA、メキシコ・シティ、2007年)

509.《灯台の塔 (トゥール・ファーレ)》(レム・コールハース／OMA、パリ、2006年)。ラ・デファンスにおける計画

508

んだ部分にはスカイロビー・宴会場・会議ホールなどの特別な機能が収められている。建物に斜めに貫通する巨大な空洞は奥行きの深いフロアにも自然換気と自然採光をもたらしている——これは理論的には中庭(パティオ)に相当する空間で、目のくらむようなピラネージ的な眺望を与える。設備機器はオフィスのフロア間に挿入された階にまとめられている。「機械室」と呼ばれる設備階はマンハッタニズムの第2世代の摩天楼、とりわけ国連ビルで適用された方法への回帰と言える。

　エネルギー消費を最適化するためにタワーには様々な技術が導入されている。たとえば季節ごとに自然換気と空調を使い分けるシステムやトイレ排水と灌水への雨水利用などである。タワーの足元部分にはまたもや地下駐車場を収めた基壇が築かれ、ハーグの《スーテラン》に由来する自然換気システムが設けられている。なお環状道路をまたぐ歩道橋がタワーの建つラス・ロマス地区とポランコ地区をつないでいる。

　2006年にパリのラ・デファンスに計画された《灯台の塔(トゥール・ファーレ)》では偏執症的=批判的方法に基づくコールハース特有の操作を通じて驚くべき造形が生まれている。ここでは《ザック・ダントン・オフィスタワー》のような大都市の「引力」によって生じる「フロアの横滑り」と《シアトル公立図書館》のような内部圧力によって生じる「被膜の膨張」が組み合わせられている。

　《灯台の塔(トゥール・ファーレ)》の直方体には《ユニバーサル本社ビル》の基本案に基づいて計画されたオフィス階が収められている。ただし基壇部分では直方体が歪み内部に巨大なホールがつくられている。上層部では

509

フロアの一部が直方体から飛び出し、見晴らしの良い四つの「衛星」[160]に分裂して宙に漂っている。これらの目がくらむような空中プラットフォームはレオニドフが構想したモスクワの摩天楼のプラットフォームにも似ている。「フランスの首都から眺めると」――OMAは述べている――「建物の輪郭は合理的で実直なありふれたタワーとはまったく異なっている」[161]

《灯台の塔》におけるコールハースの最大の目的は建築を驚異的オブジェクトに還元しラ・デファンスの景観の中で際立たせることである。彼はハリソンやSOMやミースの上品な直方体を極端に解釈し、その清澄な合理性を否定することなく秘められたシュルレアルな可能性を開拓したのである。その結果は1960年代のネオ・アヴァンギャルドが理論化した「高貴な合理主義」に接近している[162]。

自動生成するランドアートとしての建築
―― ラアス・アル゠ハイマからサンクトペテルブルクまで

ウォルター・デ・マリア、マイケル・ハイザー、ロバート・スミッソンらランドアートの主唱者たちは1960年代末にアメリカの砂漠に魅了されていた。彼らアーティストたちの直観を追いかける形でアーキズームとスーパースタジオは砂漠が彼らの空想的なヴィジョンにとって理想的なランドスケープであると考え、前者は「空気力学的都市」を、後者は「コンティニュアス・モニュメント」を砂漠に構想している。一方、OMAとAMOもアラブ首長国連邦から依頼を受けてペルシア湾の海岸部とドバイからラアス・アル゠ハイマにわたる広大な内陸エリアを対象とした都市計画と地域計画に取り組み、形態を自動生成するプロセスからランドアートと建築の中間物すなわち「ランドアート／アーキテクチャー」を生み出している。これらのプロジェクトは初期作品を通じて編み出された創作方法を実験しながら、大自然というスケールに対峙する複合建築を構想する機会をOMAに与えている。

アラブ首長国連邦におけるプロジェクトはコールハースの実験の新たな1章である。マンハッタンから始まりラ・デファンス、ベルリン、アトランタ、ラスベガス、ラゴス、シンガポールで次々と都市の未知なる可能性を発見したコールハースは、今度はペルシア湾岸で生じつつある都市の進化に目をつけたのである。さらにOMAは2006年にドバイ、クウェート、ラアス・アル゠ハイマにおけるマスタープラン

160 Ibid.
161 Ibid.
162 Cf. Roberto Gargiani, *Archizoom Associati, 1966-1974. De la vague pop à la surface neutre,* Milan, Electa, 2007, p.106.

の設計も委託されている。

　マンハッタニズムを発明した時と同じように、コールハースは予言者めいた熱狂を込めながら以下のように述べている——「『湾岸地域(ガルフ)』は奔放な近代化の最前線である。都市的な物質が熱狂的に生産されつつあるこの場所は、たった半世紀前までは遊牧民が気ままにさすらう場所だった。『湾岸地域(ガルフ)』——その開発の発端は石油の発見である——は差し迫った石油の枯渇に備えて超開発の真っ最中である。『湾岸地域(ガルフ)』は今まさに建設されている。それゆえ現代特有の都市空間の計画言語(レパートリー)に不可避的に結びついている。(テーマ的で囲い込まれた) コミュニティ、(テーマ的な) ホテル、(もっとも高い) 摩天楼、(最大の) ショッピングセンター、(2倍の大きさの) 空港——これらは『公共空間』という名のセメントで固められ、たちどころにブティックホテルやフランチャイズ美術館によって拡張されてゆくだろう。[…]。世界は再出発の場所を使い果たしてしまった。私たちは始まりではなく完成の時代に生きている。ペルシア湾岸の砂と海は傷一つない真っ白なキャンバスであり、新しいアイデンティティが刻み込まれる最後のタブラ・ラサとなる。椰子の木、世界地図、文化首都に金融センター、何でもござれだ。[…]。あらゆる『湾岸都市(ガルフ・シティ)』は21世紀の大都市を合成してつくられている。『湾岸都市(ガルフ・シティ)』は近代性がいまだ浸透していない——モロッコからタイに至る——一部の世界に対して巨大スケールはそのままに自らを輸出し始めている」[163]

　2004年にOMA／AMOはラアス・アル=ハイマ首長国に居住区を創造する「ストラクチャープラン」を計画している。彼らの狙いは風景のもつ特質を保存することである。「RAK(ラアス・アル=ハイマ)には自らを他の湾岸地域と区別するような新しい質が必要である。新しい質は処女地的状況の貞操を守ることではなく、他とはまったく異なるパラメーターに従った一種の開発行為から生み出される」[164]

　ラアス・アル=ハイマの壮大な山岳風景は伝統的な都市組織の構成手法を無効化してしまう。これがランドアート的な建築複合体を生み出す口実を与える。「ブリッジ」と呼ばれる細長いバー状の建物はコンティニュアス・モニュメント的に風景を切り裂き、《コルドバ・コングレス・センター》の第1案のようなアラベスク的な有孔壁によって覆われている。谷間は堤防状の建築(「ブリッジ」の変種)によって埋め尽

---

[163] Cf. Rem Koolhaas/AMO, The Gulf (Paperback), Lars Müller Publishers, 2006.

[164] Site www.oma.nl.

[165] ロサンゼルス郊外のハリウッドの丘に建つ「ケモスフィア・ハウス」を手に入れたベネディクト・タッシェンとアンゲリカ・タッシェンは2000年にOMAにゲスト用アネックスの設計を依頼している。計画では「ケモスフィア・ハウ

510.《ラアス・アル=ハイマ山岳地の計画》(レム・コールハース／OMA、2004年)、「ブリッジ」

くされる。高台の急斜面には「空中ユニット」と呼ばれるガラスの直方体が挿入されている。これはロサンゼルスに計画された《タッシェン邸》に似ている[165]。水晶細工のような複合体が高台からこぼれ落ちて広がる造形はロバート・スミッソンの作品『アスファルト・ランダウン』を想起させる。但し形態生成のルールは直交グリッドに従い、各部は「ドミノ・ユニット」あるいは単に「ユニット」と呼ばれている。傾斜がゆるやかな場所では様々な角度に振られた多孔質の建物が斜面になだれこみ不定形かつピラネージ的な風景が生まれ、その全体は「アーバン・クラスター」と呼ばれている。一方平坦な場所の建物は比較的平凡な形である。展望テラスのある傾斜したバー状の建築——「ペンタゴン」——はその一例である。

OMAはこう述べている——「不毛な斜面を飼い慣らして伝統的なリゾートの標準的な環境につくり変えるのではなく、自然の条件の真の可能性を引き出すリゾートの生成を試みる。このリゾートには

ス」の大きなせり出しと360度の眺望が象徴的に再解釈されている。コールハースのアネックスは丘に突き刺さった巨大な水平梁だが、これは《フロアラックの住宅》の検討スケッチに現れていた造形である。屋根はスイミングプールでアネックスはもうひとつの「浮遊するスイミングプール」と言える。

511．《ラアス・アル=ハイマ山岳地の計画》、「ユニット」

512．同上、「空中ユニット」

513．同上、「アーバン・クラスター」

514．写真に重ねたドローイング（レム・コールハース、1971年）

515

516

515.《ラアス・アル=ハイマ山岳地の計画》、「ドミノ・ユニット」

516.『アスファルト・ランダウン』（ロバート・スミッソン、1969年）。アメリカ、ジョージア州ローマにおけるランドアート作品

山中を慎重に通り抜けもっとも劇的な場所をつなぎ合わせる経路が提案されている。この経路は多様な状況を捉えるための装置である。開発はこの経路に沿って展開し、敷地の大部分は手つかずのままで残され、山々が備える自然の完璧さは保存される」[166]

　ラアス・アル=ハイマ投資庁からの依頼で2006年に制作されたラアス・アル=ハイマ拡張計画──《RAKゲートウェイ》──は砂漠に埋め込まれた高密度都市の断片であり、街路の軸線が直交するル・コルビュジエの「現代都市」のカオス的な一変種だと言える。マンハッタン的タワー、十字形・T字形・U字形平面の建物、中庭のある建物、マッシブな建物が高密に並び、中心部には広大な緑地スペースと光を反射するシンボリックなプールが計画されている。緑地とプールは生き生きとした自然的要素を表象する不可視のモニュメントである。

　同じ2006年にOMAは近代的な摩天楼がひしめくオアシス都市の傍らに《会議展示センター》を設計している。建物はわずかな接点で地上と結びつく二つの巨大で単純な幾何形態──「板」と「球」──から構成されている。自然の地表面から切り離されたこれらの

166 Site www.oma.nl.

アイコン的イメージは、レオニドフやニーマイヤーの作品とブレーやハリソンの空想的建築を混合してつくられたかのようである。「板」にはホテル・商業施設・展示場・オフィスが、「球」には会議場・店舗・オフィス・集合住宅・ホテルが収められている。単純な幾何形態に機能とプログラムを与えることを通じて、OMAは現代建築の潮流——不定形なヴォリュームが際限なく奇抜さを競い合う状況——に対抗すると主張している。ミニマリズム的な提案の狙いはスーパースタジオが夢想したような啓蒙主義的なモニュメントを発明することにある。なお「球」の構造フレームはフェリスが描いたハリソンのペリスフィアのドローイングを直接参照していると考えられる[167]。

OMAはこう述べている——「このプロジェクトは建築によって差異を生み出す最後の試みである——奇怪なイメージを繰り出すのではなく、純粋形態に回帰することによって。遥か昔に考案された球と板は『形態の発明』や『オリジナリティ』を主張することは一切ない（球に至っては人類誕生以前から存在している…）。しかし二つの幾何形態は今でも建築的な想像力を満足させることができる。境界の内部に完璧な世界をつくりだす完全に自律的な形態——それは技術と継ぎ目なく一体化することでのみ成立する存在である。見かけは単純でも球と板は新しいラアス・アル=ハイマ建設の道標となり、西洋と東洋、未来と原始、現代と永遠を象徴する力強く普遍的なシンボルになるだろう」[168]

2005年にOMAが提案したメキシコの《バランドラ湾開発計画》にはラアス・アル=ハイマのプロジェクトに類似した方法が見いだされる。個々の住宅はガラスを大量に用いた「板」であり、ロサンゼルスの壮観なヴィラ群を思わせ、押し出された構築主義のキャンチレバーのように岩肌から突出している。

他のいくつかのプロジェクトではランドアートのみならず1950〜60年代の様々な造形が密かに参照され、メガストラクチャーという空想的なシナリオを体現する複合体が生成されている。カザフスタンの大自然における2007年の計画《アルマティ・サイエンスキャンパス》はその一例である。OMAはこのプロジェクトを「［…］田園的であると同時に都市的な現代の理想郷（アルカディア）」と呼んでいるが、科学都市（ナウコグラード）のメタボリズム的な展開として解釈することもできる。OMA自身もそれ

[167] Cf. Victoria Newhouse, *Wallace K. Harrison, Architect,* New York, Rizzoli, 1989, p.88, fig. 69.

[168] Site www.oma.nl. OMAの作品には彼ら自身にとって神話的な造形がしばしば浮かび上がる。卵はその代表例であり2006年にバルモンドとの協働を通じて建てられた《サーペンタイン・パヴィリオン》にも登場している。ハイドパークのサー

517.《RAKゲートウェイ計画》(レム・コールハース／OMA、2006年)。ラアス・アル＝ハイマのマスタープラン計画。図中には《RAK会議展示センター》の設計案も示されている

が「持ち上げられた水平都市」であると述べている[169]。キャンパスには様々な形の建物が集合し、モダニズム的な直角のルールに則って統合されている。さらにル・コルビュジエに由来する強迫観念に駆られて自然の地表面は建築から解放されている——「空中に浮遊する内部動線のシステムは学部間と学科間に最大の相互作用とシナジーをもたらす。一方地上部では動線とプログラムから解放されたランドスケープが自由に広がっている」[170]。

《アルマティ・サイエンスキャンパス》では様々な機能を収めた塔状の支柱（タワー・パイロン）が細長い透明な直方体を地上から持ち上げている。格子梁からなる直方体と「塔状支柱」は側面で接しかみ合っているが、これはデ・ステイルの接合部のディテールを思わせる。直方体が寄り集まった部分は異なる高さをつなぎ合わせた展望プラットフォームになる。《アルマティ・サイエンスキャンパス》は科学都市（ナウコグラード）の一断片であり、フリードマンやコンスタントの構造的な共同体主義や磯崎新のメタボリズムの構想が実現したかのような錯覚を覚えさせる。

《アルマティ・サイエンスキャンパス》におけるユニットの集合化は複合体の造形的な一貫性を保ちながらもプログラムが要請する多様な機能を満足させる形態システムである。これはテクトニックやフェリス的ソリッドや「建築的ヒストグラム」の設計手法の再来と言える。OMAは基本要素の反復と変形を繰り返すことによって生成されるエッシャーの図形について以下のように述べている。

「プログラムの要求を建築形態に翻訳しながらもデザインの柔軟性と無限の可能性を確保するために、幅広いプログラムに対応可能な形態の多様連続体（スペクトラム）が採用されている。プログラムの要求から単一ユニットが導かれ、それを組み合わせたエッシャー的な連続体（スペクトラム）は外装から単位空間に至るまでの多様な要素を単一の全体に統合しデザイン全般に一貫性を与える。特殊なプログラムに対しては特殊な建築形態が用意され、それ以外のプログラムには差異性と柔軟性が確保されている。モジュールによる限定性は柔軟な外装材によって埋め合わされている」[171]。

多様な機能が要請される都市部の計画では、単一の巨大複合体をつくりだす自動生成的なルールがふさわしくないことが多い。その場合、多様な形態の建物を組み合わせることによって——リアルなレ

ペンタイン・ギャラリーに隣接して建てられたパヴィリオンは長方形のプラットフォームにアンカーされたヘリウムの風船として構想されている。ここではレオニドフの「レーニン研究所」のようなケーブルが再び用いられている。

169　Site www.oma.nl.
170　Ibid.
171　Ibid.

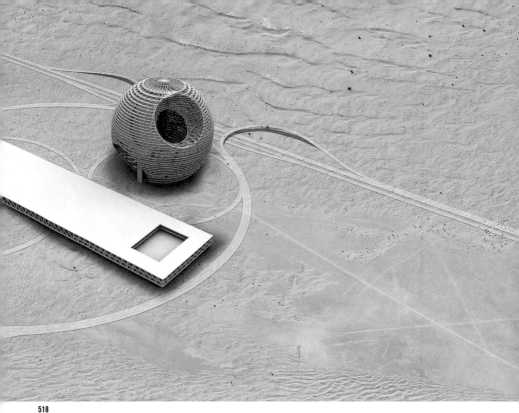

518

518.《RAK会議展示センター》(レム・コールハース／OMA、2006年)

519.《バランドラ湾開発計画》(レム・コールハース／OMA、メキシコ、2005年)

520.《アルマティ・サイエンスキャンパス計画》(レム・コールハース／OMA、カザフスタン、2007年)

ンダリングを駆使しながら——カオス的な大都市の過密が表現される。2006年にクウェート市で計画された広大な《アヴェニュー街区マスタープラン》はその好例であり、アルメーレ、リール、フロアラック、アガディールのOMA作品の断片を組み合わせることによって中央に軸線をもつ現代版『カンプス・マルティウス』が生み出されている。

2004年にOMAが取り組んだソウル旧市街地の広大なエリアのマスタープラン——《Sプロジェクト》——も敷地の歴史的なアイデンティティをラディカルに再構成する計画である。ここではオブ

519

520

521. ウォレス・ハリソン設計の「ペリスフィア」のドローイング（ヒュー・フェリス、1939年）。ペリスフィアは1939年ニューヨーク万博において建設された

522.《クウェート市のマスタープラン》（レム・コールハース／OMA、2006年）

ジェクトをピラネージ的に組み合わせる方法を巨大スケールに適用することによって空想的かつ西洋文化的な大都市の未来が描き出されている。OMAはマンハッタン、ウィーン、バルセロナのようなアイデンティティが強い都市をモデルとして選び[172]、「タワー」「スラブ」「ブロック」を組み合わせた「都市計画的コンセプト」を提案している。このコンセプトは《ポンピュの複合施設》で開発された類型を交配するアイデアに接近しており、OMAが建築的なスケールで用いてきた手法を都市的なスケールに応用したものと解釈できる。地区内にはOMA特有のアイコン的オブジェクトも計画され、《Y2K》が《カサ・ダ・ムジカ》に変形した時と同じく、実現しなかった他のプロジェクトの建築が姿を現している。たとえばソウル市中心部には《欧州中央銀行本社ビル》に似たピラミッド状のヴォリュームが侵入し、別の部分には《コーニンギン・ユリアナ広場》に由来するオブジェクトが復活している。その他の建物も直方体の積層や「押出」の原理などの操作から生じている。これらのアイコン的な形態は近隣の伝統的な街区と連続する低層の都市組織を横断しながら、新しい「アイデンティティ」を生み出す存在なのである[173]

　2004年のマレーシアの《ペナン・トロピカル・シティ》コンペ案は、トロントの《ツリー・シティ》で発明されパリの《レ・アール》で都市街区に適用された「巨大な円がひしめくカーペット」のアイデアの

522

[172] Cf. OMA/Koolhaas, *S Project. Seoul, Korea, 2004*, in "El Croquis", 2007, No.134-135, p.171.

[173] Ibid.

523. 《Sプロジェクト》(レム・コールハース／OMA、ソウル、2004年)。ソウル中心部のマスタープランの計画

524. 《ペナン・トロピカル・シティ計画》(レム・コールハース／OMA、ペナン、2004年)。マレーシア・ペナンにおけるマスタープランの計画

再来である。但しマレーシアではさらに広大な都市領域を創造することを目的として、緑豊かな土地に浮かぶ「都市の島」を生成する構造として採用されている。都市計画的なスケールに拡張された「巨大な円がひしめくカーペット」は《ムラン・セナールの都市計画》の帯のシステムの一種である。両者はともに未知の都市空間を生み出す試みであり、ウンガースの「都市の中の都市」「都市群島」「自然の潟（ラグーン）に散在する緑の都市群島」といったコンセプトから発想を得たものである[174]。

OMAは「巨大な円」のシステムを歴史的な都市組織から峻別し、前者の特徴が「即興的」「不定形」「規制緩和的」「活動的」「非類型的」「分散的」[175]であると指摘している。大小様々な円には相異なる機能が収められ、OMA特有のヴォリュームが配置されている。あるものは《ハーグ市庁舎コンペ案》に由来し、あるものは《アスター・プレイス・ホテル》の検討案の一つに類似している。スイミングプールからはシカゴに建つポール・ゴールドバーグの円筒形タワーに似た建築が立ち上がっている。

単一の施主が一定の都市エリアを占める場合、「複雑な一貫性」に基づいて新しいアイデンティティや大都市的なアイコンを創造するロックフェラーセンターのモデルがいまだに有効である。2006年の《ガスプロム本社ビル案》はその好例であり、サンクトペテルブルクの3街区にまたがる広大なエリアにオフィス・商業施設・娯楽施設・スポーツ施設・文化施設を建設し約1万5,000人を収容する計画である。ラアス・アル=ハイマの山肌における提案と同じくOMAは正方形を用いた幾何学的なシステムを都市の表面に拡大し、計画完成までに必要な約25年間という期間全体を通じて複合体に形態的な一貫性を与えることを試みている。「24m立方のヴォリューム——6階建てで床面積は3,500㎡である——を基本的な建築ブロックとし、将来はそこから各部の構造が展開する」とOMAは述べている[176]。

このシステムは《新宿垂直キャンパス》の侵食された摩天楼の一

種である。都市計画的なスケールに展開されたシステムをOMAは「アーバン・ピクセル」と名づけている。これまでのOMAの作品の展開を踏まえると、このシステムはスーパースタジオの「建築的ヒストグラム」のような「シリーズ」的な形態生成の表現と解釈される。

OMAは《ガスプロム本社ビル》のタワーが「12ピクセル」を占める複合的摩天楼であると述べている。しかしこの記述は一連の模型写真が示す創作プロセスとは矛盾している。模型写真を見るとSOMがシアーズ・タワーで考案した「チューブを束ねる」構造原理を用いて正方形平面の細長い12本の直方体——高さは様々である——が束ね合わせられ、単一のヴォリュームにまとめられているからである。同時期にシンガポールで計画された《スコット・タワー》も同様の操作によって生成されている。不揃いな頂部の造形は《チャーチル広場オフィス・コンプレックス》のような「不完全で不規則的な平面」を生み出している。タワーの束には「掘削」や「切除」などの多様な操作が加えられているが、これらもコールハースの常套手段である。

OMAはこう述べている——「18層分の建物中間部は矩形平面のソリッドとなり、もっとも多くの人々を収容している。この部分には互いにかみ合った二つのアトリウムが穿たれている。低層部の『脚』には特殊なサービス機能と設備室と警備室が収められている。小さく独立性の高い高層部のフロアは経営陣のオフィスやミーティング

174 Ungers, Koolhaas, Riemann, Kollhoff, Ovaska, op. cit., p.85.
175 OMA/Koolhaas, *Penang Tropical City, Malaysia, 2004 Competition,* in "El Croquis", 2007, No.134-135, p.189.
176 Site www.oma.nl.

525.《ガスプロム本社ビル計画》（レム・コールハース／OMA、サンクトペテルブルク、2006年）

ルームである。建物を真っ二つに切り裂くスカイロビーには2層に渡って共有施設が挿入されている。スカイロビーはタワーを解剖し全体に活力を与える空間である」[177]

　OMAの全作品は一つ一つが驚くほど異なっている。それらは類型や規模の概念によらず、彼らが1970年代に明確化した規則、すなわち「建築的メロドラマの不文律」によって秘密裏に結びついている。偏執的＝批判的方法に駆り立てられたコールハースは個別の建築作品を同じテーマが強迫観念的に繰り返される「シリーズ」の最新のエピソードとして扱っている。偏執症的＝批判的方法はコールハースとOMAにとって現代における創造的な理性のもっとも崇高な形であり続けているのである。

[177] Ibid.

索引

【ア】

アーキグラム　Archigram　9, 12, 18, 27, 28, 31, 60, 81, 89, 146, 147, 162, 212, 231, 238, 284, 306, 324, 409

アーキズーム　Archizoom　10, 11, 20, 26, 32, 36, 58, 62, 74, 87, 119, 140, 146, 162, 295, 296, 297, 303, 417, 428, 431

アイズナー、スティーヴン　Izenour, Steven　21, 49

アイゼンマン、ピーター　Eisenman, Peter D.　20, 32, 33, 104, 140, 157, 213, 277, 394, 409

アウト、ヤコブス・ヨハネス・ピーター　Oud, Jacobus Johannes Pieter　137

アスター、ウィリアム・ウォルドーフ　Astor, William Waldorf　93

アリソン、ピーター　Allison, Peter　11, 30, 34

アルベール、エドゥアール　Albert, Edouard　253

アルベルティ、レオン・バッティスタ　Alberti, Leon Battista　32, 238

アルマンド　Armando (van Dodeweerd, Herman Dirk)　7

アレグザンダー、クリストファー　Alexander, Christopher　142, 324

アロウェイ、ローレンス　Alloway, Lawrence　417, 418

アンバース、エミリオ　Ambasz, Emilio　20, 24, 30, 31, 61, 87, 304

イエス・キリスト　Jesus Christ　29

石山 修武　Ishiyama, Osamu　241

磯崎 新　Isozaki, Arata　180, 241, 437

伊東 豊雄　Ito, Toyo　225

インサイド／アウトサイド　Inside/Outside　392

ヴァイドフェルト、ヘンドリック・テオドルス　Wijdeveld, Hendricus Theodorus　7

ヴァントンゲルロー、ジョルジュ　Vantongerloo, Georges　426

ヴィーネ、ロベルト　Wiene, Robert　12

ウィーバー、カレル　Weeber, Carel　148

ヴィオレ・ル・デュク、ウジェーヌ・エマニュエル　Viollet-le-Duc, Eugène-Emmanuel　238, 355, 368, 371, 419

ウィットカウアー、ルドルフ　Wittkower, Rudolf　32

ヴェスニン、アレクサンドル　Vesnin, Alekandr Aleksandrovic　59

ヴェセリー、ダリボー　Veseley, Dalibor　9, 10

ウェッブ、マイケル　Webb, Michael　356

ヴェナブル、ヴァイオレット　Venable, Violet　270

ヴェネリス、エリアス　Veneris, Elias　78

ヴェルレマン、ハンス　Werlemann, Hans　187

ヴェンチューリ、ロバート　Venturi, Robert　21, 42, 49, 60, 73, 82, 84, 85, 119, 139, 149, 150, 175, 181, 207, 217, 282, 291, 297, 312, 338, 344, 362

ウォーホル、アンディ　Warhol, Andy　19, 60, 92, 296, 339, 340, 341, 381

ウォール、アレックス　Wall, Alex　69, 70, 78, 124, 147

ウォルポール、ホレス　Walpole, Horace　56

ヴォルムセル、ヤコブス　Wormser, Jacobus Ph.　356

ウォレス・K・ハリソン＆マックス・アブラモヴィッツ　Wallace K. Harrison & Max Abramowitz　53, 293

ウッド、クリストファー　Wood, Christopher　188

ウンガース、オズワルト・マティアス　Ungers, Oswald Mathias　21, 23, 27, 30, 34, 35, 36, 42, 44, 45, 50, 51, 53, 63, 64, 73, 74, 75, 76, 83, 88, 95, 104, 110, 112, 132, 133, 134, 138, 140, 162, 163, 165, 166, 176, 180, 185, 196, 218, 239, 240, 303, 304, 344, 440

エイゼンシュタイン、セルゲイ　Eisenstein, Sergei　142

エヴァンス、ロビン　Evans, Robin　11

エッシャー、マウリッツ・コルネリス　Escher, Maurits Cornelis　278, 406, 425, 437

エミリー・ロス＆サンズ　Emery Roth & Sons　293, 294

エレーヌ、ルモワンヌ　Lemoîne, Hélène　265

エン・ボーゲルス、ペーテルス　En Boogers, Peters　136

オイチシカ、エリオ　Oiticica, Hélio　385, 407

オヴ・アラップ事務所　Ove Arup & Partners　157, 214, 221, 228, 233, 247, 316, 376, 384, 399, 403, 405

オヴァスカ、アーサー　Ovaska, Arthur　34

オースマン、ジョルジュ・ウジェーヌ　Haussmann, Georges Eugène　323, 325

オーティス、エリシャ　Otis, Elisha　87, 270

オールトイス、ヘリット　Oorthuys, Gerrit　9, 30, 57, 58, 67, 68, 276

【カ】

カーン、ルイス　Kahn, Louis　32, 82, 83, 84, 211, 214, 223, 264, 281, 282, 299, 300, 301, 312, 342, 357, 361, 362, 366

ガウディ、アントニオ　Gaudí, Antoni　139

ガタリ、フェリックス　Guattari, Félix　294

カプリ・エンタープライズ　Capri Entreprises　249

カルヴィーノ、イタロ　Calvino, Italo　145

ガルニエ、シャルル　Garnier, Charles　263

キューブリック、スタンリー　Kubrick, Stanley　59, 279, 428

キュロ、モーリス　Culot, Maurice　116

クーネン、ヨー　Coenen, Jo　196

クック、ピーター　Cook, Peter　9, 31, 89

クラーク、リジア　Clark, Lygia　253

クライフス、ヨーゼフ・パウル　Kleihues, Josef Paul　129, 158

クライン、イヴ　Klein, Yves　19, 162, 213

クラメル、ピエト　Kramer, Pieter Lodewijk　357

クリエ、レオン　Krier, Léon　44, 64, 65, 67, 73, 74, 83, 84, 85, 101, 116, 117, 120, 121, 134, 166, 168, 251, 282, 283, 302

クリエ、ロブ　Krier, Rob　64, 120, 121, 134, 168

グループ69　Groep 69　136

クルチコフ、ゲオールギー　Krutikov, Georgy　133

グレイヴス、マイケル　Graves, Michael　119

クレー、パウル　Klee, Paul　57, 253

黒川 紀章　Kurokawa, Kisho　15, 426

グロピウス、ヴァルター　Gropius, Walter　133, 168

ゲーリー、フランク・オーウェン　Gehry, Frank Owen　328, 372, 396, 400

ゲーリングス不動産　Geerlings Vastgoed　171, 243, 316, 318

ゲデス、ノーマン・ベル　Geddes, Norman Bel　51

コーベット、ハーヴェイ・ウィリー　Corbett, Harvey Wiley　95, 98, 389

ゴールドバーグ、バートランド　Goldberg, Bertrand　133

コールハース、アントン　Koolhaas, Anton　8

コッター、フレッド　Koetter, Fred　84, 150, 318

コルベ、ゲオルグ　Kolbe, Georg　334

コルホフ、ハンス　Kollhoff, Hans　34, 83, 321

コロンブス、クリストファー　Columbus, Christopher　22, 26, 28, 29, 30, 37, 42, 43, 44, 50, 51, 55, 69, 79, 217, 277, 335, 360, 362, 385

【サ】

ザカリアス、トム　Zacharias, Tom　70

シーグラム社　Seagram Company　309

シェイクスピア、ウィリアム　Shakespeare, William　81

シェーレン、オレ　Scheeren, Ole　337, 400

ジェリコー、テオドール　Géricault, Théodore　28

ジェンクス、チャールズ　Jencks, Charles　9, 30, 53, 64, 84, 88, 138, 164, 303, 312

シニャフスキー、ミハイル・イサコヴィッチ　Sinjavskij, Michail Isaakovich　48

シモニーニ、リカルド　Simonini, Riccardo　78

シャーデル、バーラム　Shirdel, Bahram　394

シャロウン、ハンス　Scharoun, Hans　154, 155, 158

ジャン=フランソワ、ルモワンヌ　Lemoîne, Jean-François　265

シャンポリオン、ジャン・フランソワ　Champollion, Jean-François　160

シュヴィッタース、クルト　Schwitters, Kurt　304, 417

シュタイナー、ルドルフ　Steiner, Rudolf　355

シュリーマン、ハインリヒ　Schliemann, Heinrich　160

ジュリオ・ロマーノ　Giulio Romano (Pippi, Giulio)　207

シュレム、オーリー　Shrem, Orly　73

ジョンソン、ハワード　Johnson, Howard　29

ジョンソン、フィリップ　Johnson, Philip　11, 119, 175, 243, 264

スーパースタジオ　Superstudio　10, 18, 19, 20, 23, 24, 25, 26, 27, 31, 32,

スカリー、ヴィンセント　Scully, Vincent　34, 37, 51, 58, 61, 62, 65, 74, 75, 81, 87, 93, 119, 140, 146, 162, 272, 279, 295, 296, 303, 338, 428, 431, 436, 441

スカリー、ヴィンセント　Scully, Vincent　117

スキッドモア・オーウィングズ＆メリル　→SOM (Skidmore, Owings & Merrill)

スコット・ブラウン、デニス　Scott Brown, Denise　21, 49, 82, 119

スターリン、ヨシフ　Stalin, Joseph　59

スターリング、ジェームズ　Stirling, James　44, 359

スタール、ジャン・フレデリック　Staal, Jan Frederik　356

スタール、フレデリック　Starr, S. Frederick　58

スタム、マルト　Stam, Mart　133

スピアー、ローリンダ　Spear, Laurinda　31

スミッソン、アリソン　Smithson, Alison　142, 226, 304, 324

スミッソン、ピーター　Smithson, Peter　9, 142, 226, 304, 324

スミッソン、ロバート　Smithson, Robert　431, 433

スルーテラー、ハンス　Sleutelaar, Hans　7

ゼードルマイアー、ハンス　Sedlmayr, Hans　274

セラ、リチャード　Serra, Richard　291, 419

セルダ、イルデフォンス　Cerdà, Ildefons　133, 240

ゼンゲリス、エリア　Zenghelis, Elia　9, 11, 12, 13, 15, 22, 26, 27, 28, 29, 30, 36, 37, 42, 43, 45, 52, 64, 65, 66, 67, 70, 73, 74, 75, 76, 78, 79, 108, 109, 110, 111, 112, 115, 116, 121, 123, 124, 129, 137, 140, 147, 148, 157, 160, 191, 373

ゼンゲリス、ゾーイ　Zenghelis, Zoe　12, 22, 32, 36, 45, 78

ゼンパー、ゴットフリード　Semper, Gottfried　238, 299, 419

ソーン、ジョン　Soane, John　397, 403

【タ】

ダーウィン、チャールズ　Darwin, Charles　88, 97, 160

ダウカー、ヨハネス　Duiker, Johannes　133

タフーリ、マンフレッド　Tafuri, Manfredo　36, 57, 58, 60

ダラヴァ、ブデ　Dall'Ava, Boudet　181

ダリ、サルバドール　Dali Salvador　19, 23, 32, 37, 38, 40, 48, 49, 60, 86, 89, 99, 100, 182, 187, 230, 238, 263, 277, 343

ダルダー、レネ　Daalder, Rene　8, 21

チームX　Team X　77

チュミ、ベルナール　Tschumi, Bernard　123, 394

ツァラ、トリスタン　Tzara, Tristan (Rosenstock, Sami)　92

ツァラトゥストラ　Zarathustra　64, 122

ツッカリ、フェデリコ　Zuccari, Federico　334

デ・カット、キース　De Kat, Kees　136

デ・クラーク、ミケル　De Klerk, Michel　356, 357

デ・グラーフ、レニエ　De Graaf, Reinier　335

デ・ハーン、ヘイン　De Haan, Hein　136

デ・ヘイテル、ザヴェール　De Geyter, Xaveer　124, 188, 296

デ・ボン、ヤン　De Bont, Jan　8

デ・マリア、ウォルター　De Maria, Walter　11, 431

デ・マルティーノ、ステファノ　De Martino, Stefano　78

デュシャン、マルセル　Duchamp, Marcel　92, 237

デュビュッフェ、ジャン　Dubuffet, Jean　296

テラーニ、ジュゼッペ　Terragni, Giuseppe　32, 33, 213, 277

トゥスケ、オスカー　Tusquets, Óscar　241

ドゥボール、ギー　Debord, Guy　166

ドゥルーズ、ジル　Deleuze, Gilles　253, 294, 374

ドキシアディス、コンスタンティノス　Doxiadis, Constantinos　303

ドレクスラー、アーサー　Drexler, Arthur　30, 31

トンプソン、フレデリック　Thompson, Frederic　393

【ナ】

ナタリーニ、アドルフォ　Natalini, Adolfo　22, 29, 37

ナッシュ、ジョン　Nash, John　15

ニーチェ、フリードリヒ　Nietzsche, Friedrich　37, 64, 95

ニーマイヤー、オスカー　Niemeyer, Oscar　7, 84, 139, 155, 180, 223, 238, 250, 264, 274, 386, 412, 429, 436

ニューヴェンホイス、コンスタント　Nieuwenhuys, Constant　7

ヌーヴェル、ジャン　Nouvel, Jean　227, 250, 394

ノイトラ、リチャード　Neutra, Richard　247, 277

ノイトリングス、ウィリアム・ヤン　Neutelings, Willem Jan　124, 147

445

索引

ノリ、ジョヴァンニ・バティスタ　Nolli, Giovanni Battista　82, 83, 84, 85, 181, 282, 351

【ハ】

バーニー、カレル　Birnie, Carel　137

パールマッター、リチャード　Perlmutter, Richard　78

ハイザー、マイケル　Heizer, Michael　23, 431

バケマ、ヤコブ　Bakema, Jacob B.　133, 226

バックミンスター・フラー、リチャード　Buckminster Fuller, Richard　218, 360

ハディド、ザハ　Hadid, Zaha　70, 73, 75, 78, 107, 109, 110, 111, 123, 129, 394

ハミルトン、リチャード　Hamilton, Richard　18

パラディオ、アンドレア　Palladio, Andrea　27

ハリソン、ウォレス・カークマン　Harrison, Wallace Kirkman　23, 88, 98, 150, 293, 389, 412, 429, 431, 436

バルシュ、ミハイル・オシポヴィッチ　Barsch, Michail Osipovich　48

バルモンド、セシル　Balmond, Cecil　157, 191, 201, 202, 210, 214, 228, 235, 238, 273, 275, 277, 299, 300, 301

バンシャフト、ゴードン　Bunshaft, Gordon　293

バンハム、レイナー　Banham, Reyner　88, 95, 101, 162, 292, 295, 357

ピカソ、パブロ　Picasso, Pablo　108

ピスカトール、エルヴィン　Piscator, Erwin　168

ピラネージ、ジョヴァンニ・バティスタ　Piranesi, Giovanni Battista　146, 207, 218, 227, 238, 252, 282, 285, 298, 303, 312, 315, 334, 370, 379, 409, 420, 430, 433, 439

ヒルベルザイマー、ルートヴィヒ　Hilberseimer, Ludwig　12, 27, 129, 132, 133, 156, 163, 166, 239, 241, 242, 288

ヒントン、ハワード　Hinton, Howard　385

ファイニンガー、アンドレアス　Feininger, Andreas　81

ファン・アイク、アルド　Van Eyck, Aldo　73, 120, 122, 146

ファン・エーステレン、コルネリス　Van Eesteren, Cornelis　360

ファン・ダンシク、ドナルト　Van Dansik, Donald　167

ファン・テイエン、ウィレム　Van Tijen, Willem　137

ファン・デル・フルーフト、レーンデルト・コルネリス　Van der Vlugt, Leendert Cornelius　137

ファン・デル・ヘイス、フィクトール　Van der Chijs, Victor　424

ファン・デン・ブルック、ヨハネス・ヘンドリック　Van den Broek, Johannes Hendrik　226

ファン・ドゥースブルフ、テオ　Van Doesburg, Theo　33, 360

ファン・ベルケル＆ボス　Van Berkel & Bos　374

ファン・ホーフト事務所　Adviesburo van Hooft　353

ファン・マウリック、ディック　Van Mourik, Dick　148

ファン・メール、ヘイン　Van Meer, Hein　136

ファン・ラーフェスタイン、ヤン　Van Ravesteyn, Jan　139, 155

ファン・ライス、ヤコブ　Van Rijs, Jacob　124

ファン・レイン、シエール　Van Rhijn, Sier　136

ファン・ロヘム、ヨハネス・ベルナルドゥス　Van Loghem, Johannes Bernardus　133

フィシュ、ヘンク　Visch, Henk　207

フーコー、ミシェル　Foucault, Michel　87, 374

フェリーニ、フェデリコ　Fellini, Federico　7

フェリス、ヒュー　Ferriss, Hugh　42, 51, 69, 94, 97, 115, 126, 176, 177, 181, 281, 282, 310, 317, 346, 359, 362, 393, 397, 436, 437

フェルク、ギュンター　Förg, Günther　207

フェルドマン、トニー　Feldman, Tony　73

フェルメール、ヨハネス　Vermeer, Johannes　340

フェルメーレン、ピエト　Vermeulen, Peter　148

フォールベルフ、ヤン　Voorberg, Jan　124

ブオナローティ、ミケランジェロ　Buonaroti, Michelangelo　153, 180, 261, 426

フォンタナ、ルーチョ　Fontana, Lucio　142, 175, 283, 325, 410

フッド、レイモンド　Hood, Raymond　51, 69, 98, 118, 119, 140, 174, 195, 218, 293, 301, 315, 393

ブデ、ドミニク　Boudet, Dominique　181

ブニュエル、ルイス　Buñuel, Luis　32

プライス、セドリック　Price, Cedric　9, 162, 285

プラダ　Prada　323, 331, 335, 337, 388, 399, 400, 417

ブランジ、アンドレア　Branzi, Andrea　291

フランプトン、ケネス　Frampton, Kenneth J.　20, 117

フリーゼンドープ、マデロン　Vriesendorp, Madelon　12, 20, 21, 36, 38, 54, 56, 78, 86, 98, 119, 122, 124, 139, 143, 149, 180, 187, 226, 328, 375

フリードマン、ヨナ　Friedman, Yona　337, 437

フリック、フリードリヒ・クリスチャン　Flick, Friederich Christian　485

ブリンクマン、ヨハネス・アンドレア　Brinkman, Johannes Andreas　137

ブルトン、アンドレ　Breton, André　26, 28, 92, 344

ブルニエ、イヴ　Brunier, Yves　196, 227

ブレー、エティエンヌ=ルイ　Boullée, Étienne-Louis　180, 353, 384, 436

プレストル・ド・ヴォーバン、セバスティアン　Prestre de Vauban, Sébastien　230

フロイト、ジークムント　Freud, Sigmund　38, 40, 54, 55, 65, 89, 96, 160, 410

ブロイヤー、マルセル　Breuer, Marcel　396, 397, 398, 400

ブロメット、フラン　Bromet, Frans　8

ブロンデル、ジャック=フランソワ　Blondel, Jacques-François　265, 415

ブロンフマン・ジュニア、エドガー　Bronfman Jr., Edgar　309

ベラス、ブルース　Bellas, Bruce　297

ヘルツォーク&ド・ムーロン　Herzog & de Meuron　335, 356, 389, 390, 399

ヘルツベルハー、ヘルマン　Hertzberger, Herman　120, 122

ベルラーヘ、ヘンドリク・ペトルス　Berlage, Hendrik Petrus　107, 125, 126, 149, 156, 262, 419

ペレ、オーギュスト　Perret, Auguste　212, 251, 252, 288

ペレス・デ・アルセ、ロドリゴ　Perez de Arce, Rodrigo　83, 84, 129

ベンサム、ジェレミ　Bentham, Jeremy　113, 374

ベンヤミン、ヴァルター　Benjamin, Walter　20, 57, 87, 296

ホイジンガ、ヨハン　Huizinga, Johan　88

ボードレール、チャールズ　Baudelaire, Charles　12, 62, 142, 251, 301, 420

ホール、スティーヴン　Holl, Steven　241, 315, 409

ボス、ヒエロニムス　Bosch, Hieronymus　238

ボッチチェリ、サンドロ　Botticelli, Sandro (di Mariano Filipepi, Alessandro)　340

ポポフ、アンドレイ　Popov, Andrei S.　133

ボヤスキー、アルヴィン　Boyarsky, Alvin　9, 20, 21, 31, 37, 62, 150

ポラック、マーサ　Polak, Martha　34

ポルザンパルク、クリスチャンド　Portzamparc, Christian De　227, 241

ポローニ、ステファン　Polónyi, Stefan　138, 154

ポローニ&フィンク事務所　Polónyi & Fink　138, 157

【マ】

マース、ウィニー　Maas, Winy　124

マーティン、レスリー　Martin, Leslie　315

マイ、エルンスト　May, Ernst　133, 222

マウ、ブルース　Mau, Bruce　291, 392

槙 文彦　Maki, Fumihiko　302

マクスウェル、ロバート　Maxwell, Robert　123

マグヌッソン・クレメンチッチ・アソシエイツ　Magnusson Klemencic Associates (MKA)　376

マック、マーク　Mack, Mark　241

マルキ・ド・サド　Marquis de Sade　29, 38

マレーヴィチ、カジミール　Malevich, Kazimir　23, 41, 50, 68, 69, 70, 72, 75, 110, 115, 126, 142, 177, 207, 209, 208, 279, 362, 373, 378

マン・レイ　Man Ray　38

マンキーウィッツ、ジョーゼフ・レオ　Mankiewicz, Joseph Leo　270

マンデルブロ、ブノワ　Mandelbrot, Benoît B.　193, 359, 403, 422

ミース・ファン・デル・ローエ、ルートヴィヒ　Mies Van der Rohe, Ludwig　11, 23, 88, 110, 115, 118, 129, 132, 133, 136, 146, 160, 164, 168, 169, 171, 174, 176, 194, 196, 208, 225, 239, 242, 243, 246, 247, 248, 249, 263, 264, 272, 276, 286, 296, 305, 309, 310, 321, 323, 326, 327, 328, 330, 331, 334, 338, 342, 355, 368, 389, 402, 403, 404, 417, 426, 427, 428, 429, 431

ミムラム、マルク　Mimram, Marc　182

ミレー、ジャン=フランソワ　Millet, Jean-François　19, 23, 38, 89, 99, 226, 343

メイヤーリング、キース　Meyering, Kees　8

447
索引

メーリニコフ、コンスタンチン・ステパーノヴィッチ　Melnikov,
　　Konstantin Stepanovic　58, 118, 199, 260, 347, 359
メビウス、アウグスト・フェルディナント　Moebius, August Ferdinand
　　213, 253, 406, 423, 424
メンデルゾーン、エーリヒ　Mendelsohn, Erich　129
モリーノ、カルロ　Mollino, Carlo　231
モリス、ロバート　Morris, Robert　176, 276, 279
モレッティ、ルイジ　Moretti, Luigi　83, 217, 348, 351

【ヤ】

ヤウケ・ブラーウ、コーネリス　Jouke Blaauw, Cornelis　356
ユング、カール・グスタフ　Jung, Carl Gustav　24
ヨルン、アスガー　Jorn, Asger　166

【ラ】

ライト、フランク・ロイド　Wright, Frank Lloyd　118, 119, 145, 194, 218, 299
ラウシェンバーグ、ロバート　Rauschenberg, Robert　304
ラッジ、フランコ　Raggi, Franco　424
ラブルースト、アンリ　Labrouste, Henri　384
ラフロフ、ゲオールギー　Lavrov, Georgy　133
ラング、フリッツ　Lang, Fritz　12, 18
リートフェルト、ヘリット　Rietveld, Gerrit　9, 155, 276
リシツキー、エル　Lissitzky, El (Lisickij, Lazar Markovich)　23, 41, 48,
　　69, 75, 110, 111, 113, 117, 127, 155, 275, 277, 316, 350, 397, 409
リヒター、ゲルハルト　Richter, Gerhard　306
リベスキンド、ダニエル　Libeskind, Daniel　62, 73
ル・コルビュジエ　Le Corbusier (Charles-Edouard Jeanneret)　7, 23, 27,
　　30, 32, 50, 51, 83, 84, 87, 98, 99, 100, 101, 103, 116, 117, 133, 138, 139,
　　180, 184, 186, 194, 196, 213, 226, 227, 236, 239, 240, 243, 247, 251, 264,
　　293, 294, 299, 301, 306, 307, 355, 416, 435, 437
ルウィット、ソル　LeWitt, Sol　296, 409
ルーベン、ナンシー　Ruben, Nancy　66
ルドゥー、クロード・ニコラ　Ledoux, Claude-Nicolas　16, 180, 274, 275,
　　360

レオナルド・ダ・ヴィンチ　Leonardo Da Vinci　340
レオニドフ、イワン　Leonidov, Ivan　9, 13, 17, 22, 23, 27, 30, 31, 33, 53,
　　55, 58, 59, 60, 63, 67, 70, 72, 97, 104, 118, 127, 133, 136, 139, 150, 154,
　　180, 195, 212, 224, 247, 248, 274, 275, 276, 296, 308, 324, 360, 390, 431,
　　436
ロウ、コーリン　Rowe, Colin　21, 30, 32, 83, 84, 85, 110, 120, 150, 155, 166,
　　213, 282, 283, 302, 308, 318, 362
ローゼンブルフ、ディルク　Roosenburg, Dirk　7
ローチ、ケヴィン　Roche, Kevin　119
ロートレアモン　Lautréamont (Ducasse, Isidore Lucien)　23, 112, 330
ロックフェラーセンター建築家連合　Associated Architects of
　　Rockefeller Center　98, 124, 389
ロッシ、アルド　Rossi, Aldo　64, 136, 180, 208, 291

1,2,3 グループ　1,2,3, Groep　8
CIAM　74, 75, 77, 85, 87, 120
MVRDV　374
SOM　389, 410, 431, 441
WEST8　227

その後のコールハース／OMA／AMO　　　　　　　　　　　　　　　　　　　　岩元真明

本書はコールハース／OMAの作品を精緻にたどったクロニクルであり、各時代の作品を西欧の芸術史・建築史全体と結びつける著者の博識には舌を巻くばかりである。しかし、存命の建築家／建築家集団を対象としているため、終盤は少々尻切れトンボの感が否めない。そこで、ここでは原書出版直後の2008年から2015年現在までのレム・コールハース／OMAの活動を簡潔に素描し、本書の内容を相対化する視点を得たいと思う。

スタイルの完成と洗練
翻ってみると、《シアトル公立図書館》や《カサ・ダ・ムジカ》などの作品が相次いで完成した原書出版直前の数年間はコールハース／OMAの円熟期の始まりだった。《エクソダス》や《囚われの地球の都市》などの物語的プロジェクトを出発点としたコールハースは、1990年代までは《ラ・ヴィレット公園コンペ案》や《フランス国立図書館コンペ案》などのアンビルトのプロジェクトで名声を博していた。しかし、《マコーミック記念キャンパス・センター》、《在ベルリン・オランダ大使館》、《シアトル公立図書館》、《カサ・ダ・ムジカ》の完成で状況は大きく変化する。これらのプロジェクトはOMAが過去30年間に蓄積してきた建築言語の集大成であり、その成功が以降のOMAの建築スタイルを規定したのである。本書第5章に登場する《デー・アンド・チャールズ・ワイリー・シアター》(2009年竣工)や《ミルスタインホール》(2011年竣工)、あるいは2009年にコンペで勝利した《台北パフォーミングアート・センター》などは、基本的にこの延長線上にあるプロジェクトと言える。

「XL」の実現とOMAの拡大
しかし、これらのプロジェクトは大規模だが極大規模ではない。換言すれば「L」ではあるが「XL」ではない。21世紀におけるOMAの最大の転機はスケールの飛躍によってもたらされた。2010年代に入ると《CCTV》《深圳証券取引所》《デ・ロッテルダム》などの「XL」プロジェクトが相次いで竣工する。これらは複数の巨大ヴォリュームを組み合わせるという「複合的安定性」(コンポジット・スタビリティ)(本書第4章)の考え方に基づいたタワーであり、ファサードは意図的に均質につくられている。「ジェネリックな外観操作」にはアイコン建築が乱立する今日的状況に対する痛烈な批判が込められているが、このアイデアをコールハースは東京の高層ビル群を見て発想したそうである(映画『だれも知らない建築のはなし』石山友美監督、2015年)。

　一般的に、組織的に設計される巨大プロジェクトでは建築家個人の作家性は相対的に薄れてゆく。しかし、「巨大ヴォリュームの複合」はビッグネスにおいてのみ発揮されうる個人の構想力の地平を切り拓き、「ジェネリックな外観操作」は大規模プロジェクトの均質性・匿名性を美学的に昇華させる。これら二つの方法を組み合わせることで、コールハースはビッグネスのもたらした状況を批判的に引き受けながらも、スターアーキテクトの作家性が刻印されたアイコン的タワーから一線を

画すことに成功したと言える。

　これら世界各地の巨大プロジェクトに取り組むためにOMAは組織体制を変革し続けている。ロッテルダム・ニューヨーク・北京のオフィスに加え、香港（2009年）・ドーハ（2013年）・ドバイ（2015年）と着実に拠点を広げ、パートナーの数は倍増した。そして、組織の拡大につれてパートナーの役割も変化し、個々の活躍が目立つようになる。特にフィクトール・ファン・デル・シャイスを経営陣に迎えた頃からコールハースの手を離れたプロジェクトが増え始め、近年では多数を占めるようになった。本書で予言された通り、OMAはコールハースという単一の作家を超えて「創造的機械」へと変貌を遂げつつあるのかもしれない。

XSサイズの実験場

一方、コールハースは「XS」とでも呼べるような小さなプロジェクトにおいて作家的な建築実験を継続している。その多くはプラダをクライアントとする仮設建築群である。2004年以降、AMOはプラダやその姉妹ブランドであるミュウミュウのファッションショーの空間をデザインしているが、そこには本書で詳述された「偏執症的イメージ」が繰り返し登場する。たとえば2010年春夏メンズコレクションには「ベルリンの壁」のような長大な壁が登場し、2015年春夏ウィメンズコレクションではキャットウォークが「プール」に浮かべられた。素材の面でも、ポリカーボネート、スタイロフォーム、グレーチング、鏡などコールハース建築に典型的な材料が多く用いられている。これらはコールハース／OMAが編み出してきた建築言語を仮設的・祝祭的なショー空間のために再解釈し、さらなる抽象化と洗練を加えたものとして捉えられるだろう。ファッションモデルが行き交うキャットウォークというプログラムはまさに「トラジェクトリー」であり、コールハースの建築言語との親和性が高いのかもしれない。なお、ファッションショーの他にも、AMOはパヴィリオン設計やイベント設営やルックブック制作などでプラダとの協働を幅広く続けており、そこには「偏執症的イメージ」にあてはまらない新たな試みも多く含まれている。一連のプラダのプロジェクトは来るべき建築プロジェクトの孵化装置、あるいは「コニーアイランド」のような意味を帯びているのである。OMAは2015年に《プラダ財団》という文化複合施設をミラノに完成させたが、いくつかの仕上げにはAMOの手がけたキャットウォークとの関連性が認められる。

都市から歴史へ

次にコールハース／AMOのリサーチ活動に目を向けてみよう。本書終盤では当時の最新傾向として中東のプロジェクトが分析されているが、コールハース／AMO自身も湾岸諸国の都市・建築に関してリサーチを行っており、その成果を『Al Manakh』（2007年）、『Al Manakh: Gulf Continued』（2010年）という2冊の本にまとめている。本書第5章で言及されている通り、コールハースは湾岸都市を近代化の最前線として捉えており、その研究は『S,M,L,XL』以来の現代

都市研究の最新版と言ってよい。

　しかし、2010年前後からコールハース／AMOの主要な関心は都市から歴史へと移り始めた。2010年の第12回ヴェネチア・ビエンナーレ建築展でAMOは「クロノカオス」という展示を発表し「保存」に関する問題提起を行った。展示に際して執筆されたエッセイ「クロノカオス」(『S,M,L,XL＋』所収、ちくま学芸文庫、2015年)の中で、コールハースは歴史保存のために変化を禁じられた面積が地球上で急速に拡大していると指摘し、一方で「公共事業として建設された戦後建築」が資本主義の論理によって全世界的に破壊されていることに警鐘を鳴らした。また、AMOはユネスコの世界遺産条約の文言をもじって「何を保存するか」ではなく「何を破壊するか」を提案したが、このような思考は保存と解体を同時並行させたウンガースとの協働作品を思わせる(本書第1章)。このような問題意識はミラノ郊外の工場を転用した《プラダ財団》(2008年～)やモスクワ郊外の駐車場を市内に移築した《ガレージ現代美術館》(2015年～)、パリ市内に計画中の《ギャラリー・ラファイエット財団》(2014年～)やヴェネチアのリアルト橋のたもとにある《ドイツ人商館》(2010年～)といった一連のリノベーションの仕事から得たものだろう。続く2012年の第13回ビエンナーレでは「公共事業：公務員による建築」という展示が行われ、1960～70年代のヨーロッパにおける公共事業建築に光が当てられている。AMOはヨーロッパ中を調査して無名の公務員によっ

て設計された15の公共事業建築を選び、民間投資で建設される現代建築との差異を浮き彫りにしたが、同様の問題意識は日本のメタボリズム運動に焦点を当てたコールハース／AMOの著作『プロジェクト・ジャパン　メタボリズムは語る…』(平凡社、2012年)にも認められる。

「ファンダメンタルズ」と原点回帰

2014年にはコールハースが総合ディレクターを務めた第14回ヴェネチア・ビエンナーレ建築展が開催された。「ファンダメンタルズ」(原理、根本)と題されたビエンナーレのスローガンは「建築家ではなく建築」(Architecture, not architects)であり、一見するとルドフスキーが1964年にMoMAで開催した「建築家なしの建築」展(Architecture Without Architects)に似ている。しかし「建築家なしの建築」が前近代のヴァナキュラー建築によって近代そのものに挑戦したのに対し、「ファンダメンタルズ」は正統な近代建築史からこぼれ落ちた近代化の産物を遡及的に評価する試みであり、両者のベクトルは正反対である。ビエンナーレ参加各国には「近代の吸収：1914-2014」というテーマが与えられ、自国の近代化を批判的に検証することを求められたが、ここには近代の知られざる一面に光を当てるというコールハースの関心が認められる(言うまでもなく1914年はヨーロッパで第一次世界大戦が勃発した年である)。この問題意識は前回ビエンナーレの展示と通底しており、さらに言えば1980年の第1回ビエンナーレ建築展で発表さ

れた「われらの『新即物主義』」(本書第2章)にも接続する。かつてポストモダニズムの敵意にさらされ、今日では市場原理主義の中で矮小化されている「近代性」を救いだそうとする点において、コールハースの態度はつねに一貫しているのである。また、ビエンナーレではコールハースの指揮の下で「エレメンツ・オブ・アーキテクチャー」という大規模な展示が制作され、天井・壁・床・窓などの15の建築の基本要素(エレメント)が再考された。建築を基本要素に分解するアプローチはきわめて古典的であり、古くはロージェの「原始の小屋」(柱・梁・屋根)やゼンパーの「建築の四要素」(炉・基礎・屋根・被覆)、近代ではル・コルビュジエのドグマ的な「五原則」などに見られるものである。同様にコールハースの「エレメンツ」展も建築の根本原理(ファンダメンタルズ)を探るための原点回帰であり、近代化という観点から基本要素(エレメント)の認識をアップデートする試みだったと言える(15の基本要素にはエスカレーターやエレベーターなどの機械技術も含まれている)。

一方で、コールハースは「エレメンツ」展が偏執症的=批判的方法の産物であるとも告白している。たとえば、設備が空間を圧倒する状況を可視化した「天井」の展示は、《ZKM》に由来する「概念的な縞模様(コンセプチュアル・ゼブラ)」(本書第3章)を思い起こさせる。「エレメンツ」展の端々にはこのようなコールハースの自伝的隠喩が込められており、私的な原点回帰という意味合いも認められる。

──

以上、原書発表以後のコールハース/OMA/AMOの軌跡を駆け足で追ったが、この解説も近い将来に色あせることは否めない。近年コールハースは「カントリーサイド(田舎)」の研究を行っているようだが、「メトロポリス(大都市)」というOMAの原点に矛盾している点で興味深い。「ファンダメンタルズ」で原点に回帰し、その破壊すら企てるコールハースは今一度建築界を揺るがすのだろうか。

訳者解説

難波和彦＋岩元真明

本書は Roberto Gargiani, *Rem Koolhaas | OMA, The Construction of Merveilles* (EPFL Press, 2008) の全訳である。スイス連邦工科大学ローザンヌ校教授の歴史家ロベルト・ガルジャーニが著した本書はレム・コールハース／OMAに関する初の本格的なモノグラフであり、AAスクール時代から2007年（原著出版の前年）までの主要な出来事とプロジェクトを網羅している。本書のタイトルにある「驚異（merveilles）」という言葉はシュルレアリスムの画家ルネ・マグリットの作品名の引用で、コールハース／OMAの作品に底流しているシュルレアリスムの重要性を暗示している。また「構築（Construction）」は若きコールハースに圧倒的な影響を与えたコンストラクティヴィズム、すなわちロシア構築主義を思わせる。これまで Russian Constructivism は「ロシア構成主義」と訳されてきたが、本書では原意に忠実に「ロシア構築主義」と訳している。モダニズム建築の重要な概念である Composition と Construction の対比を明確にするために、「構成」と「構築」と訳し分けるべきだと考えたからである。

コールハースはキャリアのきわめて早い段階でシュルレアリスムとロシア構築主義に出会い、1978年出版の『錯乱のニューヨーク』において、彼独特の形で建築・都市と結びつけることに成功している。このあたりの経緯は本書第1章に詳述されているが、「シュルレアリスム」にせよ「ロシア構築主義」にせよ、CIAMやバウハウスといったモダニズム建築の本流から外れた「もうひとつの近代」であることに留意すべきである。

10年間の修養時代
——偏執症的イメージと建築理論の原石

本書はコールハース／OMAの軌跡を年代順に描いているが、各章の切り分け方が実に秀逸である。1968年のAAスクール入学から1978年の『錯乱のニューヨーク』出版までの10年間を主に描いた第1章は、いわば建築家コールハースの修養時代、準備期間を描いた章である。この10年間に実現したOMA／コールハースのプロジェクトは一つとして存在しない。しかし本書ではこの時期がコールハースの原体験をなした最重要期間として位置づけられている。コールハースは1945年生まれだから、最も感受性の鋭い時期に1968年のパリ五月革命を体験し、アメリカ経由のポップアートやフラワームーブメントに触れている。この時期にコールハースは映画脚本を書きつつ建築を学び、ベルリン、ニューヨーク、旧ソヴィエトと遍歴を重ね、シュルレアリスムとロシア構築主義に傾倒し、ロンドンのAAスクールで教鞭を執り始めている。（ベルリンの）「壁」、（マンハッタンの）「摩天楼」、（シュルレアリスムの）「卵」、（レオニドフの）「プール」といった彼のライトモチーフはすべてこの時期に見出されたものであり、ガルジャーニはこれらを「偏執症的イメージ」と呼んでいる。また、理論面においてもシュルレアリスムの画家サルバドール・ダリから「偏執症的＝批判的方法」を、ベルリンの建築家O.M.ウンガー

スから「群島」を、ポストモダニズムの創始者ロバート・ヴェンチューリから「ポシェ」を、ソヴィエトのシュプレマティストであるカジミール・マレーヴィチから「テクトニック」を学んでいる。ガルジャーニは第1章において、これらの概念を互いに関係づけながら一つずつ丁寧に解説しているが、コールハースの原点を理解する上できわめて貴重な基礎的研究だといえよう。中でもダリから学んだ「偏執症的＝批判的方法 Paranoid Critical Method（PCM）」はコールハースの建築デザインに潜む核心的な方法概念であり、彼のデザインを他の建築家と分かつ決定的な要因でもある。『錯乱のニューヨーク』の中でコールハースは、ダリから学んだ精神分析手法の「内容」(性的な意味)よりも「方法」に注目することを明記しながら、PCMを以下の二つの不連続な操作の連鎖に整理している。「1. 世界を新しい光のもとで見る偏執症患者の方法の人工的再現──それに伴う、思いもかけぬ照応、類推、パターンの豊かな成果。2. 気体状の思考を、ついに事実としても密度を得るにいたる臨界点まで圧縮すること」。彼の建築に見られる、意外性に満ちたプログラムの組織化、ネガとポジの逆転（ヴォイド）、現実離れしたスケール感、意表を突いた歴史的引用、夢のような形態イメージ、常識離れした構造や構法の採用、といった方法やデザイン・ボキャブラリーの起源は明らかにPCMにあるように思われる。

10年間の助走時代
──コールハースの近代解釈とOMAの奮闘

最初の10年間が修養と理想の時代だとすれば、第2章で描かれる次の10年間は現実に対峙するストラグルの時代である。当時隆盛を誇っていたポストモダニズムやコンテクスチュアリズムと対決しながら、初めての実務をこなすという二重のストラグルである。OMAの奮闘は母校AAスクールでの教育活動と並行して展開されたが、当時学生だったザハ・ハディドと思想を共有し、協働していた事実は特筆に値する。コールハースが活動を開始した1970年代はモダニズムの建築理論に綻びが見え始めた時代であり、多くの建築家は歴史や伝統に理想を追い求めてポストモダニズムやコンテクスチュアリズムに転じた。しかしながら第2章で描かれる通り、コールハースは建築思潮の本流に逆らい、1980年代以降もあえて「近代」に拘り続けている。ただしコールハースが肯定したのはドグマ化しスタイル化した近代主義ではなく、近代建築に宿った思想性＝近代性(モダニティ)である。それは「シュルレアリスム」や「ロシア構築主義」や「マンハッタニズム」と同様に「もうひとつの近代」とでも呼べるものであり、コールハースは凡庸なインターナショナル・スタイルの相貌をも厭わない自らの姿勢を「われらの新即物主義」と命名している。ガルジャーニは淡々と解説をしているが、この時期のプロジェクトは一見すると確かに「凡庸」であり、以後のOMAの作品を知る者には、肩すかしを食らったような不思議な印象を与える。しかしこの時期は『錯乱のニュー

ヨーク』で確立した方法を現実に適用するための試行錯誤の段階であり、近代性を自家薬籠中の方法に組み込むための準備期間だったといえよう。

第1の達成
──1990年前後の作品群と『S,M,L,XL』
続く第3章は1980年代後半から1995年の『S,M,L,XL』出版までの10年に満たない時代を描き出している。コールハース／OMAはこの短い期間に《ZKM》、《フランス国立図書館コンペ案》、《ゼーブルグの海上ターミナル・コンペ案》など巨大プロジェクトの問題作で建築界を揺り動かしている。コールハースは、セシル・バルモンド率いるオヴ・アラップの技術チームと協働したこれらのコンペ案を通じて「ビッグネス」の概念を検証したと述懐している。この時期にコールハース／OMAは《クンストハル》、《グラン・パレ（コングレスポ）》、《エデュカトリウム》、《フロアラックの住宅（ボルドーの家）》といった傑作も生み出しており、「驚異の時代」という本書の章題は実にふさわしい。一見するとシュルレアリスムの圏域から離脱したかに見えるこの時期の作品にも次々と「壁」や「卵」や「プール」といった「偏執症的イメージ」を見いだすガルジャーニの考察は鮮やかである。1990年前後は最初の10年間に蓄積されたライトモチーフと次の10年間に練られた問題意識が歯車のようにかみ合った画期であり、コールハース／OMAの第1の到達点なのである。

この「驚異の時代」のプロジェクトの多くはコールハースの第2の決定的な著作物『S,M,L,XL』の中で再理論化されている。第4章はこの『S,M,L,XL』の解題にあてられるが、ガルジャーニは「基準平面」「ビッグネス」「最後の果実」「ジェネリック・シティ」という4編のエッセイを抽出することで、全1376ページの巨大な本のエッセンスをコンパクトにまとめている。

第2の達成──21世紀における理論の実現
最終章である第5章は、『S,M,L,XL』出版以後から2007年（原著出版前年）までの約10年間を描いている。2000年代の初頭、特に2003〜05年の3年間はレム・コールハース／OMAにとって最大の「収穫の季節」であり、《マコーミック記念キャンパス・センター》、《在ベルリン・オランダ大使館》、《シアトル公立図書館》、《カサ・ダ・ムジカ》といった野心作が相次いで実現している。これらは意味・空間・構造が幾層にも折り重なった複雑な建築だが、ガルジャーニはそれ自体が「偏執症的」とでも言える精密な分析を通じてこれらのプロジェクトを徹底的に解剖し、その背景に潜む「偏執症的イメージ」の存在を指摘するとともに、「ダイアグラム的発想」「ヴォイドの戦略」「不定形な幾何学（インフォーマル）」「ジャンクスペース的詩学」などの基本戦略を割り出している。つまり、プログラム・構成・幾何学・空間・記号性などの各位相におけるOMA独自の建築言語を同定したのである。このような精緻な分析は、コールハース／OMAに関する本格的研究の端緒を切り拓いたと言えるだろう。

レム・コールハースと日本の建築界

賛否両論あろうが、レム・コールハースが20世紀後半以降における最大の建築理論家であることは疑いの余地のない事実である。日本の建築メディアは早くからコールハース／OMAに注目し、彼らの作品と思想の伝播に大きく貢献してきた。特に本書でも度々引用されている『a+u』誌は、実作の少ない1980年代にすでにOMAを特集しており、1990年代以降には《ユニバーサル》や《CCTV》などの計画案に焦点を絞った特集号も出版している。それにもかかわらず、コールハース／OMAの建築理論に関してはいくぶん偏った受容がなされてきたという印象が拭いきれない。コールハースを語る時に枕詞のように繰り返される「シニカル（冷笑的）」あるいは「ニヒル（虚無的）」という言葉が、彼らの活動をストレートに受け止めることを妨げてきたように思われるのである。1995年に出版された『錯乱のニューヨーク』の鈴木圭介訳は20年間にわたって日本語で読めるほぼ唯一のコールハースの著作だった。一読するとアイロニーと逆説に満ちあふれた『錯乱のニューヨーク』が「シニカル」で「ニヒル」な建築家像の形成に大きな影響を与えたことは想像に難くない。しかも本書で描かれているように、1980年代以降のコールハース／OMAは『錯乱のニューヨーク』の魔術的な圏域をさらに拡大し昂進している。さらにコールハースは1990年代以降のグローバリゼーション時代の世界状況を3大経済ブロックが支配する「¥€$の時代」と呼び、建築家はその巨大な波を乗りこなすサーファーになるしか生き残る道はないといったメッセージを発して「シニカル」で「ニヒル」な建築家のイメージを強化しているように見える。

しかしながら訳者の捉え方は少し異なっている。現代のように世の中の経済的・政治的状況が厳しい時代に、それを言説上で批判することは容易である。あるいはニューヨークが資本主義の極限的な都市であるという事実から目を逸らすことも容易である。しかしコールハースは逆にその状況を注視し調査し分析した上で、そこに近未来の過密都市の可能性を読み取ろうとしている。ニューヨークは資本主義が昂進した精神病的な都市であるがゆえに、その記録は『錯乱のニューヨーク』となった。「¥€$の時代」についても同様であり、世界の現実はジェネリックでジャンクな状況になっている。現実を注視し、その空間構造を探り出すことは、建築家にとってはデザインのプログラムを策定するための与件の分析である。マルクスもこう言っている。

「人間は自分自身の歴史をつくるが、しかし、自発的に、自分で選んだ状況の下で歴史をつくるのではなく、すぐ目の前にある、与えられた、過去から受け渡された状況の中でそうする」──『ルイ・ボナパルトのブリュメール18日』（カール・マルクス著（1851）、植村邦彦訳、太田出版、1996）

コールハースの言説はほとんどが現実の都市空間の記述であり分析である。現実が歪んでいれば当然ながらその記述も歪むだろう。シニカル

でニヒルなのはコールハースの視点ではなく、むしろ現実の状況の方である。その記述が『錯乱のニューヨーク』となり『S,M,L,XL』となったのである。

とはいえ現実の記述とは、現実をそのまま写し取ることではない。そもそも多面的な様相を示す現実をある特定の視点なしに記述することはできない。その意味で言説による現実の記述とは一種の「現実の発見」だと言ってもよい。つまり〈ジェネリック・シティ〉や〈ジャンクスペース〉はコールハースが現代のグローバルな都市状況の中に見出した〈都市的・空間的な現実〉なのである。コールハース／OMAの建築は彼が発見した現実に新しい表現を与えようとする試みに他ならない。しかし言説＝発見された現実と建築的な実践とを混同してはならない。コールハースがつくる建築は「シニカル」でも「ニヒル」でもない。むしろ意外性に満ちエキサイティングで建築の可能性を拡大している。したがって彼に対するポストクリティカル（PC = Post-critical）な建築家という評も当たっていない。むしろ現実に対しては依然として批判的Criticalであり、PC = Paranoid Criticalな建築家なのである。

1970年代から21世紀初頭までの軌跡を丁寧にたどった本書が日本におけるコールハース受容に一石を投じることを期待している。特に本書邦訳にわずかに先だって出版された1990年代以降の主要エッセイの翻訳『S,M,L,XL+』（2015年）と併せて読むことで、コールハース／OMAに関する研究が生産的に発展し、新しい「変異」が生まれることが望まれる。

本書の邦訳に当たっては、先述した『a+u』誌、『錯乱のニューヨーク』（鈴木圭介訳）、『S,M,L,XL+』（太田佳代子、渡辺佐智江訳）の既訳を参照した。そのまま訳文を使用した部分や、本訳書全体に合わせて訳語を統一し、文意に従って一部を改変した部分もある。深く感謝の意を表したい。

校閲：酒井清一

難波和彦
なんば かずひこ

建築家、東京大学名誉教授。1947年大阪生まれ、東京大学建築学科卒業、同大学院博士課程修了。工学博士。大阪市立大学教授、東京大学大学院教授を歴任。現在、難波和彦+界工作舎代表。
主著に『戦後モダニズム建築の極北 池辺陽試論』彰国社、『箱の家 エコハウスをめざして』NTT出版、『建築の四層構造 サステイナブル・デザインをめぐる思考』INAX出版、『東京大学建築学科難波研究室活動全記録』角川学芸出版、『新しい住宅の世界』放送大学教育振興会、『進化する箱』TOTO建築叢書ほか。

岩元真明
いわもと まさあき

建築家、九州大学大学院芸術工学研究院助教。1982年東京生まれ、東京大学建築学科卒業、同大学院修士課程修了。シュトゥットガルト大学ILEK研究員、難波和彦+界工作舎スタッフ、ヴォ・チョン・ギア・アーキテクツのパートナー兼ディレクター、首都大学東京特任助教を歴任。現在、ICADA共同主宰。受賞にAR House Awards 2014一等、World Architecture Festival 2014一等（住宅部門）など。共著に『レム・コールハースは何を変えたのか』鹿島出版会ほか。

レム・コールハース｜OMA
驚異の構築

2015年12月25日　第1刷発行
2016年　4月15日　第2刷

監訳者	難波和彦
訳者	岩元真明
発行者	坪内文生
発行所	鹿島出版会
	〒104-0028 東京都中央区八重洲2-5-14
	電話03-6202-5200　振替00160-2-180883

デザイン	高木達樹（しまうまデザイン）
印刷・製本	壮光舎印刷

©Kazuhiko Namba, Masaaki IWAMOTO 2015,
Printed in Japan
ISBN 978-4-306-04633-7　C3052

落丁・乱丁本はお取り替えいたします。
本書の無断複製（コピー）は著作権法上での例外を除き禁じられています。また、代行業者等に依頼してスキャンやデジタル化することは、たとえ個人や家庭内の利用を目的とする場合でも著作権法違反です。

本書の内容に関するご意見・ご感想は下記までお寄せ下さい。
URL: http://www.kajima-publishing.co.jp/
e-mail: info@kajima-publishing.co.jp